Und wir sind dabei gewesen

Das Buch

Die von Christian Führer von Anfang an begleiteten und betreuten Friedensgebete in der Nikolaikirche bildeten den Auftakt zu den Leipziger Montagsdemonstrationen. Von hier aus nahm die friedliche Revolution in der DDR ihren Lauf. Zwanzig Jahre nach der Wiedervereinigung erzählt der Pfarrer in seiner Autobiographie von der Aufbruchsstimmung und den Hoffnungen jener Zeit und resümiert, was heute davon geblieben ist. Die Geschichte eines ungewöhnlichen Lebens und ein sehr persönlicher Blick auf die historischen Ereignisse im Oktober 1989.

Der Autor

Christian Führer, geboren 1943 in Leipzig, war fast 30 Jahre lang Pfarrer an der Nikolaikirche in Leipzig. Die Montagsdemonstrationen, die entscheidend zur friedlichen Revolution und dem Ende der DDR beitrugen, schlossen sich an die – von Pfarrer Führer geleiteten – Friedensgebete an. Seit dem Ende der DDR setzt sich Pfarrer Führer besonders für Arbeitslose ein. 2005 erhielt er zusammen mit Michael Gorbatschow den Augsburger Friedenspreis.

Christian Führer

Und wir sind dabei gewesen

Die Revolution, die aus der Kirche kam

Unter Mitarbeit von Anne Ascher
und Patricia Holland-Moritz

List Taschenbuch

Besuchen Sie uns im Internet:
www.list-taschenbuch.de

Dieses Taschenbuch wurde auf FSC-zertifiziertem Papier gedruckt.
FSC (Forest Stewardship Council) ist eine nichtstaatliche, gemeinnützige
Organisation, die sich für eine ökologische und sozialverantwortliche
Nutzung der Wälder unserer Erde einsetzt.

Ungekürzte Ausgabe im List Taschenbuch
List ist ein Verlag der Ullstein Buchverlage GmbH, Berlin.
1. Auflage September 2010
© Ullstein Buchverlage GmbH, Berlin 2008/Ullstein Verlag
Konzeption: semper smile Werbeagentur GmbH, München
Umschlaggestaltung: bürosüd° GmbH, München
(nach einer Vorlage von Jorge Schmidt, München)
Titelabbildung: Hans Scherhaufer
Satz: LVD GmbH, München
Gesetzt aus der Janson
Papier: Munken Print von Arctic Paper Munkedals AB, Schweden
Druck und Bindearbeiten: CPI – Clausen & Bosse, Leck
Printed in Germany
ISBN 978-3-548-60984-3

Meinen Eltern und beiden Schwestern.
Meiner Frau Monika
und unseren Kindern
Katharina, Sebastian, Martin, Georg.

Inhaltsverzeichnis

Vorwort	9
Prolog: Auf der Zielgeraden	11

Teil I: 1943–1967

»Er ist zurück!«	17
Ein Beet voller Ahornbäume	26
Zwischen Taufstein und Lesepult	32
Von alten Griechen und guten Lehrern	41
Theologie und ML-Vorlesungen	52
Fräulein Kramer und der fröhliche Christ	62

Teil II: 1968–1989

Jeans und Brecht und zwei Gemeinden	71
Von der Friedensminute zur Friedensdekade	95
Mit beiden Beinen in der Bibel	113
Ein Leben geht – ein Leben kommt	123
St. Nikolai – ein Raum des Segens	128
Staat trifft Kirche	137
Schwerter zu Pflugscharen	144
ML und Martin Luther	149
Olof-Palme-Friedensmarsch	153
Vom Leben und vom Bleiben in der DDR	158
Vom Mut des Einzelnen	172

Wir beten nicht gegen die Wand!	176
Vom »begrenzten politischen Mandat der Kirche«	188
Ein letzter Geburtstag	199
Sie waren auf alles vorbereitet. Nur nicht auf Kerzen und Gebete.	212

Teil III: 1990–2008

Ein Buch wird zum Film	229
Krankheit – Störung und Stärkung	237
Von der Konsum-Marke zum Ratenkauf	245
Altar und Straße	259
Ein Fußballpokal neben dem Altar	270
Eine Lüge und ein Krieg	276
Zwanzig Pfennig und ein Kärtchen	279
Neonazis und drei Zentner Konfetti	293
Ökumene mit Atheisten	307

Epilog: Friede auf Erden	319
Schlusswort und Dank	323

Quellenverzeichnis	326
Personenregister	332
Bildnachweise	335

Vorwort

Der 9. Oktober 1989 in Leipzig gilt für die Friedliche Revolution und die danach möglich gewordene deutsche Wiedervereinigung zwar als *der* Tag der Entscheidung, hat aber immer noch nicht den Stellenwert in Deutschland, der ihm zukommen müsste.

Für mich, der ich als Pfarrer der Nikolaikirche an den Ereignissen unmittelbar beteiligt war, resultiert die Friedliche Revolution aus dem Geist Jesu der Gewaltlosigkeit, die in den Kirchen jahrelang besonders durch die Bergpredigt Jesu vermittelt wurde. Die Gewaltlosigkeit als Handlungsmaxime drang heraus aus den Kirchen, ergriff die Massen und wurde konsequent auf der Straße praktiziert. Mit dem gewaltigen Ruf »Keine Gewalt!« wurde ein letztlich ungeliebtes und bedrückendes System hinweggefegt.

Uns Deutschen war bis zu diesem Zeitpunkt noch nie eine Revolution gelungen. Die Friedliche Revolution ist die erste, die ohne Blutvergießen und dazu erfolgreich vonstattenging. Ein einmaliger Vorgang in unserer politischen Unheilsgeschichte. Ein Wunder biblischen Ausmaßes!

Dazu am Ende eines Jahrhunderts, das durch beispiellose Gewalt im Ersten und Zweiten Weltkrieg und gnadenlose Vernichtung des Volkes, aus dem Jesus geboren wurde, furchtbar geprägt war!

Ich kann das nur als Gnade bezeichnen. Gnade an unserer Kirche und all den Kirchen, die ebenfalls beteiligt waren. Gnade an unserer Stadt und anderen Städten und Dörfern. Gnade an unserem ganzen Volk.

Ich weiß, dass zu diesem Kairos, diesem einzigartigen Zeitpunkt, auch andere Kräfte wirksam wurden. Doch als Zeitzeuge, Begleiter und Gestalter der Friedensgebete in Leipzig von Anfang an fühle ich mich verpflichtet, diesen Aspekt zu bezeugen.

Dieses Buch soll weder eine Dokumentation noch ein vollständiger Abriss dieser Zeit sein. Vielmehr möchte ich anhand von Erlebnissen und Alltagsbeobachtungen exemplarisch verdeutlichen, wie die Entwicklung in der DDR jener Jahre verstanden werden kann.

Es ist keine Erfolgsgeschichte, sondern eine Glaubensgeschichte, die mit meiner Herkunft, meiner Familie, der Kirchgemeinde und allen Menschen, die mich auf dem schweren und schönen Weg begleiteten, untrennbar verbunden ist. Der Bibel verdanke ich, dass ich mit Wundern groß geworden bin. So begriff ich, dass mehr möglich ist, als möglich ist. Und erlebte selbst das Wunder der Friedlichen Revolution. Wie sagt Ben Gurion: »Wer nicht an Wunder glaubt, ist kein Realist.«

Darum: Vorwärts und nichts vergessen!

Leipzig, Epiphanias 2009

PROLOG:
AUF DER ZIELGERADEN

Es war ein Sonntagmorgen wie jeder andere. Wie immer hatte ich am Vorabend meine Schuhe geputzt, den Talar mit Stola und Beffchen zurechtgelegt und war zeitig schlafen gegangen. Ich erwachte mit einer unerklärlichen Leichtigkeit und Freude. Diese Unbeschwertheit kam mir angesichts des bevorstehenden Ereignisses fast unangemessen vor. Schließlich konnte immer irgendetwas passieren.

Ich ging auf den Balkon, blickte auf den noch menschenleeren Nikolaikirchhof hinunter und sagte mir: Das ist also das letzte Mal. Ich fragte mich, ob nun das Wehmutsgefühl einsetzen würde, das mir alle seit Wochen prophezeiten. Dabei musste ich an ein Gespräch mit einem Theologen denken. Ich hatte den Mann, den ich noch aus meiner Schulzeit kannte, ein paar Tage zuvor zufällig auf der Straße getroffen.

»Na, Herr Führer«, fragte er mich, »wie fühlt man sich so kurz vor dem Abschluss?«

»Ich habe noch gar keine Abschiedsgefühle«, erwiderte ich wahrheitsgemäß, »da ich noch viel zu beschäftigt bin. Aber eines kann ich wohl sagen: Ich bin schon auf die Zielgerade eingebogen.«

Daraufhin konterte er: »Da kann Sie ja jetzt keiner mehr überholen.«

Bei diesem Satz mussten wir beide spontan lachen, denn die Formulierung entsprach genau meinem Gefühl: Ich war nicht traurig, sondern froh, es fast geschafft zu haben. Seit meine Dienstzeit als Pfarrer sich dem Ende näherte, sprachen meine Frau und ich häufig über die Anfänge. Im Jahr 1968 hatte ich meine erste Stelle als Pfarrvikar in dem sächsischen Dorf Lastau angetreten. Neugierig und hoffnungsvoll, aber auch mit berechtigten Befürchtungen betrat ich damals das ziemlich verfallene Pfarrhaus neben der ebenso baufälligen Kirche. Ich war glücklich, dass ich fortan mit meinen beiden Lieben – meiner Frau und meinem Beruf – leben konnte. Was mich in meinem Leben als Pfarrer erwartete, hätte sich selbst der phantasievollste Mensch nicht ausdenken können. Meine Tage waren von großer Freude erfüllt, aber stets auch von Ängsten und ernsthaften Krisen begleitet. Auf all das blickte ich nun zurück und spürte eine tiefe Dankbarkeit dafür, dass mir Gott dies geschenkt hatte. Die ungeheure Freude über die bewegenden Ereignisse, die hinter mir lagen, war stärker als jede Wehmut.

Der Nikolaikirchhof füllte sich allmählich mit Menschen, und mir fiel wieder ein, was noch zu tun war: mein Abschiedsgottesdienst. Es fügte sich wunderbar, dass mein letzter Gottesdienst auf den Sonntag nach Ostern fiel, also »Quasimodogeniti«, zu Deutsch: »gleichsam wie neugeboren«. Dieses in die Zukunft weisende Gleichnis sollte jenen Tag überstrahlen, und ich wünschte mir zum Abschied einen festlichen Gottesdienst. So, wie wir ihn jeden Sonntag feierten, mit vollständiger Liturgie und Sakrament, dem Heiligen Abendmahl. Die unvermeidlichen Abschiedsreden sollten anschließend bei einem Empfang im Alten Rathaus gehalten werden, um den sich glücklicherweise der Kirchenvorstand gekümmert hatte. So konnte ich mich voll und ganz auf den Ablauf des Gottesdienstes konzentrieren, der mir an jenem Sonntag das Wichtigste war.

Im Gemeinderaum warteten bereits unser Superintendent Martin Henker sowie die Pfarrer der benachbarten Gemeinden, und wir zogen gemeinsam in einer schönen Schar über den Kirchplatz zum Gotteshaus. Um uns herum standen und liefen Journalisten, Fotografen und Kameraleute, was uns aber nicht aufhielt. Jemand brüllte vor der Kirche herum, doch da wir es immer mit schwierigen Leuten – schwierig in den Augen der Gesellschaft – zu tun hatten, rief ich nur: »Lasst ihn einfach in Ruhe!«

Der Mann beruhigte sich tatsächlich.

Für einen Moment war ich wie benommen, als ich in die Kirche trat und sah, dass sie voll besetzt war. Sofort kam mir die Erinnerung an den Tag, an dem die Nikolaikirche überfüllt gewesen war: den 9. Oktober 1989. Ein Tag voller Angst und Ungewissheit. Doch heute war ich erfüllt von Zuversicht. Die Menschen erhoben sich von den Bänken, und ich war froh über meinen kleinen Kunstgriff, dass ein junger Mann an der Spitze des Zuges lief, der unser Prozessionskreuz vom Palmsonntag trug. So stellte ich mir vor, dass all die vielen Menschen wegen des Kreuzes aufstanden, und ich konnte beruhigt hinterherlaufen.

Dank dieser beflügelnden Leichtigkeit war es ein wunderbarer Gottesdienst. Mit kleinen humorvollen Akzenten und nur wenigen Anspielungen auf die bevorstehende Veränderung hielt ich die Predigt über den vorgeschriebenen Sonntagstext Jesaja 40, 26–31, ohne mich in Aufzählungen über die Vergangenheit zu verlieren.

Ich sprach davon, dass Aufhören und Anfangen immer zusammenfallen. Wenn etwas aufhört, fängt etwas Neues an. Wenn der neue Anfang verheißungsvoll ist und beflügelt, fällt das Loslassen des Bisherigen leichter. Zur Predigt wählte ich den Choral aus, der mit den Worten *»denn welcher seine Zuversicht auf Gott setzt, den verlässt Er nicht«* endet.[1] Das Schönste an diesem Gottesdienst war, dass meine komplette Familie dabei war. Auch wenn meine Frau zunächst Bedenken hatte, dass es wie eine Führer-Demonstration aussehen könnte, war es mir wichtig, die Freude darüber zu teilen, dass wir alle in einem Dienst standen. Alle unsere Kinder waren im Glauben geblieben und gewachsen, was nicht selbstverständlich ist, denn Glaube ist nichts, was sich vererben lässt. Über dieses Geschenk war ich sehr glücklich, und Gott sei Dank bewahrheitete sich die Befürchtung meiner Frau nicht. Den Anblick, wie wir gemeinsam am Altar standen, empfanden die Leute als sehr schön, wie sie mir im Nachhinein berichteten. Unsere Küster Detlev Clauß, Matthias Müller und Rudolf Berthold hatten alles sorgfältig vorbereitet und sorgten für einen reibungslosen Ablauf.

Meine Frau, die ohnehin Lektorin war, und unsere Kinder Katharina und Sebastian, beide mittlerweile selbst Pfarrer, spendeten mit mir das Abendmahl aus. Unser Sohn Martin reichte die Kelche zu, gemeinsam mit unserem langjährigen Freund Siegfried Grötsch, der uns seit unserer Ankunft in Leipzig als Kirchenvorsteher begleitet hatte. Unser jüngster Sohn Georg stand während des Abendmahls auf der Empore und sang in der Bach-Kantate BWV 147 »Herz und Mund und Tat und Leben«, die vom »BachChor« unserer Gemeinde musiziert wurde, den Tenorpart. Es war so, wie Josua im Alten Testament zu den schwankenden Leuten sprach, die sich den kanaanitischen Göttern beugen wollten: »*Geht ihr zu den Göttern, dann habt ihr Gott nicht mehr auf eurer Seite. Wählt, was ihr haben wollt. Ich aber und mein Haus wollen dem Herrn dienen.*«[2]

Diese Worte waren für mich im Gottesdienst präsent, und ich war mir vor allem einer Sache bewusst: Es war keine Selbstverständlichkeit, dass wir unseren Weg so hatten gehen können. Dass dies alles ohne meine Frau nicht möglich gewesen wäre, würdigte auch der Superintendent, als er bei der Entpflichtung von meinem Amt nicht nur mich allein, sondern uns beide zu sich bat, um uns zu segnen.

Zum Auszug aus der Kirche spielte Nikolaikantor Jürgen Wolf meine Lieblings-Toccata von Johann Sebastian Bach, die F-Dur-Toccata, und ich war erfüllt von einer wunderbaren Freude über diesen fröhlichen, den Glauben stärkenden Gottesdienst. Ich spürte die sich entfaltende Kraft, wenn so viele Menschen die Liturgie mitsingen, das Glaubensbekenntnis sprechen und das Vaterunser beten.

Irgendwann dachte ich nur noch: Jetzt ist es geschafft. Den Empfang im Alten Rathaus überstehe ich auf alle Fälle. Da brauche ich mich nur hinzustellen, Hände zu schütteln und mir anzuhören, was freundliche Menschen zu mir sagen.

TEIL I:
1943–1967

»Er ist zurück!«

Ich schreckte hoch.

Jemand klopfte laut an unsere Tür und rief: »Frau Pfarrer, Frau Pfarrer, machen Sie auf! Schnell!«

Dann hörte ich aufgeregte Stimmen durch die angelehnte Schlafzimmertür und verstand nur, dass es einen wichtigen Anruf bei der Post im Dorf gegeben hatte.

»Er ist zurück! Er wartet in Altenburg.«

Alle redeten wild durcheinander. Ich konnte hören, wie meine Mutter unruhig hin und her lief. Ich saß aufrecht in meinem Bett, lauschte dem Gepolter und traute mich nicht hinaus, um nachzusehen, was los war.

Endlich kam meine Mutter ins Schlafzimmer. »Christian, leg dich wieder hin. Ich muss noch mal weg«, sagte sie nur. Dann deckte sie mich zu, strich mir über den Kopf und flüsterte mir ins Ohr: »Es gibt eine Überraschung. Ich fahre mit Doktor Harms nach Altenburg und hole jemanden vom Bahnhof ab.«

Danach war es ganz ruhig im Haus. Meine älteste Schwester Ursula war in Waldenburg im Internat, die elfjährige Barbara war mit unserer Mutter nach Altenburg gefahren. Ein befreundeter Arzt aus Langenleuba-Niederhain besaß als Einziger in der Gegend noch ein Auto, weil er es als Arzt nach dem Krieg hatte behalten dürfen. Mit dem Wagen war man in höchstens zwanzig Minuten in Altenburg, trotzdem erinnere ich mich noch genau daran, wie endlos mir die Zeit des Wartens in jener Nacht vorkam. Bei jedem Geräusch im Haus horchte ich auf und war viel zu aufgeregt, um wieder einschlafen zu können. Während der erste Nachtfrost von draußen in unser ungeheiztes Schlafzimmer kroch, wickelte ich mich fest in meine Decke ein und überlegte, was meine Mutter wohl mit »Überraschung« gemeint haben könnte.

Endlich hörte ich Motorgeräusche und sah, wie das Licht der Scheinwerfer durch die Gardine schien und über die Zimmerdecke huschte. Wieder wurde es laut. Diesmal waren noch mehr Stimmen zu hören als zuvor. Gerade als ich versuchte, irgendetwas durch die angelehnte Tür zu erkennen, kam ein Mann herein. Ich sehe noch heute vor mir, wie er mich aus dem Bett hob und sich auf die Kante des Ehebettes setzte, das neben meiner Schlafstatt stand. Unsicher saß ich auf seinem Schoß und betrachtete die Maserung seiner braunen Hose, dann erst wagte ich es und ließ den Blick etwas höher wandern. Als ich in sein Gesicht sah, fragte er mich liebevoll: »Weißt du denn, wer ich bin?«

»Du wirst wohl mein Vati sein«, schlussfolgerte ich, ganz der Vierjährige, messerscharf.

Dies war meine erste bewusste Begegnung mit meinem Vater.

Bis dahin war ich mir der Abwesenheit meines Vaters nicht sonderlich bewusst gewesen. Zu meiner Mutter und meinen beiden Schwestern, die mich sehr verwöhnten, hatte ich ein inniges Verhältnis. Ich kam gar nicht auf die Idee, hier könnte etwas oder jemand fehlen. Die vierzehn Jahre ältere Ursula erzählt bis heute, wie wunderbar es für sie und die damals sieben Jahre alte Barbara gewesen war, noch einen kleinen Bruder zu bekommen. Genau das haben sie mich immer spüren lassen. Zudem war mein Vater trotz seiner Abwesenheit in der engen Obhut der drei Frauen stets präsent.

Sein Arbeitszimmer blieb in den fünf Jahren genau so, wie er es hinterlassen hatte. Manchmal schlich ich mich hinein und kletterte auf seinen Schreibtischstuhl, um die Fotos auf dem Tisch zu betrachten. Zuerst das Hochzeitsfoto meiner Eltern aus dem Jahr 1929, das sie kurz nach ihrer Ankunft in Langenleuba-Oberhain zeigt. Dann das Foto meiner Großeltern, der Eltern meines Vaters, die beide vor vielen Jahren gestorben waren und die ich nur vom Foto kannte. Als Letztes fiel mein Blick immer auf das Foto ganz vorne, das ich am liebsten betrachtete. Darauf ist mein Vater in Uniform zu sehen, wie er mich als Baby auf dem Arm hält. Die Aufnahme stammte vom Herbst 1943 und war während eines kurzen Fronturlaubes aufgenommen worden. Das war das letzte Mal vor seiner überraschenden Heimkehr, dass er mich gesehen hatte. So entsprach das Bild, das wir voneinander hatten, genau diesem Foto. Mein Vati war für mich der Mann vom Foto, und er hatte mich als ein Baby von gerade mal einem halben Jahr in Erinnerung. Dieses Foto hatte er nicht selbst auf den Schreibtisch gestellt, sondern meine Mutter hatte es dort platziert, die nach seiner Gefangennahme am 6. Juni 1944, dem Tag der Landung der Alliierten in der Normandie, sehr lange keinen Kontakt mehr zu ihm gehabt hatte. Sie wusste nur, er hatte überlebt, und sie zweifelte keinen Moment an seiner Rückkehr nach Hause. Genau so, wie es am 19. November 1947 dann auch geschah.

Von dem Tag an, als mein Vater im Jahr 1942 eingezogen wurde, war meine Mutter für alles allein verantwortlich. Doch zum Glück war sie eine sehr selbstbewusste und kämpferische Frau. Ganz auf sich gestellt, repräsentierte sie in den folgenden fünf Jahren das Pfarrhaus, welches auch ohne die Anwesenheit meines Vaters ein Anlaufpunkt war, vor allem für Menschen in Not. Mein Vater wiederum nutzte jeden Fronturlaub, um in seiner Kirche zu predigen. Das Pfarrhaus Führer sollte nicht verwaisen.

Deshalb wollte mich mein Vater auch unbedingt selbst taufen. Kurz nach meiner Geburt durfte er für eine Woche nach Hause kommen und legte in diesen Zeitraum meine Heilige Taufe. Weil es Ende März in der Kirche zu kalt war, fand die Taufe in seiner »Studierstube« statt, und Max, der Bruder meines Vaters, war mein Taufpate. Später erzählte mir meine Mutter, mein Vater sei so ergriffen gewesen, dass er die Taufe nicht habe beenden können. Seinen winzigen Sohn vor Augen, überwältigte ihn die Angst, nicht mehr aus dem Krieg zurückzukehren und uns, seine Kinder und seine Frau, niemals wiederzusehen. So kam es, dass mein Onkel Max, damals Pfarrer in Naundorf, meine Taufe zu Ende brachte. Ich bin davon überzeugt, dass meine besondere Beziehung zu ihm damals ihren Anfang nahm.

Mein Vater hatte uns also besuchen und mich taufen dürfen, doch unmittelbar danach musste er zurück an die Front. Ein halbes Jahr später kam er erneut zu Besuch, und an jenem Tag entstand unser erstes gemeinsames Foto.

Die schwierigste Zeit begann für meine Mutter, als mein Vater in Gefangenschaft geriet und sie keinen Kontakt mehr zu ihm hatte, geschweige denn auf einen Besuch von ihm hoffen konnte. Mein Vater galt zunächst als vermisst, und erst viel später erhielt meine Mutter die Nachricht von seiner Gefangennahme durch die britischen Alliierten. Als aufgrund der Vermisstenmeldung auch noch die Gehaltszahlungen meines Vaters eingestellt wurden und wir ohne Geld dastanden, bekam meine älteste Schwester die Not am deutlichsten zu spüren. Da meine Mutter das Schulgeld nicht mehr zahlen konnte, musste Ursula das Gymnasium verlassen.

Aus vielen Schilderungen weiß ich, wie schwer die Situation für meine Mutter damals ohne meinen Vater und ohne Geld war. Zudem musste sie sich ständig darum sorgen, mich kränkliches Baby am Leben zu halten. Ich habe keine eigenen Erinnerungen an diese Zeit, da mein Gedächtnis erst mit dem Kriegsende einsetzt. Meine erste Erinnerung ist ein Geräusch, das ich bis heute nicht ertragen kann: das teuflische Knirschen von Panzerketten. Im Frühjahr 1945 rollten amerikanische Panzer mit unerträglichem Lärm durch unser Dorf, und ich wagte mich nicht mehr allein vor die Tür. Als ein paar Wochen später wieder Panzer an unserem Haus vorbeidonnerten – diesmal sowjetische, da die Besatzungszonen neu aufgeteilt wurden –, wollte ich fortan keinen Fuß mehr auf die Dorfstraße setzen. Nur mit viel Geduld gelang es meiner Mutter, mich ohne Geschrei mit zum Einkaufen zu nehmen. Lange noch bestand ich darauf, den Wiesenweg hinter dem Dorf zu nehmen und nicht die Straße, da ich fürchtete, es würden wieder Panzer kommen. Die heftige Reaktion auf dieses grauenhafte Geräusch könnte man durchaus als eine frühkindliche Abneigung gegen das Militär sehen, die sich in mir festgesetzt hat. Allerdings fällt es mir auch schwer, die quietschenden Ketten der Braunkohlebagger zu ertragen.

Als die Amerikaner schließlich auch in unser Pfarrhaus kamen, passierte meiner Mutter etwas Erschreckendes. Die gesamte Nazizeit hindurch hatte sie konsequent und bewusst den antichristlichen so genannten »deutschen Gruß« vermieden. Nun, da diese unsägliche Zeit vorbei war und sie die Ablehnung durchgehalten hatte, geschah es zum ersten und einzigen Mal: Sie begrüßte die verblüfften Amerikaner mit »Heil Hitler«. Das hätte schlimm ausgehen können!

Unmittelbar nach dem Krieg trat meine Mutter in die neu gegründete CDU ein, in dem festen Willen, »das hier nicht mehr der Welt und den Nichtchristen zu überlassen«. Sie war eine optimistische und fröhliche Frau, die gerne sang. Als Mädchen nahm sie Gesangsunterricht, und seitdem ließ sie kaum eine Gelegenheit aus, um etwas zu singen. Ich erlebte meine Mutter sehr selten traurig, daher ist mir so eindrücklich in Erinnerung geblieben, wie sie vor der Rückkehr meines Vaters manchmal weinte. Das geschah meist, nachdem sie mich gebadet hatte. Während sie mich abrubbelte, drückte sie mich ganz fest an sich und sagte: »Ach, wenn du doch wenigstens fünf Jahre alt würdest!« An ihrer Stimme merkte ich, dass sie weinte, und heulte ebenfalls los, gewissermaßen aus Solidarität. Daraufhin versiegten die Tränen meiner Mutter, und sie konnte mich wieder trösten.

Meine Eltern sind beide in Sehma geboren, einem Dorf im Erzgebirge. Mein Vater stammt aus einem Pfarrhaushalt, meine Mutter ist in einer Sägemühle aufgewachsen. Mein Großvater väterlicherseits, Max Führer, hatte in dem Ort kurz vor der Jahrhundertwende die Kirche und das Pfarrhaus erbauen lassen. Sein Vater Gottlieb Führer war ebenfalls Pfarrer, und zwar in Leipzig-Wahren. Es hieß, er sei ein großartiger Sänger gewesen. Seine Söhne, mein Großvater Max und dessen Bruder Ernst, kamen mit zehn Jahren in den Thomanerchor nach Leipzig. Auch mein Großvater schickte später seine Söhne, die ebenfalls Max und Ernst hießen, nach Leipzig in den Thomanerchor. Wenn die beiden – mein Onkel und mein Vater – zu Weihnachten nach Sehma kamen, zogen sie zur Döhnelmühle und sangen vor dem Fenster meiner Mutter ein Ständchen. Ihr Gesang betörte nicht nur meine Mutter, sondern auch ihre Eltern, weshalb die Jungen sogar ins Haus gebeten wurden.

Als die Ferien vorbei waren, konnte meine Mutter Charlotte, geborene Döhnel, den einen der beiden Sänger nicht vergessen und begann, ihm Briefe in die Hillerstaße 8 nach Leipzig zu schreiben, wo sich bis heute das Alumnat des Thomanerchores befindet. Inzwischen nahm sie Gesangsunterricht in Annaberg und besuchte ein Jahr lang ein Mädchenpensionat in Weimar. Die Freundschaft zu dem Pfarrerssohn Ernst wurde immer enger, und schon bald machte sich mein Großvater Max zur Döhnelmühle auf und bat für seinen Sohn um die Hand von Charlotte.

Mein Großvater mochte meine Mutter sehr. Außerdem bewunderte er ihr Gesangstalent, das er vom Kirchenchor her kannte, und begleitete sie nach der Bibelstunde stets nach Hause in die Döhnelmühle. Heiraten konnten meine Eltern zwar erst, nachdem Ernst seine Ausbildung beendet hatte, doch meine Mutter besuchte ihn über all die Jahre hinweg immer wieder in Leipzig, wo mein zukünftiger Vater Theologie studierte. Bei diesen Besuchen verliebte sie sich in die Stadt, in die sie am Ende ihres Lebens zurückkehren sollte. Auch zu meiner Entbindung ging sie dorthin, sodass ich gebürtiger Leipziger bin.

Von vielen Traditionen ist mein Leben durchzogen, aber auch von Zufälligkeiten, die mich doch eher an Fügungen glauben lassen. So sind Leipzig und der Thomanerchor untrennbar mit unserer Familie verbunden. Zwei meiner Söhne waren ebenfalls Thomaner, und heute singt mein Enkel Ansgar als neunter aus der Familie Führer in diesem Knabenchor. Nur zwischen meinem Vater und meinen Söhnen fehlt eine Generation Führer-Thomaner. In diese Lücke hätte eigentlich ich gehört, doch meine kränkliche Verfassung hatte dies verhindert.

Jedes Frühjahr, wenn die Aufnahmeprüfungen für den bald 800 Jahre alten Thomanerchor liefen, litt und leide ich unter starkem Heuschnupfen. So kam ich zur Zeit der Aufnahmeprüfung ziemlich geschwächt und verquollen in Leipzig an und blieb weit unter meinen Möglichkeiten. Im Winter wäre die Sache günstiger für mich gelaufen, doch in meiner Verfassung im Frühjahr konnte ich die Prüfung unmöglich schaffen.

Später wurde ich dann Pfarrer. Das ist neben der Musik der andere rote Faden in unserer Familiengeschichte, die sich beinahe dreihundert Jahre zurückverfolgen lässt.

Im Jahr 1732 verließen etwa zweiundzwanzigtausend Protestanten aufgrund des Vertreibungserlasses des katholischen Erzbischofs Firmian ihre Heimat im Salzburger Land. Die Menschen flohen unter anderem nach Leipzig, wo in der Nikolaikirche Gottesdienste für sie stattfanden – genau dort, wo ich knapp zweieinhalb Jahrhunderte später Pfarrer werden sollte. Weil August der Starke zum Katholizismus konvertiert war, um polnischer König werden zu können, konnten sie jedoch nicht in Sachsen bleiben, und so zogen sie weiter nach Preußen. Von dort gelangten einige über Schlesien in die Lausitz, wo sich 1732 der erste Führer nachweisen lässt, ein gewisser Sebastian Führer. Dieser protestantische Flüchtling gehört eindeutig zu unserer Linie, einer Familie aus Pfarrern, Kantoren und Leinewebern.

Nachdem mein Vater am dritten Advent 1928 bei Antritt seiner ersten Pfarrstelle in Langenleuba-Oberhain ordiniert worden war, konnte er endlich meine Mutter heiraten. Nur wenige Wochen später, an seinem Geburtstag, dem 21. Januar 1929, feierten die beiden Hochzeit. Am Ende jenes Jahres kam ihr erstes Kind zur Welt, meine Schwester Ursula, und knapp sieben Jahre später wurde meine Schwester Barbara geboren.

Meine Mutter war eine Pfarrfrau mit Herzblut und bald im ganzen Dorf geschätzt und geachtet, wohl auch wegen ihres wunderbaren Talents zum Singen. Sie lebte sich sehr schnell in Langenleuba-Oberhain ein, das ihr mehr als ein halbes Jahrhundert lang Heimat sein sollte. In diesem typischen deutschen Straßendorf zwischen Leipzig und Chemnitz stand die Kirche noch mitten im Dorf, durch das sich ein kleiner Bach schlängelte, fast wie in Sehma. Der größte Teil der Einwohner waren Bauern, die anderen arbeiteten in der Papierfabrik, der Brauerei oder in der Maschinenfabrik in Penig, der nächstgelegenen Stadt.

Im Jahr 1942 wurde mein Vater dann eingezogen und musste als Marinekriegspfarrer dienen. Das bedeutete auch, dass er die zum Tode verurteilten Soldaten begleiten, die letzte Nacht mit ihnen verbringen und mit ihnen an den Ort der Hinrichtung fahren musste. Der leere Sarg wurde in der Regel ebenfalls gleich im Wagen mitgenommen. Die meisten der blutjungen Männer waren beim Angriff aus Angst desertiert und wegen Fahnenflucht zum Tode verurteilt worden. Meinem Vater war diese furchtbare Aufgabe und die seelsorgerliche Arbeit für die Soldaten sehr wichtig. Aus diesem Grund lehnte er auch das Angebot seiner Vorgesetzten ab, sich in letzter Minute der Gefangenschaft zu entziehen. Als Pfarrer hatte er den Rang eines Majors – allerdings ohne Schulterstücke und Befehlsgewalt – und hätte sich, wie es viele andere Offiziere taten, mit der letzten Maschine aus dem Kessel ausfliegen lassen können. Aber er wollte den Soldaten in ihrer ausweglosen Situation beistehen und blieb. So kam er in britische Gefangenschaft in das Lager in Wellingore Hall und auf die Isle of Man. Ich weiß nur sehr wenig darüber, weil mein Vater, wie die meisten Betroffenen, kaum von jener Zeit erzählte. Nicht zuletzt deshalb sollte mich meine Neugier viele Jahre später zu einem merkwürdigen Treffen führen.

Im Jahr 1999 bekam ich einen Anruf von einem Mann, der mich im Fernsehen gesehen hatte.

»Damals, in Gefangenschaft, hatten wir einen Lagerpfarrer namens Führer. Haben Sie zufällig etwas mit ihm zu tun?«, fragte er mich unvermittelt, nachdem er sich kurz vorgestellt hatte.

»Das muss mein Vater gewesen sein«, antwortete ich, noch immer völlig überrascht.

»Wie schön!«, rief er erfreut und lud mich zu einem Treffen von ehemaligen Gefangenen ein.

Meine Frau und ich nahmen später tatsächlich an dem Treffen teil, und so erfuhr ich, dass mein Vater als Letzter aus der Gefangenschaft entlassen worden war. Die Selbstmordrate im Lager war anfänglich wohl sehr hoch, und sie brauchten dringend jemanden, der die Gefangenen betreute. Die Engländer hielten sich streng an die Genfer Konventionen und kamen den Bitten meines Vaters nach, ihm Literatur zu besorgen. Bald führten die Gefangenen klassische Theaterstücke auf, zu denen sie die nötigen Kostüme und Kulissen selbst anfertigten.

Auf dem Treffen, zu dem ich geladen war, spielten die Kriegsveteranen nun eines der Lagerstücke, was mir einen beeindruckenden Zugang zu dieser Zeit ermöglichte. Einer der ehemaligen Gefangenen erzählte mir, wie gut er sich noch an einige Andachten meines Vaters erinnere, beispielsweise an jene zu Weihnachten, jene zu Ostern, aber auch an seine Worte über das Leben im Thomanerchor. Für die Gefangenen, damals kaum älter als achtzehn Jahre, war der mehr als doppelt so alte Pfarrer eine väterliche Autorität. Nicht nur als Seelsorger, sondern auch als Vermittler zwischen den Gefangenen und den Offizieren. Gerade über diesen kulturellen Anspruch in ihrem Theaterspiel und ihrer Lagerzeitung, aber auch in den Andachten entwickelte sich ein derart gutes Verhältnis zu den britischen Offizieren, dass die Gefangenen es wagten, sich bei einer der Zusammenkünfte über den Stacheldrahtzaun zu beschweren. Einer der Offiziere meinte daraufhin nur: »Gut, dann nehmen wir ihn weg«, und der Zaun wurde tatsächlich entfernt. Die Gefangenen konnten sich von nun an frei bewegen. Kein Einziger flüchtete. Interessanterweise kehrte nach ihrer Entlassung auch nur etwa ein Drittel der Männer nach Hause zurück. Die anderen blieben in England, wo sie sich während ihrer Gefangenschaft gut eingelebt oder gar verliebt hatten.

Ich bin sehr froh, diese Männer kennengelernt zu haben, denn die Begegnung mit ihnen ermöglichte mir Einblicke in eine mir bis dahin völlig fremde Welt. Es berührte mich sehr, wie viel mein Vater ihnen hatte geben können, wie sehr er sich für sie eingesetzt hatte, während er selbst ein Gefangener war und sehr unter dem Krieg und der Trennung von seiner Familie litt.

Nach diesem Treffen dachte ich noch lange darüber nach, was wohl meine Reaktion gewesen wäre, hätte ich vorher gewusst, dass die meisten jener Männer in der Waffen-SS gewesen waren. Mit Sicherheit wäre ich nicht hingefahren, hätte sie dann allerdings nie kennengelernt und nichts über die Umstände ihrer Gefangenschaft und die Arbeit meines Vaters erfahren. Die meisten waren 1944 als junge Burschen sofort zur Waffen-SS abkommandiert worden, wo sie bis zu ihrer Festnahme am Atlantikwall eingesetzt waren. Diese Begegnung vermittelte mir so einiges über jene Zeit, in der mein Vater nicht bei uns sein konnte. Es beeindruckte mich sehr, dass er – gestärkt durch seinen Glauben – seine Zuversicht und Aufrichtigkeit auf seine Mitgefangenen hatte übertragen können. Die Wertschätzung, mit der diese Männer mehr als ein halbes Jahrhundert später von meinem Vater sprachen, hat mich mit tiefer Freude erfüllt.

Ein Beet voller Ahornbäume

Nach der Heimkehr meines Vaters wurde in unserem Haus noch mehr musiziert. In jeder freien Minute setzte er sich ans Klavier und begleitete meine Mutter bei ihrem Gesang. Auch wenn die Nachkriegszeit schwer war und mein Vater die Erlebnisse von Krieg und Gefangenschaft erst nach und nach verarbeitete, ging es bei uns keineswegs nur ernst zu. Oft waren wir sogar fröhlicher und entspannter als zuvor. Selbst die Rolle des kleinen Prinzen – umhegt von drei Frauen – blieb mir erhalten, weil mein Vater ebenfalls sehr liebevoll mit mir umging. So durfte ich auch weiterhin, wann immer ich wollte, mit im Bett meiner Eltern schlafen. Zwar hatte ich ein Kinderzimmer, aber dort war ich fast nie, vor allem nicht im Winter. Der Raum ließ sich nicht heizen, und es war darin fast genauso kalt wie draußen. Vor dem Zubettgehen machte mir meine Mutter Abend für Abend eine Wärmflasche, und damit ich besser einschlafen konnte, durfte ich mich ins Ehebett kuscheln. Schlief ich dann immer noch nicht, kam mein Vater ins Zimmer.

»Du darfst mir drei Fragen stellen, dann werden die Augen zugemacht«, sagte er. Ich nickte und stellte ihm meine Fragen. Etwa zum Zoologischen Garten oder zu anderen wichtigen Dingen, die in der Welt existierten und die ich noch nicht kannte. Er erfand dazu dann Geschichten. Bald hatte ich gelernt, dass es besser war, ihn etwas ganz Verzwicktes zu fragen, weil er dazu eine besonders lange Geschichte erzählte.

Wollte ich danach immer noch nicht schlafen, überlistete mich meine Mutter.

»Du musst ja noch nicht schlafen«, beruhigte sie mich, »aber leg dich schon mal hin.«

Durch den Türspalt fiel ein wenig Licht ins Schlafzimmer. So lag ich im Bett und lauschte den Geräuschen in der Wohnung. Ich verfolgte, wie sich meine Eltern leise unterhielten oder wie mein Vater in seinem Amtszimmer um den Schreibtisch herumging und dabei seine Predigten memorierte. Nie musste ich allein bei verschlossener Tür in einem dunklen Raum liegen, was mich sehr beruhigte. Dieses Wohlbehagen wollten meine Frau und ich später auch unseren Kindern vermitteln, weshalb wir sie nie ohne ein Abendritual ins Bett schickten.

Mein behütendes Elternhaus, in dem ich mich voll und ganz geborgen fühlen konnte, war für mich immer eng mit dem Glauben verbunden. Elternhaus und Glauben verschmolzen zu einer Einheit. Der abendliche Lichtschein durch den Türspalt, die Schritte und Stimmen meiner Eltern bedeuteten für mich vollkommene Geborgenheit.

Selbst die vielen Krankheiten, die in meiner Kindheit ständige Begleiter waren, konnten meinen Frohmut nicht trüben. Meine Schwestern und meine Mutter haben mir später oft erzählt, wie sehr sie sich um mich sorgten. Ihnen wurde ganz bange, wenn ich mal wieder keine Luft bekam und blau anlief. Dann bettete mich meine Mutter aufrecht in die Kissen und rieb mich mit Pulmotin ein. Den speziellen Geruch der ätherischen Öle empfinde ich daher bis heute als etwas Vertrautes und Schönes. Glücklicherweise gibt es das Mittel heute noch. Wenn ich in meinen Jahren als Pfarrer mal erkältet und heiser war, verwendete ich jedenfalls stets die bewährte Salbe und erfreute mich jedes Mal an dem anheimelnden Geruch.

Der Höhepunkt des Jahres war für mich als kleiner Junge das Weihnachtsfest, das wir in unserer Familie immer sehr ausgiebig feierten. Das wundervolle Licht in der Kirche, die Kerzen, Transparente, die Krippe, Engel und Leuchter zu Hause, der Geruch aus brennendem Ofenholz und Schokolade – all das berührte mich damals sehr. Weihnachten war das einzige Mal im Jahr, an dem es bei uns zu Hause Schokolade gab. Ein ehemaliger Mitgefangener meines Vaters schickte uns alljährlich ein Paket aus Nürnberg mit Apfelsinen, Schokolade und Lebkuchen. Diese Köstlichkeiten bewahrte meine Mutter in einer mit Blümchen verzierten Blechdose auf, die sie nur in ganz besonderen Momenten öffnete. Bis heute mag ich die kalte und dunkle Jahreszeit mit Schnee und Eis, weil mittendrin Weihnachten liegt.

Dank dieses intensiven Eindrucks aus Kindertagen verbinde ich die Ewigkeit, also das Reich Gottes, nie mit dem Tod, sondern mit Jesus und damit mit Weihnachten. Schließlich hat Jesus selbst das Reich Gottes mit einem Fest, einer Hochzeit verglichen. So bin ich bis heute von Todesfurcht verschont geblieben.

Die Heimkehr meines Vaters sprach sich schnell herum, und all die vielen »Landstreicher«, Kriegsinvaliden und Drehorgelmänner, die nach dem Krieg scharenweise über die Dörfer zogen, kamen noch öfter als vorher zu uns. Meine Mutter bat sie jedes Mal in unsere Küche und gab ihnen etwas zu essen. Nach dem Essen blieben sie meist noch ein bisschen sitzen, weil es am Ofen so schön warm war. Dann fingen sie an zu erzählen. Meine Mutter hatte eigentlich gar keine Zeit und erledigte nebenher ihre Arbeit. Ich hingegen saß auf unserer kleinen Schuhbank und lauschte fasziniert, was die Besucher zu berichten hatten. Meist ging es um ihre Erlebnisse auf Wanderschaft. Darum, wie der eine sein Bein verloren oder warum ein anderer nur noch einen Arm hatte. Oder um die Umstände, die sie aus der Bahn geworfen hatten. Unter den Besuchern waren auch einige besonders skurrile Gestalten, beispielsweise eine Frau von den Zeugen Jehovas, die unverständliche Dinge redete. Jedes Mal sprang sie irgendwann völlig unvermittelt vom Stuhl auf, breitete die Hände aus und begann zu singen. Meine Mutter konnte damit gut umgehen und ließ sich nicht aus der Ruhe bringen. Kam jedoch mein Vater zufällig in die Küche und erblickte die Frau, drehte er sich auf dem Absatz um und ging wieder aus dem Raum. Für derartige Ausbrüche hatte er wenig Geduld, zumal er als Pfarrer sehr viel unterwegs war, den ganzen Tag über Gespräche führte und dann zu Hause sein Refugium suchte.

Die Geduld und die Offenheit, die meine Mutter den Menschen in Schwierigkeiten entgegenbrachte, berührten mich. Ganz wie im Jakobus-Brief, in dem es heißt: *»Wenn einer nichts anzuziehen und nicht genug zu essen hat und jemand unter euch sagt: Geht hin in Frieden*

... ohne dass ihr ihnen gebt, was sie nötig haben – was hilft ihnen das? So ist es auch mit dem Glauben: Wenn er keine Früchte aufzuweisen hat, ist er selbst tot.«[3] Mein Vater spendete von seinem nicht sehr üppigen Pfarrersgehalt regelmäßig einen gewissen Betrag an verschiedene Hilfskassen und Unterstützungsfonds, sodass für unsere Familie nur wenig übrig blieb und meine Eltern stets genau rechnen mussten. Wollte meine Mutter Pflanzen für den Garten kaufen, dann fragte mein Vater: »Muss das denn wirklich sein?« Trotzdem hatten wir, daran erinnere ich mich sehr genau, einen malerisch schönen Garten.

»Was kochen wir denn heute Mittag?«, fragte meine Mutter oft. »Am besten, du pflückst gleich ein paar Bohnen und Gurken.«

Also ging ich in den Garten und erntete dort Gemüse, das schon eine halbe Stunde später dampfend auf dem Tisch stand.

Durch das Leben auf dem Dorf war ich sehr eng mit der Natur und den unterschiedlichen Jahreszeiten verbunden. Meine Mutter legte mir im Garten ein eigenes Beet an, auf dem ich pflanzen durfte, was ich wollte. Ich zog Radieschen, einen großen Rettich und Bäume. Wenn die Bäume groß wurden, haben wir sie verschenkt. Einen Ahorn ließ ich stehen und beobachtete, wie er wuchs. Bis er leider zu groß für mein Beet wurde. Die Wurzeln gruben sich unter die Hofmauer und brachten sie fast zum Einstürzen. Dann musste er gefällt werden.

Die Beständigkeit und die Stärke der Bäume faszinieren mich seit meiner Kindheit. Erst viel später, dank meiner Frau, lernte ich auch die Schönheit der Blumen zu schätzen.

Trotz der kargen Nachkriegsjahre kann ich mich nicht erinnern, dass es uns je am Essen mangelte. Fleisch gab es natürlich nur am Sonntag, dafür gab es sonnabends Gehacktes oder Wurst. Wenn der Bratenduft am Sonnabendabend durchs Haus zog, verschwand mein Vater jedes Mal mit einem kleinen Löffelchen in der Speisekammer, um ein bisschen von der Soße zu naschen. Meine Mutter schimpfte dann zwar immer, aber ich merkte schon bald, dass es scherzhaft gemeint war. Später übernahm ich diese Rolle, und irgendwann beobachtete ich, wie sich auch unsere Kinder heimlich in die Küche schlichen, sobald der Sonntagsbraten fertig war.

Weil wir den Garten und zudem, wie damals üblich, einen kleinen

Pfarracker besaßen, wurde das Essen nicht eintönig. Vor allem die Kartoffel lernte ich in allen Variationen zu schätzen. Selbst roh aß ich sie gerne, und nicht selten bekam ich eine aus dem Topf, während meine Mutter draußen auf der Treppe saß und schälte. Sogar die auf dem Ofen angebratenen Kartoffelschalen waren für mich ein Genuss. Die Sehnsucht nach bestimmten Gerichten blieb jedoch, weil es manche Köstlichkeiten eben nur zu besonderen Anlässen gab. Typisch für die Nachkriegsgeneration ist zum Beispiel die Liebe zur Butter. Aufs Schulbrot gab es bei uns immer nur etwas Improvisiertes. Etwa einen Aufstrich aus Mehl, in der Pfanne mit etwas Öl angerührt. Die Bauernkinder dagegen hatten meist üppig belegte Brote dabei. Milch nannten wir in jenen Jahren übrigens Blaumilch, weil sie derart entrahmt war, dass sie im Aluminiumtopf blau schimmerte. Allein deshalb wollte ich sie als kleiner Junge nie trinken. Als meine Mutter mich wieder mal zum Milchholen in den Dorfladen schickte, beäugte ich sehnsüchtig den Butterblock. Die korpulente Verkäuferin herrschte über den dicken, glänzenden Klumpen und schnitt vorsichtig mehrere sehr feine Scheiben ab. Wenn die Waage auch nur ein Gramm zu viel anzeigte, nahm sie sofort etwas weg. Für jeden gab es nur so viel, wie es die zugeteilten Marken erlaubten. Deshalb war mein größter Traum, einen ganzen Berg Lebensmittelmarken zu besitzen und einmal im Leben so viel Butter zu essen, wie ich wollte. Das musste meine Mutter gemerkt haben, denn eines Tages versprach sie mir: »Wenn es mal ein bisschen besser geht, sparen wir ein paar Marken, und dann bekommst du eine richtige Buttercremetorte.«

Ich wusste gar nicht, was das genau war. Zu meinem Geburtstag hatte sie bisher immer eine Zahl – entsprechend dem Alter – mit einem Kranz aus Einback gebacken. Doch eines Tages war es endlich so weit, und ich bekam meine erste Buttercremetorte. Wahrlich ein Festessen! Seitdem wünsche ich mir zu jedem Geburtstag eine Buttercremetorte. Wenigstens eine kleine.

Da ich schon als Kind gelernt habe, das Essen zu achten, habe ich bis heute eine Abneigung gegen Verschwendung jeglicher Art. Wenn ich sehe, wie jemand achtlos Lebensmittel in den Müll wirft, dann kann ich richtig wütend werden, was mir sonst nicht oft passiert. Das Wegwerfen von Lebensmitteln halte ich für eine Sünde,

die einfach nicht sein darf. Es ist für mich beileibe keine Selbstverständlichkeit, sondern ein wunderbares Zeichen des Friedens und
der Güte Gottes, wenn man satt wird.

Ich habe in all den Jahren nicht vergessen, wie mühsam es ist,
Brot selbst herzustellen. Im Sommer, zur Erntezeit, schickte unsere Mutter meine Schwestern und mich zum Ährenlesen. Das Ge-
treide war längst gemäht, und der Bauer war bereits mehrfach mit
dem großen Rechen über die Stoppelfelder gezogen. Gemeinsam
mit anderen standen wir am Feldrand und warteten auf sein Zeichen. Immer dann, wenn wir hofften, nun dürften wir losstürmen,
fuhr der Bauer noch einmal mit seinem riesigen Rechen los. Am
Ende war eigentlich kaum noch etwas für uns übrig. Nach Stunden
des Wartens durften wir dann endlich über die stacheligen Stop-
peln laufen, um die darin verfangenen Ähren aufzuklauben. Meine
Schwestern und ich sammelten sie in einem Sack, den wir auf einen
Hackklotz legten und mit einem Knüppel ausschlugen. Anschließend schüttelten wir den Sack aus, damit der Wind die Spreu weg-
blies und die Weizenkörner auf den Boden fielen – wie zu Zeiten
des Alten Testaments. Die Körner brachten wir zum Müller, der sie
für uns zu Mehl mahlte. Am Ende hatten wir ein winziges Häuf-
chen Mehl, aus dem meine Mutter gerade mal ein kleines Brot
backen konnte. Zwar wuchs auf unserem eigenen kleinen Feld
richtiges Brotgetreide, das für uns alle reichte. Aber meine Mutter
wollte uns wohl am eigenen Leib erfahren lassen, wie viele Gänge
für ein Brot nötig sind. Wie oft man sich bücken muss, bis man ein
paar Ähren zusammen hat. Wie wenige Körner beim Dreschen
übrig bleiben. Wie viele davon man für ein ganzes Brot braucht.

Es sind sehr viel mehr, als man denkt.

Zwischen Taufstein
und Lesepult

Weil es damals bei uns in Langenleuba-Oberhain noch keinen Kindergarten gab, blieb ich bis zu meiner Einschulung zu Hause. Als ich im Jahr 1949 in die Dorfschule kam, war meine Schwester Barbara gerade mit der Schule fertig, weshalb ich den Weg jeden Tag allein laufen musste. Jeden Morgen, nachdem ich den kleinen Hang vor unserem Haus erklommen hatte, drehte ich mich noch einmal um und wartete, bis meine Mutter mir aus der Küche zuwinkte. Erst dann zog ich zufrieden weiter. Eines Tages wartete ich allerdings vergeblich. Die Zeit verging, und ich war spät dran, doch ich wollte unter keinen Umständen ohne ihren Gruß zur Schule gehen. Also blieb ich so lange stehen, bis sie mich irgendwann bemerkte. Dann erst konnte ich losgehen, und natürlich kam ich an jenem Morgen zu spät zur Schule. Meine Mutter und ich vereinbarten daraufhin das Winken als festes Ritual, damit ich nie wieder darauf warten musste.

Nach der Schule führte mich mein Weg nach Hause über den Friedhof, wo ich die Familiengräber mit ihren Skulpturen betrachtete. Auf dem kleinen Dorffriedhof gab es nicht viele davon. Die wenigen prägte ich mir also umso genauer ein, am besten gefiel mir die Jesusfigur, die ihre Arme zum Segen ausbreitete. Vor ihr stand ich fast jeden Tag, denn die anmutige Geste mit den weit geöffneten Armen bewegte mich sehr. Viel später erfuhr ich, dass meine beiden Schwestern Jahre zuvor ebenfalls genau an dieser Stelle auf ihrem Heimweg stehen geblieben waren. Der »Segnende Christus« von Bertel Thorvaldsen zählt zu den meistkopierten Statuen auf Europas Friedhöfen und ließ schon Generationen von Menschen so wie mich verharren.

In der Schule gefiel es mir derart gut, dass ich bei allem dabei sein wollte, also auch bei den Pionieren. Wie meine Klassenkameraden trat also auch ich in die kurz zuvor gegründete Pionierorganisation ein und wurde sogar zum Gruppenratsvorsitzenden gewählt. Meine Eltern ließen mich gewähren. Sie nötigten mich nicht einmal, an den Gottesdiensten teilzunehmen, was ich jedoch freiwillig und zudem sehr gern tat. Heute bin ich ihnen dankbar dafür, dass sie mich schon frühzeitig eigene Wege gehen ließen. Das Evangelium haben mir meine Eltern vorgelebt, durch ihre Arbeit zu Hause und im Dorf. Über sie habe ich Gott als »*Gott ist Liebe*«[4] erfahren und kennengelernt, und das hat mein Leben nachhaltig positiv geprägt. Nie hätten sie Gott als Pädagogen missbraucht, nach dem Motto: »Der liebe Gott sieht alles. Pass bloß auf!«

Lediglich wenn es um meine Noten in Betragen ging, versuchte mein Vater streng zu wirken, und es hätte ihm sicher gefallen, wenn ich darin eine Eins gehabt hätte. Das gelang mir jedoch nie. Wann immer ich mir vornahm, meinem Vater diesen Gefallen zu tun, dauerte es nicht lange, und ich bekam wieder einen Eintrag, weil ich irgendetwas zum Missfallen der Lehrer gemacht hatte. Da konnte ich tun, was ich wollte: Ich war einfach zu lebhaft und schwatzte zu viel. Vermutlich litten mein Vater und ich gleichermaßen unter den Noten, die ich für mein Betragen bekam. Von einem Pfarrerssohn erwartete ein jeder natürlich ein besonders gutes Benehmen, dem ich nur schwer entsprechen konnte.

Einmal zum Beispiel spuckte ich zusammen mit dem größten Rabauken der dritten Klasse, genannt »Frieda«, in hohem Bogen aus dem Fenster. Wir waren im Hochparterre und hatten ordentlich Anlauf genommen, damit unten mit Sicherheit noch etwas ankam. Unglücklicherweise lief unter dem Fenster just in jenem Moment der Direktor entlang. Natürlich gab es ein Riesendonnerwetter. Die Pausenaufsicht kam angerannt, und wie auf Kommando fingen wir beide an zu heulen wie die Schlosshunde. Die großen Mädchen von der Pausenaufsicht riefen: »Das war bestimmt Frieda. Der kleine Pastor ...«, so nannten sie mich, »macht so etwas nicht.« Ich weiß nicht mehr, welche Strafe Frieda bekommen hat, doch noch heute schäme ich mich dafür, damals nicht widersprochen zu haben. Ich spürte ganz genau, was für ein Unrecht es war, nur meinen Klassenkameraden als Übeltäter dastehen zu lassen, und traute mich trotzdem nicht, meine Schuld zuzugeben. Diese Geschichte verfolgte mich noch lange.

Das Lernen fiel mir seinerzeit zwar nicht schwer. Aber da ich oft kränkelte, konnte ich auf manchen Gebieten einfach nicht mithalten. Zwar spielte ich mit Leidenschaft Fußball, doch da ich nach jedem Spiel krebsrot zu Hause ankam, verbot es mir meine Mutter irgendwann. Selbst wenn ich versuchte zu tricksen und mich erst dann auf den Heimweg machte, sobald sich meine Hautfarbe wieder normalisiert hatte, bemerkte meine Mutter sofort, was los war. Wegen meines Asthmas bekam ich beim Rennen kaum Luft und war nach jedem Spiel völlig erschöpft.

Mein Vater wünschte, ich solle das Klavierspiel erlernen. Noch immer gingen alle in unserer Familie, genau wie ich selbst, davon aus, ich würde eines Tages Thomaner werden. Klavierunterricht war also selbstverständlich. Mein Vater hatte allerdings weder genug Zeit noch die notwendige Geduld und konnte beim besten Willen nicht begreifen, dass es nicht genügte, mir die Sache einmal zu erklären. Ich wiederum begriff nicht so schnell, wie er es sich wünschte, und so war der Klavierunterricht bald eine einzige Qual für mich. Durch die hohen Ansprüche meines Vaters erlernte ich das Klavierspiel in extrem kurzer Zeit. Trotzdem waren meine Mutter und ich erleichtert, als er schließlich vorschlug, ich solle besser bei unserem Kantor Unterricht nehmen. Danach lernte ich nie wieder so viel wie bei meinem Vater. Ich hatte nur noch Musiklehrer, die sehr nett zu mir waren und die ich folglich um den kleinen Finger wickeln konnte. Meine Schwester und mich unterrichtete unser Kantor in Oberhain, der uns beide sehr mochte. Meistens lief die Stunde so ab, dass ich mir ein Stück wünschen durfte und er es uns vorspielte. Am liebsten hörten wir die musikalische Treppe, zu der unser Kantor zu unserer großen Freude jedes Mal Faxen machte. Das waren lustige Nachmittage, bei denen wir allerdings nicht allzu viel lernten.

Musik war in unserer Familie immer sehr präsent. Jeden Sonntag zwischen den Gottesdiensten saßen meine Eltern im Wohnzimmer und hörten die jeweilige Bach-Kantate auf Radio DDR. Mein Vater und auch mein Onkel Max, der manchmal zu Besuch kam, nutzten jede Gelegenheit zur Hausmusik. Eines Sonntagabends setzte sich mein Vater ans Klavier, spielte ein paar Takte, und meine Mutter sang den Erlkönig. Wie benommen saß ich in der Sofaecke, während sie die gesamte Ballade sang. Nachdem sie die letzte Strophe intoniert hatte – »in seinen Armen das Kind war tot« – wurde es ganz still. Zutiefst bewegt lauschte ich der Melodie nach und spürte dabei mein Herz bis hoch zum Hals schlagen. Die schmeichelnde Melodie, die Hilferufe des Kindes in hämmernden Stakkati. Bis dahin hatte ich keine Vorstellung davon, welch gewaltige Kraft ein einziges Lied entfalten kann. Schuberts Erlkönig eröffnete mir letztlich die weite Welt der Musik. Diese Situation ist ein Sinnbild für die Atmosphäre, die in meinem Elternhaus herrschte. Nicht durch den strengen Unterricht meines Vaters hatte ich die Schönheit der Musik entdeckt, sondern dadurch, wie natürlich meine Eltern damit umgingen.

Genauso zwanglos und natürlich wuchs ich in den Glauben hinein. In und mit der Kirche bin ich groß geworden. Vom Taufstein zum Lesepult in der Kirche in Langenleuba-Oberhain war die erste Strecke meines Lebens, die ich auf eigenen Füßen ging. In dem Gotteshaus lernte ich das Laufen und auch das Buchstabieren. Noch ehe ich richtig lesen konnte, entzifferte ich die geheimnisvolle Schrift an der Wand im Altarraum: »*Heilig, heilig, heilig ist der Herr Zebaoth*«.[5] Im Pfarrhaus bemerkte ich den Spruch: »*Der Herr behüte deinen Ausgang und Eingang*«[6], und im Gemeinde- und Konfirmandenraum: »*Jesus Christus spricht: Siehe, Ich bin bei euch alle Tage, bis an der Welt Ende*«.[7] So sind mir die Worte der Bibel eindrücklich entgegengekommen. Liebevoll und ohne Zwang von Eltern und Schwestern nahegebracht. An einem guten und vertrauten Ort selbst entdeckt.

Beim Heizen des Gemeinderaums entdeckte ich eines Tages eine große, bebilderte Bibel. Zu meinen Aufgaben im Winter gehörte es, Reisig zum Anfeuern zu sammeln und zum Ofen zu bringen. Angezogen von den Illustrationen, blieb ich bei der Bibel auf dem kleinen Holzaltar stehen und begann darin zu blättern. Fasziniert betrachtete ich die Bilder. Vergaß alles um mich herum, sogar das Einheizen. Stundenlang, so erzählten es mir meine Eltern später, stand ich in dem eiskalten Raum, völlig fasziniert von meiner Entdeckung. Als mein Vater bemerkte, dass meine Neugier geweckt war, zeigte er mir eine ebenso reich bebilderte Familienbibel im Esszimmer, die ich mir – ohne die Gefahr, mich zu erkälten – jederzeit ansehen durfte.

So begann ich, Bücher aus der Bibliothek meines Vaters und meiner Mutter zu lesen. Neben dem altersgemäßen *Lederstrumpf* von Cooper, dem Indianerbuch *Blauvogel* oder dem Roman von Hans Zappe, *Christine sucht den lieben Gott*, geriet ich durchaus auch schon an schwierigere Kost, wie Dostojewskis *Aufzeichnungen aus einem Totenhaus*. Vor allem, wenn ich krank war und nicht aus dem Haus durfte, verbrachte ich meine Zeit mit Lesen. Meinem Sinn für Gerechtigkeit, dem ich bis dahin nur intuitiv hatte folgen können, vermochte ich allmählich auch mit Argumenten beizukommen. Ich begann, mich mit meinem Umfeld auseinanderzusetzen und nahm den *»Kampf, der uns verordnet ist«*[8] auf.

Die erste Gelegenheit dazu bekam ich in der Schule. Unser Klassenlehrer war ursprünglich Religionslehrer gewesen, nach der Machtergreifung der Nationalsozialisten jedoch ein überzeugter Nazi geworden. Nach dem Krieg musste er zur Strafe ein Jahr in der Sandgrube arbeiten, bis er als umerzogen galt und wieder als Lehrer eingesetzt werden durfte. Sobald er sich kritisch über die Kirche äußerte, drehten sich meine Mitschüler demonstrativ nach mir um. Ob ich es nun gewollt hätte oder nicht: Als Pfarrerssohn konnte ich unmöglich dazu schweigen.

Irgendwann, ich war damals vielleicht in der vierten Klasse, errang ich als David meinen ersten Sieg gegen Goliath. Besagter Lehrer meinte, die Geschichten in der Bibel seien allesamt nur Märchen. Genau damit weckte er meine Empörung – und natürlich meinen Widerspruch. Es war unerträglich für mich, dass er Jesus oder Gott verhöhnte, indem er die Bibel als Märchenbuch abstempelte. Mein zwar noch kindliches, aber trotz allem starkes Gespür für Gerechtigkeit verlangte von mir, diese Behauptung nicht einfach so stehen zu lassen. Ich überlegte kurz und meldete mich.

»Ich hätte da mal eine Frage: Kennen Sie jemanden, der an Schneewittchen oder Hänsel und Gretel glaubt?«

Der Lehrer musterte mich irritiert. »Natürlich nicht«, sagte er dann, »jedenfalls keinen Erwachsenen. Das sind doch bloß Märchen.«

»Na eben«, erwiderte ich. »An Jesus und Gott dagegen glauben die Menschen auf der ganzen Welt. Also kann die Bibel kein Märchenbuch sein.«

Die Klasse feixte, auch weil sie spürte, wie sprachlos unser Lehrer war. Er stand an der Heizung und trommelte nervös mit den Fingern auf die Rohre. Es war ihm deutlich anzusehen, wie er nach einer Antwort suchte und keine fand. Instinktiv spürte ich, diesmal das letzte Wort gehabt zu haben.

Trotzdem hat mir dieser Lehrer, der mit mir und meinetwegen noch viel Ärger haben sollte, auch viel geholfen. Wenn ich mal wieder wegen meines Asthmas oder wegen einer Lungenentzündung nicht in die Schule gehen konnte, lud er mich zu sich nach Hause ein, um mit mir Mathematik nachzuholen und zu üben. Irgendwie schien er mich doch gern zu haben. Durch ihn lernte ich, dass man Menschen nur gerecht wird, wenn man sie nicht bloß aus einer Situation heraus bewertet. Ein und derselbe Mensch kann so und auch ganz anders sein.

Ganz meinem Alter gemäß gab es für mich aber noch vieles andere, das es für das Leben zu lernen galt. So auch, wozu Kinder untereinander in der Lage waren, nur um die Hackordnung auf dem Schulhof klarzumachen. Meine erste praktische, wenn nicht gar handfeste Erfahrung in dieser Hinsicht hat mit der Bergpredigt zu tun. In der großen Pause standen wir auf dem Hof zusammen, als ein älterer Schüler, einer von den »Großen«, zu mir kam. Er stellte sich vor mich hin und verpasste mir ohne Vorwarnung eine Ohrfeige. Den unvermittelten Angriff kommentierte er mit den Worten: »Jesus hat doch gesagt, wenn einer dich auf die Backe schlägt, sollst du auch noch die andere hinhalten.« Ehe ich auch nur einen Entschluss fassen konnte, fügte er gelassen hinzu: »Da hast du noch eine«. Diesmal schlug er mich auf die andere Backe. Damals fühlte ich mich irgendwie besonders. Als hätte ich etwas für Jesus getan oder ausgehalten. Ich bekam eine erste Ahnung davon, dass es etwas ganz anderes ist, ob man für eigene Fehler, Aggressivität und schuldhafte Vorgänge büßen muss oder ob man wegen Jesus zu leiden hat. Der ältere Schüler hatte übrigens im Konfirmandenunterricht bei meinem Vater gut aufgepasst. Denn Jesus sagte zum Thema Vergeltung: »*Ihr habt gehört, dass gesagt worden ist, Auge um Auge, Zahn um Zahn.*[9] *Ich aber sage euch, dass ihr euch dem Bösen nicht widersetzen sollt, sondern: Wenn dich jemand auf deine rechte Backe schlägt, dem halte die andere auch hin*«[10], denn das Gesetz der Vergeltung um jeden Preis hinterlässt nur Verletzte und Krüppel und trägt die Eskalation in sich.

Meine Auseinandersetzung mit dem Klassenlehrer über die Bibel war nur der Auftakt gewesen. Je älter ich wurde und je mehr ich über das Evangelium erfuhr, umso deutlicher wurde mir, dass dies auch mein Weg sein sollte. Im Alter von neun Jahren hatte ich noch mit verschiedenen Berufswünschen geliebäugelt. Rennfahrer, Schlagersänger oder Missionar wollte ich werden. Mit zwölf dagegen fällte ich eine Entscheidung: Ich wollte Pfarrer werden. Meine Eltern waren mir große Vorbilder darin, wie sie – jeder auf seine Weise und mit großem Einsatz – das Evangelium lebten. An ihnen konnte ich mich in völliger Freiheit orientieren: an meiner Mutter, die der revolutionäre, widerständige Typ war, an meinem Vater, der mich Treue und Beständigkeit lehrte und dass man Dinge, die man beginnt, auch beendet. Das Vertrauen meiner Eltern, ich würde meinen Weg finden, gab mir Kraft. So konnte meine Entscheidung unter ihrer liebevollen Obhut heranreifen. Selbst meine vielen Krankheiten, die meine Laufbahn als Thomaner verhindert hatten, sah ich als Fügung. Auch Jesus setzte sich für die Schwachen ein, für die Kranken und für die an den Rand Gedrängten.

Anders als in der Welt galt bei Jesus nicht der Starke etwas, nicht der Erfolgreiche, nicht der Durchsetzungstyp. Er stärkte und heilte die Kranken, statt sie auszugrenzen. Sein Einsatz für die Erniedrigten und Beleidigten war angesichts meiner eigenen Außenseitersituation durch meine Krankheiten ausschlaggebend für meinen Entschluss. Die Idee der ausgleichenden Gerechtigkeit faszinierte mich. Jesus reichte den auf dem Boden Liegenden die Hand. Er half ihnen aufzustehen. Er ließ sich durch nichts und niemanden davon abbringen. Weder vom religiösen noch politischen Establishment. All das ließ mich nicht mehr los.

Aufgrund dieser Erkenntnisse trat ich in der sechsten Klasse aus der Pionierorganisation aus. Ich empfand diese Organisation zunehmend als antichristlich. Die Pioniernachmittage waren zwar nicht agitatorisch gewesen, zumal ich sie als Gruppenratsvorsitzender selbst mitgestaltet hatte. Doch ich begriff, hier ging es nicht nur um Fußballspielen und fröhliches Beisammensein. Das Klima in der Schule veränderte sich, als die in der Anfangszeit noch verdeckte Kirchenfeindlichkeit unter den Lehrern immer deutlicher hervortrat.

Den Brauch der Jugendweihe gab es seit dem 19. Jahrhundert. Doch im März 1955 fand die erste Jugendweihe in Ostberlin statt, die fortan als sozialistische Alternative zur Konfirmation in der DDR fest etabliert wurde. Auch christliche Jugendliche wurden zur Teilnahme genötigt. Mir wurde die weltanschauliche Bedeutung bewusst, die hinter der Idee der Pioniere stand.

Entschlossen ging ich zu meinem Klassenlehrer und sagte: »Ich lege alle meine Ämter nieder.« Fürwahr eine eigenartige Ausdrucksweise für einen Sechstklässler. Damit trat ich aus der Pionierorganisation aus. Erstaunlicherweise blieb mein Austritt ohne Folgen. Vermutlich meldeten meine Lehrer den Vorfall nicht weiter, damit sie sich ermüdende Debatten ersparen konnten. Meinen Eltern erzählte ich erst im Nachhinein davon, und wie immer respektierten sie meine Entscheidung wohlwollend. In meiner Klasse gab es niemanden, der kein Verständnis für meine Entscheidung hatte. Wahrscheinlich war es auf das Ansehen meiner Eltern zurückzuführen. Immerhin gingen fast alle meine Schulkameraden zur Christenlehre und später zum Konfirmandenunterricht. Und die Stunden in der Jungen Gemeinde erfreuten sich allgemeiner Beliebtheit. Meine Mutter brachte für jeden eine Streuselschnecke mit, mein Vater besprach einen Bibeltext und las danach etwas vor. Anschließend unterhielten wir uns. So gelang es meinen Eltern, die Kinder und Jugendlichen in herzlicher Atmosphäre ans Evangelium heranzuführen. Deshalb war es auch vielmehr ein Bekenntnis und kein rebellischer Akt, als meine gesamte Klasse zur Konfirmation ging. Doch der Trend im Land war genau gegenteilig: Mit großem Druck wurde die Jugendweihe durchgesetzt, konfessionelle Rituale hingegen wurden zunehmend zurückgedrängt. Doch unsere Klasse verweigerte sich dieser Entwicklung vollständig. Natürlich versuchten die Lehrer, auf die Eltern meiner Mitschüler einzuwirken – vergeblich. Da mein Vater die meisten als Kinder bereits konfirmiert oder getauft hatte, blieb diese Propaganda erfolglos. Da die wenigen Kinder aus kommunistischem Elternhaus die Jugendweihe nicht alleine feiern wollten, schlossen sie sich kurzerhand der Mehrheit an. Letztendlich hat mein Vater die gesamte Klasse konfirmiert.

Später erfuhr ich, dass der Lehrer, mit dem ich meinen ersten »Religionsstreit« ausgefochten hatte, zum Rat des Kreises zitiert worden war. Dort sollte er sich dafür rechtfertigen, nicht einen einzigen seiner Schüler zur Jugendweihe bewegt zu haben. Er konnte nicht viel dazu sagen und betonte daher nur, das Kollegium hätte sich wirklich alle Mühe gegeben. Weil jedoch auch der Pfarrerssohn in der Klasse sei, habe man leider nichts ausrichten können.

VON ALTEN GRIECHEN UND GUTEN LEHRERN

In der achten Klasse entschied sich, wer Abitur machen durfte und wer nicht. Ich gehörte zwar zu den besten Schülern, aber dem damaligen Paradigma entsprechend sollte Pfarrerskindern die Zulassung zur Erweiterten Oberschule erschwert werden. Daher erkundigten sich meine Eltern rechtzeitig nach kirchlichen Ausbildungsstätten, um mir meine weitere Ausbildung zu ermöglichen. Deren Abschlüsse allerdings waren nicht staatlich anerkannt. Im August 1957 kam dann, völlig unerwartet und unmittelbar vor Schulbeginn, doch noch die Zusage für einen Platz in Eisenach.

Der dortige Landesbischof Mitzenheim wurde von der SED hofiert und dadurch von den anderen Landesbischöfen in der DDR isoliert. Seinem Einsatz ist der Erhalt eines so genannten C-Zuges, eines Klassenzuges mit altsprachlichem Unterrichtszweig, an der Ernst-Abbé-Schule in Eisenach zu verdanken. Genau das war die Schule, auf die ich immer wollte. Der Latein- und Griechischunterricht waren eine gute Vorbereitung für mein geplantes Theologiestudium. Und es gab ein kirchliches Schülerheim in Eisenach, das Ursula-Cotta-Heim. Dort war ich mit anderen Pfarrers- und Ärztesöhnen zusammen, die zum Teil von weiter her kamen. Die meisten Schüler meiner Klasse stammten ebenfalls aus christlichen Elternhäusern. Mehr als die Hälfte von ihnen war bis zur elften Klasse nicht in der FDJ. Die ungewöhnliche Zusammensetzung dieser Schulklasse erklärt vielleicht auch, weshalb wir noch immer in engem Kontakt zueinander stehen und sogar alle zwei Jahre gemeinsam verreisen.

Der Umzug nach Eisenach bedeutete eine große Veränderung für mich, denn fortan konnte ich nur noch in den Ferien nach Hause fahren. Ein neuer, selbständiger Lebensabschnitt hatte begonnen. Mit der Pubertät blieben merkwürdigerweise schlagartig all meine Krankheiten aus. Auf einer von der Kirche angebotenen Kur in Bad Salzelmen an der Elbe verschwand sogar mein Asthma. Nun hatte ich nur noch mit dem alljährlichen Heuschnupfen zu kämpfen, den ich allerdings mit Medikamenten recht gut unter Kontrolle bekam. Ich begann, wieder Sport zu treiben, spielte Tischtennis, machte Radtouren oder lief abends mit den anderen eine Strecke von zwei Kilometern durch den Wald. Auch musikalisch entwickelte ich mich weiter, und zum Klavier kam bald ein weiteres Instrument, das ich erlernte: das Horn. Außerdem sang ich im Bachchor der Georgenkirche und spielte im Posaunenchor. In jener Zeit kamen zahlreiche neue Herausforderungen auf mich zu, dennoch – und das ist das Erstaunliche – fiel ein enormer Druck von mir ab. Die Zeiten auf dem Dorf waren nun für mich vorbei. Unbewusst trug ich in mir den unausgesprochenen Anspruch, als Pfarrfamilie immer Vorbild sein zu müssen. Zerbrachen rundherum auch die Ehen, wurden die Menschen kriminell oder gingen traditionelle Werte verloren – wenigstens in der Pfarrfamilie sollte es stimmen.

Durch die Entfernung von zu Hause fühlte ich mich in Eisenach unabhängiger und selbstständiger als zuvor. Ich veränderte verschiedene Dinge und probierte unter anderem auch neue Frisuren aus. Mein Scheitel wich verschiedenen Kurz- und Langhaarvarianten, bis ich schließlich bei der bis heute erhaltenen – und offensichtlich unverwechselbaren – Stoppelfrisur landete. Bei einem meiner Besuche in der Heimat kommentierte mein Vater die Veränderungen nur knapp. »Na, warst du überhaupt beim Friseur?«, fragte er, und damit war die Sache erledigt. Meine neuen Jeanshosen blieben ihm jedoch ein Rätsel. »Was du bloß an diesen Schlosserhosen findest?«, lautete sein Kommentar. Und das Rauchen, das ich in der Grundschule schon mal zusammen mit den anderen Jungen heimlich probiert hatte, gewöhnte ich mir in Eisenach nun auch richtig an.

Auf die Schule in Eisenach und auf das Schülerheim hatte uns meine älteste Schwester Ursel aufmerksam gemacht. Ihr Mann,

Dietrich Vogel von Frommannshausen, war damals Landesjugend-pfarrer von Thüringen. Vor allem in den ersten Monaten verbrachte ich viel Zeit bei den beiden und ihren drei Kindern, da ich wegen meiner anfangs schlechten schulischen Leistungen sehr verunsi-chert war. Mit meiner Schwester konnte ich über alles reden. Ursel war mir in der Eisenacher Zeit der vertrauteste Mensch, und wir standen uns sehr nahe. Aber auch mit meinem Mathematiklehrer, einem Kommunisten, verband mich ein gutes Verhältnis. Trotz mei-nes miserablen Starts an der Eisenacher Schule war dieser Lehrer davon überzeugt, ich solle lieber Mathematik als Theologie studie-ren. Dabei hatte ich in seinem Fach so manche Vier bekommen und wurde zunehmend mutlos.

»In deinem Dorf warst du der Beste, hier nun sind die Besten aus den verschiedensten Dörfern versammelt«, tröstete er mich. »Du wirst dich schon noch daran gewöhnen. Es wird vielleicht ein Jahr dauern, dann hast du den Anschluss geschafft.«

Seine Worte halfen mir sehr, was meine schulischen Leistungen be-traf, wieder Hoffnung zu schöpfen. Doch bei meinen ersten Besuchen zu Hause fühlte ich mich wegen der schlechten Zensuren noch un-wohl. Mein Vater aber winkte nur ab. »Das wird schon wieder«, sagte auch er voller Zuversicht. Ich war sehr erleichtert. Und sie alle sollten recht behalten. Bereits ein Jahr später hatte sich die Situation norma-lisiert. Beim Abitur gehörte ich zu den Jahrgangsbesten.

In Eisenach hatte ich nicht nur außergewöhnliche Mitschüler, sondern auch großes Glück mit meinen Lehrern. Wir diskutierten sehr viel, und zwar stets ohne Netz und doppelten Boden. Aber nie geriet einem von uns die eigene Meinung zum Nachteil. Die meis-ten Lehrer waren als Soldaten im Krieg gewesen, in Gefangenschaft geraten und hatten sich, teilweise kriegsversehrt, in einer neuen Ge-sellschaft orientieren müssen. Einer von ihnen war sogar schwer kriegsgeschädigt und litt oft unter starken Schmerzen, was wir in sei-nen Wutausbrüchen regelmäßig zu spüren bekamen. Einmal betrat er in Mantel und Hut das Klassenzimmer, und statt einer Begrüßung schlug er mit seinem Stock auf den Tisch. »Heute früh war das Was-ser in meinem Waschbecken gefroren«, brüllte er, »das hat uns der Kommunismus beschert.« Seine Äußerungen waren sehr gefährlich für ihn, aber in unserer Klasse konnte er sie sich leisten. Wir verstanden ihn, und wir mochten ihn. Dieser Lehrer war für die Schulbibliothek verantwortlich, und er erlaubte uns, in den Pausen bei ihm ein oder zwei Muck – halbe Zigaretten – zu rauchen. Auch nach der Schule saßen wir ab und zu mit ihm im Restaurant, qualmten gemeinsam und tranken Kaffee. Mein Selbstbewusstsein wuchs, und so verliebte ich mich in der neunten Klasse zum ersten Mal in ein Mädchen, das in meine Klasse ging. Meine »Flamme« war ungemein musikalisch und auch sonst sehr begabt, sie war schön, und sie war christlich. Was wollte ich mehr? Leider blieb es nur bei einer Schwärmerei, denn kurz darauf gingen ihre Eltern mit ihr in den Westen.

Obwohl ich mich schon sehr für Mädchen interessierte, hatte das Leben im Schülerheim, in dem ausschließlich Jungen untergebracht waren, eindeutigen Vorrang. Bald fühlte ich mich sehr wohl dort und fand ein paar gute Freunde. Vor allem zu Hans-Georg, Jochen, Manfred und Rüdiger entwickelten sich dauerhafte Freundschaften. Letzterer wurde später Chefarzt in Wernigerode, Hans-Georg Oberarzt in Dresden, ebenso wie Jochen in Leipzig. Manfred dagegen studierte – wie ich – Theologie. Wir nannten ihn »Doktor«, weil er immer so gelehrt tat und ständig seine neuesten Erkenntnisse preisgab. Beinah jeden Satz begann er mit: »Weißt du das schon?« Wegen einer Herzkrankheit musste er das Schülerheim verlassen, doch wir sollten uns in Leipzig an der Universität wiedersehen und unsere Freundschaft vertiefen.

Wir Freunde waren damals auf der Suche nach dem reinen Ton, indem wir eine perfekt saubere Tonübertragung mit dem Schallplattenspieler erzeugen wollten. Ständig wischten wir mit Antistatiktüchern und Samtkissen über unsere Schallplatten, um mit unseren billigen Plattenspielern knisterfreie Musik genießen zu können. Trotz unserer eindeutigen Vorliebe für Klassik hörten wir, sobald wir aus der Schule kamen, Radio Frankfurt und Radio Luxemburg. So lernten wir unter anderem die Musik von Elvis kennen, von dem jedoch keiner von uns eine Schallplatte besaß. Elvis wurde in der DDR von kulturpolitischer Seite als »Heulboje« verschrien, und diese Diffamierung machte ihn für uns nur noch interessanter. Also blieb uns nichts weiter übrig, als seine Texte mitzuschreiben und seine Songs anschließend selbst auf der Gitarre nachzuspielen.

Ab der neunten Klasse gab es den so genannten UTP, den Unterrichtstag in der Produktion. Jeder Schüler musste einen Tag in der Woche in einer Fabrik arbeiten. Ich ging in eine Möbelfabrik und lernte dort weniger über Möbel, aber jede Menge über das Leben. Wegen meines Berufswunsches kam ich immer schnell ins Gespräch mit den Menschen, die dort arbeiteten.

»So ein junger Kerl und Pfarrer – heutzutage?«, bekam ich nicht selten zu hören. Die Arbeiter waren irritiert, weil einer wie ich Pfarrer werden wollte und sie mir wohl jeden Beruf zugetraut hätten, nur nicht diesen. Dieselbe Reaktion erlebte ich auch später, als ich in den Schulferien im Autowerk arbeitete. Meine Leidenschaft für Motoren aller Art ließ sich gut mit der Möglichkeit verbinden, ein wenig Geld zu verdienen. In Eisenach wurde der Wartburg hergestellt, im Vergleich zum Trabant das Luxusauto der DDR. Das Schönste an dieser Arbeit war, dass ich in der Mittagspause mit den Autos, bei denen teilweise noch nicht mal die Sitze eingebaut waren, heimlich ein paar Runden in der Halle drehen konnte.

Neben meinem Interesse für Literatur und klassische Musik hegte ich nämlich durchaus eine Leidenschaft für schnelle Fahrzeuge und auch eines für Luftgewehre. Kaum war ich sechzehn Jahre alt, kaufte ich mir für achtundneunzig Mark ein solches Gewehr. Gemeinsam mit meinen Neffen und meinem Schwager, dem Mann meiner Schwester Barbara, schossen wir zu Hause auf dem Dachboden und im Pfarrgarten munter drauflos. Unsere Zielscheiben waren meistens Streichholzschachteln auf Tomatenpfählen oder brennende Kerzen.

Einmal zielte ich im Rausch auf einen Vogel – und traf. Ich erwischte ihn in vollem Flug, und er fiel tot zu Boden. Diesen Anblick und den Umstand, ein Tier getötet zu haben, konnte ich nie vergessen. So blieb mir dieser Übermut eine schmerzliche Warnung. Mein Glaube und mein Verstand lehnen Waffen und Militär konsequent ab. Ein gewisses Interesse am Schießen konnte ich allerdings trotz aller Abneigung meiner Frau gegenüber Kriegsspielzeug später auch bei meinen Kindern beobachten. Schon der Vorreiter der antiautoritären Erziehung, A. S. Neill aus Summerhill, scheiterte mit dem Versuch, derartiges Spielzeug verbieten zu lassen. Deshalb wollte ich die Schießbuden auf den Weihnachtsmärkten nutzen, um das Thema der beinahe natürlichen Schießwut und Lust an der Knallerei im Kindesalter abzuarbeiten. Für mich war das wie der berühmte Gang nach Canossa, aber ich war der Meinung, dass ich das für die Kinder tun musste. In der Phase des Wettrüstens allerdings, als die Friedensbewegung der Kirche immer stärker wurde und die Kinder größer, beschlossen wir, auch die Schießbuden zu meiden.

Meine Schwäche für schnelle Fahrzeuge hingegen sollte ich immer beibehalten. Schon als Schüler hätte ich mir am liebsten ein Motorrad gekauft. Aber das musste vorerst ein Traum bleiben. Schließlich hatte ich noch nicht einmal eine Fahrerlaubnis. Trotzdem lieh mir mein Schwager hin und wieder sein Moped, und so lernte ich fahren. Bald machte ich mich damit – noch immer ohne Fahrerlaubnis – auf den Weg nach Weimar, wo meine Schwester Bärbel wohnte. In regelmäßigen Abständen besuchte ich sie mit ihrem Mann und ihrem Sohn sehr gern, denn zu ihr hatte ich ein ebenso gutes Verhältnis wie zu Ursel. Meistens aber reiste ich als Tramper durch das Land, und das vor allem in Lkws. Wie auch bei der Arbeit in den Fabriken ließ ich mich auf diesen Fahrten häufig in irgendeine Diskussion über Gott und die Welt verwickeln. Kaum saß ich im Führerhaus, kam meist schon die Frage: »Was willst du denn später mal machen?«

»Ich möchte Theologie studieren und Pfarrer werden«, sagte ich dann wahrheitsgemäß.

Ich hatte meine Antwort kaum ausgesprochen, da fragten mich die Lastwagenfahrer auch schon verblüfft: »Wieso denn das? Du siehst doch eigentlich ganz vernünftig aus.«

So entspannen sich oft lange Dispute über Kirche und Glauben, bei denen ich lernte, in anschaulichen und klaren Worten zu sprechen. Meine anfänglich noch zu theoretischen und vagen Formulierungen blieben oft unverstanden. Das spornte mich an, mich besser zu informieren und die richtigen Argumente zu finden. Vor allem durch diese Gespräche und die damit verbundenen Widerstände war ich herausgefordert, die Bibel noch intensiver zu studieren. So wurde Jesus in meiner Vorstellung immer deutlicher. Jesus sprach nicht aus dem Tempel heraus mit den Menschen, sondern draußen auf den Straßen und Plätzen. Dort, wo sie sich mit ihrem Leben abplagten. Er beherrschte ihre Sprache und benutzte nicht die Kultsprache des Tempels. Was ich einst als vorlautes Kind in dem Disput mit meinem Lehrer über die Bibel begonnen hatte, fand hier nun seine konsequente Fortsetzung. Neben meiner Beschäftigung mit Luther las ich in jenen Tagen erstmals Texte von Dietrich Bonhoeffer, bei dem ich wesentliche Impulse entdeckte.

Wie rede ich mit den Menschen auf der Straße, die keine religiöse Vorstellung von Gott haben? Wie beantworte ich die Fragen von jemandem, der keinerlei Erfahrungen mit dem Glauben hat? Wie kann ich einfach und einleuchtend zugleich argumentieren?

Ich habe mir diesen Weg nicht ausgesucht, auch ist mir dieser Kampf anfänglich nicht leicht gefallen. Letztlich kam es, wie Jesus es einst formulierte: »*Wer Mir nachfolgen will, der (…) nehme sein Kreuz auf sich*«.[11]

Diese Gespräche sind zu einem Teil meines Wesens geworden. Die Grundsatzthese von René Descartes, *cogito ergo sum* – ich denke, also bin ich –, wandelte ich für mich irgendwann in *dico ergo sum* ab: Ich rede, also bin ich. Bald verspürte ich große Lust, streitbare Auseinandersetzungen zu führen, zumal ich mit jedem Gespräch geübter wurde und meine Position glaubwürdiger und verständlicher vertreten konnte. Letztlich ein guter Einstieg für mein künftiges Leben als Pfarrer. Bei meinen Besuchen zu Hause sprach ich oft mit meinen Eltern über diese Fragen, aber auch über persönliche Dinge. Zuerst beredete ich mit meiner Mutter, was es für Neuigkeiten gab, sie erzählte dann meinem Vater davon, und abends saßen wir schließlich zu dritt beieinander. Meine Eltern interessierte sehr, wie es in der Schule lief, aber ebenso genau wollten sie wissen, was mich bewegte. Sie fragten mich nicht aus. Das mussten sie auch gar nicht. Ich verspürte von mir aus das starke Bedürfnis, ihnen alles zu erzählen und mich mit ihnen auf jeder Ebene auszutauschen. Selbst wenn ich ein Mädchen kennengelernt hatte, erzählte ich meiner Mutter davon. Mit einem leisen Lächeln hörte sie sich meine Freundes- und Liebesgeschichten an und war natürlich immer auf meiner Seite.

So richtig verliebte ich mich allerdings erst in der elften Klasse, und zwar in ein Mädchen der Parallelklasse. Wir fuhren oft Rad, führten viele Gespräche und saßen im Theater und im Kirchenkonzert zusammen. Unglücklicherweise planten auch ihre Eltern, in den Westen überzusiedeln. Ihr Versuch, durch vorgetäuschte

Krankheit das Hierbleiben zu erzwingen, misslang leider. Die Trennung machte mir damals schwer zu schaffen. Immerhin wurde von jedem DDR-Bürger erwartet, »eine geplante Republikflucht«, wie es hieß, pflichtbewusst zu melden. Das kam für mich selbstverständlich nicht in Frage. Die anderen ahnten natürlich, dass ich von vornherein Bescheid gewusst hatte. Aber von mir erfuhr keiner etwas. Wieder einmal war ich froh, meine Schwester Ursula in der Nähe zu haben. Sie hatte die Fröhlichkeit und Zuversicht meiner Mutter geerbt, wie ich sie eigentlich auch in mir trage. Angesichts des Trennungsschmerzes kam sie mir allerdings zeitweise abhanden. Als ich kurz vor dem Abitur stand, wurde es noch einmal spannend. So viele Prüfungen, wie werde ich sie wohl schaffen?, fragte ich mich in jenen Tagen mehr als einmal. Mein Mathematiklehrer wusste mich auch diesmal zu motivieren.

»Wenn du ein gutes Abitur machst, darfst du einen ganzen Nachmittag lang mit meinem Motorrad fahren«, versprach er mir. Er wusste genau, dass ich keine Fahrerlaubnis hatte, und ging das Wagnis trotzdem ein. Damit riskierte er eine Menge. Das wusste ich nur zu gut. Die Prüfungen verliefen bestens, und wie verabredet überließ er mir sein Motorrad – mit vollem Tank. Stundenlang fuhr ich die Autobahnabschnitte bei Eisenach hoch und runter – ein tolles Gefühl. Der Vertrauensbeweis meines Lehrers rührte mich sehr.

Als ich längst erwachsen war, klingelte ich bei einem Aufenthalt in Eisenach bei ihm. Seine Frau öffnete mir und sagte: »Mein Mann ist im Krankenhaus. Wenn Sie ihn dort besuchen könnten, wäre das großartig.«

Also fuhr ich in die Klinik, wo mein ehemaliger Lehrer schwer krank und kreidebleich in den Kissen lag. Er konnte nicht mehr sprechen, doch ich spürte genau, dass er mich erkannte. Also setzte ich mich an sein Bett und hielt seine Hand. Das Leben meines Lehrers, eines überzeugten Kommunisten, und was ich davon wusste – all das lief wie ein Film vor meinem inneren Auge ab. Wie verschlungen manche Wege waren und wie es gekommen war, dass ich als sein früherer Schüler, der inzwischen Pfarrer geworden war, jetzt an seinem Bett saß und ihm diesen letzten Dienst erwies. Am nächsten Tag starb er.

Im Jahr 1991 hatten wir das erste Klassentreffen nach der Friedlichen Revolution. Zunächst fragten mich natürlich alle nach den Ereignissen im Herbst 1989 aus. Meine ehemaligen Mitschüler und Lehrer bestürmten mich und wollten alles ganz genau wissen. Nur der Lehrer, bei dem wir Deutsch, Geschichte und Staatsbürgerkunde gehabt hatten, saß die ganze Zeit über schweigend dabei. Es war bekannt, dass er als Jugendlicher ein begeisterter Anhänger der Nationalsozialisten gewesen war. Kaum an der Front, hatte er ein Bein verloren, aber seinen Schmerz verdrängte er, als Hitler zum Frontbesuch kam und jedem Soldaten die Hand reichte.

Doch was folgte, war der »Endsieg« – letztlich eine Katastrophe für ihn. Seine Welt war zusammengebrochen, und er hatte uns Schülern oft davon erzählt, wie sehr er sich betrogen fühlte. In kürzester Zeit musste er sich komplett umstellen, trat in die SED ein und wurde Lehrer. In der Schule gehörte er zu den Lehrern, mit denen man immer offen reden konnte und die niemandem aus einer geäußerten Meinung einen Strick drehten. Genau dieser Lehrer offenbarte sich uns bei dem Klassentreffen.

»Ihr wisst ja, dass ich als Jugendlicher die Nazizeit und den Krieg erlebte und mich anschließend komplett umorientieren musste«, erklärte er. »Nun ist auch der Sozialismus gescheitert, den ihr durch eure Friedliche Revolution beseitigt habt. Ich muss ehrlich sagen, das alles nun noch einmal zu erleben, diesen erneuten Zusammenbruch dessen, wofür ich gelebt habe, das verkrafte ich nicht. Ich kann mich nicht noch einmal umstellen.«

Ich spürte, wie betroffen meine Mitschüler waren und wie sie nach den richtigen Worten suchten. Da begann ich von dem, was vergeht, und dem, was bleibt, zu sprechen. Ich betonte, wie gut wir ihn verstünden und wie sehr wir seine Offenheit achteten.

Auf diese Erfahrung, die unser Lehrer machen musste, bereitete ich die Jugendlichen im Konfirmandenunterricht vor. Jede Weltanschauung kommt, bleibt eine Weile und verschwindet eines Tages auf Nimmerwiedersehen im Meer der Zeit, sozusagen im Staub der Geschichte. Die Alternative – nämlich das, was bleibt – lässt sich gerade am zwanzigsten Jahrhundert mit seinen zahlreichen Um- und Zusammenbrüchen deutlich erkennen: »*Jesus Christus, gestern, heute und Derselbe auch in Ewigkeit*«.[12] Als Pfarrer eines Tages meinem ehemaligen Staatsbürgerkundelehrer Trost zu spenden, hätte ich allerdings nie für möglich gehalten.

Die Jahre in Eisenach, von 1957 bis 1961, waren für mich prägend und eröffneten mir völlig neue Geisteswelten. Ich begann damals nicht nur damit, die ersten theologischen Schriften zu lesen, sondern befasste mich ebenso intensiv mit der Antike. Vor allem Platon und Homer, aber auch die Schriften Sophokles' und Aischylos' nahm ich mit großem Interesse auf. Unser Griechisch- und Lateinlehrer Anton Ott war ein Pädagoge, der es verstand, das Interesse seiner Schüler nicht nur zu schüren, sondern ihren ständig wachsenden Wissensdurst zu stillen. Ich habe diesem Mann viel zu verdanken, der uns diese Welt erschloss und die gesamte Klasse geistig prägte wie kein anderer. Er war ein Pädagoge im besten Sinne des Wortes, und seine christliche Grundhaltung war dabei zu spüren, ohne dass er sie in den Vordergrund rückte. Ich erinnere mich noch genau an die letzte Griechischstunde vor Weihnachten in der elften Klasse. Er betrat das Klassenzimmer und schlug ohne jeden Kommentar das *Novum Testamentum Graece*, das Neue Testament auf Griechisch, auf und las uns langsam und ausdrucksvoll das Weihnachtsevangelium nach Lukas 2 vor. So konnten wir jedes einzelne Wort verstehen. Ich war zutiefst berührt, so etwas in einer Erweiterten Oberschule der DDR zu erleben. Was war doch alles möglich, wenn man es nur wollte und riskierte.

Als er Jahre später gestorben ist, kamen zahlreiche ehemalige Schülerinnen und Schüler unserer Schule aus allen Jahrgängen zur Beerdigung dieses außergewöhnlichen Mannes. Drei davon, darunter auch ich, sprachen Worte der Anerkennung. Einen Kernsatz aus *Antigone*: »*Nicht mitzuhassen, mitzulieben bin ich da*«[13] war mein Beitrag für ihn auf Griechisch.

Neben der Antike erschloss sich mir in den Eisenacher Jahren mehr und mehr auch die Musik. Ich übte intensiv am Klavier und meinem neuen Instrument, dem Horn. Eines Abends ging ich gezielt in die Eisenacher Oper. Dort wagte ich mich nach der Vorstellung an den Bühneneingang und passte den Ersten Hornisten des Orchesters ab. Ich ging schnurstracks auf ihn zu und bat ihn geradeheraus, mir Unterricht zu geben. Diese Direktheit und mein Interesse überzeugten ihn offensichtlich, denn er stimmte zu, mich für fünf Mark die Stunde zu unterrichten. Schon damals ein echter Freundschaftspreis. Dank seiner Hilfe konnte ich mir bald selbstständig ganze Orchesterwerke erarbeiten.

In jenen Jahren saugte ich die Eindrücke um mich herum regelrecht auf. Egal, ob aus den Bereichen Musik, Literatur, Theater oder Theologie – ich gab allen Impulsen nach. Inzwischen volljährig geworden, legte ich das Abitur ab und fühlte mich auf das Leben als Erwachsener bestens vorbereitet.

THEOLOGIE UND
ML-VORLESUNGEN

In den so genannten Mulusferien kommt man sich vor wie ein Maultier: Man ist weder Pferd noch Esel, sondern schwebt irgendwo dazwischen. Man ist nicht mehr Abiturient, aber auch noch kein Student. Diese ganz eigene Art von Ferien verbrachte ich damals bei meinen Eltern in Langenleuba-Oberhain. Nachdem ich das Abitur in der Tasche hatte, musste ich mir einen Studienplatz an einer Theologischen Fakultät suchen. Als Sachse und gebürtiger Leipziger fiel mir die Entscheidung naturgemäß leicht. Schon mein Vater hatte an der »Universität Leipzig« studiert, die zu meiner Zeit »Karl-Marx-Universität« hieß und seit 1991 wieder ihren ursprünglichen Namen trägt. Für die Theologen gab es jedes Jahr dreiunddreißig Studienplätze, die in der Regel für sämtliche Bewerber ausreichten. Da ich davon ausgehen konnte, angenommen zu werden, genoss ich die Ferien im Sommer 1961 in vollen Zügen.

Gemeinsam mit einem Pfarrerssohn aus Lunzenau, den ich gut kannte, trampte ich Anfang August für ein paar Tage in die Lausitz. Wir fuhren von Ort zu Ort, verweilten einfach dort, wo es uns gefiel, und fuhren anschließend wieder weiter. Als wir am 12. August nach Hause zurücktrampten, hielt auf der Autobahn Dresden – Chemnitz ein Wartburg, der in unsere Richtung fuhr. Unmittelbar nach dem Einsteigen stellte uns der Fahrer die üblichen Fragen. Als er feststellte, zwei angehende Theologiestudenten an Bord zu haben, von denen demnächst einer in Dahme bei Berlin studierte, fasste er Vertrauen und fragte geradeheraus: »Habt ihr schon davon gehört, was in Berlin im Gange ist?«

Wir hatten seit Tagen keine Nachrichten gehört und wussten nicht, wovon er sprach.

»In Berlin? Was soll denn da im Gange sein?«, fragten wir wie aus einem Munde.

»Die machen die Grenze nach Westberlin dicht«, klärte er uns auf und fügte in verschwörerischem Tonfall mit Blick auf meinen Kumpel hinzu: »Und ich habe Ihnen einen Vorschlag zu machen. Ich nehme ein paar Tage Urlaub, komme mit meinem Wartburg bei Ihnen vorbei und hole Sie ab. Sie bringen mich damit nach Berlin und setzen mich irgendwo an der S-Bahn ab. Dafür können Sie dann auch den Wagen behalten.«

Wir schauten uns nur verwundert an und wussten nicht, was wir davon halten sollten. So einen Vorschlag konnte doch niemand ernst nehmen. Hier stimmte etwas nicht. Wer verschenkte schon einfach so seinen Wartburg? Auf einen solchen Wagen musste man in der DDR jahrelang warten. Und dieser Mann wollte uns sein Gefährt allen Ernstes schenken?

Mein Freund wurde ganz unruhig. Er sah sich schon als Besitzer eines Wartburgs, den er sich niemals hätte leisten können. »Kein Problem«, platzte er zu meinem Erstaunen heraus, »das kann ja jeder. Wir müssen nur die Sache mit den Fahrzeugpapieren klären.«

Die beiden verabredeten sich tatsächlich für zwei Tage später, den 14. August 1961. Am folgenden Tag hörte ich zu Hause bei meinen Eltern die Nachrichten. Ich glaubte nicht, was ich da erfuhr und rief sofort meinen Freund an.

»Du«, rief er, kaum dass ich mich gemeldet hatte, »der Mann hatte genau den richtigen Riecher! Die haben in Berlin tatsächlich die Grenze dichtgemacht.«

Wir vermuteten, der Wartburg-Fahrer war ein Genosse, dem interne Informationen vorlagen. Allerdings schien er das Tempo unterschätzt zu haben. Die eigene Geschichte hatte ihn überholt. Wir hörten nie wieder von ihm. Und mein Reisegefährte kam nun doch nicht ganz so schnell zu einem Auto.

Die Mulusferien näherten sich ihrem Ende, und ich hatte noch immer keine schriftliche Einladung zur Immatrikulation aus Leipzig. Mein Vater und ich beschlossen daher, in die Fakultät zu fahren und vor Ort nachzufragen. Zufällig genau zum Termin der Immatrikulation machten wir uns auf den Weg – und ich wurde tatsächlich auf der Stelle zum Studenten. Mein Vater war sehr froh darüber. Immerhin hatte ich den gleichen Weg gewählt wie er und beschritt diesen nun auch noch am selben Ort. Mein Studium lag ihm sehr am Herzen. Er kümmerte sich um alles, bezahlte die Miete für meine Studentenbude und gab mir regelmäßig Geld für Bücher, das ich allerdings meistens in Zigaretten umsetzte.

Leipzig war nicht weit von Langenleuba-Oberhain, und zur Freude meiner Eltern kam ich fast jedes Wochenende nach Hause. Wir konnten so unsere Tradition der Küchengespräche wieder aufleben lassen, die in meiner Eisenach-Zeit zu kurz kam. Die Kaffeesucht ist die einzige Sucht, die sich in unserer Familie ausgebreitet hat. Schon von meiner Großmutter väterlicherseits wurde berichtet, dass sie überall ihr Kaffeetässchen mitnahm, sogar zum Bügelbrett. Auch ich trinke am liebsten Kaffee, egal zu welcher Tages- oder Nachtzeit und nehme meine Kaffeetasse überallhin mit. Bei unserem geliebten Kaffee saß ich mit meinen Eltern im Wohnzimmer, und wir besprachen, was alles passiert war. Mein Vater erlebte auf dem Dorf die Kollektivierungen. Als die LPG – Landwirtschaftlich Produktionsgenossenschaft – zwangsweise eingeführt wurde, gab mein Patenonkel, ein Bauer aus Langenleuba-Oberhain, seinen Beruf auf. Er fand es respektabler, als Briefträger in Jena zu arbeiten, als sich unter Druck setzen zu lassen. Jeden Sonntag ging er im schwarzen Gehrock und mit einem Gesangbuch unter dem Arm in die Kirche. Das brachte ihm im Dorf große Achtung ein, denn der Slogan dieser Zeit »Ohne Gott und Sonnenschein bringen wir die Ernte ein« kam bei den Bauern nicht gut an. Sie machten daraus »Ohne Sonnenschein und Gott geht die LPG bankrott«.

Mit der Landwirtschaft ging es in den nächsten Jahren bergab, ein Zeichen dafür, dass man keine Reformen durchführen kann, ohne die Menschen dafür zu gewinnen.

Mein Studienbeginn in Leipzig war vom Mauerbau überschattet. An der Universität wurde eine komplette Seminargruppe von Medizinern exmatrikuliert, weil sie eine Ergebenheitserklärung nicht unterschreiben wollten. Uns Theologen fragte man gar nicht erst. Diskutiert haben wir natürlich trotzdem. Die Lügen vom »antifaschistischen Schutzwall« glaubten wir natürlich nicht. Es war nicht zu übersehen, dass die Mauer nicht gebaut wurde, um den Westen vom Osten fernzuhalten, sondern um diejenigen festzuhalten, die vom Osten in den Westen wollten. Warum seit 1949 zweieinhalb Millionen Menschen geflohen waren, wurde nicht gefragt. Mit der Mauer wurden nicht die Ursachen, sondern nur die Symptome bekämpft – mit einem Betonphantom. Das Gedicht hatte Brecht nach dem Aufstand am 17. Juni 1953 geschrieben:

> *... wäre es da*
> *nicht einfacher, die Regierung*
> *löste das Volk auf*
> *und wählte ein anderes?*[14]

Und die Armee dieses Staates rief mich nun zur Musterung.

Mit dem Gesetz vom 24. Januar 1962 war in der DDR die allgemeine Wehrpflicht eingeführt worden. Für uns Theologiestudenten war das selbstverständlich ein Thema, mit dem wir uns auseinandersetzen mussten. Wie sollten wir als Christen mit der Wehrpflicht und damit mit dem Dienst an der Waffe umgehen? Es war weder die gesetzliche Möglichkeit der Verweigerung gegeben, noch existierte so etwas wie ein ziviler Ersatzdienst. Erst Ende 1964 schuf man auf Drängen der Kirche die Möglichkeit eines waffenlosen Wehrdienstes in den so genannten »Baueinheiten« der NVA. Ich erhielt Anfang April 1964 die schriftliche Aufforderung, mich am 8. April beim Wehrkreiskommando einzufinden. Ich stellte mich innerlich auf die bevorstehende Musterung ein und war fest entschlossen, einen Wehrersatzdienst abzuleisten und ihn wie andere Christen auch für mich einzufordern.

Die Musterungskommission bestand aus etwa sechs Personen. Als ich eintrat, hatten sie meine Unterlagen bereits vor sich liegen. Sie wussten also, dass sie einen Studenten der Theologie vor sich hatten.

Nach der Begrüßung herrschte kurzes Schweigen. Dann fragte mich einer von ihnen, ob ich die Zeitschrift *Die Armeerundschau* abonnieren wolle. Höflich lehnte ich ab.

Nach einem weiteren Moment des Schweigens verständigten sich die Kommissionsmitglieder leise untereinander. Dann sagte einer von ihnen: »Sie können gehen. Warten Sie draußen, bis Sie Bescheid bekommen.«

Einigermaßen erstaunt setzte ich mich ins Wartezimmer. Noch verwunderter war ich, als dort ein Arzt auf mich zukam. »Sie können doch sicher nicht schwer heben?«, fragte er mich. Noch ehe ich den Sinn seiner Worte richtig erfasst hatte, fügte er: »schon gut« hinzu und ging weg.

Etwas verwirrt ging ich wieder nach Hause und harrte dort der Dinge. Kurz darauf bekam ich den Wehrpass mitsamt der Blechmarke zugestellt. »Diensttauglichkeit – tauglich« stand darauf und »Geeignet für Mot.-Schützen«.

1975 bekam ich dann tatsächlich einen Wehrdienstausweis zugesandt. Allerdings waren das meine einzigen Kontakte mit der Nationalen Volksarmee. Ich wurde weder eingezogen, noch hörte ich jemals wieder etwas von der NVA. So konnte ich mein Studium ohne Unterbrechung in fünf Jahren absolvieren.

Ein weiterer Garant für ein nahezu ungestörtes Studentenleben waren die möblierten Zimmer, welche die Theologische Fakultät uns Studenten vermittelte. Meistens landete man dann bei einer älteren Dame, die ausdrücklich einen jungen Theologiestudenten als Untermieter wünschte. Über die Vermittlungsstelle kam ich zu einer Familie, die ein Farbengeschäft führte. Meine Vermieter stellten klare Regeln auf – Damenbesuch etwa war alles andere als gern gesehen –, an die ich mich jedoch nicht ganz so sklavisch hielt. Aber wir kamen trotzdem all die Jahre gut miteinander aus. Am Anfang war es für mich sehr ungewohnt, allein in dem bescheidenen Zimmerchen zu sitzen. Im Schülerheim in Eisenach war ständig jemand da gewesen. Pausenlos wurde dort zusammengehockt, diskutiert und viel geraucht, und abends gingen wir auf ein Bier in die nächste Eckkneipe. Nun aber hockte ich zunächst ziemlich einsam und verlassen in meiner Studentenbude. Die meisten meiner Kommilitonen hatten es anfangs sehr schwer und daher kaum Zeit, weil sie drei Sprachen auf einmal lernen mussten. Ich hingegen hatte Griechisch und Latein bereits in der Schule gelernt und nur noch Hebräisch auf dem Stundenplan vor mir. Dementsprechend verfügte ich über deutlich mehr Zeit als die anderen Theologiestudenten. Über diese schwierige Phase und über die Einsamkeit half mir eine intensive

Beziehung zu einer Studentin hinweg. Dafür bin ich bis heute dankbar. Und trotzdem war ich derjenige, der diese Beziehung schließlich beendete. Das war ein schmerzlicher Einschnitt, der mit Schuldgefühlen verbunden war.

Schon bei der Immatrikulation hatte das Akademische Orchester Studierende angeworben, die ein Instrument spielten. Das bedeutete, ich hatte zweimal pro Woche Proben, einmal im Monat ein Probenwochenende und spielte regelmäßig zu Konzerten in der Kongresshalle. Als Hornist wurde ich sofort aufgenommen und bekam wie die anderen auch Unterricht bei einem Musiker des Rundfunksinfonieorchesters. So lernte ich Kommilitonen und Orchesterwerke kennen und hatte bald nur noch wenig Freizeit, was mir alles andere als leid tat. Endlich kam Bewegung in mein Studentenleben, und schon nach wenigen Wochen ging es zusammen mit allen Erstsemestern des Orchesters zum Ernteeinsatz in ein Mecklenburger Dorf. Am Sonntag ging ich auch dort ganz nach meiner Gewohnheit zum Gottesdienst.

Ich saß bereits in der Kirche, als nach und nach etliche Mitglieder des Orchesters hereinkamen. Der Pfarrer war natürlich hocherfreut, denn dank unserer Teilnahme war die Kirche gut gefüllt und der Gesang erfreulich volltönend.

Als der Bürgermeister des kleinen Ortes davon Wind bekam, regte er sich fürchterlich auf. »Was für eine ungeheure Provokation!«

Es dauerte eine Weile, bis wir seine Aufregung begriffen hatten. Es war kein gewöhnlicher Sonntag. Es war Wahlsonntag. Da machte sich ein Pulk aus so vielen Christen in diesem kleinen Ort auf einmal gar nicht gut.

Gleich am nächsten Tag beschwerte sich jener Bürgermeister bei der Universität und behauptete, das Akademische Orchester sei »geschlossen« im Gottesdienst gewesen und habe damit ganz gezielt gegen die Wahl agieren wollen. »Geschlossen« gehörte neben »wohnhaft« für uns zum doppelsinnigen Vokabular der DDR-Behörden. Wir waren entsprechend amüsiert, als wir den Beleg für unsere Theorie mit unserem angeblich »geschlossenen« Gottesdienstbesuch erhielten.

Wir sollten uns hier tatsächlich für eine Provokation rechtfertigen, die gar keine gewesen war. Die Teilnahme am Gottesdienst wurde unter uns Orchestermitgliedern nicht miteinander abgesprochen. Sie war jedem selbst überlassen. Zu dem Zeitpunkt kannten wir uns untereinander auch noch nicht gut genug, um solche Absprachen zu treffen. Im Akademischen Orchester so viele Christen um mich zu haben, kam außerdem für mich selbst überraschend. Unser Dirigent konnte die Angelegenheit klären.

Die Lage beruhigte sich wieder. Uns Orchestermitglieder verband fortan dieses gemeinsame Erlebnis, was wieder deutlich machte, wie aufgeheizt die Atmosphäre seit dem Mauerbau war.

Ähnlich zur Sache ging es auch in den Seminaren Marxismus-Leninismus, die wir Theologen gerne mit diversen ideologischen Auseinandersetzungen würzten. Dieses Fach musste jeder Student belegen. Die ML-Dozenten waren ganz besonders gut qualifizierte Kräfte. Schließlich mussten sie ihre Ware gut unter die Leute bringen.

Zu einem ersten ernsthaften Streit kam es bei einer Vorlesung, in welcher der Theologe Otto Dibelius zur Sprache kam. Dibelius war vom Sympathisanten zum entschiedenen Gegner des NS-Staates geworden und zählte in der DDR der 60er-Jahre zu den umstrittensten Theologen, da er gerade in der Zeit des Kalten Krieges mit seinen Ansichten für Aufsehen sorgte. Auch wenn Dibelius ein sehr wechselvolles Leben hatte und man durchaus unterschiedlicher Meinung über ihn sein konnte, war es für uns Theologen nicht hinnehmbar, als er von einer Dozentin als Militärbischof bezeichnet wurde. Wir verlangten, die Dozentin solle diese Verunglimpfung zurücknehmen, und drohten, nicht mehr zur Vorlesung zu kommen. Nach langen und hitzigen Debatten nahm sie ihre Behauptung schließlich zurück. So machte ich wieder einmal die Erfahrung, dass einiges möglich war, wenn man sich vom Glauben tragen ließ und etwas wagte. Die Diskussionen im Marxismus-Leninismus-Unterricht verliefen schon deshalb auf hohem Niveau, weil man uns Theologen nicht mit platter Propaganda, sondern echten Argumenten beikommen musste. Zu argumentieren und dabei Grenzen zu überschreiten, wurde ganz und gar zu einem Teil von mir. Mein Glaube wurde durch Widerstände nur noch stärker. Allerdings fanden die Diskussionen keinesfalls im geschützten Raum statt, und so mancher musste für seine Äußerungen oder Aktivitäten büßen.

Zwei meiner Kommilitonen mussten beispielsweise zur Strafe für ihre Offenheit für ein Jahr »in der Produktion« arbeiten. Sie wurden aus dem laufenden Studium heraus zur Arbeit in einer Fabrik verpflichtet. Die beiden hatten eine Wandzeitung beschädigt. Die so genannte »Wandzeitung« diente in der DDR als die Propagandabühne schlechthin. Eine Wandzeitung hing in jedem Klassenzimmer und auf jeder Büroetage sowie in den Universitäten und Industriehallen des Landes. Meine beiden Kommilitonen hatten eine dieser irrwitzigen sozialistischen Wandzeitungen vom dritten Stock aus dem Fenster in den Hof geworfen. Ohne den Einsatz einiger unserer Professoren wären die Akteure auf der Stelle und ohne jede Möglichkeit auf Widerspruch exmatrikuliert worden.

In jenen Tagen musste man einfach auf der Hut sein. Das bewiesen solche Ereignisse eindrucksvoll. Begebenheiten dieser Art machten uns Theologen zudem sensibel für einen leisen Verdacht, den bald ein jeder von uns hegte. Wir konnten ihn nicht beweisen, aber wir vermuteten zwei unserer Kommilitonen im Dienste der Staatssicherheit. Bei einem von ihnen machte uns sein bereits abgeschlossenes Jurastudium stutzig. Das Studium der Theologie war offensichtlich als Befehl von ganz oben gekommen. Damals bekam ich eine erste Ahnung davon, wie langfristig und strategisch das Ministerium für Staatssicherheit in seiner Arbeit, die Kirche von innen zu zerstören, vorging. Ein öffentlicher Kampf gegen die Kirche hätte nicht ins Bild gepasst, denn die DDR wollte als toleranter und humanistischer Staat gesehen werden.

Unser Verdacht bewahrheitete sich Jahre nach dem Studium. Die beiden Verdächtigen waren bei der Stasi. Wir waren also ständig unter Kontrolle, verhielten uns aber genauso, wie wir es immer getan hatten. Bei uns Theologen konnte die Stasi niemanden auf Meinungen ansetzen, die nur hinter vorgehaltener Hand geäußert wurden. Wir sagten immer, was wir dachten, und so hatten die Spitzel zwar alle Hände voll zu tun, aber auch keine Sensationen zu vermelden.

Die politischen Diskussionen beschränkten sich hauptsächlich auf die beiden Studienjahre, in denen wir Marxismus-Leninismus-Vorlesungen hatten. Ich fühlte mich in meiner Entscheidung bestätigt, an einer staatlichen Universität zu studieren. Ich wollte in der Welt agieren, wollte mitten hinein, so wie Jesus, Der sich ebenfalls für den Platz unter den Menschen und nicht den im Tempel entschied. Dafür nahm ich in Kauf, ständig anzuecken. Sogar unsere Tischgebete in der Mensa der Universität sorgten für Aufsehen. Jahre später, lange nach meinem Studienende, zog die Theologische Fakultät in eine vom Staat zugewiesene Villa am Rosental um. Diese Räume waren wunderschön, lagen aber völlig abseits vom studentischen Leben. Diesen scheinbaren Vorteil hatte der Staat klug kalkuliert und gegen die Kirche einzusetzen gewusst. Die politischen Auseinandersetzungen meiner Studienzeit waren so nicht mehr möglich.

Einmal mehr erkannte ich, wie wichtig es war, an wessen Tisch man saß. Wann immer Jesus mit Zöllnern und Huren an einem Tisch saß, löste Er große Aufregung aus. Die Zöllner und Huren dagegen waren überrascht, denn durch Ihn fühlten sie sich wieder wie Menschen – ernst genommen und nicht mehr ausgegrenzt. Keiner aus der Bevölkerung wollte mit ihnen reden, geschweige an einem Tisch sitzen. Durch einen bekannten Mann wie Jesus, den berühmten Rabbi, derart geehrt zu werden, war auch für sie ungewohnt und befreiend zugleich. Die anderen waren einfach nur empört. Sie zeterten, dieser Mann brüskiere sie alle mit Seinem skandalösen Verhalten, bringe die Traditionen und Gebote in Misskredit. Aufgebracht wandten sie sich an Seine Jünger.

»Warum tut er das? Warum isst denn euer Meister sogar mit Zöllnern und Sündern, die so eklatant die Gottesgebote verletzen?«, fragten sie. Als Jesus dies hörte, sagte Er: »*Die Gesunden brauchen keinen Arzt, aber die Kranken. Ich bin gekommen zu suchen und selig zu machen, was verloren ist.*«[15]

Mit Seinen Worten brüskierte Jesus nicht die Gesunden, nicht jene auf der »richtigen Seite«. Denn Er sagt ihnen sinngemäß: Ihr seid die Gesunden, ihr braucht nicht die Hilfe, ihr seid schon da, ihr seid schon im Vaterhaus. Aber die anderen gehören auch dazu. Sie sind sonst verloren, geraten auf die schiefe Ebene und kommen alleine nicht mehr hoch.

Und auch ich frage mich selbst und andere ständig: An wessen Tischen sitzen wir heute? Wo lassen wir uns sehen? Wo sind wir präsent? Schaffen wir es heute wie Jesus, keine Berührungsängste zu haben? Auch nicht vor den Randgestalten der Gesellschaft, um die andere einen weiten Bogen machen? Wie Maxim Gorki es auf sich bezogen schrieb, wurden auch für mich die Straße und die Kneipen zu Universitäten.[16]

Die Gespräche, die ich bei der Arbeit in den Fabriken oder beim Trampen hatte, ebenso wie die Ausbildung im weltlichen Raum gehören für mich zu den Erfahrungen, die mein Leben geprägt haben.

Fräulein Kramer
und der fröhliche Christ

In jenen Tagen fand ich oft sehr schnell Kontakt zu Studentinnen, sowohl an der Uni als auch auf den Orchesterreisen ins sozialistische Ausland. Auf diesen Reisen profitierte ich von meinen relativ guten Russischkenntnissen. So kam ich in der ČSSR, in Ungarn und Bulgarien rasch und gut mit den ausländischen Studentinnen ins Gespräch. Antwortete ich auf die Frage nach meinem Studienfach mit »Theologie« und fügte hinzu, ich wolle Pfarrer werden, bekamen vor allem die jungen Damen in Bulgarien einen Lachanfall. Für sie waren Pfarrer alte Männer mit langen Rauschebärten, und sie konnten sich beim besten Willen nicht vorstellen, einer wie ich in Jeans und mit kurzem Stoppelhaar würde irgendwann von einer Kanzel predigen. Obwohl mir der Kontakt zu Frauen leicht fiel, musste ich mir bei einer deutlich mehr Mühe geben.

Eines Tages fuhr ich in Leipzig mit der Straßenbahn und sah dort eine junge Frau, die mir sehr gut gefiel. Allerdings traute ich mich nicht, sie anzusprechen. Wenige Tage später sah ich sie zufällig wieder in der Straßenbahn. Unsere Blicke trafen sich, und ich spürte, dass auch sie mich erkannt hatte. Doch auch diesmal fand ich nicht den Mut, etwas zu ihr zu sagen. Ich war sonst nie um eine Bemerkung verlegen. Umso eigenartiger war diese Begegnung für mich. Und mir blieb nur, auf eine dritte Gelegenheit zu hoffen.

Am 7. November 1964, einem Sonnabend, fragte mich einer meiner Kommilitonen, ob ich mit zum Hofeinsatz der Studentengemeinde kommen wolle. Ich hielt solche Einsätze immer für sehr sinnvoll. Am Ende eines Tages sah man, was man geschaffen hatte, und das Gefühl von Zusammengehörigkeit mit den anderen Kommilitonen, welches sich bei diesen Einsätzen herausbildete, war auch nicht zu verachten. Deshalb sagte ich spontan zu und ging mit ihm zum Einsatzort.

Bis zum Einbruch der Dunkelheit arbeiteten wir fast ohne Pause durch und setzten Zaunpfähle. Nachdem der Arbeitseinsatz beendet war, war ich ziemlich erschöpft und wollte nur noch nach Hause. Mein Begleiter dagegen hatte schon die nächste Idee.

»Heute Abend werden die Neuen in der Studentengemeinde begrüßt. Komm doch mit«, schlug er vor und stieß mich auffordernd in die Rippen. Ich hatte zwar keine große Lust, aber außer frühem Zubettgehen auch nichts Besseres vor und ließ mich schließlich überreden. Als wir – viel zu spät – im Heim der ESG, der Evangelischen Studentengemeinde, ankamen, begrüßte uns Studentenpfarrer Dr. Johannes Hempel, der spätere Landesbischof. »Es tut mir leid, aber die anderen sind alle schon fort. Am besten, ihr geht zu der Vertrauensstudentin, die am nächsten wohnt, zu Fräulein Kramer in der Arndtstraße.«

Wir machten uns sofort auf den Weg, und als wir kurz darauf die Wohnung betraten, in dem sich eine gesellige Runde versammelt hatte, fiel mir als Erstes ein langer, schlaksiger Kerl ins Auge. Der später so berühmte Trompeter Ludwig Güttler. Ich hatte ihn schon ein paar Mal in der Universität gesehen und in der Thomaskirche beim Weihnachtsoratorium spielen gehört. Daher freute ich mich sehr über diese Begegnung. Während wir plauderten, sondierte ich die Umgebung und suchte unauffällig nach der Gastgeberin, besagtem Fräulein Kramer.

Ludwig bemerkte meinen suchenden Blick. »Da drüben«, sagte er, »das ist sie.«

Er ahnte gar nicht, wie recht er hatte: Das war sie! Am anderen Ende des Raumes stand tatsächlich die Studentin aus der Straßenbahn. Das konnte kein Zufall sein. Fieberhaft überlegte ich, wie ich diese – nunmehr dritte – Gelegenheit am besten nutzen könnte. Zum Glück musste ich nicht lange nachdenken, denn sie hatte mich ebenfalls erkannt, kam zu mir herüber und sprach mich an. Auf einmal war alles ganz einfach. Wir redeten über dies und das, vor allem über Bücher, und in einem Nebensatz erwähnte sie, sie besäße eine fünfbändige Bonhoeffer-Ausgabe. Damals in der DDR war das eine echte Rarität. Ich hielt das für ein Zeichen. Beim Abschied nahm ich meinen Mut zusammen und fragte das Fräulein Kramer: »Hätten Sie vielleicht Lust, mit mir in ein Bonhoeffer-Seminar zu gehen?« »Ja«, antwortete sie nur.

Die Pharmaziestudentin Monika Kramer ist mir an jenem Abend nachhaltig in die Seele gefahren. Und seitdem habe ich sie auch nicht wieder losgelassen. Allerdings war es noch eine weite Strecke, bis ich sie endlich an meiner Seite hatte. Aber was eine richtige Entwicklung nehmen soll, das dauert nun mal seine Zeit.

Wie meine heutige Frau Monika mir später erzählte, hatte sie mich an jenem Abend ihrer Mutter gegenüber kurz erwähnt. »Heute habe ich einen fröhlichen Christen kennengelernt«, sagte sie bloß. Damit konnte ihre Mutter zwar nicht viel anfangen, aber das Wort »Christ« fand sie schon mal nicht schlecht.

Fräulein Kramer hatte ganz klare Ansprüche: Wer Johann Sebastian Bach nicht kannte und nichts von Jesus hielt, der fiel sofort durchs Raster. Diese beiden Hürden nahm ich geradezu mit Leichtigkeit. Im Nachhinein stellten Monika und ich fest, dass sie genau wie ich ein musikalisches Schlüsselerlebnis gehabt hatte. Mit zwölf Jahren hörte sie in der Thomaskirche das »Magnificat« von Bach.[17] Ein Stück Musik, das sie mit unwiderstehlicher Wucht ergriff. Sie konnte nicht verstehen, wie ruhig die Menschen auf ihren Plätzen sitzen blieben und dass sie nicht vor Begeisterung aufsprangen bei diesen Klängen und Worten.

Von da an besuchten wir gemeinsam Vorlesungen über Bonhoeffer, Karl Barth, Leibniz, Kant und Kierkegaard. Allerdings hatte ich damit das Fräulein Kramer längst noch nicht erobert. Immer öfter ließ ich mich in der Evangelischen Studentengemeinde blicken, natürlich sehr zweckgerichtet. Dafür schwänzte ich so manche Orchesterprobe, konnte im Gegenzug aber dem Fräulein Kramer beim Musizieren zusehen. Sie spielte Blockflöte und sang in der Kurrende, dem Chor der ESG, den Ludwig Güttler leitete. Fräulein Kramer war in der Studentengemeinde als Vertrauensstudentin aktiv und hielt Andachten in der Universitätskirche. In ihrer Eigenschaft als Schriftführerin im V-Kreis, einer Art Kirchenvorstand, lud sie den Schriftsteller Stefan Heym zu einer Lesung ein. Er war damals schon ein bekannter Schriftsteller. Wie in der DDR üblich, wurde er oft zu Lesungen in Betriebe eingeladen oder las vor gelangweilten FDJlern. Eine evangelische Studentengemeinde aber kannte er noch nicht. Und so war seine Zusage wohl eher aus Neugier erfolgt. Er las dann unter anderem aus noch unveröffentlichten Manuskripten.[18] Wahrscheinlich hatte er mit einem Dutzend gutwilliger Zuhörer gerechnet und war völlig überwältigt, als er die knapp fünfhundert Studenten erblickte. Heym konnte kaum glauben, wie viele Studenten sich hier regelmäßig und noch dazu freiwillig jeden Donnerstag zur Bibelstunde trafen. Diese Anziehungskraft sogar auf die Theologiestudenten war, wie zuvor schon Siegfried Schmutzler, den Studentenpfarrern Dietrich Mendt und Johannes Hempel mit ihren hervorragenden Bibelarbeiten zu verdanken. Pro Semester besprachen wir hier ein Buch der Bibel, was jedes Mal zu einem eindrucksvollen Erlebnis wurde.

Manchmal gelang es mir auch, das Fräulein Kramer zum Schwänzen der Vorlesungen zu überreden. Vor allem gegen Ende des Studiums wurde dies bei einigen Theologiestudenten – so auch bei mir – zur schlechten Gewohnheit. An manchen Tagen schafften wir Studenten es morgens gar nicht erst bis in die Universität. Wir blieben sozusagen auf dem Weg dorthin hängen. Auf der üblen Meile, wo es auf fünfzig Metern fünf Kneipen gab. Manche Lokale waren schon um acht Uhr morgens geöffnet, und da kehrten wir gerne mal ein. Dort konnte man genau vier Dinge bestellen: Schnaps, Bier, Bockwurst und Sülze. Einen Teil unserer Studentenzeit verbrachte ich also mit meinen Kommilitonen in den Kneipen mit Skatspielen.

In eine solche Spelunke konnte ich mein Fräulein Kramer natürlich nicht locken. Stattdessen lud ich sie auf einen Kaffee ein, und wir genossen so manche geschwänzte Vorlesung im Café am Peterssteinweg. Sie oft mit erheblichen Bedenken, ich hingegen mit großer Freude. Dort saßen wir dann und unterhielten uns.

Drei Jahre lang ging das so. Wir tranken Kaffee, redeten über Gott und die Welt, besuchten gemeinsam Seminare, schrieben uns Briefe, gingen zusammen spazieren und zu Motetten und Gottesdiensten. Und ich gewöhnte mir endlich das Rauchen ab.

Bald durfte ich das Fräulein Kramer endlich Monika nennen. In

Abgrenzung zum kollektiven Du der FDJ-Freunde gebrauchten wir in der Studentengemeinde beim Kennenlernen erst einmal die förmliche Anrede Sie, um damit Vereinnahmung und Gleichmacherei abzuwehren. Bald darauf beschloss ich, Monika meinen Eltern vorzustellen. Sie war das erste Mädchen, das ich mit nach Hause brachte. Die Erste und die Einzige. Jeder wusste, wie ernst es mir mit ihr war. Gerade auf dem Dorf, wo ein jeder alles registrierte, hätte ich nicht ständig mit anderen Mädchen ankommen können.

Am Tag ihres Besuchs waren meine Eltern ebenso neugierig wie aufgeregt. Mit großer Erleichterung stellte ich fest, dass Monika ihnen gefiel. Wir verbrachten einen schönen Tag im Hause meiner Eltern. Meine Mutter hatte gekocht und gebacken, alle gaben sich große Mühe und waren freundlich zueinander.

»Fräulein Kramer, wir würden uns freuen, wenn wir Sie wieder einmal bei uns begrüßen könnten«, sagte mein Vater zum Abschied.

Ebenso freundlich, aber eher verhalten, antwortete Monika: »Wir werden sehen.«

Meine Eltern waren recht erstaunt, denn mit einer so ehrlichen Antwort hatten sie wohl nicht gerechnet. Auch mir wurde klar, dass ich Monika noch immer nicht für mich gewonnen hatte. Bei Monika kam ich nicht automatisch als »Sieger« an. Es war vielmehr ein zähes Ringen.

Meine Studienzeit gewann durch Monika einen richtigen Impetus, denn sie spornte mich an, mich den Dingen mit mehr Tiefgang zu widmen. Bis dahin hatte sich mein Ehrgeiz bezüglich der Noten durchaus in Grenzen gehalten. Herausforderungen ging ich allerdings mit sportlichem Eifer an. So wollte ich mir beispielsweise die Kirchengeschichte des Mittelalters in knapp vierzehn Tagen eintrichtern. Mein Freund Manfred, den ich noch aus dem Schülerheim in Eisenach kannte, schloss darüber mit der Kirchengeschichtsdozentin sogar eine Wette ab. »Christian Führer hat noch nicht mal mit dem Lernen angefangen, ist jedoch schon zur Prüfung angemeldet«, berichtete er ihr. »Aber der schafft das. Wollen wir wetten?«

Die Dozentin hatte enorme Zweifel. »Das ist unmöglich. Der fliegt durch«, hielt sie dagegen und ließ sich auf die Wette ein.

Manfred der »Doktor«, wie ich ihn bei seinem Spitznamen aus Schülertagen nannte, und ich – wir gewannen beide: ich die bestandene Prüfung und er die Wette.

In der Examensphase zog ich zu ihm ins Franz-Rendtorff-Haus, wo wir gemeinsam für die Prüfungen lernten. Dank Monikas fünfbändiger Dietrich-Bonhoeffer-Ausgabe konnte ich mich sehr intensiv mit diesem Theologen beschäftigen. Das bemerkte auch der Professor, dessen Bonhoeffer-Vorlesung wir besuchten, und gab mir daher folgendes Thema für die Examensarbeit: »Der Religionsbegriff Karl Barths und die nichtreligiöse Interpretation biblischer Begriffe Dietrich Bonhoeffers«. Diese Arbeit vertiefte meine Verbindung zur Theologie Bonhoeffers enorm. Mein Interesse spiegelte sich letztendlich auch in der Bewertung meiner Arbeit wider. Zum ersten Mal hatte ich mich gründlich in ein wissenschaftliches Thema eingearbeitet.

Obwohl Monika Pharmazie studierte, stand sie mir zur Seite und avancierte zu meiner wichtigsten Kritikerin. Abgesehen von ihrer fehlerlosen Rechtschreibung erkannte sie meine Schwachstellen sofort und monierte, wo ich ungenau formulierte. Durch ihre Literaturkenntnisse und ihr Interesse an Philosophie und Psychologie war sie in der Lage, theologische Fragen mit mir zu diskutieren. Nicht nur, dass sie mich beständig ermunterte und sich zu gern mit mir auf inhaltliche Diskussionen einließ, sie tippte für mich auch die Arbeiten ab. Damals ahnten wir allerdings beide noch nichts von der noch viel intensiveren Arbeit, die uns im Leben verbinden sollte. Monika motivierte mich dazu, mich in die Examensarbeit zu knien, um die Universität nicht mit einer durchschnittlichen Note verlassen zu müssen.

Das Staatsexamen schloss ich mit der Note Eins ab. Als ich das Prüfungsergebnis erfuhr, war ich glücklich. Vor allem aber war ich Monika sehr dankbar. Freudig und ziemlich aufgeregt ging ich noch am selben Tag zur Post, um meine Eltern anzurufen und ihnen zu erzählen, wie gut ich abgeschnitten hatte. Mein Vater freute sich so sehr, wie ich es nie wieder erlebt habe. Immerzu hatte er sich erkundigt und meine Arbeiten lesen wollen.

Als ich anderthalb Stunden später in Langenleuba-Oberhain ankam, war mein Vater immer noch von einer unbändigen Freude beseelt. Er hatte sich einen Stuhl vor die Tür gestellt, um mich gleich begrüßen zu können. Seine Freude machte mich glücklicher als die erfolgreiche Prüfung selbst.

Erleichtert genoss ich etwas freie Zeit, die vor mir lag. Aber meine Ferien waren nur kurz. Am 1. September 1966 begann mein Lehrvikariat in Naunhof, in der Nähe von Leipzig. Fünf Monate lang kommt man dabei erstmals mit der Praxis des Berufes in Berührung und lernt an der Seite eines erfahrenen Pfarrers. Ich bezog ein Zimmer. Viel Zeit, um nach Leipzig oder nach Hause zu fahren, blieb mir nicht. Wenn sich die Gelegenheit bot, besuchte ich Monika in Leipzig. Sie wohnte noch bei ihren Eltern, und ich konnte dort übernachten. 1966 konnte ich Weihnachten zum ersten Mal nicht mit meinen Eltern verbringen, da ich bis spät abends in Naunhof Christvespern hielt. Noch in der Nacht fuhr ich zu den Kramers und verbrachte mit ihnen und Monika unser erstes Weihnachtsfest. Auf das Lehrvikariat folgte ein knappes Jahr Predigerseminar in Lückendorf in der Lausitz. Hier lernte ich sozusagen die Theorie für die Praxis der Gemeindearbeit.

Ich war sehr glücklich mit Monika. Sie war mir Ansporn für alles, was ich damals bewältigen musste. Die letzte Etappe der Ausbildung erschien mir nun wie ein Katzensprung. Das Ende des langen Studiums war abzusehen, und ich fühlte mich qualifiziert für die Arbeit als Pfarrer.

Die sozialistischen Planer der Ewigkeit hatten die Kirche schon längst abgeschrieben. Ich wollte den Weg Jesu gehen in dieser säkularen Gesellschaft. Das war mein Ziel und meine Berufung.

TEIL II:
1968–1989

JEANS UND BRECHT UND ZWEI GEMEINDEN

An die eigenen Eltern erinnert man sich immer dann, wenn deren Worte aus der Kindheit einem plötzlich als eigene Erfahrungen gegenwärtig sind. In den ersten Jahren als Pfarrer in Lastau hatte ich oft das Bild meines Vaters vor Augen. Wie ich ihn als Kind und als Jugendlicher in seiner Rolle als Pfarrer erlebte. Was mir andere von ihm berichteten. Was er mir selbst erzählte.

Als Kind machte es mir großen Spaß, die Kühe bei uns auf dem Dorf zu hüten. Damit war es dann vorbei, als die elektrischen Weidezäune eingeführt wurden. Auch beim Dreschen half ich oft mit, als es noch keine Mähdrescher gab. Als man noch mit der Sense mähte, aus den Ähren Garben band und die Puppen anschließend aufstellte. Für uns Kinder war das jedes Mal ein großes Fest, denn wir konnten uns herrlich dazwischen verstecken. Damals haben immer alle Dorfbewohner bei der Ernte mitgeholfen. Nur meinen Vater habe ich dort nie gesehen. Es hat ihn durchaus interessiert, denn er nahm Anteil an allem, was auf dem Dorf geschah. Aber die Erntearbeit war irgendwie nicht seine Sache. Allerdings wusste jeder, was er als Pfarrer leistete. Deshalb verlangte auch nie jemand von meinem Vater, dass er bei der Feldarbeit mit anpackte.

Auf dem Dorf gibt es eine gute Arbeitsteilung: Es überzeugt stets derjenige, der gut zupacken und etwas leisten kann. Auf welchen Gebieten dies geschieht, ist eigentlich egal. Meistens misstrauen jedoch jene, die harte körperliche Arbeit leisten, denjenigen, die geistig arbeiten. An diese Erfahrung, die mir mein Vater schon vermittelt hatte, hielt ich mich nun in Lastau. Bei einem Pfarrer ist die Arbeit deutlich sichtbar, auch wenn sie eher aus den Hirnwindungen und nicht aus den Armmuskeln kommt. Zu den Erfahrungen, die ich mir von meinem Vater abschaute, gehörte auch, auf geistiger Ebene einen Beitrag zum Wohl der Menschen um einen herum zu leisten. Zum Wohle derer, die sich einem anvertrauten, deren Probleme man kannte, deren Kinder und manchmal auch noch Enkel man auf ihrem Weg begleitete.

Eine weitere Eigenschaft meines Vaters, die mir im Leben weiterhelfen sollte, war die Tatsache, dass ich ihn nie hatte klagen hören. Ärgern konnte er sich, oh ja. Aber geklagt hat er nie. Gerade weil in seinem Leben eines der dunkelsten Kapitel der Geschichte lag, zollte ich ihm dafür stets große Hochachtung.

Mit meiner Ordination im Jahr 1968 begann mein Amtsleben, und erst jetzt spürte ich, was dieser Beruf wirklich bedeutete. Diese Selbstverständlichkeit, immer und jedem zur Verfügung zu stehen. Tatsächlich im Dienst des Evangeliums zu stehen. Menschen zu besuchen. Mein Vater hatte selbst im Urlaub pausenlos Kartengrüße geschrieben, manchmal an die hundert Stück. Allein um allen Gemeindegliedern zum Geburtstag zu gratulieren, hatte er unzählige Daten im Kopf. Das wiederum führte dazu, dass er in seiner Gemeinde, im ganzen Ort, fest verwurzelt war. In Einzelfällen ging es so weit, dass sich manch einer die an ihn gerichtete Urlaubskarte mit in den Sarg legen ließ.

Bis 1970 war mein Vater Pfarrer in Langenleuba-Oberhain. Die Frage, ob ich das Pfarramt von ihm übernehmen sollte, stellte sich für uns nicht. Sie kam hin und wieder im Dorf auf, aber ein derart archaisches Prinzip der »Thronfolge« war uns fremd und zudem in der Landeskirche gar nicht möglich. Die beiden Gemeinden Lastau und Colditz, die ich stattdessen übernahm, lagen nur etwa zwanzig Kilometer vom elterlichen Pfarrhaus entfernt. Dennoch bestand nicht die Gefahr, dass der Sohn immerzu mit dem Vater verglichen wurde.

Während der Weihnachtsferien im Jahr 1967 erfuhren Monika und ich, wo ich meine erste Pfarrstelle antreten sollte. Ich kannte das Dorf Lastau nicht, obwohl es nicht weit von Langenleuba-Oberhain entfernt war. Wir fuhren eines bitterkalten Nachmittags zusammen hin und erkannten sofort, was uns hier bevorstand. Das Haus war extrem renovierungsbedürftig, und die Kirche war offensichtlich baufällig. Doch wir beide waren jung und zuversichtlich.

Am 13. Februar 1968 fuhr mich ein Bauer aus Langenleuba-Oberhain mit seinem PKW-Kombi an meine neue Wirkungsstätte. Ich hatte nur ein paar Habseligkeiten bei mir. Einige Möbel, die bei meinem Vater im Archivzimmer gestanden hatten: Tisch, Stuhl, Bett.

Meine Mutter begleitete mich und half mir tatkräftig, wenigstens eines der Zimmer zum Schlafen herzurichten. Am Abend fuhr sie wieder mit dem Bauern zurück. Da saß ich nun allein in meinem ersten Pfarrhaus. Meine Verlobte Monika steckte mitten im Examen und wohnte daher noch in Leipzig. Zu meinem ersten Gottesdienst am 18. Februar war sie aber selbstverständlich da, genau wie meine Eltern.

Es war nicht immer einfach, in zwei Gemeinden gleichzeitig zu arbeiten, zu denen außerdem eine Reihe von Dörfern gehörte. Noch dazu waren die beiden Dörfer unterschiedlichen Bezirken zugeordnet. Lastau gehörte zum Bezirk Karl-Marx-Stadt und Colditz zum Bezirk Leipzig. Das hieß, ich hatte mit doppelt so vielen Behörden wie üblich zu tun.

In diese Zeit fällt ein Ereignis in Leipzig, das nicht nur uns empörte und erschütterte, sondern landesweit jeden vernünftig denkenden Menschen mit Scham erfüllte.

Auf einen Beschluss der SED-geführten Stadtverordnetenversammlung und auf Betreiben der Karl-Marx-Universität wurde die Universitätskirche, auch Paulinerkirche genannt, im Jahr 1968 gesprengt. Und das, obwohl sie den Krieg nahezu unbeschädigt überstanden hatte. Walter Ulbricht höchstpersönlich soll bei einem Besuch der Leipziger Oper, als er eine erhebliche Zahl von Studenten aus der Universitätskirche kommen sah, gesagt haben: »Das Ding muss weg.«

Besonders perfide war, dass es bei der Stadtverordnetenversammlung zur geplanten Sprengung der Universitätskirche eine Gegenstimme gegeben hatte. Sie stammte von einem Pfarrer, der bei der Stasi war. So konnten die Oberen die Entscheidung sogar als einen »demokratischen Akt« bezeichnen – immerhin hatte es ja eine

Gegenstimme gegeben. Das klang nach demokratischem Beschluss. Sogar diese Gegenstimme hatten sie gekauft.

Die Bevölkerung wollte die drohende Sprengung jedoch nicht einfach so hinnehmen. Allen voran die christlichen Studenten organisierten über die Studentengemeinde Protestschreiben an die Stadtverordneten. Schließlich war die Universitätskirche eine der Ausbildungsstätten für die Theologiestudenten. Auch ich hatte dort meine Ausbildung in Homiletik – Predigtlehre – und Liturgischem Singen erfahren und auf der Kanzel der Universitätskirche meine Examenspredigt gehalten. Sonntags im Gottesdienst hatte ich in der dortigen Schola gesungen, dem Chor für liturgische Gesänge. In der Unikirche hatten die Semesteranfangs- und Schlussgottesdienste der Studentengemeinde stattgefunden, außerdem die Mittagsandachten, von denen auch meine Frau als Vertrauensstudentin einige gehalten hatte.

Die Universitätskirche war ein geistiges und geistliches Zentrum für uns alle. Die regelmäßigen Vorträge, die Orgelkonzerte und Konzerte des Universitätschores waren berühmt. Auch die katholische Gemeinde hatte hier eine Heimstatt gefunden und mit Pater Gordian einen Prediger, der gerade die Jugend in das Gotteshaus holte. Er predigte leidenschaftlich gegen den barbarischen Akt der bevorstehenden Sprengung und organisierte den letztlich erfolglosen Widerstand auf katholischer Seite.

Den Protest vor und nach der Sprengung betrachte ich als erste große öffentliche Kundgebung gegen die Willkür des Staates seit den Ereignissen um den 17. Juni 1953. Ich sehe einen inneren Zusammenhang zwischen dem Protest von 1968 und den Ereignissen im Herbst 1989. Manche freuen sich an einem Zahlenspiel: Dreht man die Zahl 68 um hundertachtzig Grad, erhält man die Zahl 89.

Viele Studenten wurden wegen ihres Protestes verhaftet. Noch Monate nach der Sprengung wurden Studenten verhaftet. Denn mit der Kirche war nicht etwa der Protest gegen ihre Sprengung verschwunden. Die Prozesse zogen sich zum Teil bis 1972 hin. Für einige Studenten änderte sich die Biografie grundlegend. Statt zu studieren, entschieden sie sich zur Flucht in den Westen oder wurden nach der Haftentlassung ausgewiesen.

Monika und mich verbindet mit der Universitätskirche ein ganz persönliches Datum: Wir feierten an der Statue des Propheten Jeremia in der Kirche im August 1967 unsere Verlobung. Zur Zeit der Sprengung stand Monika mitten im Staatsexamen. Ich arbeitete bereits als Pfarrvikar in Lastau und Colditz.

Alle Pfarrerinnen und Pfarrer der Ephorie Grimma wurden zum Zeitpunkt der Sprengung, am 30. Mai 1968 um zehn Uhr, zum Rat des Kreises geladen. Vermutlich wollte man so eine Demonstration der Pfarrerschaft nach Leipzig verhindern. Trotz weiträumiger Absperrungen um die Universitätskirche, trotz zahlreicher Verhaftungen im Vorfeld und danach und vor allem trotz eines strikten Fotoverbotes: Es gab von dem Ereignis nicht wenige Fotodokumentationen, die allerdings erst nach 1989 veröffentlicht werden konnten. Vor allem eine Bildfolge ist wegen ihrer Perspektive besonders bewegend und symbolträchtig: Das erste Bild zeigt die noch intakte Universitätskirche St. Pauli. Bild zwei die Sekunde der Sprengung, als sich der Dachreiter zur Seite neigt. Das dritte Bild den Einsturz der ganzen Kirche in einer riesigen Staubwolke. Bild vier, wie sich der Staub zu lichten beginnt und die mächtigen Umrisse der Nikolaikirche sichtbar werden.[19] Es sieht aus, als wäre sie an der Stelle der zerstörten Kirche aus dem Boden gewachsen.

War das nicht schon ein erster Hinweis auf 1989? Die Kirche bleibt – das DDR-System mit seinem Parteiapparat und seinen eilfertigen Dienern hingegen wird für immer verschwinden. Gerade maßgeblich durch die Nikolaikirche wurden die Zerstörer der Universitätskirche Leipzig zu einer Fußnote der Geschichte.

Im Schatten dieses Ereignisses, das mir auch aus ganz persönlichen Gründen sehr nahe ging, begann in Lastau nicht nur mein Dasein als Pfarrer, sondern auch meine Laufbahn als Beschaffer von Baumaterialien und Handwerkern, was in der DDR eine sehr anstrengende Aufgabe war. Allerdings blieb mir nichts anderes übrig, als mich ihr zu stellen. Ich musste das Pfarrhaus wohnlich machen. Schließlich wollte meine zukünftige Frau bald nachkommen. Auch die ärgsten Schäden in der Kirche mussten so schnell wie möglich behoben werden. Ich bat einen Bauern, ob er mich mit seinem Traktor in die BHG, die Bäuerliche Handelsgenossenschaft, fahren könnte, um Zement zu kaufen. Der Bauer schaute etwas skeptisch.

Dieser Stadtmensch!, dachte er wahrscheinlich. Er wusste natürlich, dass es Zement nie dann gab, wenn man ihn brauchte.

»Naja. Wenn Sie meinen.«

In der BHG angekommen, tat ich so, als wäre es das Selbstverständlichste der Welt, dass man Zement kaufen will.

»Wir brauchen zehn Säcke Zement.«

Prompt hörte ich: »Hammor nich.«

Dann war aber die Neugier, wer so naiv fragen konnte, größer. So kam die Nachfrage: »Wofür brauchen Sie den überhaupt?«

Ich stellte mich vor: »Ich bin der neue Pfarrer in Lastau. Unsere Kirche ist ziemlich marode. Wenn man da nicht bald was macht, fällt sie in sich zusammen. Aber ich weiß nicht, was ich ohne Zement machen soll.«

Die beiden hinter dem Tresen schauten sich an. Bedeutungsvoll sagte der eine zum anderen: »Gib mal die Säcke.«

Sie wuchteten zehn Säcke übereinander, und ich legte ungläubig meine Hand auf den Stapel. »Das trifft sich gut«, sagte ich, »wir sind mit dem Traktor hier.«

Die Bauarbeiten an der Kirche konnten beginnen. Die Dorfbewohner rechneten mir meinen Einsatz hoch an. Sie beobachteten genau, was der neue Pfarrer so alles tat. Sie erkannten sofort, ob er Geschick hatte oder zwei linke Hände.

Kurz nach meinem Einzug ins Pfarrhaus ging ich von Haus zu Haus und machte mich überall bekannt. »Ich bin der neue Pfarrer und möchte mich Ihnen gern vorstellen«, sagte ich dann immer und wurde überwiegend freundlich empfangen. Mir kam es darauf an, nicht nur die Gemeindeglieder, sondern die gesamte Einwohnerschaft zu Gesicht zu bekommen, und zwar einschließlich der SED-Genossen.

Zu Hause legte ich mir für jeden Dorfbewohner eine kleine Karteikarte an, auf der ich das Wichtigste notierte. Dank dieser Methode sind mir zum Glück nie Fehler unterlaufen, die auf dem Dorf immer schlecht ankommen. Schließlich war ich selbst auf dem Land groß geworden und wusste Bescheid. Erst einmal musste man jeden grüßen. Wer das nicht tut, kann sich gleich wieder abmelden. Da heißt es dann schnell: »Der denkt wohl, weil er studiert hat, ist er was Besseres.« Und dann wird es schwierig.

Ich hatte von Anfang an bei den meisten Einwohnern einen Stein im Brett. Sie sahen mich alles allein bewältigen, und das machte Eindruck. Wie bescheiden ich im Pfarrhaus wohnte und wie einseitig ich mich ernährte, musste sich herumgesprochen haben. Außer Kaffee konnte ich damals nichts kochen. So gab es jeden Tag das Gleiche: ein bisschen Rotkraut in die Pfanne geschnippelt, zwei Eier drüber und fertig. Irgendwann schritten die Dorffrauen ein.

»Das geht doch nicht«, meinten sie empört. »Sie brauchen doch was Richtiges zu essen, Herr Pfarrer.«

»Danke, es geht schon«, erwiderte ich nur. Ich empfand die Kocherei als reine Zeitverschwendung. Damit wollte ich mich ganz einfach nicht beschäftigen. Lieber aß ich jeden Tag das Gleiche.

Die Dorffrauen ließen sich nicht abwehren und organisierten fortan jeden Tag eine Essenseinladung für mich. Das kam mir natürlich sehr entgegen, und zwar nicht nur wegen der Speisen. Immerhin war ich dadurch der Reihe nach bei vielen Familien zu Gast und nutzte die gute Gelegenheit zu Gesprächen. Fast hätte die Aktion jedoch zu meiner leiblichen Explosion geführt, denn überall tischte man mir nur das Beste auf. Die Dorffrauen sprachen sich sogar untereinander ab, damit ich nicht zweimal hintereinander das Gleiche essen musste. Also saß ich jeden Tag an einem anderen Tisch, und nach ein paar Wochen kannten wir uns alle bestens.

Wenige Wochen vor unserer Hochzeit im Sommer 1968 fuhren Monika und ich zu meinen Eltern nach Langenleuba-Oberhain. Gemeinsam wollten wir meine persönlichen Dinge, Bücher, Briefe und Fotos, durchsehen und aussortieren. Ich hatte bisher immer alles aufgehoben, weil ich mich so schwer von Dingen trennen konnte – und es bis heute nicht kann. Dabei bekam Monika den ganzen Briefverkehr einschließlich aller Liebesbriefe zu Gesicht. Unsere Beziehung war von Anfang an von totaler Offenheit bestimmt. Wir saßen etwa drei Stunden zwischen all den Kisten und Kartons und waren völlig in unsere Arbeit vertieft, als meine Mutter mit einem großen Wäschekorb ins Zimmer kam.

»Weißt du was, hier steckst du die Sachen jetzt rein, gehst in den Garten, machst ein großes Feuer und verbrennst alles.«

»Das wäre sehr schade«, sagte Monika spontan. Ihr tat es leid um die schönen Fotos und Briefe, und sie versuchte – übrigens mit Erfolg –, einige der Mädchenbilder zu retten.

Meine Mutter bestand eisern auf ihrer Forderung, was ich von ihr gar nicht kannte. Sie bestand darauf, ich solle mit den Zeugnissen meiner bisherigen Beziehungen reinen Tisch machen und ohne »Hinterlassenschaften«, wie sie sich ausdrückte, in die Ehe gehen. Ich konnte ihren Wunsch verstehen. Das gewünschte Feuerchen wurde entfacht.

Am 26. Juli 1968, drei Tage nach Monikas Staatsexamen, traute uns mein Vater in genau der Kirche, in der ich einst laufen gelernt hatte und konfirmiert worden war. Alle aus unseren beiden Familien waren da, außerdem zahlreiche Freunde und sogar eine kleine Gesandtschaft aus Lastau. Wir feierten eine richtige Dorfhochzeit mit einem zünftigen Polterabend.

Als wir dann frisch verheiratet wieder in Lastau ankamen, empfingen uns die Menschen mit offenen Armen.

Neben unserer Hochzeit war meine Ordination das für mich wichtigste Ereignis in jenem Jahr 1968. Sie erfolgte am zweiten Advent, dem 8. Dezember, durch Superintendent Ernst Waltsgott in der Lastauer Kirche mit großer Beteiligung der Gemeinde. Eine besondere Tiefe erreichte für mich der Festgottesdienst dadurch, dass neben meiner Frau auch meine Eltern, Schwiegereltern und meine beiden Schwestern dabei waren. Zudem war mein Vater als Pfarrer erster Assistent der Ordination.

Fast auf den Tag genau vierzig Jahre nach meinem Vater wurde ich zum Pfarrer ordiniert. Ebenso viele Jahre später konnte ich im Jahr meiner Verabschiedung am 8. Dezember 2008 mein vierzigjähriges Ordinationsjubiläum feiern.

Schon als Studenten dachten wir angehenden Pfarrer oft über die ungewisse Zukunft des Pfarrberufes nach. Keiner wusste, ob wir ihn noch auf herkömmliche Weise ausüben können, ob die Kirche auf Dauer in der Lage sein würde, uns regelmäßig Gehalt zu zahlen. Auch zum Zeitpunkt meiner Ordination war ich nicht sicher, ob Pfarrer mein Hauptberuf bleiben könnte oder ich noch einen Broterwerb benötigen würde. Die Vorstellung, dass man eines Tages nur noch ein Feierabend-Pfarrer sein könnte, schien mir nicht völlig abwegig. Dieser Gedanke schreckte mich aber nicht ab. Ich hatte keine

Scheu davor, wenn es notwendig wäre, in einem anderen Beruf mein Geld zu verdienen. Für diesen Fall hätte ich wahrscheinlich eine Stelle als Kraftfahrer angenommen oder irgendeinen anderen Beruf mit Autos gemacht. Ich war jung, sehr jung für diesen Beruf, da ich den kürzesten Ausbildungsweg mit optimaler Ausnutzung absolviert hatte: Mit 18 Abitur, mit 23 Staatsexamen, mit 25 Ordination. Kürzer ging es nicht.

Optimistisch und frei von Ängsten hatte ich das Gefühl, nun geht es richtig los. So wie mein Eheleben mit einer großen Liebe begann, so empfand ich auch eine große Liebe für den Beruf.

Meine Frau Monika, eine geborene Großstädterin, gewöhnte sich erstaunlich schnell in das Dorfleben ein. Den Lieferrhythmus im örtlichen Konsum hatte sie bald verinnerlicht: Brot gab es montags und mittwochs, Fleisch und Gemüse nur einmal in der Woche. Anders als in der Stadt musste sie hier genau planen. Doch Monika meisterte all das erstaunlich rasch und kam zudem bestens mit den Menschen zurecht. Die Dorfbewohner, die regelmäßig bei uns klingelten, wollten oft gar nicht zu mir, sondern zu meiner Frau.

»Frau Pfarrer, könnten Sie mir bitte etwas aus der Apotheke mitbringen?«, baten sie beispielsweise.

»Gerne«, erwiderte meine Frau dann und notierte den Wunsch schnell auf einem Zettel.

Um ihre Approbation als Apothekerin zu bekommen, arbeitete sie nach dem Examen ein Jahr Vollzeit in der Staatlichen Engel-Apotheke Colditz. Ein DDR-Begriff der besonderen Art. Ich verfolgte ihre Tätigkeit dort mit großem Interesse.

Wir waren beide fasziniert davon, miteinander verheiratet zu sein und auch gemeinsam ins Berufsleben zu starten.

Da es in Lastau keinen Kantor gab, spielte meine Frau die Orgel. Jahrelang hatten die Lastauer die Klänge der Kirchenorgel nur sporadisch zu hören bekommen. Nun waren sie uns dankbar, weil die Gottesdienste, Taufen, Trauungen und Beerdigungen wieder regelmäßig mit Musik gestaltet waren. Wie immer konnte ich mich auf Monika in der Kirche voll und ganz verlassen. Sie spielte sehr exakt und stets im richtigen Tempo, und wenn wir bei einer Beerdigung einen Kreuzträger brauchten, war sich meine Frau nicht zu schade, den Part zu übernehmen.

Als wir uns in Lastau eingelebt hatten, plante ich gemeinsam mit dem Frauendienst eine Aktion, die allen Einwohnern zugute kommen sollte. Nicht zuletzt auch mir, denn ich wollte mit den Menschen in Kontakt treten. Frei nach dem Wort »*Gott will, dass allen Menschen geholfen wird und sie zur Erkenntnis der Wahrheit kommen*«[20] organisierte ich mit ein paar Ehrenamtlichen einen Besuchsdienst. Jeder Dorfbewohner sollte von seinem fünfundsechzigsten Lebensjahr an zu jedem Geburtstag besucht werden. Da die Menschen fast alle in Familienverbänden wohnten, kam ich so einmal im Jahr bei jedem vorbei. Meine Frau schrieb die Geburtstagskarte, jemand aus dem Frauendienst brachte die Blumen und begleitete mich. Die Idee war gut, denn die Frauen kannten natürlich alle Dorfbewohner. Sie kündigten unseren Besuch vorher an, und so waren immer alle zu Hause, wenn wir vorbeikamen.

Auf diese Weise führte mich mein Weg eines Tages auch zum Parteisekretär, dem Vorsitzenden der Parteigruppe im Dorf. Gerade als seine Genossen ihm gratulieren wollten, stand ich als Pfarrer in der Wohnzimmertür. Sein Geburtstag fiel auch noch auf den ersten Weihnachtsfeiertag, weshalb ich meine Gratulation noch um einiges festlicher gestaltete. Da ich ja Freude bringen wollte und nicht missionieren, blieb ich nur an der Tür, wenn ich merkte, dass sich die Leute bedrängt fühlten. Ohne Fingerspitzengefühl hätte ich mich schnell unbeliebt gemacht. So hielt ich es auch mit dem Parteisekretär. Wenn ich ihn auf der Dorfstraße traf, diskutierten wir immer die aktuelle Weltlage. Und jedes Mal verabschiedete er sich mit: »Na also, wir kämpfen weiter.« So respektierten wir uns einander. Jeder an seinem Platz.

Der nächste Schritt war mein Eintritt in die Freiwillige Feuerwehr von Lastau. Das war damals der einzige rote Verein, dem man ohne Bedenken beitreten konnte. Allerdings wusste ich nicht, dass die Feuerwehr der Volkspolizei unterstellt war. Als der Rat der Gemeinde meinen Antrag auf einen Dienstausweis an die Behörde weitergab, hieß es nur:

»Ein Pfarrer in der Feuerwehr. Die spinnen wohl?«

Das wiederum empörte unseren Bürgermeister, der ebenfalls bei der Feuerwehr war. Sogleich erhielt er eine Vorladung zum Rat des Kreises, um ihn umzustimmen. Aber er blieb stur und meinte nur:

»Pfarrer Führer wird der Freiwilligen Feuerwehr beitreten. Das ist eine Angelegenheit des Dorfes!«

Die Lastauer wollten mich nun mal in ihrer Feuerwehr haben. Also wählten mich die Feuerwehrleute einfach in ihren Verein, und der Rat des Kreises musste mir einen entsprechenden Ausweis ausstellen. Das hart erkämpfte Dokument habe ich noch heute. In der Feuerwehr allerdings kam ich dann nicht mal zum Zuge beziehungsweise nur zu Übungen. Sie wurden im Sommer abgehalten und praktischerweise zum Beregnen der Gärten genutzt. »Gelöscht« wurde anschließend in der Dorfgaststätte.

Die »guten Seelen« für Kirche, Friedhof und Kirchgemeinde waren nacheinander in den zwölf Jahren meiner Zeit als Dorfpfarrer Frieda Sittner und Annelies Fritzsch, die sich vor allem dann Sorgen machten, wenn ihnen meine Predigten zu gefährlich erschienen. Ich hielt sonntags immer zwei Gottesdienste. Im Sommer morgens um acht in Lastau, denn für die Bauern begann der Tag um vier, also war für sie um acht schon bald Mittag. Um halb zehn hielt ich den nächsten Gottesdienst in Colditz. Im Winter wurde der Gottesdienst in Lastau auf den Nachmittag verlegt.

An der Kirche in Colditz hatte ich anfangs einen Kollegen, doch er starb 1974. Und auch der Nachfolger, der so jung war wie ich, starb nach zwei Jahren seiner Amtszeit. Da zwischen einer Neubesetzung etwa ein Jahr Vakanz liegt, gab es mindestens zwei Jahre, in denen ich völlig allein verantwortlich war. Der Arbeitsaufwand für mich als Einzelkämpfer war immens, denn immerhin gehörten allein zur Colditzer Gemeinde noch andere Dörfer: Zollwitz, Terpitzsch, Hausdorf, Koltzschen und Thumirnicht. Letzterer Ort heißt wirklich so. Zur Kirchgemeinde Lastau gehörten die Orte Rüx und Kralapp. Und bis ich wieder von einem Kollegen unterstützt wurde, war ich mehr unterwegs als zu Hause.

In Colditz führte ich das Glaubensseminar für Erwachsene ein. Zuerst für Paare, die getraut werden wollten, aber nicht konfirmiert waren. Dann kam mein neuer Kollege hinzu und brachte als Neuerung das Taufgedächtnis ein, was eine Tradition zur Erneuerung des Taufversprechens ist.

In Colditz gab es zudem eine große und lebendige Junge Gemeinde. Wir brauchten einen geeigneten Ort für ihre Zusammenkünfte und bauten kurz entschlossen das Turmzimmer ganz oben in der Stadtkirche aus. Dort saßen wir bald darauf regelmäßig beieinander und führten interessante, lebensnahe Diskussionen darüber, wie wir die Botschaft der Bibel im Alltag etablieren könnten. Damals hörten alle die Rolling Stones und die Beatles, und wir beschlossen, musikalische Themenabende zu veranstalten. Jeder stellte seine Lieblingsband vor, und wir hörten gemeinsam die Platten an, schwärmten und redeten. Ich hatte indes meine Schwäche für Elvis behalten.

Weil die Kirche in der DDR die einzige Organisation war, die sich dem Zugriff des Staates entziehen konnte, erfuhr sie dessen nahezu ungeteilte Aufmerksamkeit. So fiel mir bei meiner täglichen Motorradtour durch das Dorf auf, dass es weder an der Kirche selbst noch an den benachbarten Zäunen einen Schaukasten und auch sonst nicht den kleinsten Hinweis auf die kirchlichen Termine gab. Das kann unmöglich so bleiben, dachte ich mir und schritt zur Tat. Ich hielt nach einer geeigneten Stelle Ausschau und entdeckte einen Zaun, an dem sich ein Schaukasten anbringen ließ. Den Kasten gab ich noch am selben Tag in Auftrag, und um ein geeignetes Plakat auszuwählen, fuhr ich kurz darauf zur Superintendentur nach Grimma. Gleich das erste Plakat, das mir ins Auge fiel, wollte ich haben: Es gibt keinen Ort ohne Gott.

Der Satz wirkte wie eine Kampfansage, und selbstverständlich ließen die Reaktionen nicht lange auf sich warten. Eine der so genannten »richtig roten« Familien beschwerte sich natürlich postwendend beim Bürgermeister. Eine kleine Portion Glück hatten wir dennoch, als es um die Klärung der Situation ging. Der Bauer, an dessen Zaun der Kasten hing, saß im Kirchenvorstand.

»Nö. Das Plakat bleibt dran!«, entschied er. Und so war es dann auch.

Kleinere Reibereien folgten dennoch immer mal wieder, unter anderem mit den Kindern. Die Christenlehre hieß hier bei den Kindern einfach »Bassterstunde«, also Pastorenstunde, was sie wiederum bei den Erwachsenen so gehört hatten. Ich fragte in die Runde, ob denn auch von einer »Arztstunde« oder »Lehrerstunde« die Rede sei, wenn sie zum Arzt oder zur Schule gingen. »Nein«, »nö«, »natürlich nicht«, lauteten die Antworten. Groß und Klein hatten verstanden. »Christenlehre« setzte sich durch.

In Lastau und Colditz kannte man mich bald überall als den Pfarrer in Jeans, und das habe ich mein Leben lang so beibehalten. Den Tag, an dem ich meine erste Jeans bekam, werde ich nie vergessen. Es war im Jahr 1956, meine älteste Schwester fuhr damals zum Kirchentag nach Frankfurt am Main. Die Menschen, die am Kirchentag teilnahmen, erhielten vor Ort ein so genanntes »Bewegungsgeld«. Meine Freude war groß, als sie mir wenige Tage später auf meine Bitte hin eine nagelneue Nietenhose vor die Nase hielt. Seitdem trage ich Jeans.

Zu diesem unverwechselbaren Erkennungsmerkmal gesellte sich übrigens eine zweite Angewohnheit, an der die Menschen ihren Pfarrer sofort erkannten: Ich pfeife oft. Mir gehen immer Melodien im Kopf herum. Gott sei Dank haben mir die Menschen meinen Kleidungsstil und das Pfeifen nie verübelt. Schon zu Hause hatten wir einen Familienpfiff, auch mit Monika entwickelte ich einen eigenen, später mit den Kindern wieder einen anderen, und für die Freunde gab es einen Pfiff. Diese Erkennungspfiffe waren sehr praktisch, besonders bei Veranstaltungen mit vielen Menschen.

Wir fühlten uns wohl in Lastau. Ich wagte es sogar, ein paar Veränderungen in die Lastauer Traditionen einzubringen. Beispielsweise brachte ich in die Beerdigungsordnung einige Neuerungen ein. Eine Trauerfeier mit anschließender Beerdigung begann in der Leichenhalle, von wo man zum Grab schritt. Von dort gingen manche Trauergäste direkt nach Hause, der Rest in die Dorfkneipe. Nur die engsten Angehörigen und die Christen versammelten sich anschließend noch in der Kirche. Es war für mich unerträglich, dass die Menschen ihre Trauerfeiern am Grab enden ließen und die Kirche ausließen. Also änderte ich kurzerhand die Reihenfolge: Leichenhalle, Kirche, Grab. Wer nicht gleich wieder gehen wollte, war genötigt, mit in die Kirche zu kommen. Die neue Abfolge wandte ich zum ersten Mal bei der Beerdigung eines Großbauern an, der aus einer sehr bekannten Familie stammte. Daher kam zu seiner Beerdigung auch fast das ganze Dorf zusammen. Ich nutzte diese Plattform, um einige klare Worte von der Bibel her zu Leben und Tod, zu Familie und Gesellschaft zu sagen. Das war für keinen der Anwesenden ungefährlich, schließlich waren der Bürgermeister und alle Mitglieder des örtlichen Gesangsvereins da.

Alles in allem war ich als Pfarrer im Ort gut integriert und mit allen Menschen im Gespräch. Dennoch wagte ich mich natürlich mit so mancher Aktion auf dünnes Eis. Eines Tages sagte jemand zu mir: »Herr Pfarrer, halten Sie sich doch bitte ein bisschen zurück, das ist viel zu gefährlich. Damit Ihnen hier nichts passiert.« Dieser Hinweis war durchaus angebracht, denn ich verhielt mich keineswegs DDR-konform. Zum dreißigsten Jahrestag der DDR zum Beispiel hielt ich sowohl in Lastau als auch in Colditz eine Predigt, in der ich sehr deutlich auf die Situation in der DDR einging. Es war der 7. Oktober 1979, ein Sonntag. Das Wort dieser Predigt hatte ich mir selbst ausgesucht aus dem Propheten Jesaja: »*Glaubt Ihr nicht, so bleibt Ihr nicht*«.[21] Zehn Jahre später konnten dann alle sehen, wer geblieben war und wer nicht, aber davon ahnten wir damals noch nichts. Meine Art zu predigen war den Menschen jedenfalls neu, und so mancher hatte anfänglich Schwierigkeiten damit.

Neben all den kleinen Änderungen trieb ich von Anfang an die Sanierung der Kirche und vor allem des Kirchendaches voran. Dabei erfuhr ich von allen Seiten tatkräftige Unterstützung. Offensichtlich machte es den Menschen ganz einfach Freude, dass endlich etwas passierte. Die Spendenfreudigkeit erhöhte sich zusehends, je mehr Neues zu sehen war. Wann immer eine Kirche aufgebaut wird, ist das ein Hoffnungszeichen für die Menschen. Auch wenn ich stets mit anpackte, sollte unter diesen Arbeiten die eigentliche Gemeindearbeit nicht leiden. So war ich in jenen Tagen oft viel beschäftigt, doch der Einsatz lohnte sich. Die Rüstzeiten für Kinder und Jugendliche ebenso wie die Jugendtage stießen stets auf gute Resonanz.

Einen Wermutstropfen gab es dennoch: Die Schüler in der Christenlehre und den Konfirmandenstunden bekamen an ihren Schulen zunehmend Schwierigkeiten. Der Direktor bestellte die Jungen und Mädchen einzeln zu sich und begrüßte sie mit einem klaren Hinweis.

»Welchen Beruf willst du denn mal ergreifen?«, fragte er zunächst. Wenn die Schüler dann etwas antworteten, meinte er: »Schön! Nur falls du dich konfirmieren lassen willst, hast du ein Problem ... Aber du kannst natürlich machen, was du willst.«

Als mir immer mehr von diesen Geschichten zu Ohren kamen,

überlegte ich nicht lange. Als Pfarrer musste ich dazu einfach Stellung nehmen. Und eben weil Jesus sagt: »*Wer Mir nachfolgen will, der (...) nehme sein Kreuz auf sich*«[22], konnte ich nicht zusehen und ausweichen. Es ist mir unerträglich, wenn Jesus verhöhnt oder verspottet wird, genauso wenn Behinderte oder Schwache verhöhnt oder verspottet werden. Ebenso wenn man versucht, Kinder unter Druck zu setzen, weil man sie für schwach hält. Sie können sich nun mal meist nicht richtig wehren. Und erst recht, wenn man ihre Eltern erpressen will. Dann darf ich nicht zögern, sondern muss sofort eingreifen. Ich kann gar nicht anders.

Die Kinder der hiesigen Dörfer fuhren täglich mit Schulbussen an die Zentralschule im nächstgrößeren Nachbarort. Ich trat also mit den Pfarrern der betroffenen Gemeinden in Kontakt und schloss mich mit ihnen zusammen. Das Kuriose war, dass die Lehrer damals nicht mit uns Pfarrern reden durften. Wir galten offenbar als gefährlich. Höchstens zum Kreisschulrat konnten wir Pfarrer Kontakt aufnehmen, wenn wir ein Anliegen hatten.

Im Jahr 1972 war die DDR der UNO-Konvention gegen Diskriminierung im Bildungswesen beigetreten. Das war eine Steilvorlage für mich, und so wandte ich mich mit den Worten: »Ich nenne das Diskriminierung, wenn die Kinder hier so bearbeitet werden« an den damaligen Kreisschulrat. Zusammen mit den anderen Gemeindepfarrern erreichte ich, dass der Druck gegenüber den Schülern aufhörte. Diese Aktion hatte einerseits für großes Aufsehen gesorgt, uns Pfarrer aber noch enger mit den Menschen unserer Gemeinden verbunden. Die Anteilnahme der Dorfbewohner an unserem Leben spürte ich deutlich, als im Jahr 1969 unser erstes Kind Katharina geboren wurde. Im Dorf waren wir so richtig angekommen. Und wir sorgten für Gesprächsstoff. Über den Namen unserer Tochter staunten die Leute nicht schlecht, denn üblich waren damals Jaqueline, Mike, René und dergleichen. Auf dem Dorf wurde aus unserer Katharina natürlich bald Katrina. Der Name unseres ersten Sohnes, Sebastian, ging den Menschen 1971 schon besser über die »sägs'sche« Zunge. Im Jahr 1978 kam dann Martin, in jenen Tagen ein vertrauter Name, und unser Georg, »Schorsch«, erblickte 1983 dann schon in Leipzig das Licht der Welt.

Als unsere beiden ersten Kinder Katharina und Sebastian Mitte der siebziger Jahre zur Schule kamen, wurde es noch einmal spannend – auch für uns. Zu unserer Erleichterung erfuhren sie in der Schule keine Nachteile. Wegen ihrer offenen und klaren Ansichten brachten ihnen Mitschüler und Lehrer gleichermaßen Achtung entgegen. Die positiven Erinnerungen unserer Kinder an ihre Schulzeit überwiegen überraschenderweise bis heute. Und das bei diesem einseitigen, atheistischen sozialistischen Weltanschauungsunterricht: Wenn ich nur an die Darstellung Luthers im damaligen Geschichtsunterricht denke. Die Lehrer hatten lediglich ihre Vorbereitungsblätter mit dem marxistischen Lutherbild zur Verfügung und mussten jenes dann auch ihren Schülern vermitteln. Luther wurde dargestellt als Fürstenknecht und Bauernfeind. In der sechsten Klasse der Christenlehre war auch in meinem Unterricht das ganze Schuljahr lang Martin Luther unser Thema. Hier war das Bild des Reformators ein anderes, da wurde Luthers Haltung differenziert behandelt. Seine scharfe Fürstenkritik vor dem Bauernkrieg zugunsten der Bauern. Seine furchtbaren Worte gegen die Bauern nach den Morden an Fürsten. Seine klare Verurteilung der Fürsten nach dem mit entsetzlichen Greueln niedergeschlagenen Bauernaufstand. Sodass bei einigem Nachdenken klar wurde, dass Luther jeweils auf der Seite der »Geschlagenen« war. Mit solchem Wissen ausgestattet, saßen die Christenlehrekinder in der Schule. Als Katharinas Geschichtslehrerin eines Tages im Unterricht wieder über Luther als Fürstenknecht und Bauernfeind redete, meldete sich unsere Tochter zu Wort. »Was Sie sagen, stimmt so aber nicht.«

Die Lehrerin, einigermaßen verunsichert, sicherte ihr zu, sich weiter zu informieren.

In der nächsten Stunde fragte sie dann Katharina allen Ernstes, ob das, was sie über Martin Luther gesagt habe, jetzt so richtig sei? Und das an einer sozialistischen Schule.

Wunderbar.

Dank unserer Kinder erinnerte ich mich wieder an meine Eltern – besonders an meinen Vater – und deren Erziehungsmethoden. Wir stellten es Katharina damals frei, ob sie den Pionieren beitreten wollte oder nicht. Mir als Vater wäre es sehr nahe gegangen, wenn ich meiner Tochter etwas verboten hätte, um dann »Ich möchte doch auch wie die anderen Kinder Pionier sein« von ihr zu hören.

So hingegen konnte sie selbst erfahren, was an der Sache mit der Pionierorganisation dran war. Allerdings war es in jenen Tagen nur allzu selbstverständlich, dass alle Kinder der Organisation beitraten. Keineswegs davon überzeugt, gingen meine Frau und ich in die Schule und fragten nach.

»Warum sollten die Kinder überhaupt zu den Pionieren gehen?«, erkundigte ich mich bei der Klassenlehrerin von Katharina. Diese Frage war nun überhaupt nirgends vorgesehen.

»Die gehen doch alle dorthin.«

»Und warum gehen alle dorthin?«, hakte ich beharrlich nach.

»Nun, weil alle dorthin gehen!«, lautete die unwirsche Antwort der Lehrerin. »Und weil Pioniere Altpapier und Flaschen sammeln!«, fügte sie noch hinzu.

»Aber dafür muss man doch nicht der Pionierorganisation beitreten«, erwiderte ich nur. »Altpapier und Flaschen sammeln wir auch so.« Nach unserem Umweltbewusstsein war das eine Selbstverständlichkeit. Nach ihrer Zeit bei den Jungpionieren entschloss Katharina sich jedoch gegen eine weiterführende Karriere bei den Thälmannpionieren. Sie hatte erfahren, dass sie bei den Pionieren nichts versäumte. Und so ging sie den Weg, der sie ab der vierten Klasse an den Thälmannpionieren vorbeiführte. Sebastian trat erst gar nicht den Jungpionieren bei. Damit hatten wir bei unseren beiden ersten Kindern ganz ohne Zwang erreicht, was wir wollten.

An unseren beiden Erstgeborenen wurde deutlich, wie anerkannt auch unter erschwerten Bedingungen in der DDR jene Menschen waren, die zu ihrer Meinung standen. Seitens ihrer Lehrer als auch der Mitschüler und deren Eltern wurden den beiden Pfarrerskindern an der sozialistischen Schule sowohl Sympathien als auch Interesse entgegengebracht. Zu Hause diskutierten wir bei den Mahlzeiten und sonstigen Gelegenheiten gerne und viel. Dabei fielen niemals Worte wie: »Das darfst du aber in der Schule nicht sagen!« oder andere Warnungen oder gar Vorschriften. Und wie auch ich es am eigenen Leibe erfahren hatte, so gab ich es an meine Kinder weiter: Nur weil sie einen Pfarrer zum Vater hatten, mussten sie nicht zwangsläufig in die Kirche gehen. Genauso wenig, wie sie ohne Hunger essen mussten. Auf diese Weise gab es in unserer Familie auf diesem Gebiet weder Überdruss noch nennenswerte Probleme.

Gut drei Jahrzehnte später, nach der Ausstrahlung der Fernsehdokumentation *Wir Pfarrerskinder* im Bayerischen Rundfunk im Jahr 2007, erhielten wir mehrere Anrufe. So erfuhren wir, dass die Art und Weise, wie sich unsere Kinder in dieser Dokumentation rückblickend über uns als ihre Eltern sowie ihre Kindheit und Jugend geäußert hatten, alles andere als selbstverständlich war. Leider hatte das DDR-System auch so manchen Pfarrer – oft zusammen mit seiner gesamten Familie – psychisch und körperlich schwer belastet.

So wie ich bei meinen Eltern wuchsen auch unsere Kinder in Lastau auf dem Land sehr behütet auf. Vor allem die Eltern meiner Frau unterstützten uns, wo sie nur konnten. Mein Schwiegervater arbeitete nach dem Krieg als Gleisbauer im Braunkohletagebau. Sein Leben bestand aus schwerer körperlicher Arbeit, und er genoss die frische Landluft bei uns auf dem Dorf jedes Mal sehr. Mit ihm verstand ich mich auf Anhieb, was jedoch weder mit dem Glauben noch mit meinem Beruf zu tun hatte. Er gehörte nämlich nicht zur Kirche. Am meisten gefielen mir an ihm seine Güte und Toleranz.

Meine Schwiegermutter, die aus der methodistischen Kirche stammte, verantwortete letztlich die christliche Erziehung meiner Frau. Auch mit ihr verstand ich mich vom ersten Augenblick sehr gut und hatte zudem große Hochachtung vor ihr.

Monikas Eltern nahmen mit großer Freude an unserem Leben auf dem Dorf teil. Die Kinder spazieren zu fahren und unterwegs mit den Nachbarn am Zaun zu plaudern, zählte für meinen Schwiegervater zu den liebsten Beschäftigungen. Nicht umsonst kam er von seinen Ausflügen oft erst nach Stunden zurück. Meine Schwiegermutter führte den Haushalt, während meine Frau arbeitete. Nach ihrer Approbation fuhr Monika meist nur für einen Tag in der Woche in die Colditzer Apotheke, was uns allen sehr gut tat, denn so war sie für die Familie da und konnte mir bei der Gemeindearbeit helfen. Sie wurde ebenso wie ich für die Gemeindeglieder mit ihren kleineren und größeren Wehwehchen eine geschätzte Ansprechpartnerin. Sie war immer für unsere Kinder da und hielt Haushalt und Garten bestens in Schuss. Sie verzichtete ganz bewusst auf eine

Vollzeitstelle in der Apotheke und verteidigte unser Familienmodell, auch wenn sie sich mit den Jahren zunehmend einsam fühlte. Denn in meiner Eigenschaft als Pfarrer war ich ständig unterwegs und fuhr bei Wind und Wetter mit dem Motorrad über die Dörfer. Das war nicht immer nur angenehm, vor allem nicht im Winter.

Die Fahrten wurden deutlich komfortabler, als uns Verwandte aus Westdeutschland über Genex ein Auto schenkten. Dieser von der DDR-Regierung 1956 gegründete Geschenkdienst ermöglichte es Bundesbürgern, Waren für ihre Verwandten in der DDR zu bestellen und liefern zu lassen. So bekamen wir zuerst einen Trabi und Jahre später einen Wartburg – nicht gerade typisch für eine Pfarrfamilie. Die meisten Pfarrer hatten zu kämpfen, um mit dem geringen Pfarrergehalt ihren Lebensunterhalt zu bestreiten. Sie waren schlecht bezahlt, weil die Kirche keine größeren Gehälter zahlen konnte. Je länger es die DDR gab, je größer dieser Druck wurde und je länger er anhielt, desto mehr wurde der christliche Glaube überlagert. Alles hinterließ Spuren bei den Menschen: 1960 die LPG, die Enteignung der Bauern, 1961 der Bau der Mauer. Die genannten Reibereien an den Schulen wegen des Konfirmandenunterrichts. Deren positiver Ausgang 1972 hatte wenigstens zu etwas mehr Selbstbewusstsein bei den Betroffenen geführt. 1972 wurden die halbstaatlichen Betriebe enteignet. Deren Inhaber waren die Letzten im Lande gewesen, die man noch abkassieren konnte. Mehr gab es dann nicht mehr. Im Jahr 1972 folgte dann die Fristenlösung beim Schwangerschaftsabbruch.[23] Wir beschlossen spontan, zu dem Thema einen Gemeindetag abzuhalten.

Eine Frauenärztin, die wir dazu eingeladen hatten, brachte verschiedene Föten in Gläsern mit.

»So sieht das Kind zu dem Zeitpunkt aus, zu dem man es neuerdings abtreiben und zerstückeln darf«, sagte sie und hielt provozierend die Beweisstücke in die Höhe.

Die Stimmung kochte entsprechend hoch, und eine wilde Diskussion entbrannte.

Die Kirche war immer für das Leben und gegen den Abbruch von Schwangerschaften eingetreten. An diesem und auch an anderen Gemeindetagen stellten die Anwesenden dennoch niemanden an den Pranger. Das Allerwichtigste war: Die Menschen konnten über so etwas überhaupt miteinander diskutieren. Nicht nur am heimischen Küchentisch, sondern in der Öffentlichkeit der Kirche. Die Fristenlösung war übrigens der einzige Volkskammerbeschluss, bei dem es überhaupt Gegenstimmen gab. Diese stammten hauptsächlich von der CDU. Die evangelische Kirche tolerierte zumindest eine Notfallregelung, doch dieses Ermöglichen eines Abbruchs ohne jegliche Beratung oder Unterstützungsangebote war ein qualitativ neuer Schritt zur Nichtachtung des Lebens. Die Geburtenrate ging im Anschluss daran deutlich zurück. Ich persönlich hielt diesen Schwangerschaftsabbruch »light« für unverantwortlich. Die Auseinandersetzung mit dem Thema fand leider hauptsächlich in der Kirche und in den Gemeinden statt. Weder in der Schule noch in einer anderen staatlich kontrollierten Öffentlichkeit war diese Diskussion möglich. Widerspruch gegen einen staatlichen Beschluss wurde nicht geduldet und war nicht vorgesehen. Zeitungen wie *Neues Deutschland* und andere staatliche Medien propagierten den Beschluss pro Abtreibung als die Lösung schlechthin. Kritik konnte damit nur in der Kirche laut werden.

Was sich im viel größeren Maßstab in den achtziger Jahren in den Kirchen abspielte, als sich Christen und Nichtchristen im Protest gegen das System DDR unter dem Kirchendach trafen, geschah damals in Colditz und Lastau bereits »im Kleinen«.

In der Christenlehre und im Konfirmandenunterricht buchstabierten wir Weihnachten richtig durch. Alle Daten wurden rausgesucht, von der Geburt Jesu und den Umständen über seine Eltern, die Volkszählung, Augustus und Quirinius bis hin zu der Tatsache, wie Lukas die Ereignisse darstellte.[24] Die Jugendlichen in der Jungen Gemeinde Colditz gestalteten mithilfe der Ergebnisse ihrer Recherchen im Klassenzimmer ihrer zehnten Klasse eine Wandzeitung zum Thema: »Warum feiern wir Weihnachten?« Darunter standen die nichtssagenden Antworten wie: »Weil der Weihnachtsmann kommt« oder: »Weil das immer schon so war«. Mittendrin dann die christliche Erwiderung: »Weil Jesus geboren wurde.«

Die Lehrer an der Schule wurden nervös, schließlich entsprach diese Antwort nicht dem sozialistischen Meinungsbild. Wie zu erwarten war, folgten umgehend Gespräche mit den Schülern und den Eltern. Das machte in der Kleinstadt natürlich schnell die Runde, und so war die Aufregung groß. Und Kirche wieder einmal in der Öffentlichkeit im Gespräch. Die Besucherzahlen der Gottesdienste und die Zahl der Taufen und kirchlichen Trauungen sowohl in den Lastauer als auch den Colditzer Gemeinden nahmen zu. Die Früchte, welche die Gemeindearbeit trug, waren nicht länger zu übersehen. Wenn man als Pfarrer sieben Jahre in einer Gemeinde tätig ist, kommen die Kinder, die man getauft hat, nach und nach in die Christenlehre und zur Schulanfängerandacht. Ihre Eltern kennt man inzwischen gut, es wachsen Verbindungen und Verbindlichkeit. Der Staat konnte auf derartige Entwicklungen kaum Einfluss nehmen. Ob Eltern ihre Kinder taufen ließen oder nicht, ob sie in den Gottesdienst gingen oder nicht – all das vollzog sich außerhalb des Einflussbereiches des Staates.

Hin und wieder sorgte auch mein Colditzer Kollege für Furore in dem Land, in dem immer alle einer Meinung sein sollten. Er verfügte über einen ganz besonderen Humor. »Wir machen jetzt mal ein richtig schönes Plakat über die Einheits-Meinungsmacherei in der DDR«, teilte er mir eines Tages mit.

Nur wenige Tage später durfte ich das Ergebnis bestaunen. Das Plakat zeigte mehrere Papageien, die nebeneinander auf einer Stange saßen. In jeder Sprechblase stand dasselbe: »Es gibt keinen Gott. Es gibt keinen Gott.« Darunter stand geschrieben: »Haben Sie auch eine eigene Meinung?«

Das Plakat hing gerade mal eine halbe Stunde, dann klingelte das Telefon. Eine unerhörte Provokation sei das, schimpfte der Verantwortliche vom Rat des Kreises. Mein Kollege ließ sich nicht beirren. Das Plakat blieb hängen.

Derlei kleine Begebenheiten sorgten immer wieder für Aufsehen und machten die Kirche in den Augen der Genossen zur Gefahr. Ich brachte meine Meinung gern weniger plakativ und mit lebendigen Worten unter die Leute. Auch wenn es – zum Beispiel auf Beerdigungen – um das Phänomen des Todes ging. »Wie gehen wir damit um?«, fragte ich die Trauernden. Ich wusste, wie gut es sich bei intellektuellen Diskussionen um den Tod herumreden ließ. Dabei hat das noch keinem jemals wirklich weitergeholfen. Kränze und Sprüche halfen allerdings oft genauso wenig. Was soll der Mensch mit dem Tod anfangen?

Ich zitierte ein Gedicht von Brecht aus dem Jahr 1920: »*Ich gestehe es, ich habe keine Hoffnung, die Blinden reden von einem Ausweg, ich sehe. Wenn die Irrtümer verbraucht sind, sitzt als letzter Gesellschafter uns das Nichts gegenüber.*«[25]

Das als Summe eines Lebens? Knochenehrlich, wie Brecht und seine Texte nun mal sind, aber trostlos. Einfach nur trostlos. Hingegen hat Jesus gesagt: »*Ich bin der Erste und der Letzte und der Lebendige*«[26]. Am Ende sitzt uns also als letzter Gesellschafter Jesus gegenüber, den wir kennen und in dessen Namen wir getauft sind.

Die Verknüpfung kommunistischen Textgutes mit der Bibel war ein Denkanstoß für viele, die in Gedanken nie diesen Schritt gegangen waren. Denn allein der trockene, ehrliche Brecht hilft uns an dieser entscheidenden Stelle überhaupt nicht weiter. Die lebendigsten seiner Stücke sind aus genau einem Grund so: weil er biblische Texte dafür verwendete. In Brechts Theaterstück *Der gute Mensch von Sezuan* zum Beispiel findet sich das *Buch Genesis* wieder. Er schrieb Psalmen oder auch das Stück *Der Kaukasische Kreidekreis*, der dem Salomonischen Urteil[27] entstammt. Den Stückeschreiber faszinierten »die drastischen Schilderungen und das prächtige Lutherdeutsch des Buches«[28]. Zur Eröffnung des Brecht-Hauses Jahre später in Berlin fragte ein Kirchenvertreter, der sich jedoch nicht als solcher zu erkennen gab, wo denn Brechts Bibliothek zu finden sei. Außerdem wollte er wissen, ob sie das Buch enthalte, das Brecht für das wichtigste hielt.

»Welches meinen Sie?«

»Brecht hat auf die Frage nach seinem Lieblingsbuch geantwortet: ›Sie werden lachen, die Bibel!‹[29]. Haben Sie denn eine Bibel hier?«

Natürlich hatten sie keine. Aber sie versprachen, sich zu bemühen.

Im engen Horizont der Diktatur blieben solche Anekdoten natürlich in den Köpfen der Menschen hängen. Wie ein Stein, der ins Wasser fällt. Das zieht unweigerlich Kreise.

Selbstverständlich gehörten auch die richtig schönen Dinge zu meinem Alltag – als Dorfpfarrer und in der Kleinstadt. Außer bei Gemeindeveranstaltungen, Gottesdiensten und den Predigten, zu denen man sich begegnete, kam ich den Menschen auch auf anderen Ebenen nahe. Irgendwann ging ich dazu über, zur für mich schönsten Tageszeit, also nach dem Gottesdienst, noch mal durchs Dorf zu gehen. Ich blieb bei unserem Nachbarn stehen, der meist gerade an seinem Auto herumbastelte. Oder ich unterhielt mich mit den Menschen, die mir auf der Straße entgegenkamen. Wurde in der Nachbarschaft am Nachmittag im Hof gegrillt und Völkerball gespielt, lud man mich und meine Familie gern mit ein. Bald spielten wir im Sommer jeden Sonntagnachmittag Völkerball. Diese Stunden waren Gelegenheiten für interessante Gespräche und zum Biertrinken. Die Kinder waren auf dem Bauernhof beschäftigt, die Hunde jagten herum. Eine wunderbare Zeit.

Als Pfarrer war ich immer eingebunden und wurde in alles einbezogen. Durch die vielen Geburtstagsbesuche kam ich ohnehin oft herum. Besuchte ich die Menschen zu Hause, dann wussten sie, dass da keiner kam, der sie belehren oder bekehren wollte. Ich besuchte auch die Kranken. Ging außerdem zu den Sterbenden, um das Heilige Abendmahl zu spenden. Hörte mich um, wo Hilfe organisiert werden musste, wenn jemand Unterstützung brauchte, weil er allein war.

Viele Dorfbewohner verbanden mein Auftreten mit einer fröhlichen Hoffnung und ließen sich nicht mehr ganz so einfach unterkriegen. Bauern sind autarke Menschen, die nicht so dünnhäutig wie die Städter durchs Leben gehen. Sie sind manchmal vielleicht etwas barscher, etwas härter im Nehmen und rauher im Umgangston. Aber die Bedingungen des Lebens auf dem Lande sind nun mal andere als in der Stadt. Im Dorf kann sich niemand verstecken und sagen, es gehe ihn alles nichts an oder er müsse sich erst mal selbst finden. Tiere müssen versorgt und Äcker bestellt werden. Harte Arbeit bei Wind und Wetter ist gefragt. So ganz nebenbei hat man auch noch darauf zu achten, dass aus den Kindern etwas wird und sie ins richtige Fahrwasser kommen. Trotzdem: Hinter so mancher harten Schale steckte eben doch ein weicher Kern. Vor allem aber waren die Menschen in der Regel nicht gerade staatskonform. Und wie die Leute auf dem Dorf zusammen lebten, zusammen feierten, vor allem aber zusammengehörten, prägte mich und meine Arbeit als Pfarrer.

Unsere beiden ältesten Kinder verbrachten den Großteil ihrer Kindheit auf dem Dorf. Sie waren oft auf den umliegenden Bauernhöfen unterwegs. Kamen sie aus der Schule, flog als Erstes der Ranzen in die Ecke, und wir sahen die beiden meist erst abends wieder. Katharina zum Beispiel arbeitete schon als Grundschülerin richtig im Kuhstall mit. Sie melkte und sah der Geburt der Kälber zu. Sie zog die Tiere mit auf, war gerne in ihrer Nähe und fühlte sich verantwortlich dafür. In den Sommerferien saß sie manchmal bereits morgens halb fünf auf der Bank im Hof und wartete auf die Bauersleute. Sebastian dagegen lernte beim Küheaustreiben das Mopedfahren, weil er hinter ihnen über den Stoppelacker hinwegfegte.

In dem Jahr, als Katharina eingeschult wurde, fragte ich die Kinder bei der Schulanfängerandacht: »Ihr kommt jetzt zur Schule. Weiß denn auch schon einer, was er nach der Schule mal werden will?«

»Ich werde Bäuerin!«, rief unsere Katharina spontan, und alle waren begeistert.

Es stimmt mich heute noch sehr froh, dass wir als Pfarrfamilie dort unser Zuhause hatten, wo wir uns wohl und gut aufgehoben fühlten.

Von der Friedensminute zur Friedensdekade

Es war in jenen Jahren viel zu schön auf dem Lande und in den einzelnen Gemeinden, um ans Weggehen zu denken. An Abwechslung mangelte es mir ohnehin nicht in der Gemeindearbeit. Genauso wenig wurde unseren – inzwischen drei – Kindern das Leben auf dem Lande zu fad. Obwohl meine Frau sich manchmal nach mehr Austausch mit Freunden sehnte und auch gemeinsames Musizieren nur selten möglich war, fühlten wir uns alles in allem sehr wohl. Dennoch stellten wir uns nach fünf Jahren in Lastau zum ersten Mal die Frage, ob ein Wechsel in eine neue Gemeinde nicht doch ein Thema wäre. Es war keines.

Nach sieben Jahren kam das Thema erneut auf den Tisch, gerade so, als müssten wir der allgemeinen Tendenz folgen, die ständig zu Veränderungen im Leben drängt. Wir waren inzwischen mit den Menschen und der Umgebung sehr vertraut und wussten genau das zu schätzen. Daher sparten wir uns jede weitere Diskussion. Fürs Erste.

Nach zehn Jahren in Lastau kam der Gedanke an einen Ortswechsel dann doch noch einmal auf. Damals feierten Monika und ich unsere Rosenhochzeit. Auf dem Dorf gingen bereits Gerüchte um. »Das Ehejubiläum vom Pfarrer müssen wir tüchtig feiern. Zur Silberhochzeit ist er garantiert nicht mehr hier«, hieß es mehr als einmal. Doch auch diesmal schoben wir den Gedanken an einen Umzug weg.

Seit 1968 lebten wir nun in Lastau – und das sollte auch weiterhin so bleiben.

Im Februar 1980 sahen wir beim sonntäglichen Gottesdienst ein paar unbekannte Gesichter. Sie fielen sofort auf, weil hier jeder jeden kannte. Die Gemeindeglieder wurden skeptisch. Sie ahnten es sofort.

»Die wollen bestimmt unseren Pfarrer abwerben«, tuschelten die Leute hinter vorgehaltener Hand. Und genau so war es.

Nach dem Gottesdienst kamen die Gäste direkt auf mich zu und fragten mich und meine Frau, ob wir uns vorstellen könnten, nach Leipzig an die Nikolaikirche zu kommen. Sie würden sich über eine Zusage sehr freuen. Außerdem sei es notwendig, weil die Pfarrstelle in St. Nikolai dringend besetzt werden müsste.

Das Gespräch dauerte nicht lange, dann gingen sie wieder. Ich hatte das Angebot dankend abgelehnt, also schaltete sich der Gebietsdezernent ein. Er würde uns bei unserem Umzug unterstützen, wir sollten es uns doch noch einmal überlegen, bat er uns. Ich spürte instinktiv, das war keine Entscheidung, die wir alleine treffen durften. Die Gemeinde musste unbedingt einbezogen werden. Ich hätte es einfach nicht fertiggebracht, hinter dem Rücken all der Leute neue Pläne zu schmieden. Die Menschen in Lastau und Colditz waren alles andere als erfreut, als wir ihnen von dem Angebot erzählten. Als Erstes verfassten sie eine Eingabe an das Landeskirchenamt und betonten, sie seien entschieden gegen unseren Weggang.

Ich tat mich sehr schwer, ehe ich einen Entschluss fasste. Doch am Ende war meine Absage eindeutig: »Wir möchten nicht aus Lastau und Colditz weggehen«, erklärte ich den Herren aus Dresden dezidiert.

Das Landeskirchenamt aber ließ nicht locker und hakte weiter nach. Ich sandte ihnen eine zweite Absage. Daraufhin meldete sich der Gebietsdezernent noch einmal bei uns.

»Wenn Sie ganz und gar nicht wollen, kann Sie keiner zwingen. Ich bitte Sie trotzdem, es sich noch einmal zu überlegen«, sagte er mit ruhiger Stimme zu mir.

»Das werde ich tun – und mich anschließend bei Ihnen melden«, erwiderte ich und holte tief Luft. Ich war verunsichert.

Mittlerweile hatte man mich aufgefordert, gemeinsam mit dem Kirchenvorstand der Gemeinden schriftlich zu der Angelegenheit

1 Mit meinen Schwestern Barbara (li.) und Ursula (re.)
und meiner Mutter Charlotte 1946.

2 Das erste gemeinsame Foto mit meinem
Vater, Ernst Führer. Aufgenommen am
12. September 1943 während eines
Fronturlaubes.

3 Konfirmation 1957.

4 Als Hornist (re.) im Schulorchester. Eisenach 1959.

5 Mit dem Akademischen Orchester in Bulgarien am Schwarzen Meer (2.v.re.). 1963.

6 Als Abiturient in Eisenach. 1960.

7 Während des Studiums mit Manfred, dem »Doktor« (li.). 1965.

8 Ankunft in Langenleuba-Oberhain mit dem Staatsexamen in der Tasche. Mein Vater hatte vor der Tür gesessen und voller Stolz auf mich gewartet. 5. Juli 1966.

9 Hochzeit in Langenleuba-Oberhain am 26. Juli 1968.

10 Mit meiner Frau Monika und unseren Kindern Sebastian, Georg, Martin und Katharina (v. l. n. r.). Weihnachten 1983.

11 Stets im Blick der Stasi. Im September 1987 zur Zeit des Olof-Palme-Friedensmarsches. Hier werde ich vor der Nikolaikirche observiert.

12 Leipzig, im Herbst 1989. Ab September waren Protestschriften mit den Namen Inhaftierter in einem Fenster der Nikolaikirche zu lesen. Der abgebildete Text lautet vollständig: In den/Zeitungen/dieses Landes/steht: »Hier/herrscht Freiheit«,/Das ist immer/Irrtum oder/Lüge:/Freiheit/herrscht/nicht.

13 Leipzig, 7. Oktober 1989. 40. Jahrestag der DDR. In der Innenstadt kommt es am Nachmittag zu Zusammenstößen zwischen Bereitschaftspolizisten und Besuchern der Markttage, die das Gebiet um die Nikolaikirche nicht räumen wollen.
Hier rückt die Polizei in der Grimmaischen Straße vor. Gegenüber stehen junge Leute, die erst durch den Polizeieinsatz zu Demonstranten geworden sind. Sie rufen laut: »Schämt euch was.«

14 Leipzig, 7. Oktober 1989. Polizeieinsatz um die Nikolaikirche. Wahrscheinlich das einzige Foto von diesem Tag, auf dem Polizisten mit Hunden zu sehen sind.

15 Leipzig, 7. Oktober 1989. Innenstadt, Ritterstraße, Richtung Nikolaikirche. Vor der heranrückenden Polizei flüchtende Menschen. Im Hintergrund sind die weißen Helme der Bereitschaftspolizei zu sehen sowie ein Lastwagen zum Abtransport der »Zugeführten«.

16 Leipzig, 9. Oktober 1992. Nikolaikirche Leipzig. Drei Jahre nach dem historischen Montagsgebet vom 9. Oktober 1989. Mit der brandenburgischen Ministerin für Arbeit, Soziales, Gesundheit und Frauen, Regine Hildebrandt, und dem westfälischen Pastor Eduard Wörmann, Beauftragter der Evangelischen Kirche in Deutschland für Fragen der Arbeitslosigkeit.

17 Der Leipziger Superintendent Friedrich Magirius (li) und ich (re.) gestalten eine Kirchenführung der besonderen Art: Königin Elizabeth II. (Mi.) und Prinz Philip (2. v. re.) besuchen die Nikolaikirche. Oktober 1992.

18 Szene aus dem von Frank Beyer nach Erich Loests gleichnamigem Roman gedrehten Fernsehfilm »Nikolaikirche« von 1995. Der Superintendent (Otto Sander, li.) und Pfarrer Ohlbaum (Ulrich Mühe).

19 Für Schriftsteller Erich Loest (Mi.) wurde ich nach der Friedlichen Revolution zusammen mit Christoph Wonneberger zu einer der Hauptfiguren in seinem Roman »Nikolaikirche«. Die Aufnahme zusammen mit Bundespräsident Roman Herzog (re.) entstand am Vorabend des 9.0ktobers 1995 im Rahmen der Verleihung des Bundesverdienstkreuzes an mich und weitere 26 DDR-Bürgerrechtler in Leipzig.

Stellung zu nehmen. Darin formulierte ich die dritte Ablehnung des Angebotes, nach Leipzig zu gehen.

Danach hatten sowohl meine Frau als auch ich ein schlechtes Gewissen. Schließlich kannten wir das Alte und das Neue Testament. Abraham hatte auf den Ruf Gottes hin seine Heimat verlassen und war ins unbekannte Land der Verheißung gezogen.[30] Leipzig hingegen war uns sehr wohl vertraut und alles andere als fremd. Während wir dasaßen und alles noch mal durchsprachen, fiel mir der Traum von Paulus ein. »*Und Paulus hatte eine Erscheinung bei Nacht: Ein Mann aus Mazedonien stand da und bat ihn: ›Komm herüber nach Mazedonien und hilf uns!‹ Als er aber die Erscheinung gesehen hatte, suchten wir sogleich nach Mazedonien zu reisen, gewiss, dass uns Gott dahin berufen hatte, ihnen das Evangelium zu predigen*«.[31] War das nun auch für mich der Ruf – oder nicht? Meine Frau stand dem möglichen Umzug sehr viel offener gegenüber als ich. Und meine Mutter, die seit dem Tod meines Vaters allein in Langenleuba-Oberhain lebte, war von der Idee geradezu begeistert. Für sie war Leipzig auf immer mit der Erinnerung an den Thomaner Ernst Führer verbunden. Hätte mein Vater noch gelebt, wäre es für ihn sicher eine Riesenfreude gewesen, seinen Sohn als Pfarrer in der Nikolaikirche zu erleben. Schließlich hatte er dort als Thomaner mehr als einmal gesungen.

Wir waren noch immer unentschlossen. Also legten meine Frau und ich fest: Sollten sie tatsächlich noch einmal bei uns anrufen, dann sagten wir zu, dann verstanden wir das als Ruf Gottes an uns. Ehrlich gesagt, hielten wir es für ziemlich unwahrscheinlich, dass es passieren würde. Einen Tag darauf war der Gebietsdezernent dann tatsächlich erneut am Telefon.

»Ich weiß schon, dass Sie es nicht mehr hören können, trotzdem will ich noch mal auf die Sache zurückkommen …«, setzte er an.

»Wir kommen nach Leipzig«, unterbrach ich ihn.

Er stutzte kurz. »Da werden sich die Leipziger aber freuen. Genau wie ich«, fügte er hinzu und verabschiedete sich gut gelaunt.

Als ich auflegte, fühlte ich mich deutlich besser. Nun war endlich Schluss mit all den Bedenken. Zwölf Jahre waren eine lange Zeit an einem Ort. Wir waren reif für etwas Neues.

Unsere beiden Ältesten sahen das leider ganz anders. Sie waren einfach nur sauer.

Die erste Besichtigung unserer neuen Wohnung machte die Dinge auch nicht besser. Monika und mir war ganz elend zumute, es sah furchtbar aus. Überall. In der Wohnung. Im Hof erst recht. Unsere Kinder hatten ja nicht nur den riesigen Garten in Lastau genutzt, sondern den halben Tag auf den umliegenden Bauernhöfen verbracht. Hier dagegen gab es kaum Grün im Hof. Und natürlich auch keine Garage fürs Auto. Ich müsste bis nach Wiederitzsch fahren, um den Wagen abzustellen. Der Ort lag etwa eine halbe Stunde von der neuen Wohnung entfernt. Und noch etwas erschien uns gar nicht geheuer: Wir würden hier nicht allein wohnen, sondern zur Teilhauptmiete. Unsere sprichwörtlichen vier Wände waren lediglich ein kleiner Teil einer noch viel größeren Wohnung, in der sich mehrere Mieter eine gesamte Wohnetage teilten. Als Maßnahmen der DDR-Wohnungswirtschaft wurden so gezielt große Altbauwohnungen für Wohnungssuchende erschlossen.

In unserem Fall aber wäre dies für alle Mietparteien belastend, weil die Pfarrwohnung häufig für private und dienstliche Gespräche genutzt würde. Aber wir wollten es wagen.

Am 13. Februar 1968 hatte ich die Stelle als Pfarrer in Lastau angetreten.

Im Frühjahr 1980 fiel die Entscheidung für die Nikolaikirche.

Danach dauerte es nicht mehr lange: Im Frühsommer hielt ich eine Probepredigt. Den ganzen Sommer über arbeiteten Handwerker an unserer Wohnung. Und im Oktober sollte Dienstbeginn sein.

Am 13. Oktober 1980 wurde ich in Leipzig in mein Amt eingeführt. Knapp einen Monat später zogen wir in die Wohnung ein.

Nun war ich der 122. Nikolaipfarrer seit der Reformation.

Wer die Stadt- und Pfarrkirche St. Nikolai erblickt, dem fällt sofort etwas auf. Der mittlere ihrer drei Türme fällt architektonisch nämlich völlig aus dem Rahmen. Er wurde neu errichtet, höher, prächtiger als vorher, und ganz oben mit einem goldenen Stern versehen. Das war im Jahr 1730, zum zweihundertsten Gedenken an die *Confessio Augustana* von 1530, des grundlegenden Bekenntnisses der lutherischen Reichsstände zu ihrem Glauben.

Der Blick für das Wesentliche und der Mut zu ungewöhnlicher Umsetzung waren und sind Kennzeichen Leipzigs und seiner Kirche St. Nikolai. Übrigens schon von Anfang an. Mit der Verleihung des Stadtrechtes 1165 wurde sie als unabhängige Stadtkirche geplant und gebaut: keine Klosterkirche also, keine Kathedrale für einen Bischof und auch keine Hofkirche für einen Fürsten, sondern ein Gotteshaus für die Bevölkerung der Stadt. Man gab ihr den Namen des Schutzpatrons der Reisenden und Kaufleute, St. Nikolai. Der Name leitet sich ab von νίκος – Sieger und λάος – das Volk. Nikolaus, Nikolai heißt »Sieger ist das Volk«. Ein gewisser Weitblick war den Leipzigern schon immer zu eigen.

Unsere Pfarrwohnung lag zentral, denn auch die Nikolaikirche befand sich mitten in der Stadt. Im Zentrum der Großstadt. Unsere beiden ältesten Kinder konnten sich nicht vorstellen, hier zu wohnen. Beim Einführungsgottesdienst in St. Nikolai nörgelten sie nur herum und versteckten sich aus Protest unter der Kirchenbank. Meine Frau hatte große Mühe, sie zur Ruhe zu bringen. Einen ehemaligen Kommilitonen von mir, der den Kirchenvorstand auf der Suche nach einem Nachfolger auf mich gebracht hatte, erklärten sie zum Verräter. Und damit zu ihrem Feind. In den Augen der beiden war er an unserem Umzug und den Veränderungen schuld.

Im Alltag mussten wir uns tatsächlich völlig umstellen. Monika und ich hatten Leipzig als Studenten erlebt. Das ist etwas anderes, als mit Familie in dieser Stadt zu wohnen. Wollten wir jetzt die Kinder nach draußen lassen, musste das geplant werden, und meine Frau musste meistens mitgehen. Das brachte ihren Zeitplan gehörig durcheinander.

Kurz nach dem Umzug fuhr ich zusammen mit dem zweijährigen Martin noch einmal nach Lastau, um die letzten Sachen abzuholen. Ganz selbstverständlich krabbelte mein Sohn wieder hoch in unsere Wohnung. Der Moment ging mir noch einmal richtig nahe. Als wir anschließend über den Friedhof gingen, trafen wir einige der Dorfbewohner. Sie blickten auf den Kleinen hinab und sagten besorgt: »Nu, mei Martin! Du siehst so blass aus! Ä richtsches Stadtkind!« Dabei waren wir gerade mal drei Tage in Leipzig.

Für die Gemeindearbeit gab es in Leipzig zwar mehrere Räume, aber leider keinen Garten. Draußen Feste zu feiern, war uns somit gar nicht mehr möglich. Da uns die Veranstaltungen im Freien sehr fehlten, versuchten wir es eines Tages mit einem Hoffest. Zwischen den Mülltonnen auf kaputtem Pflaster. Das Fest kam einem fröhlichen Akt gleich, sozusagen das »Dennoch« im Hinterhof. Stadtkirche eben, wobei das Wort natürlich auch einen erfreulicheren und sehr viel ernsthafteren Sinn verkörpert: Kirche mitten in der Stadt. Ich war 1980 übrigens nicht der einzige Kandidat für die Pfarrstelle an St. Nikolai gewesen. Ein anderer Pfarrer hatte sich aktiv um die Stelle beworben und gefragt, ob dort nach wie vor Kommunikantenbücher geführt würden. Aus diesen Aufzeichnungen ging hervor, wer zur Gemeinde gehörte und somit ein Anrecht zur Teilnahme am Heiligen Abendmahl hatte. In einer Stadtkirche mit zahlreichen Gästen wäre das beim besten Willen nicht durchzuführen. Er lehnte damals die Stelle ab, weil es diese Bücher nicht mehr gab. Ich musste mit diesem Problem natürlich auch irgendwie umgehen. Doch ich hielt mir das Wort Jesu vor Augen: »*Wer zu mir kommt, den werde ich nicht hinaus stoßen*«.[32] Die Bedeutung dieser Worte sollte später für mich noch sehr wichtig werden, als Nichtchristen scharenweise die Nikolaikirche aufsuchten.

In der Theologie gibt es bei Textvergleichen eine Regel: *Lectio difficilior* ist die ursprüngliche, weil schwierigere Lesart. Wirkt ein Text dagegen geschliffen und logisch, so ist er bearbeitet worden. Das Leben allerdings ist oft nicht gefällig. Es ist die schwierigere, ungeglättete Lesung. St. Nikolai war für uns als Familie und für mich als Pfarrer eindeutig *Lectio difficilior*. Eine so große Kirche. Noch dazu mitten in der Stadt. Im Gegensatz dazu so wenige Gemeindeglieder und Gottesdienstbesucher. Aber die Nachfolge Jesu führt einen nun mal nicht immer dorthin, wo alles bequem, sondern dorthin, wo es nötig ist. Das ist dann schon eher eine Berufung und geistliche Begründung.

Mein Vater war 42 Jahre lang Pfarrer an ein und demselben Ort gewesen. Allerdings war der Krieg mitten in seine Berufsjahre gefallen. Davor hatte ihn eine Gemeinde im Erzgebirge sehr gern haben wollen. Nach der Rückkehr meines Vaters aus der Kriegsgefangenschaft mussten sowohl er als auch die Menschen in seiner Gemeinde erst einmal ins Leben zurückfinden. Die Gemeinde in Langenleuba-Oberhain war ihm für seine Arbeit in schweren Zeiten immer dankbar gewesen. Dafür hielt er den Menschen die Treue.

In dieser Hinsicht ähnelte das Leben meiner Eltern dem unseren. Mein Vater und meine Mutter lebten und arbeiteten unter zwei grundverschiedenen Gesellschaftssystemen. In gewisser Weise wiederholte sich das in meinem Leben. Hineingeboren wurde ich in ein System, das sich als »tausendjähriges Reich« verstand. Nach nur zwölf Jahren war dieses Reich mit seiner gnadenlosen Weltanschauung auch schon wieder verschwunden. Es hinterließ das Erbe von fünfzig Millionen Toten, ein zerstörtes Europa und unzählige ideologieversehrte Menschen. Angekommen waren wir in einer Gesellschaftsordnung, die sich als Sieger der Geschichte betrachtete. Die sozialistischen Planer der Ewigkeit hielten sie von Dauer für alle kommenden Zeiten der Menschheitsgeschichte. Vierzig Jahre wurden es schließlich, gerade einmal eine Generation.

So fiel auch in meine Zeit als Pfarrer ein Systemwechsel, der sich auf alle Lebensbereiche auswirkte und auch meine Familie nicht unberührt ließ.

Die Leipziger Gemeinde nahm uns jedenfalls mit offenen Armen auf. Am Tag unseres Einzugs, einem Dienstag, fand die übliche Kantoreiprobe statt. Daher sang der Chor zu unserer Begrüßung im Treppenhaus. Der Klang war einfach wunderbar, weil er sich hier voll entfalten konnte. Ich hielt Martin die ganze Zeit auf dem Arm. An jenem Tag war es bitterkalt, und wir bekamen die Wohnung einfach nicht warm. Unsere beiden Älteren waren zum Glück bei den Großeltern. Noch am ersten Abend erhielten wir von unseren Nachbarn eine Einladung, zu ihnen rüberzukommen. Der Wechsel aus der kalten Wohnung in die warme unserer freundlichen Gastgeber erwärmte uns nicht nur äußerlich und begründete eine herzliche Nachbarschaft.

Schweren Herzens waren wir aus Lastau fortgegangen. Also nahm ich mir vor, mich sofort an die Arbeit zu machen, um mich in diese Gemeinde zu integrieren. Mich schnell an die Situation des Lebens in der Innenstadt zu gewöhnen. Mich voll und ganz auf alles einzulassen. Zu meiner Freude spürte ich von Anfang an das Entgegenkommen der Gemeindeglieder.

Außer mir und dem Superintendenten gab es anfangs noch einen weiteren Pfarrer an der Nikolaikirche. Später wurde diese dritte Stelle jedoch abgeschafft. Nach 1989 erfuhren wir, dass jener Pfarrer und seine Frau für die Stasi tätig gewesen waren. Eine schwer verdauliche Wahrheit, da ich mit dem Kollegen im Pfarramt in allen organisatorischen Belangen und der Vorbereitung unserer Gottesdienste sehr gut zusammengearbeitet hatte.

Der Superintendent war in der Gemeinde anerkannt und zudem ein erfahrener Mann. Seine Predigten waren beeindruckend. »Wir werden uns mal einen Vormittag Zeit nehmen«, sagte er zu Beginn zu mir, »dann erzähle ich Ihnen etwas von den Menschen hier. Wie die Gemeinde harmoniert, wie die Verhältnisse sind und vor allem, worauf man achten muss. Das wird Ihnen den Einstieg bei uns erleichtern.«

Innerhalb kürzester Zeit hatte ich einen – fast väterlichen – Vertrauten gefunden, der genau spürte, wie er mich unterstützen konnte. Das angekündigte Gespräch über die Gemeinde führten wir an einem Mittwoch. In der Nacht zum darauffolgenden Freitag starb er. Ganz plötzlich. Mit 59 Jahren. Leider erlebte ich nur zwei Gottesdienste mit ihm als Superintendenten. Sein Nachfolger Friedrich Magirius kam über ein Jahr später an die Nikolaikirche. Im Frühjahr 1982 wurde er als Superintendent für den Kirchenbezirk Leipzig Ost zugleich als erster Pfarrer an der Nikolaikirche eingesetzt. Bis dahin arbeitete ich mich alleine ein und verschaffte mir einen Überblick über die Gemeinde und die Möglichkeiten, die sich hier boten.

Schon immer hatte ich nach einer Gelegenheit gesucht, als Christ mit Hilfe des Evangeliums gegen Rüstung und Krieg einzutreten. Allerdings auf eine wirksame Art, die neben dem Wort auch die Handlung beinhaltete. Genau wie es Dietrich Bonhoeffer formulierte: »Beten und Tun des Gerechten«.[33]

In der Friedensdekade sah ich die erste große Chance, diesen Protest zu formulieren. Sie war ursprünglich in den Niederlanden eingeführt worden, um das Engagement der Kirchenmitglieder für Friedensfragen zu stärken. In West- und Ostdeutschland nahm man die Idee im Jahre 1980 gleichzeitig auf und entwickelte sie in den Landesjugendpfarrämtern weiter. Natürlich konnten wir damals nicht nach Westdeutschland fahren. Aber westdeutsche Gemeinden konnten uns besuchen und Ideen und Material mitbringen. Die Kirche hatte zudem stets ihre eigenen Kontakte in den Westen. Jede ostdeutsche Gemeinde hatte eine westdeutsche Partnergemeinde. Jede Studentengemeinde im Osten war mit einer Studentengemeinde im Westen verbunden. Auch die Jugendpfarrämter waren durch regelmäßige Begegnungen miteinander verzahnt.

Im Jahr 1975 hatte die KSZE stattgefunden, die Konferenz über Sicherheit und Zusammenarbeit in Europa. Dort waren die Grundlagen für eine Beschlussakte in Helsinki gelegt worden. Die Völker der Welt wollten sich auf den Weltfrieden hin verständigen. Der Weg dahin konnte nur Abrüstung heißen. Als erster Schritt war daher ein Atomwaffensperrvertrag notwendig. Durch die Friedensdekade war der direkte Protest evangelischer Jugendpfarrämter in Ost und West gegen die drohende Stationierung möglich. Das bedeutete auch Protest gegen die dann auch erfolgte Stationierung der Mittelstreckenraketen in beiden Ländern.

Die Friedensdekade fand immer im Herbst statt und dauerte zehn Tage. Zehn Tage, die in besonderer Weise dem Nachdenken, dem Gebet und einem signalhaften Handeln gewidmet waren. Für den Frieden. Gegen Hochrüstung. Gegen militärisches Handeln und Denken. Speziell für uns im Osten hieß das: gegen die Militarisierung des Denkens in der schulischen Erziehung der DDR. Im Wehrkundeunterricht war das Militante des Systems allgegenwärtig. Die GST – Gesellschaft für Sport und Technik – war im Grunde eine paramilitärische Organisation, welche die Schüler der elften Klassen in so genannte Lager für Zivilverteidigung schickte.

All diese Unzumutbarkeiten boten mir in Leipzig ein breites Betätigungsfeld. Die Friedensdekade war eine Plattform für deutlichen Protest. Allerdings steckte sie 1980 noch in der Entwicklung.

Ich hatte meinen Dienst an der Nikolaikirche damals gerade erst begonnen und gestaltete am Herbstbußtag eine »Friedensminute«. Bereits nach kurzer Zeit zeichneten sich die zahlreichen neuen Herausforderungen ab, die in Leipzig auf mich warteten. Die jährlich stattfindende Friedensdekade würde zum Dreh- und Angelpunkt meiner Arbeit in den nächsten Jahren werden. Meine ersten Erfahrungen mit der Friedensdekade und meine Ideen dazu gab ich gerne weiter. An die Junge Gemeinde, die Gemeindekreise und im Konfirmandenunterricht.

Mir war es immer wichtig, die Jugendlichen in meine Arbeit einzubeziehen. Die Kinder gingen damals sechs Jahre lang zur Christenlehre und ab der siebten Klasse zum Konfirmandenunterricht.

In Sachsen waren die Dinge klug geregelt. Jugendweihe und Konfirmation sollten nicht im selben Jahr erfolgen, um Abstand und Klarheit zu gewinnen. Wer also zur Jugendweihe ging, konnte ein Jahr später in der neunten Klasse konfirmiert werden.

Ich sah das als große Chance, packte die Gelegenheit beim Schopfe und dehnte den Konfirmandenunterricht auf drei Jahre aus. Das hielt ich durch bis zu meinem Dienstende im Jahr 2008. Allerdings tat ich das nicht in Konkurrenz zur Jugendweihe, sondern weil die Kinder in der siebten Klasse ganz anders sind als Jugendliche der neunten Klasse. Die Ausdehnung des Unterrichts war ein großer Zugewinn, da die Jugendlichen im Denken und Diskutieren viel weiter entwickelt waren.

Im Konfirmationsgottesdienst wurde übrigens immer zur Jungen Gemeinde eingeladen. Diese stellte sich den Konfirmanden vor und verteilte Geschenke. Der erste Abend in der Jungen Gemeinde wurde außerdem immer besonders vorbereitet. Schließlich war es der Begrüßungsabend, der den Übergang erleichtern sollte.

In den kommenden Jahren fuhr ich zusammen mit einem anderen Pfarrer alljährlich zur »Konfirmandenrüstzeit«. Wenn alles glatt ging, fielen in drei Jahre Konfirmandenunterricht genau drei Rüstzeiten: in der siebten, achten und neunten Klasse.

Wir waren vier Tage gemeinsam unterwegs, übernachteten in Heimen und gestalteten den Tag gemeinsam. Vormittags thematische Veranstaltungen mit Bibelarbeit. Nachmittags waren wir unterwegs zu Ausflügen. Abends Spiele und Filmvorführungen. Die großen Themen wie Taufe, Abendmahl, die Gebote, das Vaterunser und das Glaubensbekenntnis ließen sich dort am Stück mit mehr Zeit und in besonderer Atmosphäre vermitteln als im Unterricht. Für die Konfirmanden war es wichtig, auch Jugendliche aus anderen Gemeinden kennenzulernen. Nicht immer nur mit der eigenen Gruppe zusammen zu sein. Immerhin ist es ein spannendes Alter, gerade zwischen Jungen und Mädchen. Die meisten wurden selbstbewusster, nachdem sie auch Schüler aus anderen Schulen oder einer anderen Klasse als Konfirmanden kennengelernt hatten. Das gemeinsame Übernachten muss man sich dann vorstellen mit lebhaftem Nachtbetrieb und wenig Schlaf. Für die Mädchen fuhr übrigens eine eigene Betreuerin mit.

Die Rüstzeiten haben wir Ende der 90er Jahre auf den ganzen Konventsbereich, auf mehrere Gemeinden, erweitert. Bald waren zwischen siebzig und achtzig Konfirmanden mit etwa acht Pfarrern und Pfarrerinnen unterwegs. Zu den Betreuungspersonen zählten außerdem Jugendliche aus den Jungen Gemeinden. So trafen noch mehr junge Menschen aufeinander. Viele kannten sich aus den Gymnasien, und es entstanden immer neue Gruppen. Die kapselten sich aber nicht ab, sondern waren offen für jeden.

Bald entstand das Nachfolgetreffen im Anschluss an die Rüstzeit: der Konfirmandentag. Die Teilnehmer brachten Fotos und Videos von der letzten Rüstzeit mit, Bands spielten, und die Teilnehmer hatten großen Spaß. Konfirmanden und Junge Gemeinde: Das war eine Arbeit, die mir lag und Freude machte. Ich habe immer gern mit jungen Menschen diskutiert. Im Unterricht kamen wir dadurch oft vom Thema ab. War eine Sache ins Gespräch gebracht worden, dann blieben wir auch dabei.

Die Junge Gemeinde erlebte in den Jahren 1982 und 1983 einen solchen Zulauf, dass in der Jugendkapelle kaum noch Platz war. Erstmalig kamen auch Lehrlinge aus Betrieben vorbei. Sonst waren es meist Abiturienten, aber auch einige Studenten.

Ich erinnere mich noch gut an zwei Studenten, die ganz klar von der roten Zunft waren: Sie studierten Geschichte und Journalismus. Weil wir bei jedem Treffen eine kurze Vorstellungsrunde machten, wusste ich in etwa, wer woher kam. Diese beiden Studenten, begabte junge Menschen und überzeugte Kommunisten, nahmen kein Blatt vor den Mund.

»Wie machen Sie das?«, fragten sie mich einmal. »Hierher kommen so viele Leute, und unser Staat gibt eine Menge Geld für Jugendförderung aus. Wie erklären Sie sich das?«

»Das ist ganz einfach zu erklären. Weil der Staat die Macht hat und sich dementsprechend verhält. Und wir nicht«, erwiderte ich.

Sie verstanden, was ich meinte.

Die beiden wollten sehen, wie das bei uns in der Kirche vonstattenging und wieso wir so vieles auf die Beine stellen konnten. FDJ-Arbeit war in der Regel eher lahm und lockte niemanden hinter dem Ofen hervor. Dort war alles immer gleich Pflichtprogramm. Auch gab es kaum Freiwillige und damit auch keinen freien Willen. Nur angesagte Freiwilligkeit. Im Grunde lief alles nach den Vorgaben des Staates ab.

»Wer die Macht hat, der hat auch das nötige Geld«, fuhr ich fort. »Er setzt es zwar ein, hat aber den Grundgedanken aus den Augen verloren: um die Jugendlichen zu werben, sie einzubeziehen! Für den Mächtigen zählen nur Ansagen, Befehle und Vorgaben. Wie wer zu sein hat. Was gut und was böse ist. In der Kirche dagegen bringt sich jeder mit seiner Meinung ein. Ich äußere die meine, und die Jugendlichen haben jederzeit dasselbe Recht. Prallen zwei völlig konträre Ansichten aufeinander, dann wird hier richtig diskutiert. Da fliegen dann auch schon mal die Fetzen. Allerdings laufen weder Tonband noch Kamera. Auch ist der Mensch, wenn er diesen Raum verlässt, immer noch derselbe wie vorher. Er wird für seine Meinung von niemandem klein gemacht. Da ist nichts mit: ›Freundchen, wie diskutierst du denn!‹«

Veranstaltungen der außergewöhnlichen Art gab es jedenfalls genügend. Einmal kamen zwei Jugendliche in die Kirche. Viel Leder und Metall, dazu Stachelarmbänder und einen Irokesenschnitt. Die beiden waren wirklich absolut untypisch für die DDR.

Als ich sie bemerkte, ging ich auf die Jungen zu. »Na, wie gefällt euch unsere Kirche?«, fragte ich sie mit einem freundlichen Lächeln.

»Mensch, das ist prima hier«, antworteten sie ehrlich begeistert. »Hier könnten wir mal singen, oder?«, wollten sie noch wissen.

»In welcher Band spielt ihr denn?«, fragte ich nach. Dabei sah ich ihnen auf den ersten Blick an, dass sie hochgradig verboten waren.

»Wir sind die Band Wutanfall«, lautete die Antwort.

»Das ist ja ein frischer Name«, sagte ich. »Lasst mich doch mal hören, welche Musik ihr macht. Dann werden wir sehen, ob wir etwas für euch tun können.«

Die beiden gaben mir eine Adresse in der Seeburg-Piepe und verabschiedeten sich. Das war unser »Revolverviertel«: ein Abrissgebiet mit heruntergekommenen Häusern ohne Hausnummern und ohne Türschilder.

An einem Sonnabend machte ich mich auf den Weg dorthin und fand trotz der Umstände sofort das richtige Haus. Die Treppe, die ich hinaufstieg, hielt zum Glück noch. In der Wohnung direkt unterm Dach war keine einzige Fensterscheibe mehr im Rahmen, auch waren weder Türen noch Möbel zu sehen. In drei Räumen lagen Matratzen aus dem Müllcontainer und darauf hockten sechs Leute um eine augenscheinlich gute Musikanlage herum. Als ich eintrat, sagten sie auf gut Sächsisch: »Jetz mach mer los.«

Dann legten sie los. Nach den ersten Klängen war ich heilfroh, dass weder Fensterscheiben noch Türen vorhanden waren. Ihre Musik hatte einen ganz eigenartigen Beat, einen Rhythmus, den ich so noch nicht kannte. Abgesehen von Elvis, den Stones und den Beatles war ich in dieser Musikrichtung nicht sonderlich bewandert. »Wutanfall« hatte einen völlig eigenen Stil, das fiel mir sofort auf. Als sie ihre Darbietung nach zehn Minuten beendet und ich zehn Sekunden später das Bewusstsein wiedererlangt hatte, hielten sie mir ein mit Bleistift beschriebenes Heftchen vor die Nase.

»Das ist unser Textheft«, sagte einer der beiden Jungen, die mich in der Kirche besucht hatten. »Darin steht auch etwas gegen den Papst und gegen die Kirche. Dürfen wir das trotzdem singen?«

»Ehrlich gesagt kommt da nicht gerade Freude bei mir auf«, erwiderte ich wahrheitsgemäß. »Allerdings gibt es bei uns keine Zensur. Wenn ihr das Lied unbedingt singen müsst, dann tut es. Wenn ihr es euch verkneifen könntet, wäre es mir allerdings lieber.«

Mit diesen Worten verabschiedete ich mich und machte mich auf den Rückweg.

Die Genossen vom Rat der Stadt, Abteilung Kirchenfragen, rumorten heftig, als sie Wind vom geplanten »Wutanfall«-Konzert bekamen. Sie baten mich dringend, die Sache abzusagen, ansonsten bestehe die Gefahr, Chaoten aus der ganzen DDR könnten zur Nikolaikirche »pilgern«.

»Die zerlegen Ihnen die Kirche!« hieß es nur.

Diese Art von Fürsorge seitens des sozialistischen Staates lehnten wir dankend ab. Der Kirchenvorstand verhielt sich salomonisch weise und sagte nur: »Herr Pfarrer, wenn Sie sich das zutrauen, dann machen Sie es.«

Ich riskierte es, und wir erlebten einen großartigen Abend in der aus allen Nähten platzenden Jugendkapelle.

Die Menschen standen dicht gedrängt, gebückte Haltung war unmöglich, der aufrechte Gang sozusagen vorgegeben. Nach kurzer

Zeit spürten es alle. Der Sinn dieser Musik, das, was die Bandmitglieder von »Wutanfall« zeigen wollten und was ihre Botschaft war: Sie zogen einen Kreis um sich. Wir sind kein Herdenvieh. Wir lassen uns nicht euer blaues Tuch um den Hals binden und euer blaues Hemd überziehen. Ich bin ich.

Die Musiker waren alle zwischen sechzehn und achtzehn, also im Alter der Jungen Gemeinde.

Ich dachte damals nur: Wie gut, dass es euch gibt mit euren eigenen Texten und der ganz eigenen Musik. Aber ebenso gut, dass es die Kirche gibt, in der ihr auftreten könnt vor einer interessierten Öffentlichkeit. Sonst könntet ihr euch eure Texte nur gegenseitig ins Ohr flüstern.

Es herrschte eine ausgelassene Stimmung. Ich jedenfalls hatte noch nichts Vergleichbares erlebt. Die jungen Musiker kamen danach noch ein paarmal in die Junge Gemeinde. Anfangs meckerten sie noch ein bisschen herum, ließen sich aber nach und nach auf interessante Gespräche ein. Bei einer dieser Begegnungen fragte ich sie aus.

»Wenn ihr mit eurer Lederkluft und der bunten Frisur zur Arbeit fahrt, wie ist das dann? Sagen die Menschen in der Straßenbahn etwas zu euch?«

»Na klar«, lautete die Antwort. »Ihr faulen Hunde müsstet mal in die Braunkohle, damit ihr arbeiten lernt«, zitierten sie die Sprüche der Leute. Deren Bemerkungen prasselten offensichtlich jedes Mal ohne jegliche vorherige Kommunikation auf die Jungs nieder. Dann erzählten sie mir noch von der unglaublichsten Bemerkung, die das schlimmste Wort unserer deutschen Geschichte beinhaltete. Und das in tiefster DDR-Zeit! »Früher, bei Adolf, hätte man so etwas wie euch vergast«, hatte wohl allen Ernstes ein Passant zu den Jugendlichen gesagt.

Ich war fassungslos angesichts dieser ungeheuren verbalen Gewalt, die von »anständig« angezogenen DDR-Bürgern mit »anständigem« Haarschnitt ausging. Am Ende machen Kleider eben doch keine Leute. Und auch die Karriere des Hauptmanns von Köpenick war nicht von langer Dauer. Die Bibel vermittelt eine realistische Sicht auf die Dinge: »*Ein Mensch sieht, was vor Augen ist, der Herr aber sieht das Herz an*«.[34] Gott blickt durch die Hülle hindurch. Nicht Haarschnitt, Kleidung, Kontostand oder der Hubraum seines Autos machen den Wert eines Menschen aus. Sondern was er denkt, sagt und tut. Was aus seinem Herzen kommt.

Und noch etwas hatten wir gelernt: Mit dem staatlich verordneten Antifaschismus war es nicht weit her. Unter einem dünnen roten Firnis war die alte braune Soße in den Seelen der Menschen genau wie im Westen vorhanden. Nichts wirklich aufgearbeitet!

Wir machten übrigens auf kostensparende und sehr effektive Art Werbung für solche Abende wie jenen mit der Band »Wutanfall«. Plakate drucken durften wir ohnehin nicht, daher sagte ich einigen Jugendlichen hinter vorgehaltener Hand: »Am Abend spielt ›Wutanfall‹ in der Kirche, aber sagt es ja niemandem weiter.«

Die Wirkung war wie immer enorm.

Mit Jugendlichen zusammen zu sein, empfand ich schon immer als erfrischend. Unsere Kirchenarbeit wäre ohne die jungen Leute nicht halb so interessant gewesen.

Auch zwei Maurerlehrlinge aus Mockau, die ich sehr mochte, sind mir noch gut in Erinnerung. Einmal sollten sie ein wenig Verpflegung zum Treffen mitbringen. Damit war turnusmäßig jeder mal dran, und das funktionierte eigentlich immer sehr gut. An jenem Tag waren wir alle bereits nervös – und vor allem hungrig –, als die beiden endlich hereinkamen.

»Was war denn los? Wo wart ihr denn so lange?«, fragte ich.

»Das glaubt ihr nicht!«, sagten sie wie aus einem Mund und leerten dabei ihre Beutel, in denen Brot und Fett war. »Wir zu zweit auf dem Fahrrad auf der Hauptverkehrsstraße unterwegs. Ist ja nun nicht so sehr schön, okay. Kommt ein Polizeiauto und stoppt neben uns. ›He da! Runter vom Rad! Ausweiskontrolle! Wo wollen Sie hin, Bürger?‹«

Das war typisch: Jemanden, der mitten in der Stadt mit dem Fahrrad unterwegs war, nannte die Polizei ›Bürger‹, um zu fragen, wo er denn eigentlich hin wolle.

»Wir wollen in die Nikolaikirche«, antworteten sie wahrheitsgemäß.

Die Polizisten dachten, sie würden zum Narren gehalten. In die Kirche gingen schließlich nur alte Leute. Was erzählten die beiden Jeanstypen denn da? »Was haben Sie in dem Beutel?«, hakte einer der Polizisten weiter nach.

Daraufhin die beiden: »Das Abendmahl.«

Weil sich die Polizisten nun komplett auf den Arm genommen fühlten, mussten die beiden Jungen den Rest des Weges zu Fuß zurücklegen. Dabei verfolgten die Staatsdiener sie allen Ernstes im Schritttempo mit dem Polizeiwagen. Bis sie tatsächlich in der Nikolaikirche verschwanden.

Als die beiden zu Ende erzählt hatten, konnten wir kaum mehr vor Lachen. Auch solche Geschichten und Erlebnisse waren ein Thema in der Jungen Gemeinde.

Zum gemeinsamen Essen sprach ich jedes Mal ein Tischgebet. Beim anschließenden Gespräch achtete ich darauf, dass niemand überfordert war, was das geistliche Wissen anging. Schließlich sollten auch all jene mithalten können, die nicht so bibelfest waren. Die Themen, die wir diskutierten, gingen sowieso jeden an. Dank der Vorstellungsrunde zu Beginn wusste bei den Treffen stets jeder über jeden Bescheid. Immerhin kamen ständig neue Menschen hinzu. Es war mir sehr wichtig, es jedem möglichst leicht zu machen und die offenen Türen nicht gleich wieder zuzuschlagen. Zum Schluss folgten dann das Vaterunser und der Segen. Das war für mich das geistliche Minimalprogramm, ohne das ich niemanden nach Hause gehen ließ. Jeder, der die Kirche verlässt, soll mit Gottes Segen gehen. Auch Atheisten nahmen das an. Geschieht etwas glaubwürdig und nicht programmiert, berührt es uns alle auf die eine oder andere Weise. Woher auch immer wir kommen.

Unsere Kinder Katharina und Sebastian waren nach der Konfirmation regelmäßig in der Jungen Gemeinde und nahmen mit Freude an diesen Treffen teil. Ich beobachtete, dass sie zusammen mit zwei, drei anderen die Kristallisationspunkte waren. Sie sorgten für die regelmäßige Teilnahme der Jugendlichen und für steigende Besucherzahlen in der Jungen Gemeinde. Das bei den eigenen Kindern zu erleben, ist wunderbar.

In der Jungen Gemeinde gab es mehrere thematische Dauerbrenner. Wehrdienst war zum Beispiel ein ständiges Thema. Ebenso wie Wehrerziehung. Oder das Wehrlager in der elften Klasse. Wie man sich darauf vorbereitete. Ob man das als Christ überhaupt konnte. Nicht zuletzt auch das Leben von Schwulen und Lesben in unserer Gesellschaft.

Zu letzterem Thema machte ich damals einen Vorschlag. »Wir reden hier wie der Blinde von Farben«, sagte ich. »Wie wäre es denn, wenn wir ein paar Schwule und Lesben zu uns einladen? Wir lassen uns erzählen, wie sie in der Gesellschaft behandelt, ob und wie sie diffamiert werden.«

Das Interesse war groß. Das Treffen kam zustande. Es kamen Leute aus dem Theater, Schauspieler und Journalisten zu uns. Einige von ihnen kannten wir sogar von der Bühne. Nur Männer. Keine Frauen.

Wir in der Jungen Gemeinde waren ungefähr zwanzig Leute. Wir hielten unser Tischgebet, es gab Essen, dann die übliche Vorstellungsrunde und jede Menge Fragen an die Gäste.

»Wann haben Sie gemerkt, dass Sie schwul sind?«

»Wie ist es Ihnen in der Schule und im Leben bisher ergangen?«

»Was haben ihre Eltern und ihre Freunde dazu gesagt?«

»Erfahren Sie seit der Entdeckung von AIDS mehr Diskriminierung?«

Einige erzählten, wie schwer es für sie gewesen sei, sich selbst als schwul zu betrachten und anzunehmen. Gerade in der Pubertät. Viele der Anwesenden hatten zumindest bei Mutter oder Schwester Vertrauen gefunden und so ihr Selbstwertgefühl wiedergewonnen.

Ich verwies dazu auf Stellen im Alten und Neuen Testament und darauf, wie alt diese Auseinandersetzung ist. In der Bibel ist unter anderem von Knabenschändern die Rede. Paulus betont, weder »Lustknaben« und Knabenschänder noch Unzüchtige, Götzendiener und Ehebrecher würden das Reich Gottes sehen.[35]

Diese Art von Homosexualität, wie sie Paulus beschrieb, war jedoch bereits ein Zeichen des Untergangs des Römischen Weltreiches. Die Gesellschaft war damals im Innersten bereits so stark ausgehöhlt und verfault, dass die Menschen aus Sex, Alkohol und Reichtum noch den allerletzten Kick herausholen mussten. Und der größte Kick war die Demütigung der Menschen, die man mit den Prostituierten auf eine niedere Stufe verbannte. Paulus erkannte die Homosexualität nicht als angeboren an. Stattdessen nannte er sie widernatürlich, weil keine Kinder daraus entstehen können, weil sie damit keine Schöpfungsverheißung hat.

Ich gab den Anwesenden ein Wort weiter, das ich einmal von unserem Bischof gehört hatte: Homosexualität ist eine Schöpfungsvariante.

Jesus hat niemals einen Menschen wegen seiner Neigung verachtet, die ihm angeboren ist. Wir sprachen auch von der Homosexualität durch Verführung und Abhängigkeit, die den jungen Mann auf einen bestimmten Weg bringt. Dadurch ist er dann gezwungen, gegen seine Neigung zu leben.

Unsere Gäste erzählten von dem seltsamen Gefühl, welches sich einstellt, wenn alle von ihrer Freundin erzählen und man selbst keine hat. Weil es einem nichts gibt. Liebt man sich gleichgeschlechtlich, ist die Liebe gleichbedeutend mit der zwischen Mann und Frau. Man ist genauso verliebt und hat Herzklopfen beim Rendezvous.

In der DDR war Homosexualität laut Paragraph 175 unter Strafe gestellt. Sie wurde zwar nicht strafrechtlich verfolgt, doch in der öffentlichen Meinung blieb die gleichgeschlechtliche Liebe ein Tabu. Ich sah diese Haltung vor allem darin begründet, dass es sich um etwas Fremdes, Unbekanntes handelte. Erinnern wir uns an die diskriminierenden Diskussionen, als AIDS entdeckt und zum ersten Mal thematisiert wurde. Es galt als »Schwulenseuche«, was schon in der Wortwahl auf die Haltung gegenüber Homosexuellen schließen lässt.

Wir hatten als Blinde von der Farbe geredet. Aber wenigstens hatten wir geredet und neue Einsichten und neues Verständnis gewonnen. Der Abend war für uns alle ein Gewinn.

MIT BEIDEN BEINEN IN
DER BIBEL

Ähnlich wie dieser Themenabend in der Jungen Gemeinde blieb mir auch eine Andacht vom November 1981 in Erinnerung. Und so begann der Weg der Verheißung in der Nikolaikirche.

Mit zehn Friedensgebeten vom 8.–18. November 1981, mit denen ich der Protestbewegung evangelischer Jugendlicher in Ost und West, der Friedensdekade, auch in Leipzig Raum und Gehör verschaffte, die Möglichkeit, etwas zu tun für Gerechtigkeit, Frieden, Bewahrung der Schöpfung. Erstmalig gab es nun auch Faltblätter mit Text-, Lied- und Gebetsvorschlägen, die im Jugendpfarramt zu bekommen waren. Für jeden Tag der Dekade war ein Bibeltext ausgesucht. Außerdem gab es ein gemeinsames Motto. Den Abschluss bildete der »Bittgottesdienst für den Frieden« am Bußtagabend zusammen mit dem Stadtjugendpfarrer.

Anschließend fand besagte Andacht mit einer beeindruckenden Kreuz- und Kerzenmeditation im Altarraum statt. Etwa einhundertdreißig Jugendliche nahmen daran teil, manche von ihnen mit grünem Haar und fast alle in eigenwilliger Kleidung. Junge Menschen, die wegen ihres Aussehens beim Staat Angst auslösten. Weswegen der sie gerne als »Elemente« bezeichnete.

Wir standen also einhundertdreißig so genannten »Elementen« im Altarraum der Kirche gegenüber. Die meisten hatte ich bei uns noch nie gesehen. Auch ein Gitarrist war unter ihnen. Einige Mitglieder aus der Jungen Gemeinde waren ebenfalls dabei, doch die Mehrheit der Jugendlichen waren Nichtchristen. Sie saßen alle in diesem sakralen Raum. Kerzen auf dem Altar, Blick auf das Kreuz, die Bilder an der Wand, die Passionsreliefs. Hier standen oder vielmehr saßen sie mit beiden Beinen in der Bibel. Der Raum sprach für sich und wurde richtig gut angenommen. Ich konnte spüren, wie unbefangen die Jugendlichen waren.

Ich hatte damals extra ein großes, rohes Holzkreuz zusammennageln lassen. So eines, an dem Jesus hing, damit die Jugendlichen sahen, was ein Kreuz wirklich bedeutete. Es war das Marterinstrument des römischen Imperiums. An ihm wurden Regimekritiker zu Tode gefoltert. Sie hatten Jesus an das Holzkreuz geschlagen. Wie sie auch die Sklaven des Spartakusaufstands ans Kreuz geschlagen hatten. Dieses Symbol steht in jeder Kirche. Damit sollen Marter, Gewalt und Tod ausgehalten und überwunden werden, weil Jesus in der Auferstehung Kreuz und Tod überwunden hat.

Das Kreuz lag mitten unter den Jugendlichen, zwischen Taufstein und Hochaltar. Hier konnte jeder nachempfinden, was es hieß, aufs Kreuz gelegt, ans Kreuz gebunden oder ans Kreuz genagelt zu werden. Ich stellte einen Korb mit Haushaltkerzen daneben.

Begrüßung. Kurze Einleitung. Ein gemeinsames Lied. Ein Gitarrenstück.

Dann wandte ich mich an die Gruppe. »Wer etwas mitzuteilen hat, kann das jetzt tun. Er nimmt eine Kerze, zündet sie an und klebt sie aufs Kreuz. Wer Christ ist, kann das mit einem Gebet verbinden. Wer kein Christ ist, sagt es einfach an«, erklärte ich.

Zu unserem Erstaunen entwickelte sich ein ganz eigener Vorgang. Wir hatten durchaus mit dem einen oder anderen gerechnet, der auch in diesem relativ großen Kreis etwas sagen würde. Umso überraschter waren wir, als nahezu alle Anwesenden nach und nach das Wort ergriffen. Mit jeder Kerze, die sie auf das Kreuz stellten, schwand das Brutale des Kreuzes.

Der Kontext passte: Wo werden Menschen heutzutage aufs Kreuz gelegt? Was machen die heute mit uns?

Mit jeder neuen Kerze entstand nach und nach ein Lichtkreuz. So wie die Auferstehung die Kreuzigung überwindet. Es war ein wunderbarer Anblick. Die Jugendlichen verloren ihre Scheu. Hier mussten sie sich nicht zurückhalten wie jeden Tag in der Schule mit der ständigen Bevormundung. Alles, was sie störte und beengte, kam impulsiv und aggressiv zur Sprache. Frust. Schulische Erziehung.

Druck. Probleme zu Hause mit den Eltern. Wehrdienst und Wehrlager. Der Zwang, zur Armee zu gehen. Das könne man doch nicht mehr machen, war die vorherrschende Meinung, nach so vielen Toten im Zweiten Weltkrieg. Und jetzt – diese Konfrontation zwischen den Sowjets und den Amerikanern. Die Bedrohung, die immer näher an uns heranrückte. Wehrdienstverweigerung.

Ich hörte und sah, was da für kluge Köpfe saßen. Menschen, die völlig unnötigerweise von einem überholten System ausgebremst wurden.

Das Gespräch am Kreuz sollte der Einstieg zur Friedensdekade sein, entwickelte sich jedoch schnell zu einem der markantesten Geschehnisse. Der Plan für den Abend wurde durch die Länge der Diskussion gesprengt, die Gesprächsrunde wurde zum Hauptteil, und jeder neue Beitrag vermittelte den Jugendlichen eine neue Erkenntnis.

So gut konnten sie in keiner Schule lernen. Das konnte ihnen kein Lehrer vermitteln: Hier ist ein Ort der Freiheit. Hier bist du der Mensch, der du bist. Hier unterbricht dich keiner. Hier hören dir alle zu. Niemand wird gezwungen, einer Meinung mit den anderen zu sein. Jeder Einzelne kommt zu Wort.

Wie aus dem Nichts war eine Atmosphäre der Befreiung entstanden. Man konnte sie förmlich mit Händen greifen. Die Jugendlichen begannen, sich rege miteinander zu unterhalten. Sie fühlten sich ganz offensichtlich wohl.

Zum Abschluss hielten wir noch eine kleine Andacht. Doch die Teilnehmer wollten immer noch nicht nach Hause gehen. Als wir noch *Dona nobis pacem* anstimmten, ein Lied, das weitgehend unbekannt war, entwickelte es sich eher zu einer Art »Gottesgebrüll«. Jugendliche in ihren bunten Batikklamotten saßen dort, wo im Mittelalter nur die hohe Geistlichkeit sitzen durfte – und vor der Reformation noch nicht einmal Frauen. Überall brannten Kerzen. Die Kirche war ihr Raum der Freiheit geworden, und sie nahmen ihn für die Freiheit in Beschlag. Das war es! Wenn wir nun für all jene, die draußen diffamiert oder gar inhaftiert, die zum Verstummen gebracht wurden, die Kirchentür öffnen?

Dieser Gedanke war überwältigend. Die kommunistische Propaganda wäre ad absurdum geführt. Denn die Kirche ist eben kein

Ort, an dem nur ein paar alte Leute herumsitzen, und wenn die Alten gestorben sind, stirbt auch irgendwann die Kirche.

Nach der Prophezeiung von Karl Marx hätte es die Kirche schon längst nicht mehr geben dürfen. Aber das »religiöse Elend«[36] der Menschen war wohl doch keines, denn die Kirche gab es immer noch.

Zugleich taten wir genau das, was Jesus von uns fordert. Also: Kirche, auf! Auch für die Rand- und Protestgruppen im Lande hieß es von nun an: »Nikolaikirche – offen für alle.« Wenn beide Flügel des Hauptportals so demonstrativ offen standen, dann waren sie wie die ausgebreiteten Arme Jesu. »*Kommt her zu Mir, alle, die ihr mühselig und beladen seid, Ich will euch erquicken*«.[37]

Die Öffnung für die Rand- und Protestgruppen bedeutete zugleich die inhaltliche Öffnung der Kirche. Für Jesus gibt es keine ungeliebten Kinder. Wenn die Kirche bereit war, den »Elementen« eine Plattform zu geben, dann ging genau von dort für den Staat eine Gefahr aus.

Das war die Geburtsstunde der offenen Stadtkirche, der – tatsächlich – offenen Kirche.

Fortan würden wir an der Nikolaikirche Freiheit praktizieren in Form von Veranstaltungen, auf denen Menschen eine Stimme hatten, die draußen zu den Stummen gehörten. Hier liegen die ersten Wurzeln – offene Kirche und Friedensdekade – für die spätere Friedliche Revolution. Selbst der kühnste Prophet hätte diese Entwicklung nicht vorausgesagt.

Die Ereignisse im Jahr 1981 waren jedenfalls die Anfänge. Wie hat schon Jesus gesagt: »*Mit dem Himmelreich ist es wie mit einem Senfkorn, das ein Mann nahm und auf seinen Acker säte, das ist das kleinste unter allen Samenkörnern; wenn es aber gewachsen ist, ist es größer als alle Kräuter und wird ein Baum, sodass die Vögel unter dem Himmel kommen und in seinen Zweigen nisten*«.[38]

Keiner kann diesen Entstehungsprozess auslöschen, keiner kann das Gewachsene wieder zerstören. Man kann nur dagegen vorgehen. Verhindern kann man es nicht.

So wuchs hier bei uns in aller Stille etwas heran, dessen Auswirkungen wir in jenen Tagen noch gar nicht ausloten konnten. Vielerorts fanden sich Menschen in den Kirchen zusammen, um ihren

Protest gegen den Rüstungswahnsinn kundzutun. Immerhin wuchs er sich international allmählich zur Bedrohung aus. Bald führten auch andere Leipziger Gemeinden die Friedensdekade durch.

Meine Arbeit beschränkte sich auf die Nikolaikirche, die mehr und mehr zum zentralen Treffpunkt der kirchlichen Friedensbewegung in Leipzig wurde. Bei der Friedensdekade allein sollte es nicht bleiben. Der Impuls kam von einer der Jungen Gemeinden am Stadtrand und ihrem Diakon. »Zehn Tage Gebet im Herbst sind viel zu wenig für Gerechtigkeit, Frieden und Bewahrung der Schöpfung. Jede Woche soll Friedensgebet sein«, forderten sie.

Superintendent Friedrich Magirius brachte den Antrag umgehend in den Kirchenvorstand ein. Die Frauen und Männer des Vorstandes, dem auch Magirius und ich angehörten, fassten daraufhin den ebenso wichtigen wie weitreichenden Beschluss: Jede Woche Friedensgebet!

So entstanden aus der Friedensdekade heraus die Friedensgebete, die seit dem 20. September 1982 jeden Montag in der Leipziger Nikolaikirche stattfinden. Und zwar bis heute.

Die Friedensgebete unterlagen keinem festen Konzept, sondern wir taten einen Glaubensschritt nach dem anderen. Grundsatz war und ist, dass jede persönliche oder gesellschaftliche, jede lokale oder globale Not im Gebet vor Gott gebracht und vor Menschen öffentlich gemacht werden kann.

Die politische Lage in jenen Tagen war überaus beängstigend. »Wenn die weiter wie die Irren aufrüsten«, formulierte einer die Angst aller, »dann drücken die Sowjets unter Umständen schon beim Anflug einer Herde Wildgänse auf den roten Knopf.« Dieses Thema, bei dem es im Grunde um das Leben aller ging, hatte sich in der DDR die Kirche angenommen. Wer sollte und könnte es sonst tun!

Initiatoren von Friedensgebeten gab es verschiedene. Seit 1978 fanden beispielsweise Friedensgebete in Erfurt statt, als Protestreaktion auf die Einführung des Wehrkundeunterrichtes. Auch in der Leipziger Thomaskirche gab es damals eine Friedensgebetsgruppe, zu der ich jedoch keinen Kontakt hatte, unter anderem weil die Thomaskirche zum Kirchenbezirk Leipzig West gehörte. Durch die wachsende Popularität der wöchentlichen Friedensgebete in St. Nikolai, durch die Mundpropaganda, ihre Inhalte betreffend, fanden sich schon bald die meisten Menschen in der Nikolaikirche zusammen.

Damals herrschte gerade eine besonders resignierte Stimmung im Land.

Anfang Mai 1984 waren amerikanische und sowjetische Mittelstreckenraketen diesseits und jenseits der Zonengrenze stationiert worden. Gerade jetzt brauchten die Menschen ein kraftvolles Zeichen der Ermutigung seitens der Kirche. Eine kraftvolle und klare Einladung zu den Friedensgebeten brachte ich mit einem Schild zum Ausdruck, welches ich am Bauzaun der Kirche befestigte: »Nikolaikirche – offen für alle«, denn nicht nur zu den Friedensgebeten am Montagabend kamen jede Woche Menschen in die Kirche, die ihr nicht angehörten.

Die staatliche Reaktion darauf ist mir noch bestens in Erinnerung: Was ich mir jetzt schon wieder hätte einfallen lassen! Ich solle gefälligst die Öffnungszeiten der Kirche auf ordentliche Art und Weise bekanntgeben!, hieß es seitens des Rates der Stadt.

Offen für alle! Ich müsse doch übergeschnappt sein! Gerade jetzt, wo wir die Kirchen lieber geschlossen als offen sehen! – Was so natürlich keiner sagte.

In der DDR begann 1985 der so genannte Konziliare Prozess, der einen gemeinsamen Lernweg christlicher Kirchen zu den Themen Gerechtigkeit, Frieden und Bewahrung der Schöpfung darstellte. Ins Leben gerufen wurde diese Bewegung auf der VI. Vollversammlung des Ökumenischen Rates der Kirchen 1983 in Kanada. Dort bezeichnete man die Stationierung von Massenvernichtungswaffen erstmals als Verbrechen gegen die Menschheit. Die Kirchen sollten gemeinsam für den Frieden eintreten, um überhaupt etwas bewirken zu können.

In der DDR wuchs dieser Gedanke bald zu einer machtvollen Bewegung heran. In der Leipziger Nikolaikirche wurden vor allem die Friedensgebete ganz konkret im Geiste dieser Bewegung gehalten. Im Vordergrund stand dabei der Frieden, den Jesus mit Seiner Abkehr vom Freund-Feind-Schema, vom zwanghaften Angst- und Sicherheitsdenken, vom Verzicht auf die Gewalt des Herzens, der Zunge und der Faust gelebt hat. Sozusagen als Alternative zu den Gegensätzen und brutalen Konflikten dieser Welt. Praktisch hieß das zum Beispiel, gegen Diskriminierung im eigenen Lande, gegen die Entmündigung in der schulischen Erziehung, gegen die Militarisierung des Landes anzugehen.

Weil unsere Themen so vielfältig waren, kümmerten sich verschiedene Gruppen um die Gestaltung der Friedensgebete. Es begann mit der AG Friedensdienst, die aus einer Gruppe von ehemaligen Bausoldaten hervorgegangen war. Es folgten »Hoffnung für Nicaragua«, »Initiativgruppe Leben«, einige Umweltgruppen und andere Gruppierungen.

Insgesamt waren vierundzwanzig Gruppen im so genannten Synodal-Ausschuss »Frieden und Gerechtigkeit« zusammengefasst, gegründet vom Superintendenten Magirius. Der Ausschuss war für die Gruppenmitglieder eine geschützte Form der Organisation unter dem Dach der Kirche. Das jeweilige Friedensgebet war das Podium der Gruppe, um ihrem Anliegen Gehör zu verschaffen. Wie gefährdet ihre Arbeit damals war, zeigt die Vermutung, die wir hegten: »Wenn die Stasi ihre Leute alle auf einmal abziehen würde, wären die meisten Gruppen gar nicht mehr arbeitsfähig.«

Pfarrer Christoph Wonneberger, der 1985 von der Weinbergskirche in Dresden an die Leipziger Lukaskirche kam, kannte die Arbeit mit Basisgruppen vom Sozialen Friedensdienst, SoFD.

Magirius beauftragte ihn, die Friedensgebete zu koordinieren. Er nahm sich der Basisgruppen an, und sie tagten auch in den anderen Kirchen; in Wonnebergers Lukaskirche, der Michaeliskirche, der Reformierten Kirche und im Jugendpfarramt.

Kirche heißt hier: in den kirchlichen Räumen. Dort war man geschützt.

Kirche als Raum der Hoffnung. Als Raum der Überwindung von Angst.

Berührungsängste von Nichtchristen in der Kirche gab es kaum. Schließlich sprachen unsere Gebete eine verständliche Sprache. Niemand musste biblische Kenntnisse haben, um meine Ansprachen und Predigten verstehen zu können. Für die Inhalte, die Jesus vermittelte, war der Bildungsstand des Einzelnen nicht ausschlaggebend. Auch war nebensächlich, aus welcher Schicht die Menschen stammten.

Genau diese gesellschaftlichen Fragen nach der Herkunft und den damit verbundenen Chancen sind heute wieder aktuell: Kommt jemand von der Haupt- oder Realschule? Welche Chancen haben Immigrantenkinder?

Angesichts dieser Fragen wird spürbar, wie sehr die Menschen wieder eine einzige – gemeinsame – Ebene brauchen, um sich gleichwertig zu fühlen und Verbündete zu finden. In der Nikolaikirche kamen zu den Friedensgebeten Menschen zusammen, um nebeneinander Schutz zu erleben und nicht abgekapselt vor sich hin zu vegetieren.

Wie nannte Wolf Biermann sarkastisch das Leben in der DDR? »Gesichertes Dahinsiechen«.[39]

Gerade bei den Nichtchristen half mir das alte Prinzip der Liturgie, der wörtlichen Wiederholung. Nach wenigen Malen spürten die Menschen: Das kannten sie. Das hatten sie schon einmal gehört. So fühlten sie sich bald immer heimischer und sicherer. Außerdem bekamen sie ein Gefühl dafür, wie gut es ihnen tat, wenn sie sich bei uns trafen.

Mit den Friedensgebeten am Montagabend hatte die Nikolaikirche seit 1982 großen Zulauf von Menschen, die bisher keinen Fuß in die Kirche gesetzt hatten. Damit nicht genug: Die Besucherzahlen der Gottesdienste am Sonntag stiegen ebenfalls.

Im Jahr 1980 kamen im Durchschnitt zweiundfünfzig Besucher zum sonntäglichen Gottesdienst. 2006 waren es knapp zweihundertfünfzig. Dieser Anstieg hat auch noch andere Gründe: die Einführung der Feier des Heiligen Abendmahles in jedem Gottesdienst, vier Familiengottesdienste im Jahr ausgenommen, die Feier der Heiligen Taufen im Gemeindegottesdienst sowie die Einführung des Taufgedächtnisses.

Jugendliche suchten über die Junge Gemeinde eine Verbindung zur Kirche. Mir war klar, dass sie nicht nur wegen Jesus zu uns in die Kirche kamen. Hier fanden sie sich wieder mit ihren Problemen, für die sie draußen einen Maulkorb bekamen. Ab 1988 kamen zunehmend auch jene in den Gottesdienst am Sonntag, die durch die Friedensgebete erstmals mit der Kirche in Berührung gekommen waren. Ab 1990 kamen Touristen aus den alten Bundesländern hinzu.

Neu waren auch die erstaunlich gut besuchten Glaubensseminare für Erwachsene, die bis heute einen wertvollen Zuwachs für die Gemeinde bedeuten. Außer den Gottesdiensten und Friedensgebeten gab es auch noch Konzerte und Lesungen von Schriftstellern.

All das, was ich hier von meinen Erfahrungen aus der Nikolaikirche erzähle, ereignete sich so oder in anderer Form auch in den Kirchen anderer Städte. Etwa in Berlin, Jena, Erfurt, Dresden, Plauen – und auch in kleineren Orten. Landesweit profitierten die Kirche und die Friedensbewegung voneinander.

Letztlich war der Erfolg immer auch vom Engagement Einzelner oder bestimmter Gruppen abhängig. Schließlich gab es keine vorgeschriebenen Formen, sondern nur die Möglichkeit von Gemeindearbeit. Man konnte sie wahrnehmen oder auch nicht. Ohne die landesweite Friedensarbeit der Kirche und die vielen engagierten Pfarrer wäre es 1989 niemals zur Friedlichen Revolution oder, wie Egon Krenz es nannte, zur »Wende« gekommen. Mit dem Begriff konnte ich mich übrigens bis heute nicht anfreunden. Denn es war nichts weniger als eine Revolution, die unsere Gesellschaft grundlegend veränderte und dabei, Gott sei Dank, eine friedliche blieb. Der Begriff »Wende« hingegen bezeichnet eine Umkehr, die ich in den Ereignissen im Herbst 89 nicht erkenne.

Im Februar 1989 erreichte mich ein Brief, der mir zeigte, wie wichtig den Menschen die Friedensgebete geworden waren und wie gut sie unsere Sprache in der Kirche verstanden.[40]

Leipzig, den 4. März 1989

Herrn
Pfarrer Ch. F ü h r e r
Nikolaikirchhof 3
Leipzig
7010

F r i e d e n s g e b e t

Lieber Pfarrer Führer,
ein Friedensgebet, das Luft zum Atmen schafft und von Spannungen befreit, das Kraft gibt, Mut und Hoffnung, war von der oft nur zahlenmäßig so starken Montagsgemeinde wohl jedesmal ersehnt worden. Einige

Male konnte sie einen Hauch davon spüren, aber am letzten Montag, dem 27. Februar, wurden ihre Erwartungen weit übertroffen. Dafür möchten wir Ihnen, lieber Pfarrer Führer, von ganzem Herzen danken.

Nicht nur, daß Sie uns immer wieder unermüdlich Ihre eigene Berührtheit und Betroffenheit, Ihr Mitleiden spüren lassen und uns nicht in gemäßer Distanz mit frommen Sprüchen in die Kirchenbänke pressen, die montags manchmal eher Anklagebänken glichen.

Wir danken Ihnen, daß Sie die Probleme und Sorgen der Menschen hier und heute nicht mit mildmüder Geste vom Tisch wischen, sondern durch Ihre ständige Bereitschaft, sich an den Widerständen und Schwierigkeiten zu reiben, zeigen, wie lebendiger Glauben wirken kann.

Vor allem danken wir Ihnen dafür, daß Sie den Nichtchristen unserer Montagsgemeinde Gott mit solch verständlichen Worten nahebringen, daß diese erkennen können, daß vieles von dem, was sie hoffen und suchen, daß manches von dem, was sie vielleicht auch schon gefunden haben, bei den Gläubigen »Gott« heißt und »Gott« genannt werden kann.

Wir danken Ihnen dafür, daß Sie diesen Menschen, aber auch Christen zeigen, daß christlicher Glaube die Toleranz, innere Freiheit und Menschenwürde, daß er die Menschlichkeit bringt, die wir alle so nötig für unser Zusammenleben brauchen.

Wir hoffen und wünschen Ihnen, daß Sie auch in der Zukunft die nötige Kraft und Liebe für die Menschen dieses Landes aufbringen und Ihre aufrechte Haltung in Ihrer bewundernswerten Lebendigkeit und ohne zu erstarren bewahren können.

Mit herzlichen Grüßen und
in tiefer Hochachtung
(handschriftlich) G. V., M. L., U. H., C. H.

Ein Leben geht –
ein Leben kommt

Da die vielen neuen Aktivitäten in Leipzig mich zeitlich sehr in Anspruch nahmen, kümmerte sich meine Frau zu Hause um unsere vier Kinder. Auch weiterhin war sie in der Apotheke nur in Teilzeit beschäftigt, um genügend Zeit für die Familie zu haben. Die Kinder spürten natürlich, dass ihre Mutter in ganz besonderer Weise für sie da war. Vor allem dann, wenn ich viel unterwegs war und an Wochentagen erst spät nach Hause kam.

Ich versuchte, meine Abwesenheit während der Woche durch die gemeinsame Zeit an den Wochenenden wieder gutzumachen. Also führten wir mehrere kleine Rituale ein. Wenn man etwas ritualisiert, können alle Beteiligten sich darauf freuen. Selbst wenn es nur wenige Minuten sind. So sahen wir zum Beispiel sonnabends regelmäßig gemeinsam fern. Von sieben bis kurz vor halb acht lief die dänische Klamaukserie »Oh, diese Mieter!« im DDR-Fernsehen. Die Predigt musste bis dahin fertig geschrieben sein, denn ich wollte mir den Film unbedingt zusammen mit meiner Tochter und den Söhnen anschauen. Die Kinder beeilten sich, mit dem Baden fertig zu werden. Und um 19.00 Uhr war die komplette Familie im Wohnzimmer versammelt. Eine fröhliche Runde. Und erst die Kommentare!

Noch wichtiger und viel mehr als ein Ritual war es, die Kinder mit einem Abendlied und dem Abendgebet zu Bett zu bringen. In das Gebet schlossen wir stets alle Verwandten, Freunde und wer oder was uns sonst noch wichtig war ein. Als die Kinder noch klein waren, legte ich mich, sofern es zeitlich möglich war, mit zu ihnen ins

Bett und erzählte ihnen Gutenachtgeschichten, die ich selbst erfand. Gefiel ihnen eine Erzählung besonders gut, musste ich sie zu anderer Zeit wiederholen. Leider konnte ich mich nicht immer so genau an die ursprüngliche Version entsinnen. Erzählte ich dann eine Szene etwas abgewandelt, wurde ich sofort korrigiert.

Jeder Tag wurde mit dem Abendgebet beschlossen, und so versuchten wir, den Kindern möglichst Unruhe und Angst zu nehmen. Auch die Angst vor der Dunkelheit. Wir ließen immer die Tür ein wenig offen stehen, damit ihnen ein Lichtspalt signalisierte: Wir sind nicht allein! Monika und ich hatten immer Verständnis, wenn die jüngsten Kinder in unsere Betten kamen, auch wenn es mitten in der Nacht war. Häufig schliefen sie auch in unseren Betten ein, und wir mussten sie dann »umbetten«. Manchmal gingen meine Frau und ich abends zu zweit ins Bett und wachten am nächsten Tag zu viert wieder auf.

Der Morgen war ebenfalls geprägt von einem Ritual. Ehe die Kinder aus dem Haus gingen oder wir sie in Kindergarten oder Schule brachten, umarmten wir sie. »*Gott behüte dich – auf allen deinen Wegen*«[41], segneten wir sie. Dann erst war die Verabschiedung gültig. Gewiss hätten wir noch mehr tun können. Aber diese »Grundsicherung« war für uns sehr wesentlich, und das haben die Kinder zum Glück stets wahrgenommen.

Schön waren vor allem auch die gemeinsam verbrachten Urlaubstage. Über viele Jahre hinweg fuhren wir in den Ferien nach Eisenach, wo wir im Haus Hainstein wohnten, einem kirchlichen Erholungsheim. Dort logierten zahlreiche andere Pfarrersfamilien oder kirchliche Mitarbeiter, und es waren immer viele Kinder unterschiedlichen Alters vor Ort. So fanden auch die unseren stets gleichaltrige Kameraden zum Spielen. Die Zimmer dort waren zum Teil richtig schön alt und vornehm ausgestattet, und es gab Vollverpflegung. Das war uns wichtig, damit wir uns auch wirklich richtig erholen konnten und nicht noch in der Küche stehen mussten. Tagsüber nahmen wir uns meist irgendeine Tour vor, abends fanden sich die Familien vor dem Haus ein. Wir spielten noch ein bisschen Fußball, woran sich auch andere Väter beteiligten und worauf ich mich den ganzen Tag über freute. Später am Abend spielten wir Erwachsenen Skat oder unternahmen noch etwas gemeinsam. Unsere Ältesten machten unterdessen mit anderen Jugendlichen ihr eigenes Programm und führten hochphilosophische Gespräche. Manchmal bedauerte ich, meinen Eltern diese schöne Möglichkeit gemeinsamer Ferien nie nahegebracht zu haben.

Als 1974 mein Vater starb, war das ein schwerer und schmerzlicher Einschnitt in meinem Leben. Es war am Johannistag, den er so geliebt hatte, am 24. Juni. Zum Glück konnte er bis zuletzt zu Hause sein, von meiner Mutter umgeben, worauf er größten Wert legte. Monika und ich waren unmittelbar vor seinem Tod noch bei ihm. Das war tröstlich für uns. In der Folgezeit war meine Mutter oft bei meinen Schwestern und auch bei uns zu Hause zu Besuch. Bei uns war sie besonders gern, weil sie uns einst einen Großteil ihrer Möbel übergeben hatte, und sich von ihnen umgeben umso heimischer fühlte. Außerdem liebte sie Leipzig über alles.

In der Adventszeit 1982 holten wir meine Mutter wieder einmal zu uns nach Leipzig. Ich spürte ihre große Vorfreude auf die Familie und auf Weihnachten. Den Christbaum kauften wir noch zusammen, doch dann erlitt sie einen Schlaganfall. Sie erholte sich nur schwer, wurde zusehends schwächer und musste dauerhaft das Bett hüten. Bevor unser Martin morgens in den Kindergarten ging, wollte er sich von ihr verabschieden. Er ging dann in ihr Zimmer und flüsterte ganz höflich: »Ich gehe jetzt und möchte auf Wiedersehen sagen.« Über diese kleine Geste freute sich meine Mutter Tag für Tag aufs Neue. Am Heiligabend hatten wir ihr in der Weihnachtsstube eine Bettstatt hergerichtet. Zusammen mit meinen Schwestern Ursula und Barbara feierten Monika und ich noch einmal das Heilige Abendmahl mit ihr zu Anfang des neuen Jahres.

Am 6. Januar 1983, dem Epiphaniastag, starb meine Mutter bei uns zu Hause in unserem Beisein. Sie hatte Weihnachten sehr geliebt. Und sie verließ uns am Tag der Heiligen Drei Könige. So sind beide Eltern an einem Tag, der zu ihnen passte, heimgegangen, wie wir Christen sagen. Unseren jüngsten Sohn Georg erlebte meine Mutter leider nicht mehr. An dem Tag, als sie aus dem Haus getragen wurde, hatte meine Frau einen Termin bei der Frauenärztin und erfuhr dort von ihrer Schwangerschaft. Im Juli kam dann Georg zur Welt. Ein Familienmitglied hatte sich verabschiedet, und neues Leben bahnte sich an.

Wir waren inzwischen zu echten Leipzigern geworden!

Dennoch war die Zeit in Lastau nicht vergessen. Noch heute fühlen wir uns dem Ort und den Menschen dort eng verbunden. 1981 – wir waren gerade erst von dort weggegangen – fuhren wir anlässlich der 1000-Jahr-Feier zurück in unsere alte Heimat. Gemeinsam mit einer Lehrerin hatte ich für das Fest eine Dorfchronik vorbereitet. Die Frau war eine im Dorf bekannte und beliebte Bauerntochter. Ich hatte sie einst kirchlich getraut.

Es war meine erste Trauung gewesen, und ich erinnerte mich sehr gern daran. Fast das ganze Dorf war damals in der Kirche erschienen. An ihrem Arbeitsplatz sorgte ihre kirchliche Trauung für Ärger. Immerhin war sie Lehrerin an einer sozialistischen Schule. Die kirchliche Trauung hielt man schon deshalb für unpassend. Ebenso unpassend, wie die Chronik, die wir zum Jubiläum erstellt hatten. Die enthielt die Kirchengeschichte des Bistums Merseburg über die Gründung des Dorfes Lastau bis hin zur Gegenwart. Doch die Parteileitung strich bis auf wenige Dinge fast alles heraus, was die Kirche betraf. Sie reduzierte die 1000jährige Geschichte des Dorfes im Wesentlichen auf die DDR-Zeit.

Als meine Familie und ich im Jahr 2006 zur 1025-Jahrfeier eingeladen waren, entdeckte ich die unzensierte Chronik von damals unter den ausgestellten Gegenständen. Die Kirche war zum Bersten voll. Es war eine große Freude für mich, all die bekannten Gesichter von damals wiederzusehen, darunter auch meine ehemaligen Konfirmanden. Sie konnten sich noch genau an meine Worte aus dem Konfirmandenunterricht *»Jesus Christus gestern und heute und Derselbe auch in Ewigkeit«*[42] erinnern und an meine Prophezeiung der Kurzlebigkeit von Gesellschaftsordnungen: »Unsere alten Leute hier im Dorf sind noch im Kaiserreich zur Welt gekommen. Die nächsten dann in der Weimarer Republik. Die nächsten im Hitlerreich, was sogar tausendjährig sein sollte. Ihr seid in den Sozialismus hineingeboren, und eure Kinder werden wieder eine neue Gesellschaftsordnung erleben. Dessen könnt Ihr euch sicher sein.«

Als ich bei den Feierlichkeiten die inzwischen Vierzig- bis Fünfzigjährigen auf der Straße traf, sagten sie nur: »Herr Pfarrer, Sie haben es uns damals vorausgesagt. Genauso ist es gekommen.«

Ich musste lachen. »Mit dem Unterschied, dass ich damals nicht ahnte, dass ich es selbst noch miterleben würde. Nun sind wir dabei gewesen!«

Es war ein schönes Gefühl, nach so vielen Jahren wieder in der Lastauer Kirche zu predigen und gemeinsam mit der Gemeinde den Festgottesdienst feiern zu dürfen.

Welch Gnade Gottes im Wandel der Zeiten, im Umbruch der Systeme.

St. Nikolai – ein Raum des Segens

Bevor ich 1980 meinen Dienst in der Nikolaikirche antrat, schaute ich sie mir von innen genau an. Zu meiner Studienzeit besuchte ich meist die Gottesdienste in der Universitätskirche, sodass ich die Kirche St. Nikolai kaum kannte. Nun sollte ich Pfarrer an diesem großen Gotteshaus werden und wollte mir einen genauen Eindruck verschaffen.

Als Erstes sah ich mich nach Dingen um, die mich in Kirchen grundsätzlich stören. Etwa ob weltliche Herrscher in Bild oder Bronze, Grabplatten oder Epitaphien zu sehen waren. Eine Kirche ist schließlich weder ein Mausoleum noch ein zeitgeschichtliches Forum für historische Bildnisse, sondern ein lebendiger Ort des Gekreuzigten und Auferstandenen!

Am meisten zuwider sind mir die Fürstenlogen. Manche haben sogar einen eigenen Eingang von außen, damit die hohen Herrschaften mit dem Plebs ja nicht durch dieselbe Tür gehen mussten. Wie sagte Jesus von Nazareth? »*Eher geht ein Kamel durch ein Nadelöhr, als dass ein Reicher ins Reich Gottes kommt*«.[43] Die Reichen und Mächtigen brachten es tatsächlich fertig, sich in eine Kirche desselben Jesus eigene Logen einbauen zu lassen. Gerade so, als gingen sie ins Theater oder in die Oper. Überall haben sie ihre Sonderplätze und Ehrentribünen. Ich empfinde das als eine heimtückische Form von Gotteslästerung in den Kirchen. Raus damit! Wir haben genug Schlösser und Heimatmuseen, in denen derlei gegen Eintritt besichtigt werden kann. In einer Kirche Jesu Christi haben Statussymbole nichts zu suchen.

Gott sei Dank war in der Nikolaikirche nichts davon zu finden. Ich war sehr erleichtert bei meinem ersten Besuch und dachte: Hier kannst du gut als Pfarrer tätig sein. So war es dann auch.

Wie ein Nachhall aus jener Zeit, als ich das Schild »Nikolaikirche – offen für alle« an den Bauzaun hängte, stand Jahre später, im Oktober 1992, der Besuch von Queen Elizabeth II. ins Haus. Für die Zeit ihres Aufenthaltes hatte sie auch eine Besichtigung der Nikolaikirche geplant, sogar ausdrücklich gewünscht. Die Queen wollte den Ort sehen, von dem Veränderungen für Deutschland und Europa ausgegangen waren. Beim Empfang im Alten Rathaus betonte sie, wie gut sie sich noch an die Begeisterung in ihrem eigenen Land erinnere. Die Briten haben in den Nachrichten offenbar gebannt verfolgt, wie die Leipziger Montagsdemonstrationen immer dynamischer wurden. So weit, so gut.

Wir hatten es damals mit zwei Gruppen zu tun, die mit der Vorbereitung des hohen Besuchs betraut waren. Zum einen war da der englische Pool. Die waren locker, und man konnte sehr gut mit ihnen verhandeln. Zum anderen die Vertreter der deutschen Regierung, die Anfang der neunziger Jahre noch in Bonn saß. Ein Staatsbesuch! Die Vorschläge, die uns aus der Hauptstadt erreichten, waren erstaunlich. Eine »elektronische Ehrenpforte« sollte im Eingangsbereich installiert werden. Außerdem sollte ein ganz besonderer Stuhl oder Sessel aus einem Museum für die Queen in die Kirche gestellt werden. Ich begegnete der Situation mit fröhlicher Ironie. »An Sitzplätzen fehlt es uns in der Nikolaikirche nun wirklich nicht«, erklärte ich dem zuständigen Referenten am Telefon. »Die Queen kann sich hinsetzen, wo sie es wünscht. Aber einen Extraplatz gibt es auch für sie nicht in der Kirche. In einer Kirche Jesu Christi gibt es keine Menschen erster oder zweiter Klasse.«

Es musste so gehen.

Mein Kollege hatte die ehrenvolle Aufgabe, die Queen mit ihrem Mann zu begrüßen. Allerdings kam es gar nicht dazu.

Als Elizabeth II. mit ihrem Mann Prinz Philip unsere Kirche betrat, war dieser völlig fasziniert vom Kircheninneren. Da ich zufällig neben ihm stand, verwickelte er mich sogleich in ein Gespräch. Prinz Philip sprach zu meinem Glück fließend Deutsch. Er stammt aus deutschem Hause und war Schüler im Internat auf Schloss Salem gewesen. Sich mit ihm zu unterhalten, war sehr erfrischend und in keiner Weise problematisch. So schritten wir ganz einfach ohne offizielle Begrüßung durch die Kirche. Superintendent Magirius und ich hielten die Reden für die Königin und ihren Gemahl und stellten dabei St. Nikolai vor. Vor allem natürlich die Ereignisse, die am 9. Oktober 1989 zur Friedlichen Revolution geführt hatten. Eine durchaus anspruchsvolle Aufgabe in diesem Rahmen.

Ich hatte im Vorfeld Eintrittskarten drucken lassen und sie an die Gemeinden verschickt. Vor allem an die älteren Gemeindeglieder seien sie weiterzureichen, bat ich. Ihnen war es womöglich eine besondere Freude, eine echte Monarchin zu erleben.

Wie entspannt die Bevölkerung den Besuch aufnahm, zeigte sich, als die Queen wieder vor die Kirche trat. »How are you?«, begrüßten die Leipziger sie begeistert in breitestem sächsischem Englisch. Einer rief sogar: »Hebt sie doch mal hoch, sie ist so klein.« Die Stimmung war ausgelassen und der Besuch ein voller Erfolg. »Nikolaikirche – offen für alle«, das gilt natürlich auch für eine Königin!

Als Raum des Segens habe ich die Nikolaikirche bei der Begegnung mit Erzbischof Desmond Tutu im Mai 2006 erneut eindrücklich erfahren. Er kam zusammen mit dem Botschafter der Republik Südafrika, Moses M. Chikane, nach Leipzig, wo er den Medienpreis *Osgar* erhielt. Die Kolonne mit den Ehrengästen passierte die Messehofpassage zur Nikolaikirche hin, und Desmond Tutu kam mir fröhlich entgegen. Er lachte mich an, hob eine Hand, schlug in die meine ein und sagte: »Take Five!« Dabei hatten wir uns noch nie zuvor gesehen. Aber erkannt haben wir uns natürlich sofort.

Ich war spontan sehr angetan von seiner unbeschwerten Art, die mal wieder deutlich zeigte, wie wenig echter Glaube mit steifem Gehabe zu tun hatte. Vielmehr sind Freude, Ausgelassenheit und Humor kongeniale Verbündete des Glaubens.

Gemeinsam mit Desmond Tutu betrat ich die Nikolaikirche. Dort legte der Erzbischof einen Rosenstrauß vor dem hölzernen Friedensgebetskreuz nieder und verneigte sich. Still und konzentriert lauschte er dann meiner Erzählung von den Ereignissen rund um den 9. Oktober 1989. Ich berichtete von den siebzigtausend Menschen auf Leipzigs Straßen, dem ausgerückten Polizei- und Militärapparat und der drohenden Eskalation. Natürlich ließ ich auch die Schilderung der Wirkung tausender Kerzen in den Händen der Menschen nicht aus. All die vielen Kerzen und Gebete gegen die uniformierte Gewalt. Tutu wurde nachdenklich und bat mich zu meiner grenzenlosen Überraschung, ihn zu segnen. Danach fielen wir uns in die Arme. Das Protokoll war vergessen.

Für Begegnungen einer solchen Tiefe, gepaart mit Freude und Hoffnung, scheint die Nikolaikirche mit ihrem einzigartigen Innenraum geradezu geschaffen zu sein. Was sogar die britische Monarchie begeisterte, hatte es mir von Anfang an angetan. Die Kirche ist einem Paradiesgarten nachempfunden mit Säulen als Palmen, deren Blätter in die Decke hineinragen. Überall ist das Motiv des Aufblühens verwirklicht: Knospen am Altar, Altargitter und Lesepult. Eine Tulpe auf dem Taufsteindeckel. Ähren und Weinreben am Hochaltar. Alles in hellen, zarten Tönen, die perfekt harmonieren. Buntglasfenster gibt es keine, damit das Licht ungehemmt ins Innere der Kirche gelangt und die Farben zum Leuchten bringt.

Bilder befinden sich nur im Altarraum, ausschließlich Szenen aus dem Leben Jesu. Außerdem gibt es vier Alabasterreliefs, die vom Einzug Jesu in Jerusalem bis zur Hinrichtung am Kreuz Seinen Leidensweg nachempfinden lassen. Direkt darüber prangt an der Decke ein Himmelsfenster mit Palmzweigengel und Friedenstaube. Auf dem Kanzeldeckel dann die Lilie auf dem Feld, die an eine Stelle der Bergpredigt erinnert, bei der Jesus liebevoll auf die Menschen zugeht: »*Was sorgt ihr euch? Könnt ihr überhaupt die Sonnen noch sehen, hört ihr die Vögel noch zwitschern, oder seid ihr so zu und gebeugt, dass ihr von all dem nichts mehr wahrnehmen könnt? Seht die Lilien an, die Gott in so herrlichen Farben zwischen den toten Steinen hervorwachsen lässt! Selbst unser prächtiger König Salomo ist nicht so herrlich gekleidet gewesen wie nur eine dieser Lilien! Und seht die Vögel unter dem Himmel an. Sie arbeiten nicht und planen nicht. Und doch leben sie Tag für Tag, denn Gott sorgt für sie. So viel Mühe gibt sich Gott schon mit Blumen und Vögeln. Ihr aber seid mehr als Blumen und Vögel, ihr seid Zäläm Adonaj, Ebenbild Gottes! Also sorgt euch nicht wegen morgen und übermorgen. Es genügt, dass jeder Tag seine eigene Plage hat. Gott wird auch morgen für euch sorgen!*«[44] Dafür steht die Lilie auf dem Schalldeckel der Kanzel, unter dem ich achtundzwanzig Jahre lang das Evangelium auf meine ziemlich eigene Art »übersetzt« und den Menschen vermittelt habe.

Über dem Eingangsportal thront die gewaltige Orgel mit einer unbeschreiblichen Klangfülle und Tonschönheit. Direkt davor, an der Empore, ist zu lesen: »*Te decet hymnus Deus*« – Dir, Gott, gebührt der Lobgesang.

Tritt man durch das Hauptportal in die Kirche, so ist alles nach vorn ausgerichtet, über den Gemeindealtar zum Taufstein und Hochaltar mit dem Silberkreuz und dem großen Auferstehungsgemälde: Auf Kreuz und Auferstehung Jesu läuft alles hinaus!

Wenn ich während des Gottesdienstes mit den Lektorinnen und Lektoren am Altar stand und das Heilige Abendmahl vorbereitete, dann konnten wir durch das geöffnete Hauptportal nach draußen sehen. In die Messehofpassage, deren Erbauer gewissermaßen den Mittelgang der Nikolaikirche verlängert haben. Dies wurde mir zum Gleichnis: Wir müssen immer die Menschen da draußen im Blick haben. Wir dürfen uns nicht hinter unseren dicken Kirchenmauern verstecken. Sondern müssen die Menschen da draußen mit ihren Sorgen und Problemen wahrnehmen. Denn auch Jesus hat sich nie im Tempel abgekapselt, sondern war immer draußen mitten unter den Menschen. Auf den Straßen und Plätzen, in den Häusern. Überall dort, wo sie sich mit ihrem Leben abplagten.

Umgekehrt sehen die Menschen da draußen jederzeit die einladend offene Kirchentür. Sie sehen die Kerze auf dem Altar brennen. Sehen den hellen, farbigen Innenraum. Warst eigentlich schon lange nicht mehr in der Kirche, denken sie dann. (Der Protestant geht bekanntlich eisern einmal im Jahr in die Kirche – zu Heiligabend.) Geh einfach hinein. Du musst keinen Eintritt bezahlen und auch keinen Austritt, und auch keinen Schein hochhalten, weder einen Firmungs- noch einen Konfirmationsschein. Schließlich wissen wir alle, wie oft der Schein trügt. Komm einfach herein, so wie du bist. Im Sommer ist es angenehm kühl, im Winter schön warm.

Und so kommen die Menschen täglich. In Scharen. Zunächst bleiben sie in der Regel unter der Orgelempore stehen, ehe sie sich in den großen Kirchenraum hineinwagen. Dann wandert der Blick an den Säulen nach oben. Der Aufblick ist im Leben sehr wichtig. Gerade stehen, Rückgrat spüren. Eine gebückte Haltung ist in dieser

Kirche nicht möglich. Sondern die Erfahrung, dass Gott uns als *Homo sapiens erectus* geschaffen hat, als wissenden, aufrechten Menschen. Langsam gehen die Besucher weiter und kommen an das Ziergitter des Gemeindealtars. Das ist die Stelle, an der in den mittelalterlichen Kirchen der so genannte Lettner steht, der den Kirchenraum teilt. Auf der einen Seite der Chor- oder Altarraum für die Geistlichkeit, auf der anderen das Kirchenschiff für die Gemeinde. Wieder so eine Unmöglichkeit, eine Einteilung in zwei Klassen. Und das in einer Kirche von Jesus!

Den trennenden Lettner hat man in St. Nikolai schon bei der Neugestaltung der Kirche von 1784 bis 1797 abgetragen. An die Stelle hat man ein hüfthohes Altargitter mit Tür gesetzt. Beim Heiligen Abendmahl ist die Tür geöffnet, danach wieder verschlossen. Das war noch nicht konsequent genug. Also schweißten wir die Tür heraus und ließen daraus den Gemeindealtar und das Lesepult herstellen. Damit gab es keine Sperren und abgetrennten Bereiche mehr.

Am meisten staunen Touristen und Besucher immer über das Schild, das wir genau an dieser Stelle aufstellten. »Wir laden Sie in den Altarraum ein«, steht darauf. Spätestens hier erwartet ein jeder die übliche Absperrkordel, Hinweise wie »Bitte nicht fotografieren« oder Ähnliches. Abgetrennte Zonen gibt es bei uns nicht. Der Weg in den Altarraum, den schönsten Raum der Kirche, steht jedem frei. Unter den Bildern und Reliefs finden sich kurze Texte der Erklärung. Die Menschen lesen sie tatsächlich, was mich sehr freut. Einer der kurzen Texte zu Jesus lautet:

Was ist EINER gegen so viele?
EINER, der hofft,
gegen so viel Verzweiflung?
EINER, der auf Macht verzichtet,
gegen so viel Korruption?
EINER, der heilt,
gegen so viel Vernichtung?
EINER, der rettet,
gegen so viele Richter?
EIN Lebendiger
gegen so viele Tote?

EINER kam und zeigte,
wie ein Blitzlicht,
einen Bruchteil der Geschichte,
was ein Mensch sein könnte.

Die Bänke hier und im Kirchenschiff laden zum Verweilen ein. Gönn dir etwas Zeit inmitten der Hektik und Unrast unserer Tage. Keiner drängt dich. Keiner fragt, warum du hier bist. Spür wieder Boden unter den Füßen. Finde die Mitte wieder. In Jesus eine Mitte haben und finden, damit wir nicht wanken und fallen. »Denn wenn die Mitte fest ist«, wie der bedeutende Theologe des 13. Jahrhunderts Meister Eckhart sagte, »kannst du weite Kreise ziehen.«[45] Das lässt sich mit einem Zirkel nachstellen. Verliert man die Mitte, dann existieren keine klaren Linien mehr, dann »eiert es«, wie der Sachse sagt. So ist das auch im Leben.

Bevor wir den Altarraum wieder verlassen, sehen wir den Romanischen Kruzifixus, und zwar vom Eingang aus links oben an der Seitenwand. Er ist übrigens auf eigenartige Weise zu uns gekommen. In den Jahren 1901 und 1902 erwarb der Kirchenvorstand von der kleinen sächsischen Gemeinde Niedergräfenhain einen Schnitzaltar von 1510, der sich heute zusammen mit der steinernen Lutherkanzel von 1521 in der Nordkapelle befindet. Als »Zugabe« bekam die Nikolaigemeinde zwei kaputte, schmutzige Holzteile. Von deren tatsächlichem Wert noch von deren kunsthistorischer Bedeutung ahnte damals niemand etwas. Die Holzteile ruhten jahrzehntelang unbeachtet in der »Glaskammer« der Nikolaikirche, einem Abstellraum, bis man sie eines Tages dem Amt für Denkmalpflege zeigte. Die Wissenschaftler nahmen die Teile mit nach Dresden, um sie zu bestimmen und zu restaurieren.

Erst zehn Jahre später fanden die Arbeiten ihren Abschluss, und das Ergebnis war mehr als erstaunlich: Der Kreuzbalken stammt etwa aus dem Jahr 1500, die romanische Christusfigur aus der Mitte des dreizehnten Jahrhunderts. Im September 1989 bekam ich die Mitteilung, den gesamten Kruzifixus abholen zu können. Es war September 1989! Mir war nach allem zumute, nur nicht nach kirchlicher Kunst und der Suche nach einem geeigneten Ort, um den Kruzifixus aufzustellen. Doch als ich mir überlegte, wie viele Jahre er zuvor schon den Menschen im gottesdienstlichen Raum gedient hatte, dachte ich: Wenn es mir gelingt, ihn in den Kirchenraum einzubringen, dann kann uns Christus vom Kreuz herab in dieser spannungsgeladenen Zeit den Rücken stärken.

Wir fanden sofort einen Platz für den Kruzifixus. Seit September 1989 befindet er sich ganz in der Nähe des Gemeindealtars und hält seine ausgebreiteten Arme schmerzvoll und segnend über uns. Der Kruzifixus gilt nunmehr als das älteste Kunstwerk Leipzigs – und wir hätten ihn beinah mit Nichtachtung gestraft. Daran erkennt man, wovon die Nikolaikirche lebt: *»Denn Seinen Freunden gibt's der Herr im Schlaf.«*[46]

Beim Anblick dieses Kruzifixus erinnere ich mich zwangsläufig an den Besuch unserer holländischen Partnergemeinde aus Haarlem vom 29. September bis 2. Oktober 1989. Am 1. Oktober, einem Sonntagabend, saßen wir in ernster Runde in unserer Wohnung beisammen. Unsere Freunde wussten: Während sie unbehelligt wieder über die Grenze in ihre Heimat zurückkehren konnten, blieben wir in aller Ungewissheit und wie in einer Falle zurück. Sie hinterließen uns im Gottesdienst mit einem Grußwort einen großen Blumentopf mit Astern. Er bekam einen Ehrenplatz unter dem Romanischen Kruzifixus, gleich neben dem Gemeindealtar.

Den ganzen »heißen Herbst« hindurch brachten die Astern immer neue, wunderschöne gelbe Blüten hervor. Wir sahen sie als immer neue, leuchtende Sterne der Hoffnung aufgehen! Sie passten in unsere ausweglose Lage, die vom 9. Oktober an zu einer wunderbaren, befreienden Situation führte, die in dieser Kirche ihren Ausgang nahm. Mit der Gemeinde, mit Kees und Ada, sind wir bis heute verbunden.

Beim Verlassen des Altarraumes kommt man am Osterlichtbaum vorbei, »gesprengte Fessel«. Mit vierzig Kerzen erinnert er an die vierzig Tage des Mose, als Er die Gebote empfing auf dem Berg Sinai, an die vierzig Jahre der Wüstenwanderung, als das Volk Israel aus der ägyptischen Sklaverei auf dem langen Weg in die Freiheit und das Gelobte Land war. An die vierzig Tage, die Jesus fastete, ehe Er an die Öffentlichkeit trat. An die vierzig Tage zwischen Ostern und Himmelfahrt, die Zeit des Erlebens des Auferstandenen. Und eben auch an vierzig Jahre DDR zwischen 1949 und 1989.

Wir verbinden unsere Geschichte mit der Heilsgeschichte der Bibel und knüpfen sinnbildlich bei Jesus an, Der das Licht der Welt geworden ist. So können wir eine Kerze anzünden für jemanden, der uns lieb ist oder der unser Gedenken gut gebrauchen kann. »Gesprengte Fessel« am Osterlichtbaum, beim näheren Hinsehen deutlich erkennbar, gibt uns den Hinweis, dass in und von der Kirche aus die Fesseln der Angst, ja sogar einer ganzen Weltanschauungsdiktatur überwunden werden konnten.

Wer noch etwas mit nach Hause nehmen möchte, dem steht ein gut sortierter Büchertisch zur Verfügung. Und wer dann noch Zeit hat, kann im Nikolaitreff in der Jugendkapelle der Kirche bei Tee oder Kaffee mit einem kompetenten Gesprächspartner reden und sich über seine Eindrücke austauschen. Ein Gästebuch liegt aus, in dem sich die Vielfalt der Gedanken der Leute beim Betreten der Kirche wunderbar widerspiegelt.

Wer die Nikolaikirche aufgesucht hat, der hat erfahren, dass diese Kirche selbst predigt. Ebenso, dass die Schwelle dieser Kirche für Rollstuhlfahrer und Atheisten gleichermaßen niedrig ist.

Wer einmal dort war, kann sich vorstellen, dass diese Kirche, »in der alles anfing«, ein Haus der Hoffnung ist. Ein Raum des Segens. Refugium und Zelle des Aufbruchs.

Ein Haus des Jesus Christus.

Staat trifft Kirche

Eine Kirche als Refugium zu empfinden, war für viele Christen in der DDR ein wahrhafter Trost. Denn wer als Christ in der DDR glaubhaft leben wollte, geriet automatisch in Auseinandersetzungen und Konflikte mit dem atheistischen Staat und seinem weltanschaulichen Totalitätsanspruch. Den »*Kampf, der uns verordnet ist*«[47], der mir schon in der Schule zum Leitbild geworden war, den haben wir uns nicht ausgesucht und erst recht nicht herbeigewünscht.

Viele Christen in der DDR litten unter einer entwürdigenden Situation mit Benachteiligungen in Schule und Beruf, ständigem psychischen Druck bis hin zu Verhaftungen für ihre kirchlichen Aktivitäten. Wie ich von den Rekruten erfuhr, wurden in der NVA reihenweise Soldaten zum Kirchenaustritt genötigt. Für bestimmte Berufe und viele Arbeitsplätze verlangte der Staat die SED-Mitgliedschaft oder legte sie den Menschen mit Nachdruck nahe. Diese Mitgliedschaft zog zwangsläufig ebenfalls den Kirchenaustritt nach sich.

Im Laufe der Jahre nahm ich trotzdem immer deutlicher wahr, wie sehr diese Zeit im Zeichen der Verheißung und des Aufbruchs stand. Der gedankenlose Automatismus der Volkskirche zur Kaiserzeit hatte imposante Zahlen an Kirchenmitgliedern hervorgebracht. Damals wurde so gut wie jeder getauft und konfirmiert, und die Familien hatten am Sonntag mindestens ein Mitglied zum Gottesdienst abzuordnen. Genau das übernahm, mit dem entsprechenden Druck, der sozialistische Staat: alle in die Pionierorganisation, alle zur Jugendweihe, alle in die FDJ, alle zur Wahl, alle zu den staatlich verordneten Demonstrationen! Auch das brachte imposante Zahlen hervor und machte gleichzeitig blind für den wahren Zustand der Gesellschaft. Der Kirche in der DDR hingegen waren Macht und Privilegien weitgehend genommen. Sie hatte die Freiheit einer sich ausschließlich an Jesus orientierenden, von staatlichem Wohlwollen unabhängigen Institution gewonnen. Allerdings ohne es zu wollen und ohne es zu verstehen.

Im Vorfeld des 17. Juni 1953, als der Staat bereits die Kirche angriff, die Jungen Gemeinden als CIA-gesteuerte Agentenzentralen diffamierte und Studentenpfarrer verhaften ließ, geschah Unglaubliches: Vertreter der Kirche bemühten sich um Religionsunterricht an den Schulen und Kirchensteuereinzug durch eben diesen Staat! Man konnte sich Kirche ohne die Krücken staatlicher Privilegien damals einfach nicht vorstellen.

Der DDR-Staat lehnte die genannten Ansinnen ab.

So nahm in der DDR der 50er Jahre eine Reformation neuen Typs ihren Anfang. Da die Kirche selbst nicht mehr die innere Kraft zur Erneuerung hatte, ging Gott einen anderen Weg mit ihr. Von außen, über den atheistischen Staat, schreckte Gott die Kirche aus ihrem Schlaf der Sicherheit. Er rüttelte und schüttelte den Weinberg des Herrn so kräftig durch, dass die faulen Früchte und toten Äste nur so herunterprasselten. Die imposanten Zahlen der Kirchenmitglieder sanken rapide. Dran und drin blieb nur, wer wirklich mit Jesus verbunden war.

Wie Jesus sagt: »*Ich bin der Weinstock, ihr seid die Reben. Wer in Mir bleibt und Ich in ihm, der bringt viel Frucht; denn ohne Mich könnt ihr nichts tun. Wer nicht in Mir bleibt, der wird weggeworfen wie solche Reben, die man sammelt und ins Feuer wirft*«.[48]

Durch seine totale Ablehnung jeglicher Weltanschauung jenseits der eigenen verhalf der atheistische Weltanschauungsstaat – ganz ohne es zu wollen – der Kirche wieder zur Besinnung. Fortan konzentrierte sie sich darauf, wovon Kirche allein lebte und lebt: vom gekreuzigten und auferstandenen Jesus Christus.

Die vierzig Jahre DDR waren in Wirklichkeit ein vierzigjähriges Trainingslager des Glaubens. Eine Reformation neuen Typs wuchs heran. Diese war, wie alles wirklich Neue, in hohem Maß gewöhnungsbedürftig. Diese Reformation sollte in einer Revolution neuen

Typs gipfeln: der Friedlichen Revolution vom Oktober 1989. Aber bis dahin war es in jenen Tagen noch ein weiter Weg.

Die Ausweisung von Wolf Biermann 1976 sorgte landesweit für Aufregung und auch in der Kirche für heftige Diskussionen. Waren seine Songs auch immer nur als Raubkopien und seine Gedichte als Zettelwerk im Umlauf, so fühlten sie sich doch inmitten verordneten Liedguts und zensierten Schriftguts an wie ein kleines Stückchen Freiheit in der Hand.

In eine Andacht im Rahmen der Tagung der Landessynode Anfang der achtziger Jahre baute ich mein Lieblingsgedicht von Wolf Biermann ein, in dem es hieß:

Du, laß dich nicht verhärten
in dieser harten Zeit.
Die allzu hart sind, brechen,
die allzu spitz sind, stechen
und brechen ab sogleich.[49]

Nach dieser Andacht kam einer der Synodalen zu mir und sagte: »Da haben Sie sich aber mächtig aus dem Fenster gelehnt.«

Einen Biermann-Text Jahre nach dessen Ausbürgerung in großer Öffentlichkeit zu zitieren, wurde bereits als Problem eingestuft. Innerhalb unserer Kirchengruppen zirkulierten jede Menge Textkopien und Musikkassetten von Wutanfall bis Biermann. Die es wissen wollten, wussten genau, wie an die Werke und Lieder heranzukommen war, die auf abenteuerliche Weise vervielfältigt wurden. Als Pfarrer der Nikolaikirche hatte ich leicht Zugang zu solch heiklem Material und bekam Texte dieser Art sozusagen frei Haus geliefert. Ebenso wie auf ganz andere Weise später die Medien auf mich zukamen, ohne dass ich mich an sie gewandt hatte.

Im Anschluss an die Andacht fragten mich die Menschen oft nach Textkopien. Da ich stets ein Belegexemplar hatte, konnte jeder zu mir kommen und sich Texte, die ihn interessierten, abschreiben. Nicht wenige nahmen diese Möglichkeit in Anspruch.

Wort und Geist waren sehr wichtig in jener Zeit, in der sowohl auf das Wort als auch den Geist Druck ausgeübt wurde.

Die Menschen waren für Worte und Texte viel aufmerksamer als in einer demokratischen Wohlstandsgesellschaft, in der alles gedruckt werden konnte und die Menschen durch Pluralismus und Konsum abgelenkt waren. Sie wollten etwas in der Hand haben gegen die bedrückenden Zustände im Land. Und dafür waren sie auf der Suche nach Worten, um Vergleiche zu finden, um Beispiele nennen zu können.

1978 führte Margot Honecker, Ministerin für Volksbildung in der DDR, gegen den Widerstand der Kirchen und vieler Eltern den sogenannten Wehrkundeunterricht mit Waffenausbildung für Schüler ab der 9. Klasse ein. Der Wehrpflicht im Lande konnten sich diejenigen, die aus Überzeugung keine Waffe in die Hand nehmen wollten, nur durch den Einsatz als so genannte Bausoldaten entziehen. Für ihren Grundwehrdienst von 18 Monaten und die Zeit danach versprach diese Entscheidung, permanent Repressalien ausgesetzt zu sein. Noch einmal war ein Biermann-Text hilfreich. So verwendete ich in einer Friedensdekade zum Thema Wehrdienstverweigerung und Wehrersatzdienst dieses Lied:

… Soldat Soldat in grauer Norm
Soldat Soldat in Uniform
Soldat Soldat, ihr seid so viel
Soldat Soldat, das ist kein Spiel
Soldat Soldat, ich finde nicht
Soldat Soldat, dein Angesicht
Soldaten sehn sich alle gleich
Lebendig und als Leich …[50]

Diese Worte waren sehr eindrücklich, vor allem für die Jugendlichen. Außerdem waren sie öffentlich in einer Kirche zu hören. Noch dazu mit der Möglichkeit, darüber zu diskutieren. Es war sehr wichtig für die jungen Menschen, selbst eine Meinung zu finden und diese auch zu formulieren. Sie wollten sich nicht wie eine Schachfigur von denen da oben verrücken lassen. Das geht nicht spurlos an einem vorüber, denn wer lange genug verrückt wird, der ist irgendwann verrückt.

Im Jahr 1967 regte Walter Ulbricht auf dem VII. Parteitag der SED die Erarbeitung einer von Grund auf neuen Verfassung an, die der veränderten Realität seit 1949 Rechnung tragen sollte. Die bestehende Verfassung trug nach Meinung der Genossen zu viele freiheitlich-demokratische Züge. Ziel war es, die SED-Herrschaft juristisch abzusichern und ihre diktatorischen Züge zu gewährleisten. Die acht in der DDR bestehenden evangelischen Landeskirchen gehörten damals zur Evangelischen Kirche in Deutschland. Ein wirkungsvoller Gegenpol zum atheistischen DDR-Staat zu sein, war das erklärte Ziel der Kirche, bedeutete aber die Quadratur des Kreises.

Daher fanden sich 1969 die Kirchen in der DDR im »Bund der Evangelischen Kirchen der DDR« zusammen, gaben damit allerdings den Anspruch auf eine gemeinsame Kirche und die Zugehörigkeit zur Evangelischen Kirche in Deutschland keineswegs auf. Die Kirche in der DDR ließ sich weder in die Ecke drängen noch vereinnahmen.

Einerseits entpuppte sich das bewusste Festhalten an der Evangelischen Kirche in Deutschland zum Problem und blieb der DDR-Regierung in all den Jahren ein Dorn im Auge. Andererseits war es vorteilhaft für den Staat, mit dem neu gegründeten »Bund der Evangelischen Kirchen der DDR« ein Gremium zu haben, mit dem er verhandeln konnte. Die partnerschaftlichen Kontakte zu Gemeinden in Westdeutschland blieben bestehen. Es gab keinerlei Reglementierung für das Miteinander der Gemeinden in Ost und West, und auch die Partnerschaften zwischen den einzelnen Landeskirchen blieben davon unberührt. Ich betrachtete die Gründung des Bundes 1969 als eine offene Tür zu weiteren interessanten Möglichkeiten, den Handlungsspielraum der Kirche in der DDR zu erweitern.

Dennoch sollte fast ein Jahrzehnt vergehen, bis ebenjener Handlungsspielraum zum Tragen kam. Bei einem Treffen der Staatsspitze mit der Kirchenleitung am 6. März 1978 ergab sich eine neue Situation für die Kirchenarbeit. Überraschend kam es zu einem Gespräch zwischen dem damaligen Vorsitzenden der Konferenz der Kirchenleitungen, Albrecht Schönherr, fünf Vertretern der Landeskirchen und dem Staatsratsvorsitzenden Erich Honecker. Für mich war das der erste Versuch des Staates, auf die Kirche zuzugehen. Seit zwei Jahren Staatschef der DDR, traf sich Erich Honecker zum ersten Mal mit Kirchenvertretern des Landes. Er war zudem der erste DDR-Regierungschef überhaupt, der sich mit ihnen an einen Tisch setzte. Das hatte es in dieser Größenordnung noch nie gegeben. Offenbar nahm die Regierung einen Strategiewechsel im Kampf gegen die Kirche vor. Die bisherigen Maßnahmen gegen die Kirche inklusive Jugendweihe und dergleichen hatten von der harten Linie der SED gezeugt. Die zuständigen Genossen waren von einem baldigen Ende der Existenz der Kirche in der DDR ausgegangen. Doch trotz des Mauerbaus im Jahr 1961 und dem stetigen, mehr oder weniger harten ideologischen Vorgehen gegen die Kirche musste die SED-Führung eines einsehen: Sie würde sich mit der Kirche wohl oder übel noch eine Weile arrangieren müssen. Daraufhin machte der Staat einige kleinere Zugeständnisse an die Kirche: Pfarrer erhielten die Erlaubnis für Besuche in Krankenhäusern, Altersheimen und Gefängnissen, kirchliche Sendungen im DDR-Fernsehen wurden in begrenztem Umfang möglich. All das geschah, um dem Ausland ein gutes Bild vom Verhältnis von Staat und Kirche zu vermitteln, denn die DDR strebte nach internationaler Anerkennung.

In diesem Zusammenhang spielte die Gretchenfrage »Wie hältst du es mit der Religion?« eine wichtige Rolle. Andererseits war der Regierung der DDR an Frieden im eigenen Land gelegen, da der real existierende Sozialismus bei weitem nicht die Fortschritte und Ziele erreichte, die vollmundig propagiert worden waren.

Und die Kirche, wie verhielt sie sich damals? Nun, sie musste aufpassen, dass die ungewohnte Umarmung nicht allzu erdrückend wurde.

»Kirche im Sozialismus« – den Stempel wollte der Staat der Kirche gerne aufdrücken.

Die kirchliche Seite machte jedoch daraus: »Nicht Kirche für den Sozialismus. Nicht Kirche gegen den Sozialismus. Kirche im Sozialismus«.

So wurde klar, dass es bei dieser Formel um eine reine Standortbestimmung ging. Zwischen Anpassung und Widerstand, so könnte man die Gratwanderung der Kirche beschreiben. Allerdings ging sie schon sehr bald eindeutig in Richtung Widerstand, indem die Kirchen maßgeblich zum Ende der DDR beitrugen.

Diesen umgekehrten Verlauf der Ereignisse hätten die selbsternannten »Sieger der Geschichte« nie für möglich gehalten.

Nach seinem Rücktritt fanden Erich Honecker und seine Frau Margot letztlich nicht etwa Zuflucht in einer Kaserne des großen Bruders Sowjetunion, noch in einer Kaserne der NVA, noch in einem Ferienheim der SED oder des FDGB, nein: Bei der Familie des evangelischen Pfarrers Uwe Holmer in Lobetal fanden der verschmähte Staatsratsvorsitzende und die ehemalige Ministerin für Volksbildung der DDR Asyl.

Die Geschichte ließ sich also doch nicht mit ideologischen Phrasen in eine Richtung peitschen, sondern nahm ihren ganz eigenen, als Ironie des Schicksals anmutenden Weg.

Zwölf Jahre nach dem Gespräch zwischen Staat und Kirche im März 1978 gab es die DDR nicht mehr. Damit hatte auch der »Bund der Evangelischen Kirche der DDR« seine Bestimmung verloren. Die Gemeinschaft der Evangelischen Kirche in Deutschland wurde wieder voll hergestellt.

Schwerter zu Pflugscharen

Jede Friedensdekade stand unter einem Motto. Viele davon entwickelten sich zu regelrechten Slogans, die mir im Original oder auch in abgewandelter Form immer wieder begegneten.

»Rüstung tötet auch ohne Krieg« zum Beispiel oder »Frieden schaffen ohne Waffen«, wie Pfarrer Rainer Eppelmann im Januar 1982 seinen Berliner Appell – einem Pendant zum Krefelder Appell von 1980 – nannte. Eines der mittlerweile bekanntesten Mottos stammt aus der Friedensdekade 1982: »Schwerter zu Pflugscharen«.

1982 war das Jahr, in dem Argentinien die Falklandinseln besetzte, Israel den ersten Libanonkrieg begann, um die PLO zu zerschlagen, die NATO-Gipfelkonferenz erstmals in Bonn tagte und die Friedensbewegung der BRD zeitgleich die bis dahin größte Kundgebung in der Geschichte der Bundesrepublik durchführte. Kohl wurde Bundeskanzler und Andropow nach Breschnews Tod Staatschef der UdSSR.

Dem Motto »Schwerter zu Pflugscharen« liegt das Prophetenwort aus der Bibel zugrunde, von Jesaja und Micha rund 700 v. Chr. als eine großartige Vision formuliert: »*Denn von Zion wird Weisung ausgehen und des Herrn Wort von Jerusalem. Er wird unter großen Völkern richten und viele Heiden zurechtweisen in fernen Ländern. Sie werden ihre Schwerter zu Pflugscharen und ihre Spieße zu Sicheln machen. Kein Volk wird gegen das andere das Schwert erheben, und sie werden fortan nicht mehr lernen, Krieg zu führen. Ein jeder wird unter seinem Weinstock und Feigenbaum wohnen, und niemand wird sie schrecken. Denn der Mund des Herrn Zebaot hat es geredet*«[51]

Diese prophetische, über zweitausendsiebenhundert Jahre alte Vision wurde für uns alle zur prägenden Richtlinie – bis heute.

Damit wir endlich begreifen, was Gustav Heinemann vor dem Bundestag und Bundesrat am 1. Juli 1969 sagte: »Nicht der Krieg, sondern der Friede ist der Ernstfall, in dem wir uns alle zu bewähren haben.«

Damit in den Schulen nicht mehr gelehrt und gelernt wird, wie ehrenvoll es ist, für das Vaterland zu sterben. Dass angeblich jeder Krieg für den Frieden geführt wird. Die Menschen werden *Shalom* lernen, Frieden, und nicht mehr Krieg. Und dann wird ein jeder unter seinem Feigenbaum und Weinstock im *Shalom* sitzen. Wunderbare Zukunftsvision.

»Schwerter zu Pflugscharen« – dieser Slogan hatte gerade in jenem Jahr 1982 eine Durchschlagskraft, die vorher gar nicht abzusehen war. Schneller als jedes andere Motto zuvor verbreitete es sich sowohl bei Christen als auch bei Nichtchristen, wozu der Staat, ohne es zu wollen, auch noch beitrug.

Die sowjetische Regierung hatte Jewgeni Wutschetitsch mit der Gestaltung jenes Bibelwortes beauftragt. Er schuf eine Skulptur, welche die Sowjetunion der UNO schenkte, vor deren Hauptquartier in New York sie ihren Platz fand. Wutschetitsch war der berühmteste Bildhauer des Landes und hatte in Berlin zuvor schon das Treptower Ehrenmal – ein Rotarmist mit Kind auf dem Arm – geschaffen. Hätten die Sowjets den Amerikanern damals die sozialistische Dreifaltigkeit Marx-Engels-Lenin geschenkt, wäre diese in irgendeinem Keller verschwunden. »Schwerter zu Pflugscharen« dagegen ist weltweit konsensfähig.

Es war schon erstaunlich, dass ein vom Selbstverständnis her atheistischer Staat für eine Skulptur ein Bibelwort in Auftrag gab. Noch dazu, um das Werk anschließend der UNO zu schenken.

Das Auftreten der Sowjetunion auf internationalem Parkett war unter Breschnew sowieso von einer ganz eigenartigen Emotionalität geprägt. Die Folgen des Zweiten Weltkrieges waren in der SU noch wesentlich nachhaltiger zu spüren als in jedem anderen Staat. Dass Leonid Breschnew beim Staatsbesuch in Bonn die Tränen in die Augen schossen, als die Rede auf den Zweiten Weltkrieg kam, verblüffte damals die Politprofis. Keiner konnte nachvollziehen, wieso jemanden die Emotionen so viele Jahre nach Kriegsende noch derart aufwühlen konnten.

So betrachtet, machte die Skulptur des Bibelwortes Sinn.

Als Logo der Friedensdekade wollten wir das Motiv der Skulptur verwenden. Dafür hätten wir jedoch niemals eine offizielle Druckgenehmigung bekommen.

Zum Glück hatte unser Landesjugendpfarrer Harald Brettschneider eine pfiffige Idee. Für den Druck auf Textilien, ebenso wie für die Blümchen auf der berühmten Kittelschürze, bedurfte es keiner Druckgenehmigung. Warum dieses Schlupfloch nicht nutzen? Vlies war das Zauberwort: ein Mittelding zwischen Papier und Stoff. Vlies zu bedrucken, galt allgemein als Textildruck. Das war die Lösung!

Das Landesjugendpfarramt ließ daraufhin ganze Rollen Vlies mit dem aktuellen Motto bedrucken. Das Ganze sah dann so aus: Skulptur in blau, in schwarzer Schrift »Schwerter zu Pflugscharen« mit Bibelstellenangabe darauf, außen herum ein roter Rand.

Die Streifen waren als Lesezeichen gedacht, das die Jugendpfarrämter tatsächlich in großen Mengen bestellten. Auch ich besorgte mir damals gleich eine ganze Rolle davon. Die Jugendlichen benutzten es natürlich nicht als Lesezeichen, sondern nähten es auf ihre Schultaschen und Jackenärmel und gerieten so ins Visier der Polizei. In den Schulen war das Symbol auch bald verboten, und es kam zu geradezu grotesken Vorfällen.

Ein Junge aus unserer Jungen Gemeinde erzählte mir, ein Polizist habe ihm das Zeichen einfach so von der Tasche gerissen.

»Wie gehen Sie mit einem sowjetischen Ehrenmal um?«, hatte sich der Schüler daraufhin empört. Der Polizist muss sich dermaßen veralbert gefühlt haben, dass er völlig außer sich geriet und sich zu dem Satz: »Was gehen uns die Russen an?« hinreißen ließ. Damals in der DDR eine geradezu ungeheuerliche Äußerung, die zeigte, wie wenig informiert und wie verunsichert die Polizisten waren. So war es ausgerechnet die Polizei, die dem Zeichen zu seiner unglaublichen Popularität verhalf. Die Polizisten wie auch Schulleiter und Betriebsfunktionäre gingen zwar lediglich dem Befehl nach, die Aufnäher aus dem Straßenbild und den Schulklassen zu entfernen, lernten zusammen mit der gesamten Volkspolizei der DDR jedoch flächendeckend und im Handumdrehen dabei ein Bibelwort auswendig: »Schwerter zu Pflugscharen«.

Die Dinge wurden bald noch komplizierter. Die Jugendweihe, diese staatliche Ersatzhandlung anstelle der Konfirmation, sollte auf Wunsch der Verantwortlichen ebenso feierlich wie eine kirchliche Zeremonie vonstattengehen. Die Jugendlichen erhielten zu ihrer Jugendweihe das Buch *Der Sozialismus – deine Welt*. Darin war ein Foto der Skulptur abgebildet und mit dem Vermerk versehen: »Wir schmieden Schwerter zur Pflugschar, Geschenk der UdSSR an die UNO, Plastik des sowjetischen Bildhauers Jewgeni Wutschetitsch, 1959«.[52]

Die Stelle in der Bibel, an welcher der Spruch zu finden war, blieb an dieser Stelle unerwähnt. Das wäre den Genossen zu schwer gefallen und hätte zur Jugendweihe für Irritationen gesorgt. Während die Polizisten den Jugendlichen draußen das Zeichen von der Jacke rissen, wurde es den Jugendlichen drinnen im Festsaal von den Direktorinnen und Direktoren feierlich zur Jugendweihe überreicht.

Das war die Dialektik jener Zeit. Die »Deutsche Zeitschrift für Philosophie« der DDR zitierte zum Jahresbeginn 1982 die Bibelstelle und schrieb dazu: »Welcher Marxist würde behaupten wollen, dass religiöser Glaube in dieser Form reaktionär sei und, obwohl er selbst noch kein wissenschaftlich fundiertes Bewusstsein darstellen konnte, unvereinbar mit Wissenschaftlichkeit sei? Dieser (...) Glaube ahnt gewissermaßen die wissenschaftliche Erkenntnis von einer klassenlosen Gesellschaft, in der es keine Kriege mehr gibt, voraus.«[53]

Die alles bewegende Symbolik unserer »Schwerter zu Pflugscharen« wurde in der Jungen Gemeinde zum Dauerthema. Die Lehrer waren ebenfalls in einer schwierigen Lage. Was war gegen ein Wort zu sagen, dem die Sowjetunion ein Denkmal gesetzt hatte? Mit welcher Rechtfertigung bezeichneten die Verantwortlichen es als staatsfeindliche Aktion, wenn jemand das Zeichen auf seinen Ranzen klebte? Hatte es etwa damit zu tun, dass jener Impuls nicht vom Staat, sondern von der Kirche ausgegangen war? Und dass die Kirche die Verbreitung des Logos nicht einmal anordnete, sondern ganz einfach der Kreativität ihrer Anhänger überlassen konnte?

Ein paar Jugendliche aus der Jungen Gemeinde malten das Symbol auf ein großes Schild und schrieben »Jeden Montag 17 Uhr« darunter. Noch heute ist das Plakat in der Nikolaikirche zu sehen. Aus dem Motto einer Friedensdekade wurde somit das heimliche Motto aller Friedensdekaden und das Kernstück unserer Friedensgebete: »Schwerter zu Pflugscharen«.

Das Motto weckte Kreativität: »Helme zu Kochtöpfen«, »Panzer zu Mähdreschern« und andere Kreationen waren zu lesen. Die Aktion schlug in der DDR ein wie ein Blitz. Fortan waren die Jungen Gemeinden für den interessierten, nicht anpassungswilligen Jugendlichen noch attraktiver und natürlich um Längen spannender als die DDR-Jugendorganisation FDJ, die so genannte Freie Deutsche Jugend. Und für den Einsteiger galt die Kirche als der Ort, an dem die hippen Aufnäher verteilt wurden.

Selbst mich sprachen eines Tages auf der Straße zwei Uniformierte an und fuhren mich in ihrem Streifenwagen zum Polizeirevier Leipzig-Mitte. Ihnen ging es um meinen Aktenkoffer, auf dem natürlich »Schwerter zu Pflugscharen« prangte. Die Genossen hatten mir meinen Pfarrerberuf wohl nicht angesehen. Als sie meine Angaben überprüft hatten, nahmen sie den Vorwurf zurück, ich trüge ein »staatsfeindliches Symbol« vor mir her. Auch der hinlänglich bekannte § 220 des StGB der DDR namens »Öffentliche Herabwürdigung der staatlichen Ordnung« wurde gegen mich nicht erst hervorgekramt. Die Sache war dann schnell beendet. Einen Pfarrer verhaftete man nicht ganz so gern, wie man Schüler drangsalierte. Dennoch gab ich den Vorfall sofort als schriftliche Eingabe an den Bischof und den Superintendenten weiter. Genauso verfuhr ich bei Schülern, die in der Schule deswegen Repressalien ausgesetzt waren.

Das Prophetenwort »Schwerter zu Pflugscharen« zeigte immer mehr Wirkung. Hier entstand ein Weg. Hier wuchs etwas heran, von dem man noch nicht absehen konnte, was daraus werden würde. Auch hier gab es – wie bei den Friedensgebeten – kein Konzept, sondern hier wurde ein Glaubensschritt nach dem anderen getan.

ML und Martin Luther

1983 war ein ganz besonderes Jahr. Die Jugendlichen nannten es ganz locker das »ML-Jahr«. Es war Martin Luthers fünfhundertster Geburtstag und zugleich der hundertste Todestag von Karl Marx. ML steht ursprünglich für den Marxismus-Leninismus-Lehrgang, den ein jeder im Laufe seiner Ausbildung durchlaufen musste. Im Volksmund gerne »Rotlichtbestrahlung« genannt, konnte es nun für Marx-Luther-Jahr oder Martin-Luther-Jahr stehen.

Leider entdeckten die Genossen viel zu spät, wie kontraproduktiv diese Fügung für ihre Propaganda war. Wir feierten den Geburtstag Luthers, sie gedachten des Todestages von Karl Marx.

Zur Verblüffung aller schlugen die Genossen gerade noch den Bogen, als im *Neuen Deutschland* zu lesen war: »Erich Honecker, Schirmherr der Luther-Feierlichkeiten«. Wir wohnten einer geradezu kopernikanischen Wende bei! Wie auch im Geschichtsunterricht an den Schulen wurde Martin Luther in der DDR-Geschichtsauffassung als Fürstenknecht und Speichellecker beschimpft. Über Nacht war er nun zu einem der bedeutendsten Söhne des deutschen Volkes mutiert. So flexibel war unser Reformator!

Sämtliche Luther-Stätten außer Coburg und Worms befanden sich auf DDR-Territorium, darunter auch Eisleben, Geburtsstadt und Sterbeort. Kindheit und Jugend verbrachte er in Mansfeld, die Domschule absolvierte er in Magdeburg. Danach Schule in Eisenach, Studium in Erfurt, Berufung an die Universität Wittenberg. Kurz darauf Schutzhaft als Junker Jörg auf der Wartburg in Eisenach. Schließlich Reformation in Wittenberg, wo sich sein

Grab in der Schlosskirche befindet. Also war die DDR geradezu verpflichtet, die Feierlichkeiten auszurichten und als Gastgeber zu fungieren.

Anlässlich der »Ökumenischen Begegnungstage zum 500. Geburtstag Martin Luthers« erwartete man in Leipzig gut zweihundert Gäste aus aller Welt und allen christlichen Konfessionen. Diese internationale, weltweite Öffentlichkeit wollte Honecker für seine Politik und die gesamte DDR nicht ungenutzt lassen. Zum ersten Mal erschien in der DDR eine lesenswerte Biografie Martin Luthers. Bisher enthielt die Literatur über Dr. Martin Luther eher Propaganda als eine Darstellung der wirklichen Verhältnisse und Umstände seines Lebens. Als wunderbaren Nebeneffekt erfuhren die Luther-Feierlichkeiten tatsächlich eine große staatliche Aufmerksamkeit, und die einzelnen Luther-Städte und -Stätten wurden Stück für Stück restauriert, soweit es im Ermessen des Staates und dem finanziellen Spielraum der staatlichen Mittel lag.

Man legte großen Wert darauf, vor der internationalen Öffentlichkeit einen exzellenten Eindruck zu machen. In der Leipziger Thomaskirche fanden die Luther-Feierlichkeiten dann ihren Abschluss.

An der Nikolaikirche fand zur selben Zeit die Friedensdekade unter dem Motto: »Frieden schaffen aus der Kraft der Schwachen« statt, und im Kino »Capitol« lief die Leipziger Dokumentarfilmwoche. Im Programm dieses Festivals waren unter anderem Kurzfilme, die man sonst in der DDR nicht zu sehen bekam.

Zum zentralen Abschlussgottesdienst der Luther-Feierlichkeiten hatte sich Honecker als Gast angesagt. Einige Jugendliche hatten die Idee, sich an der Ecke des Marktplatzes zu versammeln. Sie wollten mit Kerzen in der Hand und ohne ein Wort zu sagen dasitzen, wenn Honecker aus der Thomaskirche kam und die Besucher der Dokfilmwoche das Kino verließen. In einer Diktatur ist der Geist des Menschen geschärft. Da versteht er ohne Worte. Stumm dort zu sitzen, war eine deutliche Botschaft an den obersten Repräsentanten eines Staates, in dem man die Menschen so lange gezielt verdummte und einschüchterte, bis sie stumm waren.

Kaum war dieser Gedanke dem Kopf entsprungen und über die Stasi weitergetragen, folgte die Reaktion des Staates: Wir dulden keine Provokationen! Schon gar nicht, wenn ausländische Gäste in der Stadt weilen!

Diese Auffassung wurde den beiden Superintendenten daraufhin mehr als deutlich mitgeteilt, die per obersten Befehl dafür zu sorgen hatten, dass jegliche Provokationen unterblieben.

Aufgrund ihres Verantwortungsgefühls wandten sich die Superintendenten an die Jugendlichen und legten ihnen nahe, die geplante Aktion keinesfalls auszuführen. Der Staat würde in jedem Fall hart durchgreifen. Die Jugendlichen waren aufgebracht und beschimpften die Superintendenten als »Handlanger der Stasi«. Das war kränkend, denn die Jugendlichen hatten hier eindeutig die Besorgnis als staatskonforme Haltung der Superintendenten missverstanden.

Um die Situation nicht eskalieren zu lassen, setzte ich mich mit den Jugendlichen zusammen und entwickelte gemeinsam mit ihnen eine recht pragmatische Lösung.

»Wir legen Pappen in der Nikolaikirche aus«, schlug ich vor. »Ihr könnt so viele Kerzen anzünden, wie ihr wollt. Wenn es nötig ist, lassen wir die Kirche die ganze Nacht über geöffnet.«

»Das klingt gut«, antwortete einer. Viele andere nickten.

»Ich bleibe mit euch hier«, fuhr ich fort, beruhigt, weil sie so zugänglich für meinen Vorschlag waren. »Jeder Einzelne muss für sich entscheiden. Wer zum Markt geht, muss wissen, dass es gefährlich ist!«

Wir diskutierten das noch eine Weile und trennten uns dann.

Von den knapp dreihundert Jugendlichen gingen letzten Endes ungefähr vierzig zum Marktplatz. Sie setzten sich schweigend an eine Ecke. Kaum hatten sie sich niedergelassen, gingen in zivil gekleidete Männer auf sie zu und pöbelten sie an. Die Jugendlichen blieben stumm da sitzen und ließen sich von den Pöbeleien nicht provozieren. Da wurden sie von den zivilen Einsatzkräften einfach weggeräumt.

Im DDR-Jargon hieß dieser Vorgang »Zuführung«. Sechs der »Zugeführten« erhielten Haftstrafen wegen ihrer Teilnahme an der Demonstration von bis zu zwei Jahren[54].

Am späten Abend dieses ereignisreichen Tages besuchte ich einen Freund, mit dem ich zusammen in der Landessynode war. Er und seine Frau waren in großer Sorge, weil ihre sechzehnjährige Tochter aus der Nikolaikirche nicht nach Hause gekommen war. Sie gehörte zu den auf dem Markt Verhafteten. Kurz entschlossen fuhren mein Freund und ich zur Polizei in der Harkortstraße, um herauszufinden, wo die Tochter in Polizeigewahrsam war. Mehrere Eltern standen bereits am Tor der Dienststelle, als wir dort eintrafen. Nach langem Warten bekamen wir endlich die Auskunft, bis Mitternacht würden sämtliche Zugeführten unter achtzehn Jahren wieder freigelassen. Also gingen wir wieder nach Hause, wo wir zu dritt mit erheblicher Unruhe warteten. Tatsächlich klingelten noch vor Mitternacht zwei Zivilkräfte des Staats an der Tür und brachten die Tochter der beiden. Weinend ging sie mit ihrem Vater in ihr Zimmer. Währenddessen redeten die Mutter und ich erregt auf die beiden Zivilkräfte ein. Wir forderten sie auf, hereinzukommen und uns genau Auskunft zu geben, was sie schließlich widerwillig taten. Anscheinend empfanden sie unseren Wunsch als Nötigung gegenüber der Staatsgewalt. In meiner Stasiakte war später zu lesen, ich hätte die beiden Zivilkräfte tätlich angegriffen. So schuf man in der DDR in jenen Jahren »Tatsachen«.[55]

Das war das Ende dieser »staatsfeindlichen Aktion«. Wie groß war damals die Angst dieses Staates vor dem eigenen Volk. Wie geradezu krankhaft die Angst vor Kritik und unzensierter eigener Meinung.

Im Gedenken an diese Nacht der Verhaftungen findet seitdem in jeder Friedensdekade freitags die »Lange Nacht für den Frieden« statt.

Immer wieder konnten die Menschen in der DDR durch das Beispiel Einzelner Mut schöpfen. Menschen, die in ihrer Unerschrockenheit aus eigenem Antrieb oder mit dem Evangelium im Rücken und Jesus vor Augen Haltung bewahrten und handelten, wirkten auf ihre mutlosen Zeitgenossen bestärkend.

Ich konnte es an mir erfahren: Der Glaube ist stärker als die Angst. Der Glaube nimmt die Angst.

Auch der Einsatz für andere verringert die Angst. All das waren Erfahrungen, die mein kommendes Handeln bestimmten.

Olof-Palme-Friedensmarsch

Für die Zeit vom 1. bis 18. September 1987 organisierten europäische Friedensgruppen einen Friedensmarsch zur Erinnerung an Olof Palme. Der schwedische Premierminister, der am 28. Februar 1986 ermordet worden war, hatte einst als entschiedener Gegner des atomaren Wettrüstens einen 150 Kilometer langen atomwaffenfreien Korridor zwischen Ost und West vorgeschlagen.

Der Olof-Palme-Friedensmarsch war eingangs groß über die DDR-Medien kommuniziert worden. Die DDR bemühte sich in jenen Tagen um etwas mehr Weltoffenheit als sonst. Immerhin bettelte Honecker zur selben Zeit in der Bundesrepublik um nicht zu verachtende Kreditsummen. Gute Miene wurde gemacht zur westdeutschen Friedensbewegung, weil viele ihrer Aktivisten am Marsch teilnahmen und so eine Teilnahme ostdeutscher Kirchenleute nicht untersagt werden konnte. »Frieden schaffen gegen NATO-Waffen«, lautete ein Slogan, den die FDJ nicht eben einfallsreich vom kirchlichen Motto »Frieden schaffen ohne Waffen« abgeleitet hatte. Dann ließ die FDJ auch noch Aufkleber drucken, was sie wiederum vom Westen abgekupfert hatte, denn in der DDR gab es keine Aufkleber- und Sticker-Kultur. Diese Aufkleber gegen NATO-Waffen ließen die FDJ-Funktionäre im Volk verteilen. Und die Jugendlichen klebten die sozusagen staatlich verordneten Sticker ganz frech auf die Bürgersteige. Die Losung wurde tagaus, tagein mit Füßen getreten, und keiner konnte dafür zur Verantwortung gezogen werden. Einige Aufkleber landeten auf dem Bauzaun im Nikolaikirchhof, an dem staatliche Propagandaplakate prangten. Diese wurden in schöner Regelmäßigkeit kreuz und quer von Aufklebern gegen NATO-Waffen verdeckt. Das Volk ging auf seine Art mit verordnetem Protest um. Das Selbstwertgefühl der Menschen wurde durch solche Aktionen nur gestärkt, weil sie erkannten, wie sie auch hier Frust ablassen und die eigene Meinung – auf vielfältigen Wegen – kundtun konnten.

Olof Palme war zwar ein westeuropäischer Politiker gewesen, aber international so hoch geachtet, dass seine Ermordung auch im Osten tiefe Bestürzung hervorgerufen hatte und zu Propagandazwecken genutzt werden sollte. Die Regierung DDR wollte den Friedensmarsch voll und ganz dominieren und die kirchliche Friedensbewegung dabei außen vor lassen. Immerhin war der Marsch ein internationales Ereignis von hohem Ansehen, das sich die DDR-Regierung nicht entgehen lassen wollte. Dieser verlogenen Propaganda machte die Kirche allerdings einen Strich durch die Rechnung, indem verschiedenerorts Pilgerwege auf der Marschroute eingerichtet wurden. Die Aktion Sühnezeichen organisierte einen Pilgerweg, an dem sich etwa 500 Menschen beteiligten. Die Teilnehmer wurden von Pfarrern der Gemeinden empfangen, durch die sie der Weg führte. Es waren – einem Pilgerweg gemäß – Stationen wie Andacht, Baumpflanzung, Übernachtung, Gespräch und Laufen geplant. Ich merkte bald, dass die DDR-Regierung diesen Friedensmarsch auf dem Gebiet der DDR jedoch mit völlig anderen Ideen verband. Nur in den Städten sollten Kundgebungen abgehalten werden und dazwischen nichts weiter geschehen. Die internationale Planung dagegen sah vor, den Marsch von Stadt zu Stadt zu führen und überall durch Auftritte, Reden der Teilnehmer und Musik den Friedensgedanken publik zu machen. Solches Vorgehen unter Kontrolle zu halten, stellte für die Behörden in der DDR allerdings ein erhebliches Problem dar. Was konnte auf so einem Friedensmarsch nicht alles unkontrolliert ablaufen? Immerhin bewegten sich dort Massen von Menschen gemeinschaftlich fort und hatten auch noch ausländische Gäste bei sich.

Mit ein paar Ausreisewilligen, einigen Arbeitsgruppenleuten und Christoph Wonneberger plante ich, uns einen eigenen Zugang zum Olof-Palme-Friedensmarsch zu verschaffen. Immerhin ging es um den Frieden. Mitten im Wahnsinn der Aufrüstung und des

Wettrüstens ging es hier um den Frieden, um Atom- und Waffen-
sperrverträge und gegen die Rüstung, denn »Rüstung tötet auch
ohne Krieg«, wie wir zu wiederholen nicht müde wurden. Ebenso
gegen die wahnsinnige Verschwendung von Ressourcen und die
Zuspitzung der Kriegsgefahr. Sind Waffen erst produziert und vorhanden, erhöht sich die Gefahr eines Krieges automatisch. Dieser
Marsch war uns allen dermaßen wichtig, dass ich zusammen mit
Christoph Wonneberger und einigen anderen nach Torgau fuhr
und mit dem dortigen Stadtjugendpfarrer Christian Sachse Kontakt aufnahm. Wir verabredeten, einen Gemeindeabend durchzuführen und von Torgau aus eine Route nach Riesa festzulegen. Geplant waren eine Kundgebung in Torgau und anschließend ein
gemeinsamer Marsch von etwa vierzig Kilometern. Unser Vorhaben hatte man von staatlicher Seite als Demonstration eingestuft
und zunächst nicht genehmigt. Als ich in dieser Angelegenheit
beim Rat des Kreises Torgau vorstellig wurde, stellte man mir die
Frage, was ich aus Leipzig denn eigentlich hier wolle. Keine Zu-
ständigkeit. Anderer Bezirk. Anderer Kreis.

»Leider verläuft der Olof-Palme-Friedensmarsch nicht durch
Leipzig«, erklärte ich dem Genossen im Rathaus von Torgau, »sonst
hätte sich mein Besuch bei Ihnen erübrigt. Dann wäre ich natürlich
in Leipzig vorstellig geworden. Wir möchten gern unser Recht auf
einen Pilgerweg in Anspruch nehmen. Wir halten uns dabei an die
vorgegebenen Regeln.« Wir wollten uns von unserem Vorhaben
nicht abbringen lassen. Immerhin hieß die Aktion »Friedensmarsch« und nicht »Friedenskundgebung«. Letzten Endes genehmigte man uns als Leipziger Gruppe den Friedensweg, allerdings
durften wir keine Plakate mitführen. Nun wollten wir nicht so un-
scheinbar wie Pilzesammler durch die Landschaft streichen, sondern unseren Weg für den Frieden auch als solchen zu erkennen geben. Ich schlug vor, die Teilnehmer mit einem eigenen Zeichen zu
versehen. Wir entschieden uns für eine grüne Weltkugel, vor der ein
Mann steht, der über seinem Kopf ein Gewehr zerbricht, in Adap-
tion zu Otto Pankoks »Christus zerbricht das Gewehr«.

Den Entwurf unseres Logos, das von einem DDR-Grafiker
stammte und in Form eines Piktogramms gestaltet war, legten wir
demselben Genossen im Rathaus von Torgau vor. Das Motiv passe

ausgezeichnet zu unserem Friedensmarsch und gehe in seiner Botschaft über die Grenzen der DDR hinaus, argumentierten wir in Anspielung auf die Teilnahme von Friedensaktivisten aus dem Ausland. Außerdem kennzeichne die Erdkugel den weltweiten Anspruch auf Abrüstung. Es solle das Zeichen derer sein, die für diesen Anspruch den Marsch auf sich nahmen.

Nach langem Zögern und zahllosen Rücksprachen wurde uns vom Genossen die Genehmigung erteilt.

Für etwa zweihundert Teilnehmer aus Leipzig und Torgau, unter denen neben mir auch unsere Tochter Katharina war, begann der Olof-Palme-Friedensmarsch am 11. September 1987 in Torgau. Zunächst fand wie geplant eine Kundgebung statt. Die Stasi war natürlich dabei, und zwar nicht zu knapp. Die Präsenz der Männer und Frauen konnten wir deutlich spüren. Das Ganze war eine offizielle staatliche Kundgebung für den Frieden und natürlich »gegen den imperialistischen Rüstungswahn«, gegen Nato-Waffen. Und mittendrin standen wir mit unseren Aufnähern, dem Logo und eigenen Plakaten.

Der staatlichen Kundgebung wohnten wie erwartet auch viele Menschen aus dem Ausland bei. Angesichts der internationalen Beteiligung konnte der Staat die Polizei nicht gegen uns einsetzen. Also drängten sich einige FDJler nach vorne, die FDJ-Fahnen hin und her schwenkend und mit ihren FDJ-Plakaten versuchend, uns zu verdecken. Wir hatten heimlich Plakate vom Gemeindeabend aus dem Pfarrhaus mitgenommen und stellten uns damit wiederum vor die FDJler, bis wir schließlich unmittelbar an der Tribüne standen. Zwischen unsere Leute und das Podium passte dann auch keine FDJ-Fahne mehr. So konnten die ausländischen Gäste unsere Forderungen deutlich sehen: gegen Militarisierung, Umweltverschmutzung, gegen die Nutzung der Atomenergie und gegen die Abgrenzungspolitik der DDR. »Abrüstung auch in den Schulen und Kindergärten«, »Abschaffung der Wehrpflicht«, »Für einen sozialen Friedensdienst« lauteten die Parolen. Die Sicherheitsorgane waren gezwungen, diese für sie offenen Provokationen zu schlucken. Damit fand erstmals eine legale Friedensdemonstration der DDR-Opposition statt – wenn auch unter permanenter Beobachtung durch die Stasi.

Wir waren – Leipziger und Torgauer zusammengenommen – etwa sechzig Leute, die sich anschließend in Richtung Riesa in Bewegung setzten. Vierzig Kilometer zu Fuß. In zwei Etappen. Mit Übernachtung.

Die Stasi begleitete uns die ganze Zeit über in gewissem Abstand mit ihren Ladas. Kurz vor Riesa holte ich meine Frau Monika ab, die bis mittags Bereitschaftsdienst in der Wurzener Apotheke gehabt hatte. So zogen wir gemeinsam mit Kindern und Kinderwagen und inzwischen etwa einhundert Friedenspilgern in Riesa ein. Dort hielt ich zum Abschluss unserer Beteiligung am Olof-Palme-Friedensmarsch in der Kirche die Andacht.

Mit diesem Friedensmarsch hatte die Kirche in der Öffentlichkeit viel erreicht. Wir hatten uns nicht nur gegen die staatliche Verfälschung dieses Friedensmarsches zu staatlich gelenkten und kontrollierten Kundgebungen durchgesetzt, sondern vor allem unsere klaren Friedensbotschaften auf die Straße und damit in die Öffentlichkeit getragen. Für die Teilnehmer war das ein Mut machendes Zeichen der Hoffnung.

VOM LEBEN UND VOM BLEIBEN
IN DER DDR

Am 17. Januar 1988 fand in Berlin die jährliche staatliche Demonstration zum Gedenken an die Ermordung von Rosa Luxemburg und Karl Liebknecht statt. Auf Plakaten war ein Satz von Rosa Luxemburg zu lesen. Die Antimilitaristin hatte in ihren Untersuchungen zur Russischen Revolution im Jahr 1917 geschrieben: »Freiheit ist Freiheit der Andersdenkenden.«[56]

Wegen der Verwendung dieses Zitats wurden neben Freya Klier, Bärbel Bohley und Vera Wollenberger zahlreiche andere Menschen verhaftet. Mit der Massenverhaftung erhoffte sich die DDR-Regierung den finalen Schlag gegen all jene, die sich landesweit in den achtziger Jahren in einer Opposition zusammengefunden hatten.

Berlin war weit weg, und ich hielt es für sinnvoll, in diesen brisanten Zeiten zu erfahren, welche Aktionen im Gange waren, die gebündelt werden könnten und wo Hilfe gefragt war. Zwar gab es einen Informationsaustausch zwischen Leipzig und Berlin, was die kirchlichen Aktivitäten betraf, und Vorträge über neu entwickelte Ideen. Auch gab es die Umweltbibliothek, 1986 unter dem Schutz von Pfarrer Simon im Keller der Zionskirchgemeinde in Berlin Prenzlauer Berg gegründet. Dennoch war der Rahmen zu klein, um ihn »Zusammenarbeit« zu nennen. Zu jener Zeit war Joachim Garstecki, ein Berliner Theologe, Studienreferent für Friedensfragen bei der Evangelischen Kirche in Deutschland, obwohl von Haus aus Katholik. Auf unserer gemeinsamen Suche nach einem sicheren Weg der Kommunikation wurden er und ich zum ersten Mal »konspirativ«.

Joachim Garstecki wurde von der Stasi überwacht, das war hinlänglich bekannt. Ich beschloss also, nicht auf dem üblichen Weg Kontakt zu ihm aufzunehmen. Stattdessen nahm ich eine meiner Visitenkarten, setzte meine Unterschrift und das aktuelle Datum darauf und bat jemanden vom Arbeitskreis »Hoffnung für Ausreisewillige«, als Bote nach Berlin zu fahren. Der Gefragte stimmte bereitwillig zu und traf sich mit Joachim Garstecki. Dank der Visitenkarte konnten die beiden offen miteinander reden, und wir kamen in Leipzig an authentische Informationen aus den Berliner kirchlichen Gruppen heran. Was ist geplant? Wo können wir uns zusammentun? Welche Vorträge und Zusammenkünfte sind in Vorbereitung?

Kaum war unser Bote aus Berlin zurück, kam er abends nach der Jungen Gemeinde zu uns in die Jugendkapelle. Zu meiner Überraschung war er in Begleitung.

»Na, wie war es?«, fragte ich nach einer kurzen Begrüßung. »Packen Sie mal aus. Was ist los in Berlin?«

Er begann gerade zu erzählen, als sich sein Begleiter unvermittelt einschaltete. »Warten Sie mal, ich müsste vorab etwas dazu sagen.«

Ich wandte mich zuerst an den Boten. »Stellen Sie mir Ihren Kollegen doch mal vor.«

»Das ist kein Kollege. Ich kenne den Mann gar nicht.«

Ich wurde stutzig, denn wir redeten gerade offen vor diesem Fremden, als wäre er einer von uns.

»Ich dachte, Sie hätten ihn mitgebracht. Ich kenne ihn nämlich auch nicht.« Nach einem verwunderten Achselzucken sprach ich ihn direkt an »Vielleicht sagen Sie uns selbst einmal, wer Sie sind«, bat ich ihn.

Er begann zu stottern. »Ich … ich möchte der Kirche beitreten«, sagte er nur.

Ich entgegnete skeptisch: »An einem Mittwochabend um halb zehn wollen Sie in die Kirche eintreten. Das ist aber mal ein interessanter Zeitpunkt. Wo wohnen Sie denn?«

Verblüfft nannte er mir eine Adresse. Ich kannte die Straße sogar.

»Das ist schön«, erwiderte ich knapp. »Dort wohnt jemand aus unserer Gemeinde. Den werde ich jetzt anrufen, damit er sich mit Ihnen in Verbindung setzt.«

Ich gab ihm zu verstehen, dass die Unterhaltung damit für mich und ihn beendet war. Der Mann ging zögernd hinaus.

Der Bote und ich mussten über diese tragikomische Situation lachen. Unsere Aktion war offensichtlich konspirativ genug gewesen, um die Stasi auf den Plan zu rufen.

Seither unternahm ich nie wieder solch einen »konspirativen« Versuch. Ich hatte wieder einmal gelernt, mich einzig und allein auf Gott zu verlassen und mich nicht mit solchen lächerlichen Spielchen abzugeben. Wer weiß, wen ich mit meiner Unbedarftheit noch alles in Gefahr gebracht hätte. Gott hingegen konnte ich vertrauen.

Zugegebenermaßen hatte uns die Stasi einen Spion geschickt, der tatsächlich mal nicht sofort als solcher auffiel. Andererseits war er offenbar zu anständig für diesen Auftrag und hatte sich gleich zu Beginn selbst enttarnt. Dennoch erhielt ich jede Menge brauchbarer Informationen aus Berlin, die ich für den Entwurf eines Gesprächsabends verwendete, der unter dem Motto: »Leben und Bleiben in der DDR« stehen sollte.

Wenige Tage nach den Verhaftungen in Berlin strömte eine Gruppe von etwa hundert Jugendlichen in die Nikolaikirche. Es war ein Montag und damit ein Friedensgebetstag. Die Jugendlichen berichteten uns aus erster Hand von den Festnahmen der Menschen, denen das Zitat von Rosa Luxemburg zum Verhängnis geworden war. In diesen Verhaftungen kam die ganze Verlogenheit der Verehrung der SED-Genossen für Rosa Luxemburg einmal mehr zum Ausdruck.

Die Jugendlichen forderten Fürbittenandachten für die Berliner Verhafteten.

Das Anliegen musste ich allerdings dem Kirchenvorstand vorlegen, was ich noch am selben Abend tat. Der Vorstand entschied: Jeden Tag können Fürbittenandachten für die Berliner Verhafteten stattfinden, und zwar möglichst unter Beteiligung anderer Kirchen. Das war ein ungeheuer mutiger Beschluss der Frauen und Männer des Kirchenvorstandes. Von einem Tag auf den anderen stieg die Zahl der Friedensgebetsteilnehmer um das Zehnfache an. Bald kamen täglich zwischen achtzig und hundert Menschen zur Andacht. So entstand in der Kirche eine ganz besondere Atmosphäre.

Bei einer dieser täglichen Andachten kam es zu einer heftigen Auseinandersetzung zwischen den Angehörigen der Basisgruppen und den Ausreisewilligen. Die Basisgruppen, seit jeher die Gestalter der Friedensgebete, wollten das Land verändern. Sie zeigten Mut und Einsatzbereitschaft und hielten immer ihren Rücken hin. Allerdings waren nur sehr wenige Menschen beteiligt, denn was sie taten, war extrem gefährlich. Die meisten bewunderten sie lieber aus der Entfernung. Die Ausreisewilligen hingegen, die zum Friedensgebet kamen, wollten nur noch weg aus der DDR. Gegenüber den Angehörigen der Basisgruppen hatten sie einen entscheidenden Vorteil: Sie waren Zehntausende, Hunderttausende im ganzen Land. Am »Mikrofon der Betroffenheit« im Friedensgebet beklagten sie, es sei immer nur von ein paar Berliner Verhafteten die Rede. Sie, die Ausreisewilligen dagegen seien Tausende, mit deren Anliegen sich niemand mehr befasse. Auf sie schallte es zurück: »Ihr habt hier nichts mehr zu suchen. Ihr habt euch schon abgemeldet. Ihr kommt für Veränderungen in der DDR nicht mehr in Frage. Haut doch ab in den Westen!«

Die Vertreter der Basisgruppen sprachen den Ausreisekandidaten ganz einfach das Recht ab, in dieser Situation eine besondere Befindlichkeit für sich einzufordern und Zuwendung zu erfahren. Deren Ausreiseanträge waren zwar auf die Zustände in der DDR zurückzuführen, aber deren Probleme hätten sich mit ihrer Ausreise ohnehin bald erledigt. Diejenigen dagegen, die zu bleiben gedachten, wollten die gesellschaftlichen Probleme hier im Lande lösen und brachten dies auch lautstark zur Sprache.

Die Vorwürfe waren nicht fair, doch der dahinterliegende Gedanke war durchaus nachvollziehbar. Nur mussten die Ausreisewilligen genauso durch die Kirche betreut werden, da es ihnen in ihrer Situation oft sehr schlecht ging. Der Staat ließ sie fallen, sie hatten nirgends mehr Zugang zur Gesellschaft, waren auf dem Absprung, noch nicht weg und noch lange nicht angekommen. Nun richtete sich auch noch die Stimmung in der Kirche gegen sie. Für Veränderungen im Lande kamen sie nicht mehr in Frage. Sie wollten auch nichts mehr verändern, weil sie die Hoffnung aufgegeben hatten, in der DDR ließe sich überhaupt etwas bewegen.

Nicht wenige fragten mich damals: »Warum setzen Sie sich für die Ausreisewilligen ein? Die sind eines Tages weg, und Sie haben gar nichts mehr davon. Nichts außer Ärger haben Sie mit denen. Außerdem sind die meisten von ihnen gar nicht in der Kirche. Weshalb machen Sie das bloß?«

Genau das ist eine typische Frage des materialistisch erzogenen DDR-Bürgers: Was habe ich davon?

Meine Antwort gab ich zur Erinnerung an das, was diese Menschen längst zusammen mit ihrem Gewissen beerdigt hatten. »Weil es ihnen extrem schlecht geht und sich kein anderer um sie kümmert«, erklärte ich den Fragestellern. »Weil die Kirche der Mund für die Stummen sein muss und sich um diejenigen zu kümmern hat, die keine Lobby haben, wie man heute sagen würde.« Diese Haltung ist den Menschen oft unverständlich. Aber genau das ist es, das Handeln von Jesus.

Später, gegen Ende des Jahres 1989, kam dieselbe Frage wieder auf, wenn auch etwas abgewandelt. »Müssten nicht diejenigen, die zu DDR-Zeiten in den Kirchen Hilfe und Zuspruch fanden, heute aus Dankbarkeit in die Kirche eintreten?«

Wieder macht der Blick auf Jesus klar, was zu tun ist. Wenn Er Menschen gesund gemacht hatte, gebot ihnen Jesus oft, sie sollten es niemandem weitersagen.[57] In der heutigen Gesellschaft, in der allein Erfolg zählt, würden sie sagen: So eine Heilung, so ein Erfolgserlebnis muss doch ganz groß herausgebracht werden! Genau das aber macht Jesus nicht. Ihm geht es um den Menschen und nicht um Erfolg und vordergründige Berühmtheit. So haben auch wir als Kirche schlicht das jeweils Nötige zu tun. Um der Menschen willen und nicht, um selbst Vorteile davon zu haben. Nur solches Handeln erfährt den Segen Gottes. Dieser ist tiefgreifend und nachhaltig, wie wir auch immer wieder an uns selbst erfahren durften.

Die heftige Auseinandersetzung zwischen den Angehörigen der Basisgruppen und den Ausreisewilligen während der Fürbittenandachten war eine schwierige Angelegenheit. Daher entschloss ich mich, die beiden Gruppen voneinander zu trennen. Die Fürbittenleute führten die Andacht zu Ende, während ich mit den anderen hinüber in die Nordkapelle ging. Dort sagte ich zu den etwa fünfzig Ausreisewilligen: »Wollen Sie noch einmal über Ihren Entschluss nachdenken? Ich biete Ihnen einen Abend unter dem Thema ›Leben und Bleiben in der DDR‹ an.« Sie nahmen mein Angebot sofort an, und wir vereinbarten ein Treffen für den 19. Februar 1988.

Beruhigt angesichts dieser schnellen Einigung fuhr ich mit den Konfirmanden zur Rüstzeit. Bei unserer Rückkehr herrschte jedoch helle Aufregung. Der Superintendent teilte mir mit, ich müsse sofort ins Rathaus. Dort spielten die Verantwortlichen wegen des angekündigten Themenabends angeblich verrückt. Ich solle den Abend sofort wieder absetzen, lautete die Mitteilung aus dem Rathaus.

Ich ging also gleich am nächsten Tag zum Rat der Stadt Leipzig, Abteilung Kirchenfragen, um die Angelegenheit zu klären. Im Amtszimmer des Bürgermeisters saßen mir mehrere Personen gegenüber. Als man mir kurzerhand mitteilte, der Themenabend müsse abgesagt werden, versuchte ich es zunächst mit freundlicher Ironie.

»Wieso absetzen?«, erkundigte ich mich. »Womöglich haben Sie den Titel nicht richtig gehört. Der heißt nicht etwa ›Leben und leiden in der DDR‹. Das wäre zwar durchaus auch ein wichtiges Thema, aber der Abend steht unter dem Motto ›Leben und Bleiben in der DDR‹. Ich kann mir beim besten Willen nicht vorstellen, was Sie dagegen haben könnten.«

Wieder kam der mir allzu bekannte Satz als Entgegnung.

»Die Kirche wird auf diese Art und Weise missbraucht. Das hat doch nichts mit Religion zu tun«, hieß es. Dann folgte das übliche Gerede von NATO-Speerspitze und imperialistischen Machenschaften, dazu weiteres unerträgliches sozialistisches Vokabular.

Ich ließ mich nicht einschüchtern.

»Dann sollten wir die Sache mal ganz konsequent betrachten«, sagte ich. »Unter den Kirchenbesuchern sind viele Ausreisewillige. Die Ausreiseproblematik zum Beispiel ist kein kirchliches Problem. Die Menschen verlassen doch nicht das Land, weil sie mit der Kirche nicht einverstanden sind, sondern weil sie mit Ihrer Politik nicht zufrieden sind. Was geht uns das als Kirche eigentlich an? Also öffnen Sie bitte für diese Menschen die Türen des Rathauses. Laden Sie die Menschen zum Gespräch mit dem Oberbürgermeister ein. Öffnen Sie die Polizeidienststellen, damit die Menschen ihre Ausreisegenehmigung nach dem Westen bekommen.«

Ich redete mich allmählich in Rage.

»Wenn wir für Sie die Drecksarbeit machen«, finde ich es gar nicht gut, dass Sie uns dafür auch noch einen Tritt verpassen!«

Mit diesen Worten drehte ich mich auf dem Absatz um und ging. Ich hörte zwar nichts mehr aus dem Rathaus, wusste aber sofort, worum es ihnen gegangen war, als ich am Freitag, dem 19. Februar 1988, statt auf fünfzig Geladene auf mehr als sechshundert blickte, die zu dem Themenabend gekommen waren. Die Kapelle war natürlich zu klein, also zogen wir um. Selbst das Kirchenschiff war beinahe voll besetzt. Die Ankündigung zu dem Themenabend war übrigens nur mündlich erfolgt und selbstverständlich nirgends publiziert worden. Die Teilnehmer waren fast ausschließlich Nichtchristen. Unter ihnen nicht wenige Ausreisewillige, die noch am Tag ihrer Antragstellung ihres Berufes enthoben worden waren, weil sie entweder in der Volksbildung oder in der NVA tätig waren.

Der Abend begann unter großer Anspannung. In meinen einführenden Worten machte ich vor allem eines deutlich: Egal ob jemand weggehen oder hierbleiben wollte – beides müsse sehr gut überlegt werden. Dieser Schritt habe schließlich enorme Folgen, es sei eine weitreichende Entscheidung.

Angesichts des Anlasses probierte ich eine neue Art von Auslegung aus. Diesmal beschloss ich, nicht einen Bibeltext zu nehmen und einige kluge Sätze dazu zu sagen, sondern ein Wort auszuwählen, das die Menschen sofort anpackte, das sie sofort auf sich beziehen konnten.

Jesus sagte zu den Freunden, die Ihn umstanden: »*Wollt ihr auch weggehen?*«[58] Diesen einen Satz zitierte ich an jenem Abend und rief in die Kirche: »Wollt ihr auch weggehen?« Es wurde mit einem Schlag totenstill in der Kirche. Die Menschen waren wie gelähmt. In allen kamen die gleichen Gedanken hoch: Hier bist du geboren, zur Schule gegangen. Hier wohnen deine Eltern. Aus dem Westen kannst du vielleicht nie wieder zurück in die Heimat kommen. Oder erst als Rentner. Nachdenklichkeit. Zweifel. Vielleicht auch Wut: Was machen die in diesem Staat eigentlich aus dir?

So depressiv durfte natürlich niemand aus der Kirche nach Hause gehen. »Sehen wir noch mal in die Psalmen«, sagte ich daher. »Da steht ein ganz wichtiger Satz für Sie drin. Er heißt: *Gott macht fröhlich, was da lebet im Westen wie im Osten.*«[59]

Alle fingen an zu lachen. »Das haben Sie jetzt doch bestimmt erfunden!«, rief jemand.

»Nein, nein«, widersprach ich. »Das steht schon seit Jahrhunderten in den Psalmen. Nur haben Sie es bisher nicht entdeckt. Dabei ist es genau das richtige Wort für Sie.«

Im Handumdrehen kippte die Stimmung ins Positive, und in Windeseile breitete sich eine befreite, fröhliche Ausgelassenheit in der Kirche aus. Alle redeten miteinander, und ich hatte Mühe, meinen Segen in die Massen zu sprechen. Hinterher kamen etliche zu mir. Sie gehörten zwar nicht zur Kirche, sagten sie und fragten: »Können wir trotzdem die Friedensgebete besuchen?«

»Draußen steht ›Nikolaikirche – offen für alle‹. Das gilt ausnahmslos, Sie sind uns herzlich willkommen«, erwiderte ich.

Die Menschen hatten erkannt, wie gut es tat, mit Gleichgesinnten zusammen zu sein. Vor allen Dingen aber, auch einmal lächeln oder lachen zu können in der ganzen Misere. Der Humor ist ein wichtiger Bruder des Glaubens. Leider kommt er in der Kirche viel zu wenig zum Tragen. In einer Situation von dauerhafter Anspannung, Angst, Hoffnungslosigkeit und Wut kann ein Lächeln oder gar Lachen unheimlich befreiend sein. Gott sei Dank war uns das Lachen noch nicht vergangen.

Vom darauffolgenden Montag an stiegen die Besucherzahlen beim Friedensgebet weiter deutlich an. Die Zusammenkünfte gaben den Ausreisewilligen Hoffnung und entwickelten sich zu einem Podium für Hunderte von Menschen mit der gleichen Befindlichkeit. So ist auch der an mich gerichtete anonyme Brief vom 23. Mai 1988 zu verstehen, den ich unverzüglich an den Bischof schickte. Die Zeilen verlas ich zuerst im Arbeitskreis »Hoffnung für Ausreisewillige«, später dann auch im Friedensgebet. Offensichtlich hatte sie jemand unter dem Eindruck des Themenabends »Leben und Bleiben in der DDR« am 19. Februar geschrieben.

Leipzig, den 23. 5. 88
Sehr geehrter Herr Pfarrer Führer!

Diesen Brief schreibe ich Ihnen, weil ich ein wenig offener und feiger Mensch bin und weil mir der Mut fehlt, meine Meinung zur rechten Zeit am rechten Ort zu äußern. Ich habe dies nie fertiggebracht und bin auch jetzt nicht dazu in der Lage.

Dieser sicher nicht alltägliche Brief soll ein Geständnis sein, eine Beichte gewissermaßen. Aber nicht vor Gott oder vor seinen Dienern, sondern vor einer Öffentlichkeit besonderer Art, vor einer einmaligen Zweckgemeinde, die sich allmontaglich in der Nikolaikirche zum Friedensgebet versammelt. Vor dieser Gemeinde möchte ich bekennen und bitte Sie daher auch, diesen Brief zur Verlesung zu bringen. Ich bin mir bewußt, daß viele Gründe gegen eine Veröffentlichung sprechen und habe Verständnis, wenn Sie meinem Wunsch nicht nachkommen können. Ich bin mir aber auch sicher, daß all das einmal an- und ausgesprochen werden muß, und ich bin mir noch sicherer, daß ich hier unbewußt für viele schreibe und daß sich viele dieser Montagsgemeinde in meinen Worten wiederfinden werden.

Gestatten Sie deshalb bitte, im Weiteren von »wir« und »uns« zu sprechen. Diejenigen aber, die sich von meinen Worten nicht betroffen fühlen müssen, sie können glücklich sein.

Es ist wahr, wir sind keine oder nur halbherzige Christen und wir haben uns um die christliche Gemeinde in der Vergangenheit wenig gekümmert und wir tun dies auch in der Gegenwart nicht viel mehr. Wir können auch nicht in Anspruch nehmen, überzeugte Atheisten genannt zu werden. Für Probleme dieser Art hatten wir in der Vergangenheit wenig Zeit übrig. Wir haben uns nach den »Berliner Ereignissen« und in der unglücklichen Rolle, die die Kirche dabei spielte, in das Leipziger Friedensgebet sinngemäß »eingeschlichen«, in der Hoffnung, von gleichen oder ähnlichen Ereignissen mit aus diesem Lande herausgespült zu werden. Wir sind aber Feiglinge, kleinbürgerliche Opportunisten, die selbst in der letzten Phase der Auseinandersetzung mit diesem Staat vorsichtig sind. Wir wollen nichts riskieren, wir wollen nur in der Nähe sein, wenn durch andere etwas passiert.

Und so sitzen wir jeden Montag in der Nikolaikirche und hoffen auf die anderen, die »Hierbleiber«, daß diese mit Staat und Gesellschaft ins Gericht gehen, beklatschen kindisch jede Äußerung, die uns »gewagt« erscheint, und kommen uns dabei vor wie Verschwörer.

Wir staunen über die Wortgewalt und kritische Schärfe, belächeln stumm jene Träumer, die sich um Ausgewogenheit bemühen, und bedauern die, die glauben, in diesem materiell und staatsmoralisch verwahrlos-

ten Land noch etwas ändern zu können und denken stets nur das Eine: fort, fort, fort ...

Andererseits fehlt uns jedes Verständnis für Ausgewogenheit, für Nicaragua oder Südafrika, für die Armut in den USA oder für die Probleme der Arbeitslosen in der BRD. Wir verlangen Abrechnung mit der DDR, aber bitte durch andere. Das »Friedensgebet« soll unseren persönlichen Frieden sichern, den Frieden letzter Jahre und Tage in der DDR.

Allein der in unserem Land um sich greifende Mißbrauch mit diesem Wort »Frieden«, dieses perverse Schindluder, das hiermit offiziell getrieben wird, kann uns entschuldigen, kann uns entlasten, wenn auch wir unter diesem Segel fahren.

Aber wir sind Feiglinge, Anpaßler in Vergangenheit und Gegenwart. Wir engagieren uns nicht ohne Abschätzung des Risikos. Wir haben unser Leben in der DDR bisher zu unserem eigenen Nutzen optimiert und wollen auch dabei bleiben.

Wir haben uns dieser schnuddeligen Jugendweihe ohne Murren unterzogen, wir haben den Platz in der Leitung stets angenommen, unabhängig von Überzeugungen, wir haben Fähnchen geschwenkt, wann immer es verlangt wurde, wir haben rote Lieder gesungen, kassiert und Wandzeitungen gestaltet. Wir haben geschossen und gelogen, gelogen vom Anfang bis zum Ende und ohne die geringsten Skrupel. Wir haben die Notwendigkeit dieses absurden Bauwerks in Berlin lehrbuchmäßig begründet und kluge Arbeiten über den Sieg des Sozialismus und den Untergang des Kapitalismus geschrieben. Wir haben, wie alle, unsere wahre Gesinnung verheimlicht und mit der Lüge nicht einmal in der eigenen Familie Halt gemacht.

Wir haben aber nicht versucht, risikoreich über die Mauer zu klettern oder durch die Elbe zu schwimmen. Wir haben nur heimlich die Faust geballt und auf dem Klosett leise geschimpft. Wir haben uns nicht gegen den Wahnsinn der Militarisierung gewandt, wir haben dem primitiven Konsumdenken nicht widerstanden, wir haben auch nicht für einen aussichtslosen Umweltschutz gekämpft. Der Sozialismus hörte an der Wohnungstür auf, die Auseinandersetzung damit fing gar nicht erst an. Und letztlich sind wir mitverantwortlich für Wahlergebnisse, die mit 99 vor dem Komma beginnen und wir haben dazu nicht einmal Stift und Kabine benötigt. Wir haben einer Partei die Treue geschworen und unsere Westverwandtschaft verleugnet und wenn hier nicht mehr aufzuzählen ist, so wurde eben nicht mehr von uns verlangt.

*A b e r wir haben es bis zum Golf gebracht, wir haben zwei Farbfern-
seher und waren mehrfach in Ungarn und Bulgarien. Wir haben eine
Datsche, einen Arbeitsplatz auf Rentnerbasis und ein hübsches Konto.*

*A b e r wir sind nicht dem Nützlichkeitsverein beigetreten, denn wir
wollten optimieren und nicht maximieren! Und nun sitzen wir hier unter dem Kreuz, erneut auf dem Wege zu einem Optimum. Doch wir haben uns verrechnet. Uns kommen Zweifel. Wird unser Opportunismus,
unser Zögern bestraft? Können wir das sinkende Schiff nicht mehr rechtzeitig verlassen? Haben sich alle gegen uns verschworen? Sind wir verloren? Was können wir tun? Wir, die Macher, die Musterbeispiele der Anpassung des Individuums an die gesellschaftlichen Verhältnisse, sind am
Ende. Es gibt nichts mehr zu optimieren. Wir sind ganz klein und kommen in die Kirche. Wir, die großen Opportunisten, die großen Kleinbür-
ger, wir brauchen uns nicht mehr anzupassen. Unser Opportunismus ist
nicht mehr gefragt. Wir brauchen einfach nur Hilfe. Wir sind nun bereit, sogar über Jesus Christus und dessen Art zu helfen nachzudenken.
Wir wollen uns trösten lassen.*

*Sehr geehrter Herr Pfarrer Führer! Wir brauchen diesen Montag,
auch wenn diese Andacht und die Kirche solche Art von Gästen eigentlich
nicht verdient haben. Wir brauchen die wenigen Geistlichen, die ohne
Rücksicht auf religiöse Logik und ohne Rücksicht auf kirchliche Gepflo-
genheiten zu uns stehen.*

*Wir möchten bei Ihnen weiter Gastrecht genießen und sind Ihnen da-
für sehr dankbar.*

*Verzeihen Sie uns, aber wir sind so geworden, ohne zu wissen wie!
Ihr F. K. E.*

Der Schreiber schätzte die Situation sehr gut ein und war dazu absolut ehrlich in seiner Abrechnung. Er hinterließ beim Friedensgebet einen tiefen Eindruck und löste eine starke Betroffenheit aus.
Die Anwesenden hörten sich den Brief schweigend an. Erst nach einigem Zögern fingen sie an zu klatschen. Derart schonungslose
Ehrlichkeit, das tut schon weh.

Die Ausreisewelle rollte über das Land, und im Arbeitskreis »Hoffnung für Ausreisewillige« überschlugen sich die Ereignisse, denn
einer nach dem anderen verließ das Land. Dafür kamen ständig neue
Leute hinzu. Die neue Situation nannte ich einen »explodierten Seel-

sorgefall«. Hier war ein und dieselbe Befindlichkeit vervielfacht. Das war absolut neu. Das hatten wir im Studium nie gelernt. Das war es also, was eine Kirche – offen für alle – tatsächlich bedeutete.

Die Briefe, die mich in jenen Tagen erreichten, zeigten symptomatisch etwas ganz Erstaunliches: Die Menschen erlebten Kirche als einen Ort der Chance. Sie hatten gespürt und es auch angenommen, wie sich die Kirche um ihre Belange kümmerte. Waren abgekommen von der verhärteten Haltung: »Kirche ist nichts für mich. Das passt weder zu meinem Beruf noch in mein Leben. Gut, dass es eine solche Institution gibt. Aber nicht für mich. Ich spiele in einer ganz anderen Liga. Mit meiner staatlichen Karriere kann ich mir so was nicht leisten.« Wie es in dem anonymen Brief gestanden hatte – *... wir, die Macher, die Musterbeispiele der Anpassung des Individuums an die gesellschaftlichen Verhältnisse, sind am Ende. (...) Wir sind ganz klein und kommen in die Kirche. (...) Wir brauchen einfach nur Hilfe. Wir sind nun bereit, sogar über Jesus Christus und dessen Art zu helfen nachzudenken. Wir wollen uns trösten lassen ...* In den Menschen wuchs der Mut, sich endlich mit sich selbst auseinanderzusetzen. In einem Staat, der uniformes Handeln propagierte, über sich selbst nachzudenken, war in meinen Augen der erste Schritt hin zum Aufbrechen der harten Kruste einer kollektiven Ideologie. Weg von dieser heuchlerischen sozialistischen »Kritik und Selbstkritik«. Dazu kam der Mut, einen ungewöhnlichen Schritt zu wagen. Das tat beispielsweise der Sohn eines hohen Parteifunktionärs in Leipzig, der mich um ein Beratungsgespräch zur Wehrdienstverweigerung bat. Totale Wehrdienstverweigerung. Mir war sofort klar: Der Junge will seinem Vater etwas ganz Eigenes entgegenhalten. Er war so weit zu sagen: »Ich mache nicht mehr mit, was mein Vater mir permanent an Anpassung verordnet. Hier steige ich aus. Das Maß ist voll.« Hinzu kam für ihn das beschwingte und befreiende Gefühl, zum ersten Mal im Leben Opposition zu üben. Sein Vater würde durch die Wehrdienstverweigerung seines Sohnes große Schwierigkeiten bekommen. Das nahm der Sohn billigend in Kauf.

Ich war über alle Generationen hinweg im Gespräch mit den Menschen. Eines Tages, im Frühjahr 1989, als Polizeipräsenz in der Innenstadt bereits an der Tagesordnung war, sprach mich eine ältere Frau an. »Wenn ich mit der Straßenbahn bis zum Bahnhof fahre, steige ich aus und komme nicht weiter. Entweder muss ich mich durch Menschenmengen oder an der Polizei vorbei hindurchzwängen, ich meine, wo leben wir denn hier?«

Sie schüttelte den Kopf und wurde mit jedem Wort wütender. »Was wir hier in der DDR so alles mit uns machen lassen. Wie feige wir geworden sind. Als wie normal wir diese Haltung und diese Angst schon betrachten.« Und augenblicklich beruhigte sie sich wieder. »Betrete ich nach dem mühsamen Weg jedoch Ihre Kirche, dann bin ich für alles entschädigt. Dann ist mir, als beträte ich eine andere Welt. Hier ist der Frieden Gottes. Hier schöpfe ich wieder Kraft und kann den Verhältnissen da draußen mit neuem Mut entgegentreten.« Die Worte der Frau rührten mich sehr. Und neben den verschiedenen Generationen begegneten mir auch verschiedene Ansichten von Christen zu unserer Situation. Die Mitglieder eines Bibelkreises ereiferten sich über die große Zahl an Nichtchristen in der Nikolaikirche. Wir sollten doch mehr mit der Bibel arbeiten, rieten sie uns. Dann verschwänden die Nichtchristen auch wieder.

Ich staunte. »Wollten wir nicht immer, dass alle Menschen in die Kirche kommen?«, fragte ich. »Jetzt strömen die Leute scharenweise herbei, und auf einmal sind es die Falschen? Wie soll ich das bitte interpretieren? Ich verstehe die Bibel nicht als ein Instrument, mit dem man die Menschen aus der Kirche entfernt.«

Damit hatte ich ein Gleichnis angesprochen, das auch die Kritiker aus diesem Bibelkreis kannten. Das Gleichnis von den beiden verlorenen Söhnen oder besser: von der Liebe des Vaters. Darin geht es um einen Vater, der zwei Söhne hat. Der eine Sohn will nicht warten, bis er das Erbe zugeteilt bekommt. Er will seinen Anteil jetzt schon haben und sein Elternhaus verlassen. Der Vater, was sehr ungewöhnlich ist, zahlt ihm das Erbe tatsächlich aus. Der ältere Sohn bleibt bei ihm. Es kommt, wie es kommen muss. Solange das Geld reicht, verprasst der Jüngere es mit Huren, Alkohol und falschen Freunden. Schnell ist alles ausgegeben, und plötzlich sind alle Freunde und Begleiterinnen verschwunden. Der junge Mann landet als Schweinehüter im Stall und muss sich mit den Tieren das Futter teilen. Auf dieser tiefsten Stufe sagt er sich: Jedem Knecht in meines Vaters Haus geht es besser als mir hier.

Also bricht er auf und kehrt zu seinem Elternhaus zurück. Der Vater, der ihn vom Fenster aus kommen sieht, eilt ihm entgegen und umarmt ihn. Der zurückgekehrte Sohn sagt: *»Vater, ich habe gesündigt vor dem Himmel und vor dir. Ich bin nicht mehr wert, dass ich dein Sohn heiße.«*

Der Vater aber lässt ein Fest ausrichten, ihm einen Ring geben, ihn baden und einkleiden. Außerdem schlachtet er das Mastkalb, das er für besondere Feste aufgehoben hat. In diesem Getümmel kommt der ältere Bruder vom Feld und sagt zu den Knechten: *»Was ist denn hier los?«* Darauf die Knechte: *»Dein Bruder ist gekommen, und dein Vater hat das gemästete Kalb geschlachtet, weil er ihn gesund wiederhat.«* Der ältere Bruder wird zornig und will nicht hineingehen. Der Vater, der bereits dem einen nachgelaufen war, muss nun auch auf seinen anderen Sohn zugehen. Dieser erklärt seinen Zorn. Er sei immer da gewesen, habe stets gearbeitet, aber für ihn habe es noch nie so ein Fest gegeben. Liebevoll sagt der Vater daraufhin: *»Du bist immer bei mir gewesen. Alles, was mir gehört, das gehört auch dir. Aber dein Bruder war tot. Und wurde wieder lebendig. Sollten wir uns nicht darüber freuen?«*[60]

Mit diesem liebevollen Vater hat uns Jesus Gott geschildert, Der Sich um beide Söhne, den »anständigen« und den »heruntergekommenen«, den nahen und den fernen kümmert, weil Er beide liebt. Die Bibelgruppe verstand sofort, wie verständlich, aber falsch ihre Haltung zu den Nichtgläubigen in der Kirche war.

Nach dem Themenabend »Leben und Bleiben in der DDR« und dem wachsenden Zulauf zu den Friedensgebeten und täglichen Fürbittenandachten rückte die Nikolaikirche immer mehr ins zentrale Fadenkreuz der DDR-Observierung.

Vom Mut des Einzelnen

Die Geschichte der Opposition in der DDR ist von Ereignissen geprägt, die immer wieder erzählt werden müssen, weil sie belegen, dass die scheinbar gleichgeschaltete Masse aus denkenden Menschen bestand, die im Extremfall ihr Leben gaben.

Ein Ereignis rief eine ganz besonders gewaltige Erschütterung des öffentlichen Bewusstseins in der DDR hervor: die öffentliche Selbstverbrennung des evangelischen Pfarrers Oskar Brüsewitz am 18. August 1976 in der Fußgängerzone am Michaeliskirchhof in Zeitz. Er hatte seinen Wartburg am Marktplatz geparkt, war ausgestiegen, hatte zwei handgeschriebene Transparente auf dem Dachgepäckträger befestigt, auf denen stand: »Funkspruch an alle: Die Kirche in der DDR klagt den Kommunismus an! Wegen Unterdrückung in Schulen an Kindern und Jugendlichen.« Er übergoss sich mit Benzin. Dann zündete er sich an.

Sein Selbstmord kam einem Fanal gleich und war ein unübersehbares Zeichen des Protestes gegen eine atheistische Weltanschauungsdiktatur, welche die Menschen eines ganzen Landes Jesus und der Bibel entfremden wollte. Der SED-Staat tat sich ungemein schwer mit dieser furchtbaren Symbolhandlung und schilderte sie im *Neuen Deutschland* vom 31. August 1976 als Tat eines Psychopathen. Man nannte den Pfarrer einen Geisteskranken, der »nicht alle fünf Sinne beisammen« hatte. Unterzeichner des Artikels war ein gewisser A. Z. Auf Anfrage eines Pfarrers aus Zeitz sickerte aus der ND-Redaktion die Auskunft, Honecker stünde hinter jedem Artikel, der mit A. Z. unterschrieben sei und habe auch diesen Text zumindest autorisiert.[61] Wie viele andere auch, verfasste ich einen Protestbrief an die Redaktion des ND.[62] Erst im Jahr 2006 distanzierte sich die Zeitung öffentlich von dieser Diffamierung. Die Selbstverbrennung von Oskar Brüsewitz sorgte nicht nur kirchenintern und DDR-weit für Diskussionsstoff. Auch jene, die seine Tat nicht billigen, verstanden sie als Warnung an einen Staat, der seinen Bürgerinnen und Bürgern die wesentlichen Werte vorenthielt.

Ende der 80er-Jahre gab es auch im staatlichen Bereich Versuche, sich ähnlich wie die Kirche den Jugendlichen zu öffnen. Der Direktor der Carl-von-Ossietzky-Oberschule in Berlin hatte dort 1988 die Einrichtung einer »Speaker's Corner« gestattet. Diese Neuheit beinhaltete, dass Schüler offen ihre Meinung zum tagespolitischen Geschehen äußern konnten, unter anderem in Form von Artikeln. Die Schüler packten diese Möglichkeit sogleich beim Schopfe und taten ihre Meinung zum Kriegsrecht in Polen kund. Ebenso zu der bevorstehenden Militärparade am 7. Oktober 1988, dem neununddreißigsten Jahrestag der Gründung der DDR. Es folgten diverse Unterschriftensammlungen zu nicht staatskonformen Themen, und schon bald machte die Schulleitung ihr großzügiges Angebot wieder rückgängig. All jenen, die sich in der »Speaker's Corner« geäußert hatten, legte man nahe, sich von ihrer geäußerten Meinung zu distanzieren. Wer das nicht tat, dem drohte der Ausschluss aus der FDJ. Doch damit nicht genug: Neun Oberschüler mussten wegen ihrer Äußerungen sogar die Schule verlassen. Der Ausschluss der Berliner Abiturienten sorgte für Proteste und landesweite Sympathiekundgebungen.

Auch der so genannte Mölbis-Tag ist ein Meilenstein in der DDR-Opposition. Im Jahr 1988 führten die Umwelt- und Friedensgebetsgruppen in dem durch Industrieabgase stark belasteten Ort südlich von Leipzig einen »Umwelttag« mit einem Schweigemarsch und Podiumsdiskussionen durch. Zuvor schon hatte das Umweltseminar Rötha unter Leitung des damaligen Pfarrers Walter Christian Steinbach die gelungene Aktion »Eine Mark für Espenhain« ins Leben gerufen. Die Fabrikanlagen belasteten die ganze Umgebung, einschließlich Mölbis und Espenhain, außerordentlich. Die Aktion hatte zwar keinen großen finanziellen, dafür aber einen umso größeren ideellen Wert: auf die enorme Umweltbelastung hinzuweisen und dagegen zu protestieren. Natürlich konnten die Initiatoren keine Unterschriftslisten auslegen. Daher stellten wir in der Kirche an unserer Infowand einen Notenständer mit Spendenlisten auf. Jeder, der eine Mark spendete, musste das auf der Liste quittieren. Auf diese Weise waren wir doch zu Protestlisten mit Unterschriften gekommen. Erstaunlich viele Menschen beteiligten sich damals, denn Espenhains Fabrikanlagen stanken in mehrfacher Weise zum Himmel.

Das Motto des Umwelttages in Mölbis dagegen lautete: »Gerechtigkeit, Frieden, Bewahrung der Schöpfung«. Einer unserer bekanntesten Theologen, Friedrich Schorlemmer, bemühte in der Diskussion einen scheinbar sehr weit hergeholten Vergleich. Nachdem 587 v. Chr. die Heere Nebukadnezars Jerusalem erobert, den Tempel zerstört sowie die Oberschicht und einen großen Teil der arbeitsfähigen Bevölkerung von Judäa nach Babylon deportiert hatten, war es mit der Eigenstaatlichkeit des israelitischen Volkes zu Ende. Damals stellten sich die Menschen viele Fragen: Würden sie jemals ihre Heimat wiedersehen? Würde das Land jemals wieder frei werden? Hatte Gott sein Volk verlassen – oder war auch er durch die Siegermacht und ihre Religion besiegt worden?

Verzweiflung und Hoffnungslosigkeit erfassten die Restbevölkerung im zerstörten und besetzten Land und die Deportierten in der Ferne jahrzehntelang. Bis ein Prophet unter ihnen aufstand und mit einer atemberaubenden wie unerhörten Vision die Menschen aus ihrer Lethargie und Perspektivlosigkeit herausriss. Deuterojesaja, so hieß er, lenkte die Blicke aller auf den persischen König Cyrus und wagte unter den Deportierten eine politisch äußerst gefährliche Predigt. Gottes Wort für Cyrus: »*Mein Hirte! Er soll all Meinen Willen vollenden und sagen zu Jerusalem: Werde wieder gebaut! Und zum Tempel: Werde wieder gegründet! So spricht der Herr zu Seinem Gesalbten, zu Cyrus.*«[63]

Ein heidnischer Herrscher in Gottes Plan? Einer, der nicht zum auserwählten Volk gehört, der Gesalbte, der Messias Gottes? Eine solch ungeheuerliche Aussage gibt es im ganzen Alten Testament nicht noch einmal. Es war schlicht unfassbar für die deportierten Juden, dass Gott sich zur Verwirklichung Seiner Ziele eines Menschen bediente, der keine Beziehung zu Ihm hatte, der selbst davon weder etwas weiß noch ahnt. Doch die Wirklichkeit übertrifft alles und gibt dem Propheten recht: 539 v. Chr. zieht Cyrus siegreich in Babylon ein. Und schon 538 v. Chr. erlässt Cyrus ein Edikt, das den Deportierten die Rückkehr in die Heimat und den Wiederaufbau des Tempels in Jerusalem ermöglicht.[64]

Die unglaubliche Veränderung vollzogen, die prophetische Perspektive erfüllt!

»So kann das gehen, denn bei Gott ist nichts unmöglich«, hieß es abschließend in unserer Podiumsdiskussion von 1988. »Neunundvierzig Jahre hat es damals gedauert. Neununddreißig Jahre sind bei uns schon vorbei. Es muss ja auch nicht immer neunundvierzig Jahre dauern. Und das Werkzeug Gottes, der Cyrus des zwanzigsten Jahrhunderts, ist auch schon in Sicht – und in Aktion. Sein Titel und Name: Generalsekretär der KPdSU, Michail Gorbatschow.«

Das schlug ein mit ungeheurer Wucht unter den Hunderten Teilnehmern des Umwelttages. Mit einem Mal durchzog eine herrliche, frische Hoffnung diesen Tag. Unsere Situation in der DDR geriet gewissermaßen unter die prophetische Perspektive der Befreiung und Veränderung. Denjenigen von uns, die wussten, wie es den Israeliten damals nach der Rückkehr mit der Freiheit ergangen war, war damals klar: All das wird auch auf uns zukommen, die Probleme der Freiheit, die neuen Herausforderungen, die neuen Enttäuschungen. Aber so, wie es 1988 war, sollte und konnte es nicht weitergehen. Die prophetische Perspektive erfasste die Menschen und setzte Freude, Hoffnung und Kraft frei. All das würde zur Veränderung notwendig sein. Genauso wie danach.

Der Generalsekretär der KPdSU sollte als Perspektivträger Gottes fungieren. Das war ähnlich ungeheuerlich wie damals bei Deuterojesaja. Wahnsinn oder Wahrheit?

Auch wir würden es erleben, so oder so.

Als ich Michail Gorbatschow fast zwei Jahrzehnte später, im August 2005 anlässlich der Verleihung des Augsburger Friedenspreises zum ersten Mal persönlich begegnete, stand mir dieses Ereignis lebendig vor Augen, als er mir lachend entgegenkam und mir die Hand reichte.

Wir beten nicht gegen
die Wand!

Nach einem Mittwochgottesdienst im Jahr 1986 kam eine Gruppe von etwa fünfzehn Leuten zu mir. Einer von ihnen sprach mich an. »Herr Pfarrer, wir haben die Ausreise beantragt. Es gibt einige hier, die Hilfe brauchen. Dafür wenden wir uns an Sie.«

»Ich weiß nicht, was ich für Sie tun soll«, erwiderte ich. »Immerhin bin ich dafür, hierzubleiben, und ich habe auch keinen Stempel, der Ihnen die Ausreise in den Westen ermöglicht.«

»Bitte helfen Sie uns«, wiederholten sie. »Es geht uns wirklich nicht gut.«

Wir kamen ins Gespräch. Ihr Problem lag in dem Selbstverständnis des Staates begründet. Der Sozialismus war in den Augen der Partei gewissermaßen die vorletzte Stufe der Menschheitsentwicklung vor dem Kommunismus. Allerdings störte die permanente unterschwellige Unzufriedenheit der Bevölkerung über die Versorgungslage das schöne Bild vom Sozialismus. Die Schlangen vor den Geschäften erinnerten zudem eher an die Nachkriegszeit als an die lichte Zukunft der Menschheit. Der Volkswitz half sich auch hier. »Es steht schon in der Bibel geschrieben: kein Paradies ohne Schlange«. So rechte Freude wollte bei diesem Witz trotzdem nie aufkommen.

Die Genossen waren zunehmend ratlos. Ein nicht unbeträchtlicher Teil der Bevölkerung wollte das DDR-Paradies verlassen, um in den verfaulenden Kapitalismus des Westens zu gelangen – das konnten auch die schärfsten Agitatoren der Partei irgendwann nicht mehr schlüssig erklären. Erich Honecker bewirkte zudem mit seinem Satz »Denen weinen wir keine Träne nach!«[65] angesichts Tau-

20 Politischer wie literarischer Höhepunkt der Leipziger Buchmesse 1996 war der Besuch des mit dem Tode bedrohten britischen Schriftstellers Salman Rushdie, der seinen Roman »Des Mauren letzter Seufzer« vorstellte. Hier beim Signieren des Gästebuches der Nikolaikirche.

21 In Wahlkampfzeiten 1998 empfing ich OBM Wolfgang Tiefensee, Bundeskanzler Gerhard Schröder und den Ostbeauftragten der Bundesregierung, Manfred Stolpe (v. r. n. l.) in der Nikolaikirche.

22 Ich wurde um die Beerdigung des zweijährigen Dominic gebeten, dessen Eltern ihn verhungern ließen. Juli 2000.

23 Nach seiner Lesung »1989–1990. Ein deutsches Tagebuch« in der Nikolaikirche verewigte sich der sächsische Ministerpräsident Kurt Biedenkopf im Gästebuch. 6. Oktober 2000.

24/25 Beim Fernseh-Gottesdienst zum Buß- und Bettag 2001 in der Nikolaikirche mit dem Fernsehpfarrer Jürgen Fliege (Foto oben) und dem niederländischen Musiker und Schriftsteller Hermann Van Veen (Foto unten).

26 Nach der Gewaltattacke von Autonomen gegen das Orchester und gegen den OBM bei meiner Ansprache auf der Anti-Nazi-Demo am 1. September 2001 vor 20 000 Menschen. Links außen am Plakat meine Frau Monika, links neben mir Aldo Castillo aus der Gemeinde.

27 Leipziger Volkszeitung

28 Auf der Anti-Nazi-Demo »Sandsäcke gegen braune Flut«. April 2003.

29 Friedrich Schorlemmer neben mir auf einer der wöchentlichen Demonstrationen gegen den drohenden Irak-Krieg (am Ende mit ca. 45 000 Teilnehmern). März 2003.

30 Friedensdemonstration nach dem Kriegsbeginn im Irak. Links neben mir Christian Wolff, Pfarrer der Thomaskirche Leipzig. April 2003.

31 Mit der Bürgerrechtlerin Bärbel Bohley (re.) und Ungarns Ex-Außenminister Gyula Horn (2.v.li.) bei der Verleihung der »Goldenen Henne« durch die jetzige Bundeskanzlerin Angela Merkel (2.v.re.) 2004.

32 Mit DGB-Chef Michael Sommer beim »Runden Tisch zur Sozialen Einheit« im Leipziger Messehaus im August 2004.

33 Beim Sonderfriedensgebet »Gerechtigkeit für alle« am 30. August 2004 mit Landesbischof Jochen Bohl (li.).

34 Am Gemeindealtar in der Nikolaikirche. Ich halte den berühmten Hussitenkelch von 1514 in der Hand, der jeden Sonntag zum Heiligen Abendmahl benutzt wird.

sender DDR-Flüchtlinge, die das Land über die Prager Botschaft oder die offene Grenze in Ungarn verließen, bei vielen Staatstreuen den endgültigen Bruch. Zudem kam mir eine groteske Parteipropaganda zu Ohren, Ausreisewillige gäbe es nicht, sie seien eine böswillige Erfindung der Westmedien. Dementsprechend wurden diese Menschen in der DDR behandelt, nämlich so, als gäbe es sie gar nicht. Wie Null. Das tut dem Menschen nicht gut, keinem Menschen. Nach zwei Jahren Antragstellung waren die meisten von ihnen krank. Psychosomatisch krank.

Als ich das erkannte und angespornt von den Besuchern, die mich darauf angesprochen hatten, gründete ich für die Ausreisewilligen den Gesprächskreis »Hoffnung für Ausreisewillige« nach dem Friedensgebet am 14. 11. 1986. Einmal im Monat trafen wir uns. Der Gesprächskreis tat ihnen unglaublich gut, weil sie Vertrauen fassten, hier weder diffamiert noch zur Rechenschaft gezogen zu werden. Und sie trafen Menschen mit ähnlichen Problemen. Außerdem versuchten wir, Lösungen zur Bewältigung ihrer Situation zu finden. Bald stieg die Zahl der Teilnehmer, die Menschen richteten sich wieder auf und bekamen Hoffnung. Allerdings setzte die Gründung dieses Gesprächskreises eine heftige Reaktion seitens des Staates in Gang. Allerdings war ich als Gemeindepfarrer für die Obrigkeit ein viel zu kleines Licht. Also wandten sie sich direkt an das Landeskirchenamt und damit an den Landesbischof. Es sollte Druck auf mich ausgeübt werden, damit ich meine Position in der Nikolaikirche irgendwann von selbst aufgab.

Dieses Vorgehen war wieder ein Zeichen dafür, wie sehr der Staat seine eigenen Strukturen auf andere Institutionen übertrug. Sollte ein andersdenkender Abteilungsleiter aus dem Betrieb entfernt werden, dann übte die Kombinatsleitung einfach über den Parteisekretär Druck auf ihn aus. Die Denkstruktur des Staates war: Oben im Politbüro wird beschlossen, anschließend wird – so die verwendete Vokabel – »durchgestellt«, und unten hat das Ganze dann zu funktionieren. Nicht umsonst hießen diejenigen am Ende der Kette Funktionäre.

Für die Kirche bedeutete das: Wenn der Bischof den Pfarrer wissen lässt, dass es so nicht geht, wird dieser einlenken und schleunigst Wohlverhalten zeigen. Genau das funktioniert in der Kirche jedoch überhaupt nicht. Im Stasi-Bericht Operativvorgang »Igel«, womit ich gemeint war, heißt es unter anderem:

... Pfarrer Führer wird nach abgeschlossenen OPK [Operativen Personenkontrollen] von 1980 und 1983 seit Februar 1987 erneut in OPK bearbeitet (...) Mit der Zielsetzung der Unterbindung von Straftaten und Disziplinierung, Isolierung von Pfr. Führer sowie der Verhinderung seiner Profilierung als Führungspersönlichkeit unter den feindlich negativen Kräften des Territoriums sind folgende politisch-operative Maßnahmen zu realisieren:

– Erarbeitung konkreter und aussagefähiger Informationen zu politischen und theologischen Positionen des F., seiner Haltung zu aktuellen Ereignissen sowie zu Plänen und Absichten seines persönlichen Reagierens und Handelns;

– Aufklärung der Pläne und Vorhaben des F. im Zusammenhang mit der Übernahme der Leitung des Pfarramtes St. Nikolai. Fortsetzung des Differenzierungsprozesses innerhalb des Kirchenvorstandes und der kirchlichen Mitarbeiter, um Möglichkeiten einer positiven Beeinflussung zu erarbeiten;

– Erarbeitung und Dokumentation von Hinweisen und Anhaltspunkten auf Verstöße des F. gegen das Amtszuchtgesetz oder anderweitiger Fehlverhaltensweisen sowie deren Prüfung, hinsichtlich einer offiziellen Verwertbarkeit;

– Personifizierung und Aufklärung von Teilnehmern von stabilen Veranstaltungskreisen, die unter Leitung oder mit bedeutsamer Beteiligung von F. durchgeführt werden;

– Aufklärung des unmittelbaren Umgangskreises von F., Charakterisierung relevanter Kontakte hinsichtlich deren Einflusses auf Positionen und Handlungen von F.;

– Feststellung von Kontakten zu NSW-Personen sowie im Rahmen der gegebenen Voraussetzungen, eine operative Kontrolle derartiger Kontakte und die Erarbeitung inhaltlicher Problemstellungen dazu ...[66]

Weiter heißt es:

... Im Zusammenhang mit der Eskalation von öffentlichkeitswirksamen Provokationen Anfang Mai bestätigte es sich auch, daß der F. direkt in das

Informationssystem der operativ bekannten feindlich-negativen Kräfte integriert ist. Er wird sowohl als hinlänglich bekannter Anlaufpunkt als auch zur Informationserfassung und -übermittlung genutzt.

In den grundsätzlichen Problemfeldern beharrt er auf den bekannten Positionen und zeigt wenig Kompromißbereitschaft. Vielmehr ist er einer derjenigen, die massiv versuchen, die Ursachen für die Ereignisse in der Stadt Leipzig dem Staat und dessen politischer Führung anzulasten. Dies wird u. a. darin ersichtlich, daß er gemeinsam mit dem von ihm geleiteten Kirchenvorstand alle Bemühungen ablehnte, die »FG« aus der Nikolaikirche zu verlegen. Selbst in einer Sondersitzung des KV am 18. 05. 89, in der sich der Landesbischof HEMPEL persönlich um eine solche Lösung bemühte, setzte der F. die Fortführung der »FG« in der Nikolaikirche durch.[67]

Die Kirche als Treffpunkt für Regimekritiker und Ausreisewillige stellte in den Augen des Staates einen Hort der Konterrevolution dar. Derart exponiert in dieser Umgebung zu arbeiten, war für mich alles andere als einfach. Dennoch war die Gründung des Arbeitskreises »Hoffnung für Ausreisewillige« im Jahre 1986 für mich ein folgerichtiger Punkt in der Entwicklung der Dinge gewesen: den Stummen ein Sprachrohr zu geben und für all jene einzutreten, die der Staat mit Füßen trat.

Die Arbeit für diesen Kreis wollte wohldurchdacht sein. Ich plädierte nach wie vor dafür, hierzubleiben. Dennoch hatten die Ausreisewilligen ihren Entschluss bereits getroffen. Wir nutzten die Zusammenkünfte, um Texte aus der Bibel zu verlesen, welche die Menschen sehr positiv aufnahmen. Immer wieder versuchte ich, Hoffnung in ihnen zu wecken, damit sie der drohenden Depression zu widerstehen vermochten.

»Wenn Sie mutlos auf Ihren gepackten Koffern sitzen, und plötzlich erhalten Sie den Bescheid, dass Sie ausreisen und dieses Land verlassen dürfen, dann kommen Sie am Ende depressiv und halb tot drüben im Westen an. In dem Zustand können Sie dort niemals bestehen. Da drüben herrscht ein rauhes Klima. Kippen Sie in der neuen Heimat endgültig ab, so kommt zu Ihrem Scheitern noch der Hohn der Funktionäre. ›Wir haben es euch ja gesagt! Verlasst ihr die Geborgenheit eures sozialistischen Vaterlandes, geht ihr im Kapitalismus gnadenlos unter‹, wird es dann heißen. Wollen Sie das wirklich?«

Was ich mit meinen Worten zu erreichen versuchte, war damit klar. Egal ob die Menschen nun hierbleiben oder weggehen wollten: Sie mussten runter vom Sofa der Depression. Und zwar, bevor sie zur Flasche griffen und im Selbstmitleid versanken.

Das schaffte der Kreis tatsächlich bei den meisten. Sie vergaßen ihre Misere, gewannen wieder neuen Antrieb zum Leben. Keiner war mehr allein. Jeder erfuhr Zuspruch: Der Pfarrer und die Nikolaikirche kümmern sich um uns. Für dieses Land gelten wir als erledigt. Für diese Kirche nicht. Für Jesus nicht.

Es galt, ihr schweres Leben als gültiges Leben zu verstehen. Genau das versuchte ich damals im Gottesdienst und auch, viele Jahre später, in der Erwerbsloseninitiative zu vermitteln.

Weil die Nikolaikirche und meine Arbeit als Pfarrer nun noch stärker unter Beobachtung standen, musste jeder von uns, die Basisgruppen eingeschlossen, mehr denn je auf der Hut sein. Alle achteten daher darauf, sich unter keinen Umständen zu Provokationen jeglicher Art hinreißen zu lassen und damit der Stasi in die Hände zu arbeiten. Außerdem hätte die Kirche als Bühne für Hetze und Streit die Spur Jesu verlassen und alle Glaubwürdigkeit vor uns selbst, vor der Gemeinde und vor dem Staat verloren.

So behielt der Staat seine überbordende Angst vor den Gedanken und Ideen in den Köpfen der Menschen und vor den Zusammenkünften, die sich in den kirchlichen Räumen abspielten. Schließlich konnte er darüber keine Kontrolle ausüben. Ausreisewillige und Basisgruppen hielten uns mit ihren Ideen und Vorschlägen in Atem. Das verband mich bald sehr eng mit ihnen. Ohne diese Menschen wäre unsere Handlungsbreite gar nicht möglich gewesen. War in der DDR die flächendeckende Opposition gegen den Staat nicht ohne die Kirche möglich, so war die kritische Funktion der Kirche in dieser Situation nicht ohne die Basisgruppen möglich. Die Gruppenvertreter hingegen wären schlecht beraten gewesen, wenn sie nur den Raum der Kirche und nicht die Botschaft für ihre Arbeit hätten gelten lassen.

Da die Nikolaikirche so viele verschiedene Menschen unter ihrem Dach vereinte, war es extrem wichtig, sich in den Friedensgebeten immer wieder des Fundamentes zu vergewissern, zum Beispiel auf die Seligpreisungen der Bergpredigt zurückzugreifen. Ziel war, wenigstens den Gedanken zu wecken: Bei Gott ist nichts unmöglich. Außerdem das Vertrauen zu leben, dass Gebete kein Reden an die Wand oder die Decke sind. Denn wir beten zum lebendigen Gott!

Das Gebet bewirkt eine Kraft, die irgendwann für den Betenden mit Händen zu greifen ist. So geschehen im Jahr 2006 bei den beiden Leipziger Geiseln im Irak. Nach siebenundzwanzig Friedensgebeten und Mahnwachen in und vor der Nikolaikirche kamen sie frei.

Für viele war es ungewöhnlich, so auf Gott zu vertrauen. Jesus so beim Wort zu nehmen. Aber das Ergebnis ließ sie etwas vom Geheimnis des Glaubens ahnen. Jesus beeindruckte mehr und mehr, je deutlicher die Menschen Ihn kennenlernten: Er eckte immer an beim politischen und religiösen Establishment. Ein sanfter Tod im Alter von achtzig Jahren im Altersheim war da nicht drin. Seine Radikalität erfasste nun auch die Menschen, die atheistisch aufgewachsen waren. Selbst draußen auf der Straße, wo niemand die Kontrolle darüber hatte, was passierte, wirkte die Botschaft Jesu nach und entfaltete eine unglaubliche Kraft: »Keine Gewalt!« Diese Botschaft, mit der die Bevölkerung der DDR auf die Straße gegangen war, war das eine. Das neue Selbstbewusstsein der Menschen war das andere. »Wir sind das Volk«, riefen sie eines Tages tatsächlich und wurden in der DDR nicht ernst genommen. Pioniere. Jugendweihe. FDJ. Wer sind wir denn wirklich? Sind wir *Homo sapiens erectus* oder Herdenvieh der Partei? »Wir sind das Volk.« Für wen steht ihr Polizisten eigentlich da? Für die paar Greise in Berlin?

Am 9. Oktober brauchte man niemandem mehr zu erklären, wo das Volk stand und wer das Volk war. Dieses Selbstbewusstsein war die Kirche den Menschen nicht schuldig geblieben. Altar und Straße gehörten zusammen und ernteten zusammen erste Früchte. Ohne dieses neue Selbstbewusstsein hätten die gegängelten Menschen gewiss nicht die Kraft gehabt, unter Lebensgefahr zu demonstrieren. Ebenso wenig den Mut zur Veränderung. Alles wäre beim Alten geblieben. An Kneipentischen und hinter vorgehaltener Hand hätte man nach drei Flaschen Bier weiterhin darüber geredet. »Eigentlich müsste man mal ...«

Es lag an mir, die Gruppenvertreter immer wieder an die Gewaltlosigkeit zu erinnern. Die Gewaltlosigkeit, die von Jesus kommt. Aus der Kirche. Sie war der erste Schritt zur Friedlichen Revolution. Auch innerhalb der Kirchenkreise war es nicht unumstritten, die Kirche so weit zu öffnen: für Randgruppen, Ausreisewillige, Wehrdienstverweigerer. Dafür gab es intern nicht nur Zustimmung. Ebenso wahr ist jedoch, dass die Christen in den Gruppen die entscheidenden Kristallisationspunkte waren.

Im Zentrum eines derart totalitären Systems, wie die DDR es war, erlebte die Kirche innerhalb kürzester Zeit einen enormen Zulauf. Beim Aufeinandertreffen von Christen und Atheisten unter dem Dach der Nikolaikirche kam zusammen, was die marxistisch-leninistische Schule jahrzehntelang voneinander getrennt hatte.

Das System der DDR beruhte auf dem materialistisch atheistischen Weltbild des neunzehnten Jahrhunderts, das schon zur Gründungszeit des sozialistischen Staates überholt war. Dennoch begegnete es der Bevölkerung auf Schritt und Tritt, in Zeitungen, in Büchern, überall. Die Menschen wurden bewusst kleingehalten.

Studenten zum Beispiel hatten die Anweisung, geschlossen am Studienort zur Wahl zu gehen. Diese fand immer an einem Sonntag statt, den die meisten natürlich lieber zu Hause bei der Familie verbrachten. Manche Studenten suchten mich daraufhin auf und fragten, wie das zu lösen sei. Statt gemeinsam zur Wahl zu gehen, wollten sie lieber an ihrem Heimatort ins Wahllokal gehen, mussten dafür allerdings eine Ausnahmegenehmigung beantragen.

Man muss sich das einmal durch den Kopf gehen lassen: Erwachsene Menschen, angehende Chefärzte, künftige Führungspersönlichkeiten wagten nicht zu überlegen, ob sie zur Wahl gehen sollten oder nicht. Vielmehr spürten sie eine dermaßen große Angst, dass sie sich fragten, ob sie das ungeheure Wagnis eingehen konnten, am Heimatort zur Wahl zu gehen. Welche Angst muss geherrscht haben in diesem System, das einer heranwachsenden Generation intellektueller Menschen permanent misstraute und sie selbst beim Wahlgang hundertprozentig unter Kontrolle haben wollte? Was ging hier eigentlich vor sich? Was wurde hier mit den Menschen gemacht?

Ich ging mit meiner Frau stets zur Wahl, um mit Nein zu stimmen. Ich kann mich noch gut an die letzte Kommunalwahl unter

DDR-Bedingungen am 7. Mai 1989 erinnern. Eine Nein-Stimme gegen die bereits in einer einheitlichen Liste festgelegten Volksvertreter war damals nicht vorgesehen. Also verfasste ich einen Aushang für das Schwarze Brett in der Nikolaikirche mit den folgenden Hinweisen: »Bevor Sie die ›Wahl‹ vollziehen, fragen Sie am ersten Tisch, was eine gültige Ja-Stimme und was eine gültige Nein-Stimme ist, außerdem wie eine Stimmenthaltung oder eine ungültige Stimme aussieht. Danach erst lassen Sie sich den Wahlzettel aushändigen. Lesen Sie ihn sich genau durch, und erkundigen Sie sich dann, wo die Wahlkabine steht.«

Den Sonntag als Gottesdiensttag wollten wir beide nicht durch die Wahl beeinträchtigt wissen. Daher suchten Monika und ich schon ein paar Tage früher das Sonderwahllokal im Neuen Rathaus auf. Selbstverständlich benutzten wir die Wahlkabine, was einen in der DDR übrigens verdächtig machte, denn üblicherweise steckte man den gefalteten Zettel einfach in die Wahlurne. Es gehörte bereits Mut dazu, um einmal quer durch das Wahllokal zur Kabine zu laufen.

Gültig war eine Nein-Stimme nur dann, wenn alle Namen komplett durchgestrichen waren. Andernfalls galt sie als JA-Stimme. Darüber hatten wir die Menschen vorab aufgeklärt, und wir handhabten es genauso. Einige Wähler, die unsicher waren, fragten uns, wann wir zur Wahl gingen, und schlossen sich uns an. Es war bemerkenswert, wie viele Menschen uns im Mai 1989 deswegen kontaktierten.

Meine Frau und ich gingen schon deswegen jedes Mal zur Wahl, weil wir nicht pauschal Wahl und System ablehnten, sondern die Ablehnung gezielt vorbringen wollten. Ich weigerte mich, Volksvertreter zu wählen, die sich das Volk nicht selbst ausgesucht hatte. Das Instrument, zur Wahl zu gehen und mit Nein zu stimmen, war die einzige Möglichkeit, an dieser Stelle Widerstand zu zeigen.

In meiner Stasi-Akte stand zur Wahl 1989 Folgendes: »Der F. selbst nahm nicht an der Wahl teil.«[68]

Für mich ist das der Beweis dafür, dass die Genossen von Donnerstag bis Sonntag gezielt alle Nein-Stimmen herausfischten und die Wahlurne wieder verschlossen, ehe sie Sonntagabend zur Zählung ausgeschüttet wurde. Oder sie fälschten die Wählerliste.

Immerhin ging es ihnen nicht nur um die Nein-Stimmen, sondern auch um die Wahlbeteiligung.

Die Kommunalwahlen der DDR am 7. Mai 1989 gerieten bereits im Vorfeld zur Farce. Schon vom Frühsommer 1988 an riefen in Berlin vor allem kirchliche Gruppen sämtliche Christen in der DDR dazu auf, sich aktiv in die Wahlvorbereitung einzumischen. Der Staat war noch stärker als sonst bestrebt, den demokratischen Charakter der Wahl zu betonen. Die Bürger waren aufgefordert, ihre Anliegen in die Ausschüsse der Nationalen Front einzubringen und sich an der Aufstellung der Wahlvorschläge zu beteiligen. Versuchten einzelne, unabhängige Gruppen jedoch tatsächlich, andere Kandidaten aufstellen zu lassen, kam natürlich kein Einziger davon auf die Liste.

In Leipzig gab es zum Beispiel eine gruppenübergreifende Initiative, möglichst flächendeckend nach 18.00 Uhr die öffentliche Auszählung der Stimmen zu kontrollieren. Die Ergebnisse sollten in einer Mappe mit dem Titel *Der Wahlfall* gesammelt werden.[69] Zum Eklat im Lande kam es in dem Moment, als Egon Krenz als Leiter der Zentralen Wahlkommission das offizielle Wahlergebnis mit 98,85 Prozent Ja-Stimmen für die Einheitsliste bekanntgab. Meine Frau und ich verfolgten die Bekanntgabe des offiziellen Wahlergebnisses damals bei Freunden.

Dank mehrerer unabhängiger Wahlbeobachter war in den kommenden Tagen sehr schnell klar: Dieses Ergebnis beruhte auf Fälschungen. Es hatte in der DDR überhaupt nie andere als gefälschte Wahlen gegeben, das war natürlich bekannt. Allerdings war das Selbstbewusstsein der Bürger 1989 ein anderes als in den Jahren zuvor, und die Anzahl der Nein-Stimmen musste um ein Vielfaches höher sein als in den Jahren zuvor. Was folgte, waren landesweite Protestaktionen gegen die Wahlfälschung und erneut zahlreiche Verhaftungen.

So sehr sich in der DDR nach dem Entschluss zur Veränderung nun nach und nach auch der notwendige Mut einstellte, so sehr regierte nach den vermehrten Polizeieinsätzen doch wieder die Angst.

Das galt jedenfalls für mich. Die Angst war in jenen Tagen mein ständiger Begleiter. Tag und Nacht. Immer. Ich konnte sie nur überwinden, weil mein Glaube immer noch ein Stück größer war als die

Angst. Darauf zu achten, dass mein Handeln im Sinne Jesu war – das war für mein Durchhaltevermögen von entscheidender Bedeutung. Mit klarem Kopf und dem Glauben im Herzen ließen sich die Folgen dessen aushalten, was ich begonnen hatte. Die Furcht vor Repressalien, die nicht nur mich, sondern auch meine Frau, unsere Familie sowie Mitglieder des Kirchenvorstandes betreffen konnten, war so ein wenig leichter zu ertragen.

Allerdings ließ der Druck von Seiten der Offiziellen gegen die Friedensgebete nicht nach. Der Reformgedanke war in der DDR so unpopulär wie die Reformation zu Luthers Zeiten. Im Jahr 1539 wurde die Reformation in Leipzig eingeführt. Am Festgottesdienst im Mai 1989 zum vierhundertfünfzigsten Jahrestag der Reformation in Sachsen nahm auch der stellvertretende Vorsitzende des Rates des Bezirkes für Inneres, Dr. Hartmut Reitmann, teil. Er fand in der Nikolaikirche statt, geleitet von Landesbischof Dr. Johannes Hempel. Beim anschließenden gemeinsamen Kaffee im Kapitelsaal machte uns der Superintendent auf Dr. Reitmanns Wunsch hin persönlich miteinander bekannt. Er zeigte eine recht eigenartige Form des Interesses an meiner Person.

Einige Tage vor dem Gottesdienst hatte eine sogenannte »Parteiaktivtagung zur Instruktion führender SED-Genossen«[70] stattgefunden. Durchgeführt hatte sie der Leiter der Arbeitsgruppe Kirchenfragen beim Zentralkomitee der SED. Dort erklärte man den Genossen, die Genehmigung zur Durchführung des für Anfang Juli 1989 geplanten Kirchentages in Leipzig bedeute nicht, dass man die politischen Aktivitäten verschiedener Pfarrer toleriere. Die Kirchentagsleitung wiederum brauchte staatliche Unterstützung, um den Kirchentag durchführen zu können. Das frühere Messegelände musste als Austragungsort genehmigt, Sonderstraßenbahnen bereitgestellt und vieles mehr organisiert werden. Der Staat setzte die Kirche unter Druck und wandte sich – natürlich unausgesprochen – vor dem Hintergrund des genehmigten Kirchentages gegen die Friedensgebete. Dr. Reitmann hatte in der Angelegenheit auch Landesbischof Dr. Johannes Hempel ins Gewissen geredet. »Ihre Worte schön und gut«, äußerte er in einem persönlichen Gespräch, »aber in der Politik zählt, was passiert. Da zählen nur Erfolge. Ich höre jedes Mal bloß schöne Worte, doch es passiert nichts. Die machen immer weiter mit den Gebeten.« Auch er ging von Strukturen aus, die im Rat des Bezirkes der Stadt Leipzig offenbar ihre Gültigkeit hatten. In der Kirche galten sie deswegen noch lange nicht. Jedenfalls ließ sich der Landesbischof nicht einschüchtern. Unser persönliches Kennenlernen ließ Herrn Dr. Reitmann daher wahrscheinlich ratloser zurück, als er es vorher schon gewesen war.

Die Gruppen waren erst recht nicht von ihren Aktivitäten abzuhalten und brachten immer wieder den nötigen Mut zum Weitermachen auf. Ein großartiges Zeichen setzten sie im Juni 1989, noch vor dem geplanten Kirchentag. Ein Gruppenvertreter organisierte am 10. Juni 1989 ohne staatliche Genehmigung in der Leipziger Innenstadt ein Straßenmusikfestival. Was heute völlig normal klingt, war zu DDR-Zeiten ein enormes Zeichen von Zivilcourage.

Ungefähr zwanzig Bands und Solokünstler sollten in der Innenstadt auftreten. An besagtem Sonnabend war Leipzig wie jedes Wochenende voller Besucher und Kaufhausbummler. Etwa eintausend Polizisten und Zivilbeamte waren gegen die Musiker eingesetzt, von denen nicht wenige »zugeführt« und verhört wurden. Einige von ihnen widersetzten sich der Verhaftung, weshalb es zu regelrechten Treibjagden kam. Musste eine Band an einer Straßenecke ihre Sachen packen und verschwinden, holten sie Minuten später einfach an einer anderen Ecke ihre Instrumente wieder hervor. Gewandhauskapellmeister Kurt Masur lud die Musiker schließlich ins Gewandhaus ein, gab ihnen dort neben der Zuflucht auch die Möglichkeit zu spielen. Dort konnten sie garantiert nicht verhaftet werden.

Zu einem späteren Zeitpunkt, als im September 1989 die zahlreichen Verhaftungen vor der Nikolaikirche begannen, interviewte ein westlicher Journalist Kurt Masur. Was er zu den Geschehnissen zu sagen habe, was seine Gefühle seien. Masurs Antwort war ein langes Schweigen, auf das die Worte »Ich schäme mich« folgten.[71] Die Genossen konnten daraus Folgendes lesen: Ich schäme mich, dass so was in der Stadt geschieht, dass sich die Menschen derart zusammenrotten und gegen diesen Staat demonstrieren. Aber jeder wusste, was er wirklich damit meinte: Die Polizisten prügelten sinnlos auf wehrlose Demonstranten ein. Es ist Masur hoch anzurechnen, dass er die Situation so konkret erfasste, bevor wir alle wussten, wie sie ausgehen würde.

Am Nachmittag kam eine ganze Truppe Musiker, die vom Marktplatz verscheucht worden war, in lockerer Formation über den Nikolaikirchhof gelaufen. Ich stand gerade oben am Fenster meines Arbeitszimmers, und wir winkten uns zu. Zwei von ihnen, die eigens aus Berlin nach Leipzig gekommen waren, klingelten abends an unserer Wohnungstür. Ihr dritter Mann war verhaftet worden, doch ohne ihn wollten sie nicht wieder nach Hause fahren. Also ließ ich sie in meinem Amtszimmer übernachten. Am nächsten Morgen kam ihr Kollege aus dem Knast frei, und sie fuhren nach Berlin zurück.

Die Argumente für die Verhaftungen waren damals vielfältig und reichten von Vorwürfen wie »unerlaubte Zusammenkunft« bis zu »nicht genehmigte Veranstaltung« und »Aufführung von nicht genehmigtem Liedgut«.

Trotz alledem schufen die Musiker eine wunderbare Atmosphäre in der Innenstadt, auf dem Markt, im Einkaufszentrum, in der Grimmaischen Straße. Das Straßenmusikfestival war sozusagen ein voller Erfolg. Bekam doch eine breite Öffentlichkeit mit, wie rabiat der SED-Staat mit unerwünschten Meinungsäußerungen und nicht linientreuer künstlerischer Gestaltung umging. Der Gruppenvertreter, in Genossenkreisen »Drahtzieher« genannt, der das alles organisiert hatte, blieb übrigens von einer Inhaftierung verschont. Er bekam lediglich einen Strafbescheid über eintausend Mark wegen Durchführung einer nicht genehmigten Veranstaltung.

Angesichts der turbulenten Ereignisse der nächsten Monate wurde übrigens nicht auf der Zahlung der Strafe bestanden.

VOM »BEGRENZTEN POLITISCHEN MANDAT DER KIRCHE«

Nach der Stationierung der Mittelstreckenraketen in Ost und West erlebte die Friedensbewegung in der DDR einen großen Resignationsschub. Hier im Osten, in der Diktatur, war die Stationierung der Raketen trotz aller kirchlichen Proteste zu erwarten gewesen. Im Westen dagegen konnten sie alles drucken, was sie wollten, konnten Plakate hängen, ganze Marktplätze mieten, konnten Losungen herausgeben, wie sie wollten, konnten Menschenketten bilden und tausendfachen Protest organisieren – und am Ende wurde dort genauso stationiert wie in der Diktatur. Das löste bei uns nicht nur Resignation angesichts der DDR aus, sondern auch gegenüber der westlichen Demokratie. Die können zwar ein bisschen lauter schreien, aber am Ende haben die genauso wenig zu sagen wie wir. So die einhellige Meinung. Das Modell bundesrepublikanischer Demokratie erhielt einen gewaltigen Knacks, zumindest was die Rolle des Volkes betraf. Wir bekamen das zu spüren, weil die Zahl der Teilnehmer an den Friedensgebeten gewaltig zurückging und zuweilen bis unter zehn fiel. Die Friedensdekade im Herbst war davon übrigens nicht berührt. Da strömten jedes Mal Hunderte in die Nikolaikirche.

Im Juni 1984 waren wir an einem Montag sogar nur zu sechst beim Friedensgebet. Wir saßen im Altarrondell, und Superintendent Magirius las einen Psalm. Wenn man uns Hauptamtliche abzieht, waren es nur noch vier aufrechte Christenmenschen, die an jenem Montag in der Kirche für den Frieden beteten. Eine der anwesenden Frauen sprach mich an. »Herr Pfarrer, Sie lassen doch nicht etwa die Friedensgebete eingehen?«, fragte sie besorgt.

Ich wirkte an dem Tag wahrscheinlich nicht sehr glaubensfroh. »Sehen Sie sich um«, redete sie weiter. »Alle sind eingeknickt. Überall nichts als Resignation. Wenn Sie jetzt auch noch aufgeben, dann gibt es keine Hoffnung mehr in diesem Land.«

Wieder trug jemand einen wichtigen Impuls von außen an mich heran. Ich erkannte sofort, wie berechtigt die Frage war und dass wir diese Stelle, das Montagsgebet, beibehalten mussten. Wir mussten einfach weitermachen. Als Pfarrer fällt einem da zum Glück stets auch eine Bibelstelle ein. Jesus hat einmal gesagt: *»Wo zwei oder drei in Meinem Namen versammelt sind, da bin Ich mitten unter ihnen.«*[72] Wir saßen da zu sechst, damit waren wir schon doppelt so viele. Also weitermachen.

Das Unterfangen entwickelte sich tatsächlich zu einer Wüstenwanderung: Bis Anfang 1988 blieb es bei diesen geringen Teilnehmerzahlen bei den nach wie vor wöchentlich stattfindenden Friedensgebeten. Dennoch hegten wir zu keinem Zeitpunkt den Gedanken, damit aufzuhören. Außerdem waren wir es gewohnt, uns nicht von der Zahl der Besucher abhängig zu machen. Die wenigen Kinder in der Christenlehre, die wenigen Konfirmanden in einer Klasse hatten uns schon früh gelehrt, dass es auf den Inhalt und nicht auf die Zahl der Mitläufer ankommt.

Ab 1985 und ganz verstärkt nach der Gründung des Gesprächskreises »Hoffnung für Ausreisewillige« 1987, kamen mehr und vor allem ständig neue Vorwürfe vom Staat. Unsere Arbeit und die Aktivitäten hätten nichts mehr mit Kirche zu tun. Was da an der Nikolaikirche ablaufe, das seien eindeutig staatsfeindliche Veranstaltungen. Es lag also in unserem ureigenen Interesse, den Friedensgebeten weiterhin Struktur zu verleihen, um uns gegen derartige Vorwürfe zu schützen.

Unsere wichtigsten Gesprächspartner blieben die Basisgruppen als die Gestalter der Montagsgebete. Für die Friedensgebetsarbeit in der Kirche waren die jungen Menschen sehr wichtig, weil sie die treibenden Kräfte waren. Sie brachten die verschiedenen Themen inhaltlich voran. Verliehen den Gebeten immer neue Impulse. Sie waren jederzeit nah dran und rührig. Jahre später sagte einer von ihnen rückblickend: »Das war damals eine richtig schöne Zeit. Was heißt schön ... es war kreuzgefährlich. Aber wir steckten so voller

Motivation und Leben. Wenn du frühmorgens aufgestanden bist, wusstest du genau, ohne dich läuft es nicht. Du wirst gebraucht, die anderen sind auf dich angewiesen. Eine ständige, wunderbare Motivation zum Leben.«

Aber es gab in jenen Tagen auch Spannungen. Am 22. März 1986 zum Beispiel gab der Liedermacher Stephan Krawczyk ein Konzert in Christoph Wonnebergers Lukaskirche. Ich war neugierig auf das Konzert und ging hin. Als ich hörte, wie Krawczyk das Vaterunser verunglimpfte, verließ ich aus Protest den Veranstaltungsort. Bei uns galt und gilt das Motto »Nikolaikirche – offen für alle«. Es lautet jedoch nicht »offen für alles«. Es gibt wenige Dinge im Leben, die mich auf die Palme bringen. Aber es gibt sie. Trotz aller Toleranz für das offene Wort und die Möglichkeit, sich gerade als Atheist unter dem Dach der Kirche Gehör zu verschaffen: Bei Spott gegenüber Jesus und der Bibel hört bei mir der Spaß auf. Es gibt Mittel, die jeden Zweck entheiligen. Christoph Wonneberger konnte Dinge dieser Art tolerieren.

Hin und wieder kam es auch beim Friedensgebet zu Zwischenfällen. Eines Montags ging einer der Anwesenden einfach nach vorne ans Mikrofon.

»He, ich will hier reden. Jetzt bin ich dran!«, rief er laut. Es war eine von vielen inszenierten Provokationen. Der Redner hatte sich offensichtlich vorher Mut angetrunken.

Christoph blieb ganz ruhig. »Weißt du, Kumpel, wir haben uns auf den heutigen Abend gut vorbereitet. Wenn du dich zum nächsten Friedensgebet besser vorbereitest, dann bist du dran mit dem Reden. Heute besser nicht.«

»Nee, nee«, widersprach der Rufer, »heute bin ich dran.«

Christoph wandte sich daraufhin an die Menschen in der Kirche. »Wen wollt ihr denn jetzt hören?«, fragte er in die Runde.

»Den bestimmt nicht. Nicht heute«, lautete die Antwort.

Der Kumpel gab Ruhe.

In jenen Tagen mussten wir alle ständig auf der Hut sein, denn die Vorwürfe des Staates, einschließlich solch plumper Provokationen, ließen nicht nach. 1978 wurde ich in die Landessynode gewählt und war seit 1984 stellvertretendes synodales Mitglied der Kirchenleitung. Im Jahr 1986 beraumte die Kirchenleitung eine

Klausurtagung an, zu der auch die Stellvertreter geladen waren. »Das begrenzte politische Mandat der Kirche« war das Thema. Darin sah ich eine Chance, endlich ein Werkzeug in die Hand zu bekommen, mit dem ich den Vorwürfen seitens des Staates etwas entgegensetzen konnte.

Offen oder latent lautete der Vorwurf von Seiten des Staates, wir betrieben an der Nikolaikirche knallharte Politik mit konterrevolutionären Zügen. Unsere Friedensgebetsarbeit sollte nicht länger als das Werk einzelner Außenseiter diffamiert werden können. Andererseits war es auch innerkirchlich wichtig, vor allem eines festzuhalten: Die sächsische Landeskirche und ihr Landesbischof sahen das begrenzte politische Mandat der Kirche in ihrem Auftrag begründet. Es war nicht das Werk einiger extravaganter Pfarrer.

Ich nahm die bei der Klausurtagung verteilten Texte mit. 1988 formulierte ich daraus die Grundsätze, nach denen man sich bei der Gestaltung der Friedensgebete richten sollte. Die Lage spitzte sich unübersehbar zu, und wir mussten auf der Hut sein. Es brauchte Regeln, an die sich jeder zu halten hatte, der unter dem Dach der Kirche ein Friedensgebet veranstaltete. Nur so bliebe uns das Friedensgebet erhalten.

Ich selbst hatte bereits ein Friedensgebet eines Gruppenvertreters erlebt, das in nichts, aber auch gar nichts an ein Friedensgebet erinnerte. Es gab keine biblische Lesung, keine Auslegung, kein Lied, kein Gebet. Stattdessen eine scharfe politische Rede. Ich war empört, war es doch genau das, was der Staat uns vorwarf und was ich in keiner Weise vertreten konnte.

»So ein ›Friedensgebet‹ wird es hier nicht noch einmal geben«, sagte ich dem Redner im Anschluss sehr deutlich. »Immerhin ist das eine echte Steilvorlage für den Staat, um die Friedensgebete tatsächlich zu verbieten.«

»Die Kirche aufzuschließen ist ja wohl keine Kunst«, erwiderte er darauf sinngemäß. »Wir dagegen haben einen richtigen Plan, ein Netzwerk intellektueller Köpfe, das vorhat, die DDR zu verändern.«

»Ja, wir haben die Türen der Nikolaikirche geöffnet und lassen uns von nichts und niemandem zwingen, sie wieder zu schließen.

Wir haben die Türen geöffnet und den Kopf hingehalten. Die Friedensgebete müssen weitergehen!«, erwiderte ich daraufhin.

Beim nächsten Treffen machte ich dann eine ebenso deutliche Ansage, um einer geistlichen Entleerung der Friedensgebete vorzubeugen. Die kurze, aber konstruktive Auseinandersetzung war somit für beide Seiten hilfreich.

Die Schwierigkeiten der Gruppen mit Superintendent Magirius hingegen nahmen solche Ausmaße an, dass sie im März 1988 zum Zerwürfnis führten.

Ende August schickte Magirius einen Brief an die Gruppen, in dem stand, dass die »bestehende Praxis der Eigenverantwortung« sowie die freie Gestaltung der Friedensgebete beendet werde. Nach der Sommerpause werde die Gestaltung vollständig in die Hände des Kirchenvorstandes von St. Nikolai und St. Johannis gelegt.

Sein Vorgehen hielt ich insofern für fragwürdig, als der Kirchenvorstand nichts von der Entscheidung des Superintendenten wusste. Ebenso wenig hatte er mich als Pfarramtsleiter und Kirchenvorstandsvorsitzenden eingeweiht.

Im ersten Friedensgebet des Monats September 1988 teilte Superintendent Magirius diese Entscheidung dann öffentlich mit. Erst danach, allerdings noch am selben Abend, legte er seinen Entschluss dem Kirchenvorstand zur »Entscheidung« vor. Die fiel den Mitgliedern damals extrem schwer. Schließlich wollten wir den Superintendenten nicht bloßstellen und allein lassen. Schweren Herzens stimmte der Kirchenvorstand also nachträglich dieser Regelung zu.

Unter anderem war Pfarrer Christoph Wonneberger dadurch mit sofortiger Wirkung von der Koordination der Friedensgebete ausgeschlossen. Ich hielt diese Entscheidung ebenso wenig für richtig, wie es die Gruppen taten. Allerdings konnte ich verstehen, dass Magirius sie nicht getroffen hatte, um sich dem Druck des Staates zu beugen oder sich gar anzubiedern. Aus meiner Sicht trieb ihn die Sorge um, dass die Friedensgebete eine politische Radikalisierung erfuhren, die sie letztlich gefährdete. Er befürchtete, eines Tages könnten genau jene Umstände eintreten, die es dem Staat erlaubten, die Friedensgebete zu verbieten.

Ich persönlich ließ zum Beispiel keine Westmedien in die Kirche und gab auch keine Interviews. Die Journalisten akzeptierten meine Bitte stets ohne Murren, vor allem wenn sie meine Begründung hörten.

»Was wir dem Staat der DDR zu sagen haben, das sagen wir ihm nicht über ARD, ZDF und Deutschlandfunk. Das sagen wir ihm ins Gesicht«, erklärte ich. Die Knopflochtechnik von Geheimdiensten interessierte mich nicht. Wenn der Staat seinen Verstand vor lauter Hass auf uns nicht ganz ausschaltete, dann konnte er an solchen Maßnahmen vor allem eines erkennen: Wir waren ansprechbar. Wir waren nicht falsch und agierten nicht hinter seinem Rücken. Was er von uns an Kritik zu hören bekam, das war nicht vordergründig und schon gar nicht auf Effekthascherei aus.

Die Folgen der Entscheidung von Superintendent Magirius waren erschreckend. In den folgenden Wochen kam es bei den Friedensgebeten wiederholt zu Tumulten. Einige Mitglieder der Gruppen kletterten sogar auf die Empore und zogen sämtliche Stecker heraus, sodass die Orgel nicht mehr spielte. Andere gingen nach vorn zum Altar und banden sich ein Mundtuch um, auf dem »Sprechverbot« stand. Das alles musste zwangsläufig zu Konfrontationen führen, die dem Staat nur recht sein konnten.

Es war eine schreckliche Situation: Ausgerechnet diejenigen, die dem staatlichen Druck so sehr ausgesetzt waren und stets den Kopf hingehalten hatten, waren von der Gestaltung der Friedensgebete ausgeschlossen. Das musste man sich einmal vorstellen. Man setzte sie praktisch vor die Tür, was ihre Arbeit betraf. Hatte sich in den Vorbereitungen der Friedensgebete hier und da mal ein riskantes Manöver angedeutet, dann war der eine oder andere Pfarrer, ebenso wie ich, sofort mit einem entsprechenden Hinweis zur Stelle. Und in den meisten Fällen befolgten die Anwesenden unsere Anweisungen. Wir alle wussten um die Verantwortung, die wir trugen.

Aber es war schlichtweg ein Unding, diese Kontrolle zur Regel zu machen.

Die Proteste nahmen nicht ab, und ein jeder reagierte anders darauf. Beim Friedensgebet vom 24. Oktober 1988 ging der katholische Kaplan Hans-Friedel Fischer auf diejenigen zu, die mit Mundtüchern am Altar saßen, und gab jedem von ihnen die Hand. Es war eine Geste der Solidarität mit den Gruppen, die sofort verstanden wurde. Diesen Protest mussten wir aushalten. Denn er war hausgemacht. Am Ende eines jener Friedensgebete, die von Protestierenden begleitet waren, sorgte Christoph Wonneberger für Tumult, indem er die Menschen zum Dableiben bewegte. Er wollte den Protest partout in der Kirche ausdiskutieren. Als die Situation eskalierte, hatte ich das Gefühl, dieser friedliche Ort würde nun ein Streitparlament, auf dem gegenseitige Beschuldigungen und Beschimpfungen regierten. Man wollte die Entscheidung des Superintendenten sofort ausdiskutieren. Das war kein Friedensgebet mehr. Das wurde eine Kampfarena. Ich stellte mich auf einen Stuhl und wandte mich an die Anwesenden. »Leute!«, rief ich, »das Friedensgebet ist jetzt zu Ende. Ihr könnt gerne draußen auf dem Nikolaikirchhof weiter diskutieren. Ich bitte euch jetzt, die Kirche zu verlassen.«

Es hagelte Kommentare und Gebrüll, ein Durcheinander brach los.

Ich konnte nicht umhin zu fragen: »Wisst ihr denn auch, wer euer Nebenmann ist, der euch hier zu dieser Provokation und dem Krawall verleitet?«

Die Bemerkung nahm mir Christoph damals sehr übel. Immerhin waren es sonst vor allem Stasispitzel, die auf solchen Veranstaltungen provozierten, damit die Situation eskalierte.

»Christian, du kannst doch nicht behaupten, dass du mich nicht kennst«, war seine Reaktion auf meine Worte.

»Solche Worte musst du aushalten, wenn du diese Kirche hier zur Arena umgestalten willst«, erwiderte ich nur.

Dann stieg ich vom Stuhl. Die Menschen standen auf. Sie folgten mir und verließen die Kirche. Genau das hatten die anwesenden Stasispitzel jedoch nicht gewollt. Wenn es nach ihnen gegangen wäre, hätte die zerfleischende Diskussion in der Kirche stattfinden sollen. Doch die Menschen gingen hinaus wie nach jedem Friedensgebet. Wie sonst verließen sie auch diesmal nicht gleich den Platz, sondern unterhielten sich noch eine Weile.

Daraufhin beschlossen die Gruppen, fortan draußen auf dem Nikolaikirchhof Diskussionen anzusetzen. Eine Enttäuschung für die protestierenden Gruppen könnte es allerdings gewesen sein, dass der Zulauf zu den Friedensgebeten nicht nachließ, obwohl die

Gruppen sie nicht mehr gestalteten. Für sie war es insofern ein Dämpfer, weil sie immer gedacht hatten, ohne ihre Beiträge wäre die »Amtskirche« wirkungslos.

Die große Basis bei den Friedensgebeten bildeten nach wie vor die Ausreisewilligen. Für mich war das Verbot der Gruppen dennoch ein evidenter Verlust und zudem ein großer Schmerz. Ich überlegte in alle Richtungen.

Als sich das Jahr 1988 seinem Ende zuneigte, zog ich für mich ein Resümee. Was war nicht alles geschehen in dem Jahr ... Die Verhaftungen in Berlin bei der Luxemburg-Liebknecht-Demo, unsere Fürbitten, wieder Hunderte von Besuchern der Friedensgebete nach so vielen mageren Jahren, der »Leben und Bleiben«-Abend. Außerdem die gut gefüllte Kirche, die Einrichtung eines Kontakttelefons im Studentenpfarramt, der Einsatz von Christoph Wonneberger für die Gruppen, die Relegierung der Berliner Schüler und die nachfolgenden Protestdemonstrationen. Dazu die Friedensdekade und die »Lange Nacht des Friedens« ... Es hatte zu viel gegeben, das wir teilten, in dem wir uns entsprachen. Auf einmal hielt ich diese Spannung nicht mehr aus. Nun waren sie schon seit Monaten nicht mehr dabei. Ich musste die Gruppen zurückgewinnen.

Die Friedensgebete liefen weiter. Das Thema der Kirchenleitungssitzung von 1986, »Das begrenzte politische Mandat der Kirche«, wurde zum konkreten Rüstzeug für mich. Die Anfeindungen seitens des Staates nahmen immer mehr zu. Die Staatssicherheit befand in einer Einschätzung vom 17.11.1988: *»Der absolute Schwerpunkt des sich gegenwärtig vollziehenden Differenzierungs- und Polarisierungsprozesses innerhalb der ev. Kirchen und zugleich erhöhter Aktivität negativ politisch orientierter Kräfte bleibt die Stadt Leipzig. (es) ... bestätigte sich erneut die Funktion der Nikolaikirche als Sammelbecken von Provokateuren und subversiven Kräften ...«*[73]

Der Protest der Gruppen gegen den Ausschluss von der Vorbereitung der Friedensgebete schwelte unterdessen vor sich hin. Sie hielten sich zwar nicht fern, waren aber zu Recht tief gekränkt. Da war keine Annäherung abzusehen. Ich überlegte pausenlos, wie wir die Gruppen wieder für unsere Arbeit gewinnen konnten. Es war nicht zu ertragen, dass sie auf Dauer ausgeschlossen blieben.

Schließlich widmete ich mich wieder den Grundsätzen, die ich mir bereits zwei Jahre zuvor aus dem Kirchenpapier erarbeitet hatte. Am 8. Dezember schrieb ich dann den entscheidenden Brief an die Gruppen, setzte ihnen den 6. Januar 1989 als Frist für ihre Antwort und hoffte auf die Rückkehr aller Gruppen in die Kirche. Auf ein Ende dieser unsäglichen Kontroverse.

Ev.-Luth. Kirchgemeinde
7010 LEIPZIG, am 8.XII.1988
St. Nikolai – St. Johannis
Nikolaikirchhof 3, PSF 728
Pfarrer C. Führer
Telefon 20 09 52

Betr.: Friedensgebet montags 17.00 Uhr in St. Nikolai

Die Friedensgebete sollen von den im »Bezirkssynodalausschuss für Frieden und Gerechtigkeit« der Bezirkssynode Leipzig Ost vertretenen Gruppen gestaltet werden.
   Basierend auf dem Gesprächsergebnis vom 21. November 1988 (Gespräch des Kirchenvorstandes mit Vertretern des Bezirkssynodalausschusses und Gruppenvertretern) und dem Antrag des Bezirkssynodalausschusses vom 26. November 1988 hält der Kirchenvorstand St. Nikolai – St. Johannis das Folgende für konsensfähig und für eine tragfähige Grundlage zur weiteren Gestaltung der Friedensgebete an St. Nikolai:

A) GRUNDSÄTZE
1. *Personen oder Gruppen bzw. die von ihnen geäußerten Inhalte dürfen dem Evangelium vom Kreuz CHRISTI als Wort von der Versöhnung nicht widersprechen und müssen auf dem Boden der Gebote GOTTES insoweit stehen, als sie »Leben erhalten« wollen.*
2. *Zu diesen Erwartungen gehört ein Mindestmaß an Konstruktivität. Wirklichkeitsbeschreibungen, die lediglich in Ausweglosigkeit enden, widersprächen der geforderten Mindestübereinstimmung mit dem Auftrag der Kirche.*
3. *Auch die Formen des Auftretens müssen mit den Inhalten in Einklang zu bringen sein. Das betrifft z. B. Herabwürdigung anderer oder Formen der Auseinandersetzung.*

4. *Die Spielregeln des Zusammenlebens in der Kirche müssen akzeptiert werden. Das heißt z. B., es muß Toleranzbereitschaft gegenüber anderen Aktivitäten und Positionen in der Kirche erwartet werden.*

5. *Die Verteilung von Vervielfältigungen und Druckerzeugnissen in der Nikolaikirche ist untersagt. Ausnahmen liegen in der Verantwortung der unten unter »zu 6.« genannten Personen.*

B) *ABLAUF, ORDNUNG*
1. *Begrüßung durch einen Pfarrer an St. Nikolai*
2. *Lied*
3. *Schriftlesung*
4. *Auslegung durch einen ordinierten Pfarrer und der jeweiligen Gruppe unter Verantwortung des Pfarrers*
5. *Gebet*
6. *Informationen, Abkündigungen*
7. *Sendungswort*
8. *Lied*

zu 6.: Die Verantwortung für den Informationsteil soll getragen werden von:
   – Begrüßungspfarrer
   – einem Mitglied des Kirchenvorstandes St. Nikolai -St. Johannis
   – einem Mitglied der jeweiligen Gruppe
   – Pfarrer Dr. Berger bzw. einem Vertreter

Bei Bedenken von KV-Mitglied und Begrüßungspfarrer können diese nicht überstimmt und die entsprechende Information kann am betreffenden Montag nicht gegeben werden.

Der Planungszeitraum soll zwei Monate betragen, wobei der Plan einen Monat vor dem Zeitraum dem Kirchenvorstand vorzuliegen hat.

Die Aufstellung des Planes geschieht in der Verantwortung des Bezirkssynodalausschusses.

Die Kirchgemeinde St. Nikolai – St. Johannis gestaltet in der Regel einmal monatlich das Friedensgebet.

C) *VERFAHREN*
Die Mitglieder des Bezirkssynodalausschusses und die Gruppenvertreter

erhalten dieses Schreiben und werden damit aufgefordert, bis zum 6. Januar 1989 schriftliche Rückäußerungen oder eine kurze Einverständniserklärung dem Kirchenvorstand zukommen zu lassen, damit die Friedensgebete möglichst bald nach dem vereinbarten Konsens fortgeführt werden können.

Pfarrer C. Führer
Kirchenvorstand/Vorsitzender

Auf diesen Brief erhielt ich keine einzige Antwort. Nicht bis zum 6. Januar 1989. Auch nicht bis Mitte Januar. Die Briefe vom 8. Dezember hatte ich in den Briefkasten am Nikolaikirchhof geworfen, aus dem heraus sie vermutlich nicht von der Post, sondern von der Stasi genommen wurden. Ich ärgerte mich im Nachhinein über meinen Leichtsinn. Natürlich war dieser Briefkasten eine ganz besonders einfach anzuzapfende Quelle. Ich musste handeln und ging in die Offensive. Erneut schrieb ich einen Brief an alle Gruppen, in dem die Grundsätze noch einmal aufgeführt waren. Diesmal warf ich die einzelnen Schreiben an ganz verschiedenen Stellen der Stadt in die Briefkästen. Der kurze, wenngleich bedeutungsschwere Inhalt lautete:

»Ich deute Ihr Schweigen als Zustimmung. Alle, die den fünf Grundsätzen zustimmen, können die Friedensgebete ab sofort wieder gestalten.«

Es dauerte dann noch bis etwa März, ehe die Gruppen sich wieder richtig an den Friedensgebeten beteiligten. Sie hatten von 1981/82 an eine entscheidende Rolle gespielt. Nun waren wir wieder unter dem Dach der Nikolaikirche vereint.

Gott sei Dank, kann ich nur sagen. Gerade noch rechtzeitig, bevor mit der Absperrung der Zufahrtsstraßen zu St. Nikolai am 8. Mai 1989 das Ende der DDR und unsere letzte Etappe zur Friedlichen Revolution begann.

Ein letzter Geburtstag

An spannungsgeladenen Tagen kamen besonders viele Menschen zur Nikolaikirche. Die Stimmung war selten in Worte zu fassen und hatte keinen Auslöser, aber man spürte buchstäblich: Es liegt etwas in der Luft. Ein Finale. Aber welches und wovon? Den Staat DDR gab es seit nunmehr vierzig Jahren. Er machte auch keine Anstalten, sich von der Weltbühne verabschieden zu wollen, im Gegenteil. Mit großem Brimborium liefen die Vorbereitungen zum 40. Jahrestag am 7. Oktober 1989.

Sowohl die Nikolaikirche als auch der Nikolaikirchhof waren Treffpunkte geworden für Menschen, die ihresgleichen suchten, was dieses System betraf, und wenn man sich ganz einfach nur unterhielt, beieinander stand und die Anschläge auf den Aushängen in der Kirche las. Das hatte sich so eingebürgert. In der Kirche gab es Infowände, an denen wir Texte oder Bekanntmachungen bereithielten, die man sonst nirgendwo zu lesen bekam. Nach der Friedlichen Revolution im November gab es dann vor dem Gewandhaus eine Litfaßsäule, auf die jeder seine Meinung schreiben konnte, nach einem ähnlichen Prinzip wie dem unserer Kircheninfos.

Unsere Tochter Katharina studierte in jenen Tagen Theologie in Berlin. Während der Semesterferien im Sommer 89 war sie bei uns zu Hause in Leipzig und leistete ihren ganz eigenen Beitrag zu dem sich entwickelnden Geschehen. Am Fenster der Nikolaikirche befestigte sie ein Plakat, auf dem »Freiheit für die Gefangenen« stand. Zwar ließ die Stasi es nachts abreißen, aber Katharina gab nicht auf. Klugerweise schrieb sie die Forderung daraufhin mit Kreide an die

Kirchenmauer. Der Schriftzug war vom Sandstein nur schwer zu entfernen und konnte zudem bei Bedarf leicht nachgezeichnet werden. Der Schriftzug blieb.

Nach ihrer Rückkehr zum Studium in Berlin nahm Katharina wieder den Kontakt zur Gethsemanekirche, einem der Treffpunkte Oppositioneller und der Friedensbewegung in Berlin, auf und gründete später an der Uni eine Gruppe des »Neuen Forum«.

Unser Sohn Sebastian stand kurz vor der Einberufung als Bausoldat, also zum Militärdienst ohne Waffe, nach Bautzen. An den großen Demonstrationen, die Leipzig im Herbst 1989 in den Fokus der Geschehnisse rücken sollten, konnte er noch teilnehmen. Im Gefolge des 9. Oktobers konnte er noch 1989 in den Zivildienst überwechseln. Nur ein Mal war er in Uniform zu Hause. Er war sich und uns so fremd darin. Als er an der Tür klingelte, machte Georg auf, drehte sich auf dem Absatz um, rannte in die Küche und rief: »Mama, da draußen steht ein Russe!«

Unser Sohn Martin hatte als Thomaner in Berlin auf der zentralen Festveranstaltung zum 7. Oktober gesungen. Selbst dem elfjährigen Jungen fielen sofort die vielen Lastwagen und zahllosen Polizisten auf den Straßen auf. Noch auffälliger aber war, dass Gorbatschow noch vor Ende der Veranstaltung den Saal verließ. Das konnte sich unser Sohn damals nicht erklären. Es war zumindest ungewöhnlich, dass bei diesem Festakt der Generalsekretär der KPdSU nicht bis zum Schluss blieb.

Und auch unser Kleinster, Georg, verfolgte mit seinen gerade mal sechs Jahren die Ereignisse jener Tage mit großem Interesse. Er wollte unbedingt mit zur Demo und versuchte seinen Willen durchzusetzen. Doch bis zum 9. Oktober war das ausgeschlossen, denn niemand brachte Kinder mit dorthin. Nicht in die Kirche und erst recht nicht zu den Demonstrationen. Das war in jenen Tagen viel zu gefährlich. Doch er ließ nicht mehr locker und bestand vehement darauf, einmal mit auf die Straße zu gehen. Meine Frau versuchte, es ihm auszureden. »Zur Demo gehört auch ein Plakat!«, erklärte sie ihm. »Wir haben ja gar keines.« »Dann basteln wir eben eins«, antwortete er gewitzt und ließ sich nicht beirren. Monika startete einen weiteren Versuch, ihn davon abzubringen. »Aber da muss man auch etwas draufschreiben, und du gehst doch noch nicht zur Schule«, sagte sie.

»Ich kann wohl schon schreiben«, widersprach er. Dann holte Georg Stift und Papier und schrieb, was er konnte: eine Zwei und eine Acht. Dazu ein A und ein X, alles bunt durcheinander. Georg hatte sein Plakat, mit dem wir Ende Oktober auch wirklich auf die Straße gingen. Und den eigenwilligen Text darauf zu dechiffrieren, hatte die Stasi sicher ihre Probleme.

Wie gereizt die Stimmung war, die in der Stadt bis zum Oktober herrschte, zeigte auch meine Vorladung für den 25. August 1989 zum Staatsanwalt der Stadt Leipzig. Ich bat Pfarrer Rolf-Michael Turek, mich zu diesem Gespräch zu begleiten. Sobald ein Verhör oder Ähnliches anstand, befolgten wir alle eine einfache Regel: unbedingt einen Zeugen mitnehmen. Allein wegen des Gedächtnisprotokolls. Pfarrer Turek ist heute Krankenhausseelsorger. Damals veranstaltete er als Pfarrer der Markusgemeinde mit einigen anderen die Fürbittenandachten für die Berliner Verhafteten in der Kapelle des Gemeindehauses. Er setzte sich maßgeblich für die Friedensgebete ein.

Das Gespräch mit dem Staatsanwalt begann auf die sanfte Tour. »Sie können die Sachlage gar nicht durchschauen, meine Herren«, lauteten seine einleitenden Worte. »Sie merken ja nicht, dass die Kirche in der DDR längst zu einem manipulierten Instrument der westlichen Geheimdienste und damit des kapitalistischen Auslands geworden ist.«

Wir sagten erst einmal nichts dazu.

»Sie und Ihre Kirche werden benutzt«, fuhr er mit wichtiger Miene fort, »um in der DDR Unruhe zu stiften und den sozialen Frieden und Sozialismus zu gefährden. Wir bitten Sie daher, diesem Spuk ein Ende zu bereiten. Die Friedensgebete sind Ihnen längst aus dem Ruder gelaufen.«

Wir ließen uns bei diesem Gespräch absichtlich auf keinerlei Diskussionen ein, sondern verließen das Büro der Staatsanwaltschaft kommentarlos. Direkt im Anschluss jedoch verfassten wir ein Gedächtnisprotokoll, welches ich Landesbischof Dr. Johannes Hempel zukommen ließ.

Die Friedensgebete waren von einer Sommerpause unterbrochen, weil die Monate Juli und August in der DDR feste Ferientermine und die Basisgruppen in dieser Zeit notorisch unterbesetzt waren. Daher hielten wir am ersten Montag im Juli das letzte Friedensgebet vor der Sommerpause und begannen wieder am ersten Montag im September.

Im Jahr 1989 war der erste Montag im September der 4.9., und am selben Tag begann die Herbstmesse. Westliche Journalisten mussten normalerweise für jeden Fernsehbeitrag eine Drehgenehmigung einholen und bekamen natürlich für den Dreh in der Kirche und für Interviews mit kirchlichen Mitarbeitern keine. Für die Messewoche hingegen erhielten Journalisten pauschale Drehgenehmigungen für die ganze Stadt. Das erkannten sie sofort als Chance – und die Staatsvertreter als Gefahr.

Am 1. September, einem Freitag, bestellten deshalb der Rat der Stadt Leipzig, der Oberbürgermeister und die Abteilung Inneres den gesamten Kirchenvorstand ins Rathaus. Dieses Gespräch war allein äußerlich dadurch gekennzeichnet, dass vom Kirchenvorstand alle redeten und von staatlicher Seite nur einer sprach. Anderthalb Stunden lang beknieten sie uns, das Friedensgebet eine Woche später beginnen zu lassen und nicht gerade am Messemontag.

Bei diesem Gespräch standen wir alle ein wenig unter Zeitdruck. Am Abend sollte ein Gottesdienst zum fünfzigsten Jahrestag des Ausbruchs des Zweiten Weltkrieges stattfinden. Wir Kirchenvertreter sahen absolut keinen vernünftigen Grund, das Friedensgebet am Montag nicht beginnen zu lassen. Es war zudem thematisch eingebettet in die Veranstaltungen rund um den 1. September, den Weltfriedenstag. Die Gruppe, die ihn gestalten sollte, stand bereits fest und hatte alles vorbereitet. Daher lehnten wir ab.

Ich verabschiedete mich im Namen aller mit dem Hinweis, dass der Kirchenvorstand nicht noch einmal zu einem solchen Gespräch erscheinen werde. Schließlich werde er ausschließlich zu kirchlichen Zwecken einberufen.[74] Die Geschlossenheit, mit welcher der Kirchenvorstand auftrat und sich weigerte, dem staatlichen Druck nachzugeben, beeindruckt mich noch im Nachhinein. Ohne uns vorher abgesprochen zu haben, standen wir zusammen.

Also fand das erste Friedensgebet nach der Sommerpause wie geplant am 4. September 1989 statt. Die Predigt hielt Superintendent Magirius. Als wir nach dem Friedensgebet aus der gut gefüllten Kirche kamen, stand im Halbrund eine Kamera neben der anderen. Die westdeutschen Fernsehsender waren vertreten. Im ersten Augenblick ärgerte ich mich und dachte bei mir: Die nehmen der Stasi die Arbeit ab und filmen uns alle! Doch schon im nächsten Moment wurde mir klar, wie wichtig die Anwesenheit der Medien war. Einige Jugendliche der Basisgruppen entrollten geistesgegenwärtig und blitzschnell ein weißes Laken. »Für ein offenes Land mit freien Menschen«, stand darauf. Sie schafften es, das Plakat ganze zehn bis fünfzehn Sekunden hochzuhalten. Dann riss es ein Trupp Stasileute herunter und stieß die Jugendlichen zu Boden. All das geschah vor den laufenden Kameras. Am Abend war diese Aktion der Aufmacher in der *Tagesschau*. »Nach dem Friedensgebet in der Leipziger Nikolaikirche ...«, begann der erste Beitrag. Dazu zeigte die ARD die Aufnahmen von den Jugendlichen mit dem Plakat. Die Bilder waren in ganz Deutschland und Europa zu sehen! Zum ersten Mal erfuhr die breite Masse in der Bundesrepublik, was da in Leipzig in und vor der Nikolaikirche los war.

Die wohl beste Nebenwirkung des Ganzen: Da die DDR-Bürger regelmäßig Westfernsehen sahen, hatte nun auch die ostdeutsche Bevölkerung flächendeckend (zumindest fast, denn: ARD = Außer Raum Dresden) von den Ereignissen im Zusammenhang mit den Friedensgebeten in St. Nikolai erfahren. Von da an kamen immer mehr Menschen aus der ganzen Republik zu den Friedensgebeten in unserer Kirche und zu den Demonstrationen danach auf den Nikolaikirchhof.

Die ungebremste Gewalt der Staatsorgane in Leipzig begann dann am Montag darauf, am 11. September 1989, als mit zügelloser Brutalität gegen die Besucher des Friedensgebetes und der anschließenden Demonstration auf dem Nikolaikirchhof vorgegangen wurde. Ein Heer von Polizisten nahm absolut willkürlich scheinende Verhaftungen vor unter rüdester Behandlung der Menschen. Als ich bemerkte, was da vor sich ging, war ich so erregt, dass ich intuitiv das Fenster des Pfarramtes aufriss.

»Denkt bloß nicht, dass ihr das ungestraft machen könnt. Wir merken uns eure Gesichter!«, schrie ich zu den Polizisten hinunter. Schweißüberströmt drehte sich einer zu mir um. »Das ist uns scheißegal, was du dir merkst!«, brüllte er zurück. Ich wollte ihm noch eine passende Antwort geben und holte schon tief Luft. Doch da zogen mich aus Sorge schon Kollegen aus dem Pfarramt vom Fenster zurück. »Nicht! Die warten doch nur drauf, Sie auch noch mitzunehmen!«

Von jenem Tag an ging das Montag für Montag so: eine völlig überfüllte Nikolaikirche, dazu unzählige Menschen auf dem Nikolaikirchhof und eine dreifache Polizeikette um Nikolaikirche und Nikolaikirchhof. Drinnen fühlten wir uns dagegen wie in einer anderen Welt: Ruhe und Geborgenheit bei aller Anspannung. Und am Ende stets die Botschaft Jesu der Gewaltlosigkeit.

»Lasst die Gewaltlosigkeit nicht hier in der Kirche stecken, tragt sie hinaus auf die Straßen und Plätze. Schon beim Hinausgehen könnt ihr sie praktizieren. Drängelt nicht, schubst nicht, damit niemand zu Schaden kommt«, gab ich den Versammelten mit auf den Weg. Als dann die knapp zweitausend Menschen friedlich die Kirche verließen, wofür uns nur der kleine Seiteneingang zur Verfügung stand, weil das Hauptportal wegen Bauarbeiten gesperrt war, dauerte das eine ganze Weile. So lange aber hatten die »Einsatzkräfte« draußen keine Geduld. Schon nach wenigen Minuten brüllte ein Offizier durchs Megaphon: »Bürger, lösen Sie sich auf!«

Trotz des Ernstes der Lage war allen die ureigene Komik dieser Aufforderung bewusst. Das war beste Behördenprosa. Die Menschen lösten sich natürlich nicht auf, sondern blieben stehen, unterhielten sich und warteten auf jene, die nach ihnen aus der Kirche kamen.

Ehe wir es uns versahen, wurden die Ersten festgenommen. Ohne jede Begründung. Einfach so. Einige Jugendliche kamen zu mir. »Wir können doch nicht zusehen, wie die immer wieder unsere Leute abschleppen!«, riefen sie empört. »Wir müssen was tun!«

Ich war ziemlich ratlos und machte ihnen zuallererst und mit Nachdruck eines klar: »Wir dürfen auf gar keinen Fall mit Gewalt antworten! Sonst werden wir genau wie die da draußen und verlassen die Spur Jesu. Dann geht der Segen von uns weg.«

Zum nächsten Vorbereitungstreffen des Friedensgebetes unterbreiteten sie mir einen ungewöhnlichen Vorschlag: »Pfarrer, sag den Leuten heute Abend im Friedensgebet an, was im Fall einer Zuführung zu tun ist: ›Bevor du im Lastwagen verschwindest, schreie deinen Namen auf die Straße! Irgendeiner kennt dich oder hört deinen

Namen und schreibt ihn auf.‹ Nach dem Friedensgebet gehst du dann ins Pfarramt. Dorthin bringen wir die Namen der Verhafteten.«

»Das will ich gerne tun«, antwortete ich.

So geschah es dann auch. Wir erstellten eine, wenn auch unvollständige, Liste mit den Namen der Inhaftierten, ob wir sie kannten oder nicht. Die Superintendenten Friedrich Magirius und Johannes Richter setzten sich mit den staatlichen Stellen in Verbindung: »Folgende Jugendliche sind heute Nacht nicht nach Hause gekommen. Was ist los?« Zusätzlich hängten wir die Namensliste an unserer Infowand in der Kirche aus. So konnte sich jeder informieren, ob sein Angehöriger, Mitschüler, Kollege oder Kommilitone unter den Verhafteten war.

Bald hatten einige Jugendliche den Einfall, die Namen der Inhaftierten in Großbuchstaben auf Zeichenblöcke DIN A2 zu schreiben und an die Ziergitter der Kirchenfenster neben dem Eingang zu heften. Die Versuche der Stasi, nachts die Namenslisten abzureißen, spornten die Jugendlichen nur an. Sie schrieben die Namen immer größer und hängten die Liste noch höher. Schließlich blieben sie hängen.

Bald fingen die Menschen an, Blumen neben die Namen zu stecken und Kerzen auf den Bürgersteig vor den Fenstern zu stellen. Sogar Vasen mit Blumen und Schleifen kamen hinzu. »Kopf hoch, Maik! Dein Arbeitskollektiv«, stand unter anderem darauf. Es war ein wunderbarer, bis dahin nie erlebter Vorgang: Tag für Tag, Nacht für Nacht kamen Menschen vorbei, brachten Blumen, zündeten Kerzen an, blieben stehen und redeten miteinander.

Den staatlichen Behörden war all das selbstverständlich ein Dorn im Auge. Den Montag als »Chaostag« hatten sie ihrer Meinung nach inzwischen »im Griff«. Aber das hier war zu viel: Jeden Tag dieser Anblick, noch dazu fünf Minuten vom Hauptbahnhof entfernt und damit mitten in der Stadt! Die DDR konnte und wollte der Weltöffentlichkeit unter keinen Umständen ein solches Bild präsentieren.

Ein Mitarbeiter des Rathauses rief mich an.

»Herr Pfarrer, Sie sind für Ordnung und Sicherheit vor Ihrer Kirche verantwortlich.«

»Das bin ich«, erwiderte ich und war gespannt auf das, was er mir mitzuteilen hatte.

»Na dann räumen Sie die Blumen weg, und entfernen Sie die Kerzen und Wachsreste vom Bürgersteig, damit die älteren Bürger nicht ausrutschen!«, forderte er mich in barschem Ton auf.

»Uns wird in diesem Land schon so ziemlich alles untersagt«, entgegnete ich entschieden. »Aber Trauer und Schmerz lassen wir uns nicht auch noch verbieten. Räumen Sie die Sachen selbst weg!«

Ich hörte nur noch ein Klicken in der Leitung.

Eines Nachts Mitte September rückte die Stadtreinigung mit Schaufeln, Besen und Schneeschiebern an. Ich beobachtete die Männer vom Balkon unserer Wohnung aus. Ich dachte: Jetzt haben sie dich überlistet. Ich war so erschöpft, ich konnte nicht einmal »He, was macht ihr da!« zu ihnen hinunterrufen. Ordentlich erledigten die Frauen und Männer ihren Auftrag, räumten die verwelkten Blumen weg und säuberten den Bürgersteig von Wachs und Kerzen. Reglos verfolgte ich das Geschehen. Dann geschah etwas Außergewöhnliches, und ich wollte im ersten Moment meinen Augen nicht trauen. Zu meiner grenzenlosen Verwunderung holten die Arbeiter aus dem Kerzenhaufen all jene heraus, die noch zu gebrauchen waren. Die Männer und Frauen säuberten die Stumpen, zündeten sie an und stellten sie in die Fenster der Nikolaikirche. Ich war richtig ergriffen. So geht das also jetzt, dachte ich. Da wurde nicht mehr »Dürfen wir das?« gefragt: »Wer übernimmt hier die Verantwortung?« Sie dachten selbst. Entschieden selbst. Handelten selbst. Das war neu in diesem Land. Doch auch die Brutalität der Verhaftungen vom 11. September wirkte noch eine ganze Weile in mir nach. Da ich mich nicht beruhigen konnte, entschloss ich mich zu einer Geste: Zum nächsten Friedensgebet, am 18. September, erschien ich mit schwarzem Anzug und schwarzem Schlips in der Kirche. Die Menschen, die zu den Friedensgebeten kamen, kannten mich nur in Jeans und Weste. Doch an jenem Tag war es damit vorbei.

»Ich ziehe den schwarzen Anzug eigentlich nur zu Beerdigungen an. Den schwarzen Schlips habe ich zum letzten Mal bei den Bestattungen meines Vaters und meiner Mutter getragen. Was ich letzten Montag hier erleben musste, war einfach nur schrecklich. Aus Trauer darüber trage ich diese Kleidung. Ich werde den Schlips erst wieder ablegen, wenn diese Knüppelei aufhört, wenn hier niemand mehr verhaftet wird.«

Eine Woche später, am 25. September, veranstaltete die AG Menschenrechte zusammen mit Pfarrer Wonneberger ein Friedensgebet von ganz besonderer Qualität. Nach dem Gebet liefen ungefähr achttausend Menschen vom Nikolaikirchhof in Richtung Hauptbahnhof und sangen »We shall overcome«. Zwischendurch riefen sie immer wieder »Freiheit« oder »Neues Forum zulassen«.

Die Reaktion von staatlicher Seite ließ nicht lange auf sich warten. Für den 29. September 1989 erhielt ich erneut eine Vorladung. Diesmal wurde ich zusammen mit Christoph Wonneberger zum Bezirksstaatsanwalt des Bezirkes Leipzig zitiert. Das Landeskirchenamt stellte uns Oberlandeskirchenrat Auerbach als Begleiter zur Verfügung, weil mit unserer Verhaftung zu rechnen war. Als wir in der Jungen Gemeinde die Vorladung erwähnten, riet man uns, vorsichtshalber mal Zahnbürste und Rasierzeug einzupacken.

Als wir am Untersuchungsgefängnis ankamen, trafen wir zufällig auf zwei junge Männer in Begleitung einer Frau. Sie wollten einen Freund besuchen, und man ließ uns gleich alle zusammen hinein. Alles war, wie man sich ein Gefängnis so vorstellt: überall Gitter, vor und hinter einem ständig Schlüsselgerassel vom Auf- und Zuschließen, bis hin zum kargen Besucherraum.

Während wir durch die Gänge schritten, merkte ich, dass der Frau übel wurde und sie sich kaum noch auf den Beinen halten konnte. Daher wandte ich mich an den Schließer. »Ihr ist schlecht, sehen Sie das denn nicht?«

Er nickte nur stumm.

»Bringen Sie uns alle zusammen noch mal raus, bis es der Frau besser geht. Schließen Sie uns bitte die Türen noch mal auf!«, forderte ich ihn auf.

Er kam meiner Aufforderung tatsächlich nach und geleitete uns zurück nach draußen. Dort setzte sich die Frau erst mal auf eine Bank, um frische Luft zu schnappen. Wer weiß, was für ein Tag das für sie war und was dieser schwere Gang für sie bedeutete. Ich hoffte, er wäre besser als unserer. Wir mussten sie zurücklassen, als wir zum Bezirksstaatsanwalt gerufen wurden. Der brüllte uns zehn Minuten lang an, und das Ganze hieß dann »Gespräch«. Die Essenz dieser Brülltirade lautete sinngemäß: »Wenn Sie nicht sofort mit den Friedensgebeten aufhören, müssen Sie mit Ihrer Verhaftung rechnen.

Wir dulden keine weitere Provokation. Sie verletzen das Recht der DDR. Das hat jetzt ein Ende. Und Ihr Beruf als Pfarrer wird Sie auch nicht mehr schützen.«

Christoph Wonneberger und ich sagten dazu gar nichts. Was hätten wir darauf auch schon erwidern sollen? Wir wussten, was zu tun war. Zu sagen gab es hier dagegen nichts.

Lediglich Oberlandeskirchenrat Auerbach entgegnete zwei, drei Sätze. Am Ende kamen wir tatsächlich noch einmal davon an jenem 29. September.

Diesmal mussten wir kein Gedächtnisprotokoll schreiben. Schließlich hatte uns der Oberlandeskirchenrat als Zeuge begleitet. Später erfuhren wir dann: Auf dem Gelände der Agra – der Landwirtschaftsausstellung – war ein Internierungslager für den sogenannten »Spannungsfall« vorgesehen[75]. Gott sei Dank kam es nicht mehr zu dessen Nutzung. Denn die Ereignisse bis zum 9. Oktober sollten sich überschlagen. Zudem liefen die Vorbereitungen zum 40. Jahrestag der DDR auf Hochtouren. Für die Internierung ganzer Gruppen von Oppositionellen hatte man wohl keine Zeit mehr gehabt.

Die brutalen Einsätze der Staatsgewalt vom 11., vom 18. und vom 25. September sollten noch überboten werden, nämlich am 7. Oktober 1989, einem Sonnabend. Im Laufe des Vormittags sah ich, wie immer mehr Menschen an die Nikolaikirche kamen, um die Blumen und Plakate in den Fenstern zu betrachten. Wie an einem Wallfahrtsort. Ich ging hinunter und lief über den Nikolaikirchhof. Einige grüßten. Man sah sich ja jeden Tag. Gerade hier, mitten in einer Großstadt, fühlte ich mich wie im Heimatdorf. In den Geschäften, bei den Menschen, die dort arbeiteten, kannte man sich. Die Menschen, die hier wohnten, waren uns ebenso vertraut. Nahm ich mir mal richtig Zeit für einen Gang über den Nikolaikirchhof, dann konnte eine Stunde daraus werden, in der ich mich mit den Leuten, denen ich dort spontan begegnete, unterhielt. Dafür war die Nähe unserer Wohnung zur Kirche – abgesehen von dem wunderbaren Ausblick, den wir vom Balkon aus auf die Nikolaikirche hatten – geradezu ein Geschenk.

An jenem 7. Oktober waren viele fremde Gesichter unter denjenigen, die auf den Nikolaikirchhof gekommen waren. Natürlich!

Weiter drüben auf dem Marktplatz liefen ja die »Leipziger Markt-tage«, mit denen an jenem Tag die Feierlichkeiten zum 40. Jahres-tag der DDR untermalt wurden. Schon an ihrer Körpersprache und den Blicken hoch zu den Kirchenfenstern konnte ich erkennen, dass sich die Leute darüber unterhielten, was in den letzten Wochen hier vor sich gegangen war. Das Treiben drüben auf dem Marktplatz wollte ich mir nicht anschauen. Ich kehrte zurück in die Wohnung, um den Sonntagsgottesdienst vorzubereiten.

Es regnete immer mal wieder. Trotzdem wuchs die Menschen-menge auf dem Nikolaikirchhof kontinuierlich an. Sie standen in Gruppen und wirkten wie Touristen, die sich den Platz und die Kir-che mit einer gewissen Neugier anschauten. Gerade so, als warteten die Leute auf etwas. Dabei war die Atmosphäre erstaunlich friedlich.

Wie aus dem Nichts erschienen Uniformierte. Weiße Helme. Be-reitschaftspolizei. Ich stand oben am Fenster. Die Szenerie wirkte, als würde da unten ein Film gedreht. Die Filmkameras jedoch fehl-ten. Ich traute meinen Augen nicht. Ohne jeden Anlass drängte das Einsatzkommando die Menschen vom Platz. Knüppel und Hunde wurden eingesetzt gegen Menschen, die sich eben noch unterhalten hatten. Die sich die Kirche angeschaut hatten. Die keine Waffen hatten. Nur ihre bloßen Hände.

Die Uniformierten schlugen auf die Umstehenden ein. Einen nach dem anderen zerrten sie mit sich. Die bereits Festgehaltenen wurden sogar geschlagen. Obwohl sie sich nicht wehrten. Ich schaute meine Frau an. Sie konnte mir nichts sagen. Und wusste doch genau, was in mir vorging.

Mir kamen die Tränen vor Hilflosigkeit. Viele dieser Menschen da unten waren ja erst durch den Polizeieinsatz zu Demonstranten geworden. Ihr Tag in Leipzig hatte den Markttagen und einem Be-such in der Kirche oder bei Freunden gegolten.

Was steckte diesem Staat an seinem 40. Jahrestag in den Kno-chen? Von wieviel Angst war er besetzt, wenn er schon nicht mehr gegen tatsächliche Oppositionelle, sondern gegen Leute vorging, die einfach nur da waren? Anwesend waren? Sich nicht rechtzeitig in Luft aufgelöst hatten? Was tun? Nichts konnte ich tun! Was sollte das erst am Montag, am 9. Oktober, werden?

Ich bin höchst allergisch gegen jede Form von Ungerechtigkeit.

Gegen Gewalt. Brutalität, wie ich sie mit ansehen musste, bereitet mir körperliche Schmerzen. Über mehrere Stunden waren diese Schlägertruppen im Einsatz. Zwischenzeitlich gab es immer mal einen kurzen Stillstand. Dann rückten die Menschen auf. Immer wieder füllte sich der Platz, von dem kurz zuvor Leute weggeschleppt wurden. Die Truppen machten keinen einzigen Meter Boden gut. Irgendwann zogen die Uniformierten weiter. In die Grimmaische Straße. In die Ritterstraße. Wir konnten zwar nicht eingreifen. Aber wir wussten, dass auch diesem Tag ein neuer folgen würde und es mehr denn je galt, den Menschen ein Refugium zu geben, die von ihrem eigenen Staat so behandelt wurden. Meine einzige Hoffnung an jenem Abend war, dass ich dazu noch Gelegenheit haben würde. Dass es dafür noch nicht zu spät war.

Einen Tag zuvor, am 6. Oktober 1989, war in der *Leipziger Volkszeitung* ein Artikel dazu erschienen. »Staatsfeindlichkeit nicht länger dulden!«, lautete die Überschrift. Diese »konterrevolutionären Aktionen« seien »endgültig und wirksam zu unterbinden, wenn es sein muss, mit der Waffe in der Hand«[76], hieß es im Text. Mit Sorge hatte ich den Artikel gelesen. Dennoch übertraf der tatsächliche Einsatz jegliche Befürchtung meinerseits. Nun wirkten die »Leipziger Markttage« so unweit von St. Nikolai nur noch grotesk.

Fröhliches Treiben. Trallala. Spießbraten. Schnaps. Bier. Es sollte, ja, es durfte gefeiert werden.

Inzwischen war es Abend geworden. Unruhig lief ich zwischen Schreibtisch und Fenster hin und her. Auf dem Nikolaikirchhof waren keine Polizisten mehr zu sehen und nur noch etwa zwei Dutzend Menschen, darunter auch einige größere Kinder und Jugendliche. Vermutlich waren sie auf dem Weg zum Bahnhof. Hatten im Vorübergehen die Kerzen und die Listen mit den Namen der Verhafteten im Kirchenfenster entdeckt. Sie lasen die Namen auf den Plakaten. Blieben stehen und redeten miteinander.

Ich sah, wie ein Lastwagen rückwärts und mit Vollgas heranschoss. Ein Uniformierter sprang von der Ladefläche, gefolgt von einem Dutzend anderer. Ich ging raus auf den Balkon und hörte, wie er nur »Einsacken!« brüllte. Die anderen griffen sich die Menschen auf dem Platz und zerrten sie zu dem Lastwagen. Jeder, der zufällig gerade in der Nähe war, wurde geschnappt und verladen. Ich hörte nur noch, wie einer von drinnen schrie: »Mit welchem Recht? Mit welchem Recht?«

Wie gelähmt stand ich am Fenster, unfähig, mich auch nur zu rühren. Das da unten vor unserer Haustür war weder eine gezielte Zusammenrottung noch eine geplante Demonstration gewesen. Diese Menschen waren eher zufällig an der Nikolaikirche vorbeigekommen.

Der LKW fuhr weg. Jetzt herrschte die sprichwörtliche Friedhofsruhe auf dem Nikolaikirchhof. Nun setzte das große Luftanhalten ein. Die einen waren verhaftet und die anderen froh, davongekommen zu sein. An diesem »Feiertag« wurden etwa zweihundert Menschen verhaftet. Sie wurden auf das Gartenbaugelände in Markkleeberg transportiert und in Pferdeställe eingesperrt.[77] Am Ende des Staatsfeiertages herrschte auf dem Nikolaikirchhof eine geradezu gespenstische Ruhe.

Zum Sonntagsgottesdienst am folgenden Morgen waren außergewöhnlich viele Ärzte in der Kirche. Eine Gruppe von ihnen kam nach der Predigt auf mich zu. Sie erzählten von ihrem Verdacht. Unverhältnismäßig viele Schlüsselbeinbrüche und Schulterblattverletzungen hätten sie am Abend zuvor zu behandeln gehabt. Unzweifelhaft Spuren von Verletzungen durch Schlagstöcke. Damit gaben sie mir einen wichtigen Hinweis, ohne weiter ins Detail zu gehen.

Am meisten beunruhigte mich die Information, in den Krankenhäusern seien auf Anordnung von oben einige Abteilungen vorsorglich geräumt worden. Für den kommenden Montag, den 9. Oktober 1989, waren für Schussverletzungen Blutkonserven angefordert worden.

Gerade so, als sollte es zur »chinesischen Lösung« kommen.

Die Signale waren bewusst gewählt. Für ein Schreckensszenario.

SIE WAREN AUF ALLES VORBEREITET. NUR NICHT AUF KERZEN UND GEBETE.

Der Sonntag verlief ruhig. Die Atmosphäre fühlte sich an wie die sprichwörtliche Stille vor dem Sturm. Ich bereitete die Morgenandacht für den 9. Oktober vor. *»Einer trage des Anderen Last, so werdet ihr das Gesetz Christi erfüllen«*[78], wählte ich als Text aus.

Welche Last würden wir noch zu tragen haben?

An jenem Montag war trotz aller staatlichen Drohungen mit einem großen Ansturm zum Friedensgebet zu rechnen. In seiner Sitzung vom 2. Oktober hatte der Kirchenvorstand bereits vorsorglich beschlossen, Pfarrer Ebeling von der benachbarten Thomaskirche zu bitten, die Türen seines Gotteshauses erstmals für ein Friedensgebet zu öffnen.

Als Vorsitzender des Kirchenvorstandes schrieb ich folgenden Brief, den ich persönlich im Pfarramt der Thomasgemeinde abgab, damit ihn die Stasi nicht abfangen konnte:

Ev.-Luth. Kirchgemeinde
7010 LEIPZIG, am 3.X.1989
St. Nikolai – St. Johannis
Nikolaikirchhof 3 – PSF 728
Kirchenvorstand/Vorsitzender
Telefon 20 09 52
Pfarrer C. Führer

Dem Ev.-Luth. Kirchenvorstand
der St.Thomae – St. Matthäi-Kirchgemeinde

z. Hd. des Herrn Vorsitzenden
Pfarrer Ebeling

Liebe Schwestern und Brüder!
Unser Kirchenvorstand wendet sich in schwieriger Lage an Sie.
Wie Sie wissen, hat sich die Zahl der Menschen, die montags das Frie-
densgebet um 17.00 Uhr besuchen wollen, im Monat September ständig
erhöht. Am 25.IX. waren wir mit über 2500 Personen in der Kirche be-
reits über die verantwortbare Aufnahmemöglichkeit belegt, ohne daß wir
alle Menschen damit aufgenommen hätten. Auch am 2.X. mußte ich die
Kirche wieder schließen lassen, als alle Plätze besetzt waren.
Durch Verhandlungen mit der Reformierten Kirche konnte jedoch
17.15 Uhr ein weiteres Friedensgebet, gehalten von dem Grünauer ka-
tholischen Pater Bernhard, in der Reformierten Kirche angeboten wer-
den. Dieses Angebot wurde genutzt, so daß in relativ kurzer Zeit auch
die dort vorhandenen 600 Plätze besetzt waren und auch diese Kirche ge-
schlossen werden mußte.
Unser Kirchenvorstand wendet sich nun mit der ebenso dringenden wie
herzlichen Bitte an Sie, zur Verminderung der Gefahr der brachialen
Konfrontation die Thomaskirche montags 17.15 ebenfalls wie die Refor-
mierte Kirche für ein Friedensgebet zu öffnen. Wie Sie wissen, verhalten
sich die Teilnehmer der Friedensgebete in der Kirche so, wie es einer Kir-
che geziemt.
Wir haben in den eineinhalb Jahren der Friedensgebete mit großen
Zahlen nicht eine einzige Zerstörung oder auch nur Beschädigung erle-
ben müssen.
Die Zeit drängt, der nächste Montag steht vor der Tür. Ich bin jeder-
zeit zu Gesprächen und Überlegungen bereit. Lassen Sie uns in dieser
ernsten Situation keine Fehlbitte tun.
In der Verbundenheit des Glaubens
Ihr
Pfarrer C. Führer

Von den frühen Morgenstunden des 9. Oktober an klingelte in meinem Amtszimmer pausenlos das Telefon. Die Anrufe kamen meistens von Menschen, die uns ihre Ängste mitteilten. Andere wollten

uns vor möglichen Polizeieinsätzen warnen. Wieder andere drohten ganz unverhohlen und – anonym.

»Wenn ihr noch ein Friedensgebet in eurer Kirche abhaltet, dann steht eure Kirche in Flammen!«, brüllte einer der Anrufer ins Telefon und legte auf.

Meine Frau machte den ganzen Tag lang Telefondienst. Sie führte zahllose Gespräche.

Sogar noch während des Friedensgebets am Abend riefen Leute bei uns an. Manche von ihnen völlig aufgelöst. Ich war drüben in der Kirche, während Monika die Anrufer zu beruhigen suchte. Mit tränenerstickter Stimme machten manche ihrer Angst Luft. Es würde am Abend geschossen werden. Wir sollten die Anwesenden im Friedensgebet warnen und sie nach dem Gebet in der Kirche behalten.

Zusammen mit den Küstern hatte ich bereits in den vergangenen Wochen festgelegt, dass nach dem Gebet immer zwei von uns noch in der Kirche bleiben sollten. Wir mussten in der gespannten Atmosphäre, welche die Friedensgebete begleitete, sicherstellen, dass die Kirchentüren offen sind, wenn Menschen zurück in die Kirche laufen, weil sie draußen von Polizeikräften bedroht werden.

Die Berichte der Menschen am Telefon hatten einen nützlichen Effekt: Die Anrufer vertrauten uns nicht nur ihre Ängste an. Sie versorgten uns auf diese Weise auch – bewusst oder unbewusst – mit wertvollen Informationen. In den Betrieben waren die Leute ermahnt worden, nachmittags zu Hause zu bleiben. Davon erfuhren wir ebenso wie von dem Beschluss, den Unterricht an den Schulen an jenem Montag früher als sonst enden zu lassen, die Kindergärten früher als üblich zu schließen. Ab Mittag solle wegen des Friedensgebetes niemand mehr in die Stadt gehen, wurde in den Betrieben gewarnt. Man könne für nichts garantieren. Wieder kehrte der Staat seine zweifelhafte Fürsorge hervor. Nach dem Gebet werde mit der Konterrevolution Schluss gemacht, hieß es. Im schlimmsten Falle würde geschossen werden. Dieser Gefahr solle man sich nicht aussetzen. Eine unmissverständliche Warnung der Parteileitungen an die Arbeiter und Angestellten.

Ein Anrufer informierte uns über eine Gruppe von Leuten in Uniform, die sich in einem Gebäude neben dem Geschwister-Scholl-Haus auf Bereitschaft hielt. In dessen Keller befand sich eine große

Übungshalle für Kampfgruppen. Die nächste Information betraf nicht die Kampfgruppe, aber die NVA selbst. Ein wichtiger Hinweis erreichte uns aus der Georg-Schumann-Kaserne. Es existiere zwar kein schriftlicher Befehl, aber Honecker habe mündlich den Auftrag erteilt, Leipzig – also die Nikolaikirche – müsse »dichtgemacht werden«. Natürlich erfolgte auch dieser Anruf anonym, schließlich stammt die Information aus einer internen Offiziersbesprechung.

Im Übrigen hatte es Honecker genauso mit dem Schießbefehl an der Mauer gehalten: Es gibt dazu keine schriftlich niedergelegten Anordnungen von ihm. Lediglich der eine oder andere Zettel mit dem Kürzel »EH«, auf dem er eine Anweisung erteilte, ist erhalten. Ganz anders bei Erich Mielke, dem Chef der Staatssicherheit. Der schickte am 8. Oktober 1989 sogar eine telegrafische Weisung an die Leiter aller Diensteinheiten mit dem Wortlaut:

Der Minister für Staatssicherheit verordnet für alle Mitarbeiter »volle Dienstbereitschaft« und fordert die Bezirksverwaltungen auf, »auch zu offensiven Maßnahmen zur Unterbindung und Auflösung von Zusammenrottungen« bereit zu sein. Zu Personen, die von der Staatssicherheit bereits als politisch verdächtig »operativ bearbeitet« werden, sollen Maßnahmen vorbereitet werden, um sie »erforderlichenfalls kurzfristig« festnehmen zu können.[79]

Schließlich erreichte mich durch einen Anrufer noch folgende wichtige Nachricht: Etwa tausend SED-Genossen waren im Neuen Rathaus und der Uni zusammengezogen und dafür angeworben worden, am Nachmittag in die Nikolaikirche zu gehen, um dort am Friedensgebet teilzunehmen. Die Szene ist vom Regisseur Frank Beyer in seinem Film *Nikolaikirche* aus dem Jahr 1995 gut wiedergegeben.

»Wo die Partei ist, hat der Klassenfeind keinen Platz!«, argumentieren darin die Genossen. So viele Genossen wie möglich sollten die Kirche frühzeitig besetzen. So hätten die anderen keinen Platz mehr. Glaubte man. Hoffte man.

Gegen 14 Uhr tauchten dann tatsächlich die Ersten in St. Nikolai auf. Bald waren es etwa sechshundert Leute. Aufgeregt kam der Küster über den Platz zu mir ins Pfarrhaus. »Die Kirche ist schon beinahe voll!«, rief er aufgeregt. Ich hatte mir schon so etwas gedacht. Dem Ruf der Partei in die Kirche waren offensichtlich viele

Genossen gefolgt. Es war gerade mal halb drei, und das Friedensgebet sollte erst gegen 17 Uhr, wie immer, beginnen. Oft ergreift mich in besonders brenzligen Situationen ein Gefühl großer innerer Ruhe. Dabei reagiere ich sonst durchaus aufgeregt, vor allem dann, wenn bei den Vorbereitungen zu wichtigen Ereignissen nicht alles glatt läuft.

Ich erzählte dem Küster von den Anrufen und davon, wer da in unserer Kirche saß.

Wir gingen hinüber, und der Küster schloss die Emporen ab. Lediglich das Kirchenschiff blieb geöffnet. Dann begrüßte ich die Genossen. Sie ahnten nicht, dass ich wusste, wer sie waren. Die Lage war recht einzigartig. Im Falle eines Polizeieinsatzes würden sie genauso von Kugeln getroffen wie jeder andere hier. In ihrer zivilen Aufmachung als Kirchenbesucher waren sie ja nicht als Spitzel zu erkennen. Hier saßen wir alle buchstäblich im selben Boot, dem Kirchenschiff.

Ich begrüßte die Gäste im Stile eines Kirchenführers. Die lockere Art fiel mir nicht einmal schwer.

»Sie haben sicher das Schild vor der Kirche gesehen«, begann ich. »Da steht ›Nikolaikirche – offen für alle‹ drauf. Und wir meinen das durchaus ernst. In diesem Sinne: Herzlich Willkommen!«

Ich schilderte ein paar Fakten zur Geschichte der Kirche und konnte dabei beobachten, wie immer mehr Menschen die Kirche betraten. Mit einem Quäntchen Humor erreichte ich selbst die Genossen. »Das Friedensgebet beginnt erst um siebzehn Uhr. Sie sind jetzt schon da, was mich ehrlich gesagt etwas wundert. Denn das arbeitende Proletariat kann frühestens ab sechzehn Uhr kommen.«

Verlegenheit, Verwunderung in allen Reihen. Was geht denn jetzt los?, stand den meisten Anwesenden als Frage ins Gesicht geschrieben.

»Sie werden Verständnis haben, dass ich die Emporen noch eine Weile geschlossen halte, damit auch noch ein paar Christen und Arbeiter in die Kirche passen.«

Einige der Anwesenden mussten wider Willen lächeln und konnten sich etwas entspannter in den Kirchenbänken zurücklehnen. Sie hatten verstanden: Der weiß, wer wir sind!

In den Treppenhäusern der Kirche gibt es mehrere Klappfenster. An einem hatten wir ein großes Schild befestigt mit dem Hinweis: »Nutzen Sie auch die anderen Kirchen zum Friedensgebet«. Es folgten die Namen der Gotteshäuser: Michaeliskirche, Reformierte Kirche, Thomaskirche. Meiner eindringlichen Bitte an die Thomaskirche zufolge hatten sich an jenem Montag auch diese Kirchen angeschlossen und ihre Türen für ein Friedensgebet geöffnet.

Dann war es 17 Uhr, und unser Friedensgebet verlief absolut reibungslos. Die Kirche war überfüllt bis hinauf auf die Emporen. Auf den Bänken im Kirchenschiff saßen nun ziemlich beengt die Genossen. Während der Ausübung ihrer Tätigkeit, in diesem Fall einer verdeckten Tätigkeit, mit der sie anderen den Platz wegnahmen, waren sie dem Wort, dem Evangelium und seiner Wirkung zugleich ausgesetzt.

Beim Friedensgebet am 9. Oktober vernahmen die Stasi und die Genossen das Evangelium von Jesus. Sie kannten Jesus nicht. Und sie konnten nichts mit der Kirche anfangen, in der sie saßen. Aber sie erfuhren von Jesus,

Der sagte: »*Selig die Armen!*«[80] und nicht: »Wer Geld hat, ist glücklich!«,

Der sagte: »*Liebe deine Feinde!*«[81] und nicht: »Nieder mit dem Gegner!«

Der sagte: »*So werden die Letzten die Ersten sein und die Ersten die Letzten!*«[82] und nicht: »Es bleibt alles beim Alten!«,

Der sagte: »*Wer sein Leben einsetzt und verliert, der wird es gewinnen!*«[83] und nicht: »Seid schön vorsichtig!«,

Der sagte: »*Ihr seid das Salz!*«[84] und nicht: »Ihr seid die Creme!«

Das Friedensgebet an jenem Tag ging in einer unglaublichen Ruhe und Konzentration vonstatten. Kurz vor dem Schluss und unmittelbar vor dem Segen von Landesbischof Dr. Johannes Hempel ließ ich den Aufruf verlesen, der als »Aufruf der Sechs« in die Geschichte eingehen sollte. Zeitgleich verlas Kurt Masur diesen Aufruf auf dem Leipziger Stadtfunk: »Die Leipziger Bürger Professor Kurt Masur, der Theologe Dr. Zimmermann, der Kabarettist Bernd-Lutz Lange und die Sekretäre der SED-Bezirksleitung Dr. Kurt Meyer, Jochen Pommert und Dr. Roland Wötzel wenden sich mit folgendem Aufruf an alle Leipziger: Unsere gemeinsame Sorge und Verantwortung haben uns heute zusammengeführt. Wir sind von der Entwicklung in unserer Stadt betroffen und suchen nach einer Lösung. Wir alle brauchen freien Meinungsaustausch über die Weiterführung des Sozialismus in unserem Land. Deshalb versprechen die Genannten heute allen Bürgern, ihre ganze Kraft und Autorität dafür einzusetzen, dass dieser Dialog nicht nur im Bezirk Leipzig, sondern auch mit unserer Regierung geführt wird. Wir bitten Sie dringend um Besonnenheit, damit der friedliche Dialog möglich wird. Es sprach Kurt Masur.«[85]

Als der Gewandhauskapellmeister und der Kabarettist Bernd-Lutz Lange zur Gewaltlosigkeit aufriefen, verbanden sich Kirche und Kunst, Musik und Evangelium.

Das Friedensgebet ging mit dem Segen des Landesbischofs zu Ende. Eindringlich forderte er die Besucher auf – und das schloss immerhin knapp sechshundert anwesende Genossen mit ein – sich nicht zu Provokationen hinreißen zu lassen, sich nicht auf Gewalt einzulassen, nicht gewalttätig zu reagieren.

Die Kirchentür wurde geöffnet. Mehr als zweitausend Menschen wollten aus der Nikolaikirche herausgehen. Auf dem Nikolaikirchhof und in den umliegenden Straßen jedoch warteten Zehntausende.

Diesen Anblick werde ich nie vergessen!

»Wir wollen mit euch sein«, rief ich ihnen zu und bat diejenigen an den Türen, doch etwas Platz zu machen, damit jeder aus der Kirche nach draußen gehen konnte. Die Menschen machten bereitwillig Platz. Sie hielten Kerzen in den Händen. Trägt man eine Kerze, braucht man beide Hände dafür. Man muss das Licht behüten. Es vor dem Auslöschen schützen. Für einen Stein oder Knüppel ist keine Hand frei. Option Kerze ist gleich Option Gewaltlosigkeit.

Langsam setzte sich der Zug durch die Innenstadt in Bewegung. Zwischen Angst und Hoffnung. Und das Wunder geschah. Der Geist Jesu der Gewaltlosigkeit erfasste die Massen und wurde zur friedlichen »Gewalt«. Die Menschen bezogen die Uniformierten, die herumstanden – Armee, Kampftruppen und Polizeikräfte – einfach ein. Verwickelten sie in Gespräche.

Es gibt ein überliefertes, aber nicht belegtes Zitat, was auch in Frank Beyers Film *Nikolaikirche* sehr gut in Szene gesetzt wurde:

Volkskammerpräsident Horst Sindermann sagt im Rückblick auf den 9. Oktober 1989: »Wir hatten alles geplant. Wir waren auf alles vorbereitet. Nur nicht auf Kerzen und Gebete.«

Das war es, was ich im Rückzug und Stillhalten der Uniformierten an jenem Abend las: Auch sie waren auf alles vorbereitet gewesen. Auf Demonstranten, die brüllen, provozieren, prügeln. Auf die man einschlagen kann. Schießen kann. In dieser riesigen Menschenmenge gab es natürlich den einen oder anderen, der auf Krawall aus war. Doch sobald sich eine Provokation anbahnte, worauf die Uniformierten ja nur warteten, kam der Ruf »Keine Gewalt!« von allen Seiten. So entstand eine Mauer des Schutzes aus Zehntausenden von Menschen mit Kerzen in den Händen und in einem Ruf vereint: »Keine Gewalt!«

Von der Grimmaischen Straße an der Oper vorbei auf den Ring zum Bahnhof zogen die Demonstranten in Richtung »Runde Ecke«, wo seit Jahren die Leipziger Bezirksverwaltung für Staatssicherheit ihren Sitz hatte. Es hieß, die Stasi habe ihre Leute vorsichtshalber von dort abgezogen. In dem Gebäude gingen die Lichter aus. Landesweit wandte sich die Wut der Leute zuerst gegen die Stasi-Zentralen. Später entzündeten die Demonstranten in Leipzig Kerzen, klebten sie auf den Boden, auf die Stufen zum Eingang. So entstand ein natürlicher Wall. Niemand wagte, drüber zu steigen oder sie auszutreten. Einige Demonstranten trugen Schärpen mit der Aufschrift »Keine Gewalt«. An jenem Abend gab es weder Sieger noch Besiegte. Keiner triumphierte über den anderen. Niemand verlor das Gesicht. Keine Schaufensterscheibe ging zu Bruch. Kein Einziger büßte sein Leben ein. Und all das vor dem Hintergrund von Mielkes Auftrag zu »offensiven Maßnahmen zur Unterbindung und Auflösung von Zusammenrottungen«. Die Gewaltlosigkeit war nicht in der Kirche stecken geblieben.

Ich hatte es immer wieder in den Friedensgebeten gesagt: »Nehmt die Gewaltlosigkeit mit auf die Straßen und Plätze. Dort draußen ist der Ort der Bewährung.«

Und nun hatten sich die Menschen trotz ihrer unterschiedlichen Weltanschauungen und ihrer zum Teil militant-atheistischen Erziehung ganz bewusst gegen Gewalt entschieden. In einem Land, in dem es keine Tradition der Gewaltlosigkeit gab. In einem Volk, das zwei verheerende Weltkriege herbeigeführt hatte. In einem Volk, das furchtbare Gewalt an dem Volk verübt hatte, dem Jesus entstammte.

Die erste Friedliche Revolution unserer deutschen Geschichte ohne Blutvergießen hatte vor unser aller Augen stattgefunden. Und wir sind dabei gewesen!

Am nächsten Tag bedankten sich einige der Genossen am Telefon. Sie waren auf Weisung ins Friedensgebet gegangen und mit einer vorgefassten Meinung zu uns gekommen. Diese Meinung war eine der zahllosen Varianten eines Artikels im *Leuna Echo*, dem Blatt der Leuna-Werke: *»Wie heißt noch das Gotteshaus in Leipzig, das über Westmedien seinen Bekanntheitsgrad so aufwertet? Nikolaikirche. Nun hat ja keiner etwas gegen die Ausübung der Religion. Das ist sogar in der Verfassung verbrieft. Doch sind den hohen Priestern wahrscheinlich die eigenen Bibeltexte entfallen. Denn als ein Hort des Friedens und der Besinnung kann man einige Kirchen unseres Landes wahrlich nicht mehr bezeichnen. Dort wird gehetzt, aufgeputscht und eine wilde Meute in Gang gesetzt.«*

Diese und ähnliche Ansichten und Vorurteile der Genossen, die mich nach dem Friedensgebet kontaktierten, hatten wir Kirchenleute von St. Nikolai mit einem einzigen Friedensgebet ausgeräumt. Was meine Mitarbeiter und ich ihnen mitgegeben hatten, konnte ihnen die Partei im Nachhinein nicht wieder aus dem Kopf schlagen. Sie hatten begriffen, was der eine oder andere helle Kopf unter ihnen schon vermutet hatte: Die Partei hat uns nicht nur belogen, sie hat uns benutzt. Diese bittere Erkenntnis nahmen sie mit in alle anderen Lebensbereiche und in ihre Familien. Nun hatten sie selbst ein Friedensgebet miterlebt und mussten sich damit auseinandersetzen. Insgeheim empfand ich es als einen besonders humorvollen Schachzug Gottes, mir die Genossen in die Kirche gebracht zu haben. So waren sie dem Wort, dem Evangelium und seiner Wirkung ausgesetzt! So war das nicht geplant gewesen.

Am Abend des 4. Dezember 1989 wurde die Stasizentrale von friedlichen Demonstranten besetzt. In Erinnerung blieb mir ein Slogan aus jener Zeit: »Runde Ecke – Schreckenshaus, wann wird ein Museum draus?« Heute ist sie ein Museum, das die kläglichen und doch effizienten Mittel der Überwachung ausstellt. Sie bloßstellt.

Wir waren in der Kirche geblieben und ließen den Tag und das Friedensgebet nachwirken. Unablässig dachte ich daran, was draußen in aller Stille vor sich ging. Diese Stille jedoch konnte auch eine trügerische sein. So blieben wir noch sitzen, ließen die Türen offen, harrten der Dinge. Einige unserer Mitarbeiter und Kollegen – so auch Christoph Wonneberger – fuhren den Demonstrationszug mit dem Fahrrad ab. So konnten sie in einem kurzen Zeitraum an verschiedenen Stellen die Stimmung unter den Leuten erspüren und anderen davon berichten.

Am späten Abend des 9. Oktober saßen wir noch bei Superintendent Magirius zusammen. Nun erreichten uns von überallher Nachrichten darüber, was sich in der Stadt zugetragen hatte. Wir erfuhren, dass sich der bisher größte Zug einer Montagsdemonstration allmählich auflöste, ohne dass es in den Stunden zuvor mit ihrer symbolischen Wucht auch nur einen nennenswerten Zwischenfall von Gewalt gegeben hätte.

Zwei Kameraleuten war es gelungen, an jenem Tag auf den Turm der Reformierten Kirche zu klettern und mit der Genehmigung von Pfarrer Sievers zu filmen. Dort oben lagen sie mit ihrer Kamera auf dem Bauch, weil gegenüber, auf der so genannten »Blechbüchse« – dem Konsum-Kaufhaus – die Stasi saß und ebenfalls filmte. Aus luftiger Höhe filmten also beide »Kamerateams« den Demonstrationszug, der vom Bahnhof kam und unter der überfüllten Fußgängerbrücke den Ring füllte. Die beiden Kameramänner schafften es noch am selben Tag, ihr Filmmaterial nach West-Berlin zu schmuggeln. Am nächsten Abend wurden die Bilder dann im Westfernsehen gesendet.

Die DDR-Medien waren nun gezwungen, sich völlig neu zu orientieren. Schließlich musste schnellstens eine gesellschaftstaugliche Interpretation der ungeheuren Vorgänge in Leipzig her. Zum ersten Mal las ich am 11. Oktober in der *Jungen Welt* darüber.[86] Der Artikel trug die Überschrift »Ich, ein junger Genosse, war in der Nikolaikirche«. Kurz darauf sprach mich der Verfasser dieses Artikels an. Er sei von der Dynamik des Friedensgebetes völlig überrascht gewesen. Nicht weniger von den Inhalten.

Mir bestätigte sich einmal mehr, dass die Genossen, wie auch er einer war, von alledem überhaupt keine Ahnung gehabt hatten.

Kirche galt als verboten oder irgendetwas Überholtes, Verstaubtes. Sie kannten nur die Propaganda, der keine persönlichen Erfahrungen zugrunde lagen. Das Erlebnis eines gemeinsamen Gebetes war etwas völlig Neues für sie. Etwas überraschend Neues.

In den Medien begann ein vorsichtiger Wandel. Neben der *Jungen Welt* druckten auch die Zeitungen *Neue Zeit* und *Tribüne* fortan kritische Leserbriefe ab. Das *Neue Deutschland* jedoch blieb auf Linie.

Am 18. Oktober 1989 trat Erich Honecker zurück. Die Revolution nahm ihren Lauf. Es war unglaublich, und das meine ich wörtlich. Ich konnte es tatsächlich nicht glauben und musste mich jeden Tag aufs Neue daran erinnern, die Veränderung, die in diesem Lande vor sich ging und so viele mit sich zog, als Realität zu verstehen.

Friedensgebete gab es mittlerweile in der ganzen Republik, etwa in Plauen mit Superintendent Thomas Küttler. Durch sein beherztes Auftreten bei der ersten Plauener Großdemonstration am 7. Oktober 1989 hatte er für einen weitgehend friedlichen Ausgang der Kundgebung gesorgt.

Dresden war von 1980 bis 1992 der Haupttätigkeitsort von Christof Ziemer, dem Pfarrer der Kreuzkirche und Superintendenten des Kirchenbezirks Dresden-Mitte. Von 1988 bis 1989 war er Vorsitzender des Präsidiums der Ökumenischen Versammlung für Gerechtigkeit, Frieden, Bewahrung der Schöpfung in der DDR und Berater der »Gruppe der 20«. Diese umfasste neben kirchlichen Vertretern auch Gruppenmitglieder und staatliche Vertreter. Eine Nachricht der »Gruppe der 20« verlasen wir auch bei unserem Friedensgebet am 9. Oktober. So vollbrachten an vielen Orten jeweils Menschen das, was sich mit den Taten anderer zu jener einen großen Tat vereinte. Ohne Absprache. Ohne Strategiepapiere und Planung.

Der gewaltige Ruf aller hatte sich im Friedensgebet des 9. Oktober in Leipzig gebündelt. Die darauf folgende Demonstration sollte das System grundlegend aus den Angeln heben. Denke ich an den Abend zurück, dann sind es die Bibelworte aus dem Lobgesang der Maria, der jungen Mutter von Jesus, die mir in den Sinn kommen: »*Er hat Großes an mir getan, Der mächtig ist und Dessen Name heilig ist (...) Er zerstreut alle, die in ihrem Herzen hochmütig sind. Er stößt die Machthaber vom Thron und erhebt die Niedrigen. Die Hungernden sättigt Er mit Gütern und lässt die Reichen leer«.*[87]

Diese Zeilen musizierten und hörten und sangen wir nie zuvor und nie wieder so wie im Advent 1989. »Es ist zugleich das leidenschaftlichste, wildeste, ja man möchte fast sagen revolutionärste Adventslied, das je gesungen worden ist. Es ist nicht die sanfte, zärtliche, verträumte Maria, wie wir sie auf Bildern sehen, sondern es ist die leidenschaftliche, hingerissene, stolze, begeisterte Maria, die hier spricht«, sagte Dietrich Bonhoeffer im Advent 1933.[88] Diese Zeilen verbinde ich, ebenso wie das folgende Wort, das zu Pfingsten in den Kirchen überall auf der Welt verlesen wird, mit dem 9. Oktober 1989. *»Es soll nicht durch Heer oder Kraft, sondern durch meinen Geist geschehen, spricht der Herr Zebaoth«*[89] und mit dem Wort, das Paulus von Jesus empfing: *»Meine Kraft ist in den Schwachen mächtig«.*[90]

In jenen Tagen der Friedlichen Revolution waren diese Worte aus der Bibel plötzlich von brennender Aktualität. Jedes Mal, wenn ich erkenne, wie das Evangelium wegweisend unter die Menschen kommt, spüre ich eine große Freude und inneren Frieden. Denn wir sind nicht nur von negativen Kettenreaktionen umgeben. Es gibt nicht nur die vier Hebel der Politik: Geld, Armee, Wirtschaft, Medien. Wenn der Geist Jesu die Menschen ergreift, dann gibt es gewaltige Veränderungen – ohne verletzende oder zerstörende Gewalt.

Die Revolution der ostdeutschen Bevölkerung hatte niemand am Reißbrett entworfen. Keiner von den Genossen da draußen hat das verstanden. Sie waren völlig in ihrem System verhaftet und vermuteten eine Strategie hinter unserem Tun. Sie wandten ihre Lehren aus der Parteischule an, was die Lehren von Revolution und Konterrevolution waren. Sie wollten immer nur eines wissen: Wo liegt der Plan? Wie kommen wir an das Strategiepapier dieser Leute da in der Kirche und auf den Straßen?

Unsere offensichtlich nicht zu entlarvende Strategie sorgte bei den Genossen für Verwirrung. Dafür gibt es einen handfesten Grund: Jesus existierte nicht für sie. Sie suchten nach allen möglichen Gründen, bis auf den einen, der für mich immer entscheidend war und den ich ganz offen aussprach: »Handeln im Sinne von Jesus«.

Die deutsche Einheit war aus unserem damaligen Blickwinkel nicht das vordringlichste Ziel der Veränderungen im Land. Viel mehr hatte die Kirche primär die Aufgabe, sich für Menschen in Schwierigkeiten einzusetzen. Genau das taten wir auch weiterhin. Auch wenn sich mit den offenen Grenzen der Gesprächskreis »Hoffnung für Ausreisewillige« erübrigt hatte, hieß das noch lange nicht, dass es keine Hoffnungssuchenden mehr gab. Die Einheit brachte unter anderem die Arbeitslosigkeit in den Osten der Republik. Als Reaktion darauf rief ich im Jahr 1990 den Gesprächskreis »Hoffnung für Arbeitslose« ins Leben. Gruppen wie diese brauchten nun in der Demokratie die Kirche und ihr schützendes Dach nicht mehr. Friedensgebete dagegen brauchten die Menschen auch in der neuen Zeit.

Natürlich gab es zunächst eine Flaute, die Kirchen, Theater und Konzerthäuser vom Dezember 1989 an erlebten. Die neuen Möglichkeiten hatten die Menschen in Beschlag genommen.

Das System DDR war abgelöst. Keine Verhaftungen und Repressalien mehr. Mit nahezu jedem Schild und jeder Meinung konnte von jeder Bühne des Landes gesprochen werden. Keine Gefahr.

Nur ganz allmählich erkannten die Menschen die harten Brocken, die uns auch in der Folgezeit aufgetischt wurden. Nach wie vor musste ihnen die Möglichkeit gegeben werden, ihre Nöte auszusprechen. Sie öffentlich zu einem Gebet werden zu lassen. Wir brauchten sie weiterhin, die Zeugnisse der Betroffenheit. Auch unter den geänderten gesellschaftlichen Bedingungen.

Wann immer ich gefragt werde, ob es die Friedensgebete noch gibt, antworte ich: »Warum sollte es keine Friedensgebete mehr geben? Ist die Welt etwa friedlicher geworden?«

Gerechtigkeit, Frieden, Bewahrung der Schöpfung: All das haben wir heutzutage nötiger denn je. Mit ganz neuen Möglichkeiten, unsere Themen an die Öffentlichkeit zu bringen.

Zu DDR-Zeiten waren weder Plakate noch Schilder erlaubt, Aufnäher wurden abgerissen, von der Unmöglichkeit einer heute so genannten »Öffentlichkeitsarbeit« ganz zu schweigen. Dazu die immerwährende Aufmerksamkeit, die der Staat unserer Arbeit widmete. Inzwischen können alle jederzeit und überall Plakate kleben und Flyer verteilen. Doch die Aktionen haben kaum noch Wirkung.

Es ist, als ob man in Watte greift.

Ich muss dabei an das Gleichnis vom Sämann denken, das Jesus erzählt und in dem Er Sich Selbst abbildet: Er sät das Gotteswort, die Gute Nachricht, in die Welt in den drei Jahren Seiner öffentlichen Wirksamkeit und geht unaufhaltsam Seinen Weg. Es geht nicht überall auf. Aber wo es aufgeht, versetzt es die Welt in Erstaunen.[91] Wie am 9. Oktober 1989. Die Verheißung »Nikolaikirche – offen für alle« war Wirklichkeit geworden. Eine Wirklichkeit, die uns alle überraschte. Sie vereinte letztendlich Menschen aus dem ganzen Gebiet der ehemaligen DDR: Ausreisewillige und Neugierige, Regimekritiker und Stasiangehörige, kirchliche Mitarbeiterinnen und Mitarbeiter und SED-Genossen, Christen und Nichtchristen. Sie alle vereinte die Kirche unter den ausgebreiteten Armen des gekreuzigten und auferstandenen Jesus Christus.

Sich das vorzustellen, reichte angesichts der politischen Realität zwischen 1949 und 1989 die Phantasie nicht aus. Und nun war die Utopie zur Realität geworden.

Wann war uns je eine Revolution gelungen? Noch nie zuvor. Eine Revolution, die in den Kirchen heranwächst, die aus der Kirche kommt und gewaltfrei auf der Straße praktiziert wird? Unvorstellbar. Ein einmaliger Vorgang in unserer deutschen politischen Unheilsgeschichte. Ein Wunder biblischen Ausmaßes.

Auch die Einheit Deutschlands sollte sich kurze Zeit später gewaltfrei vollziehen. Ohne Krieg oder Sieg, ohne die Demütigung anderer Völker. Keiner von denjenigen, die dabei waren, wird die Umstände dieser gesellschaftlichen Veränderung je vergessen. Keiner soll sie vergessen.

Als die siebzigtausend Demonstranten am Abend des 9. Oktober unangefochten die Magistrale um die Innenstadt von Leipzig umrundet hatten, war die DDR nicht mehr das, was sie am frühen Morgen war.

Teil III:
1990 – 2008

Ein Buch wird
zum Film

Im Januar 1990 vereinbarten wir mit Erich Loest eine Lesung in der Nikolaikirche. Sie fand zwei Monate später statt, als Loest noch im Westen lebte. Kurze Zeit später kam Erich Loest wieder nach Leipzig zurück. Er war in der Stadt vor allem seit der Veröffentlichung seines Buches *Es geht seinen Gang* im Jahr 1967 bekannt. Das Buch hatten wir natürlich auch – als Westausgabe. All seine kritischen Ansichten tat der Autor darin kund, darunter auch sein Eintreten für all jene, die 1964 bei einem Aufruf zu einem Jazzkonzert auf dem Leuschner-Platz von einer Hundestaffel gejagt worden waren. Ebenso seinen Einsatz für die Neuerrichtung der Universitätskirche und dafür, die Kunstwerke der sozialistischen Epoche endlich aus der Öffentlichkeit verschwinden zu lassen. Im Jahr 1957 war er im Rahmen der Entstalinisierung wegen angeblicher »konterrevolutionärer Gruppenbildung« verhaftet und zu siebeneinhalb Jahren Zuchthaus verurteilt worden. Er kam ins Gefängnis nach Bautzen. Bis zu seiner Entlassung 1964 hatte er natürlich absolutes Schreibverbot. Insofern war er als kritischer Autor bekannt.

Seine Lesung verlief genau so, wie wir es erwartet hatten. Es kamen zwar nicht mehr ganz so viele Menschen wie vor 1989, aber es waren inzwischen ja auch andere Zeiten. Dennoch: Für Loest interessierte man sich immer noch. Im Anschluss an die Veranstaltung saßen wir mit ihm – wie ein knappes Jahr zuvor noch mit Stefan Heym – beieinander, um etwas zu essen und zu trinken.

»Könnten Sie als Kenner der DDR vielleicht etwas über die Vorgänge hier in Leipzig schreiben?«, fragte ich ihn spontan.

Er reagierte ziemlich barsch. »Ich war ja nicht hier. Das kann ich nicht.«

Drei Monate später erhielt ich einen Brief von ihm. Er umfasste mehrere beschriebene Seiten und enthielt die Bitte, mir die Zeilen durchzulesen. Loest schrieb mir, es handele sich um einige Aufzeichnungen und Momentaufnahmen von 1989. Schließlich fragte er mich, ob schon irgendwer an einem Buch über die Geschehnisse in der Nikolaikirche schrieb. Meines Wissens hatte sich bisher noch keiner an die Arbeit gemacht. Er schien nun doch Gefallen an der Idee gefunden zu haben. »Wer in Leipzig dabei war, konnte auch immer nur an einer Stelle sein und musste sich den Rest berichten lassen. Das kann ich ebenfalls. Ich werde einen Roman mit dem Titel *Nikolaikirche* schreiben.«

Nikolaikirche – wunderbarer Titel! Daneben musste gar nichts anderes mehr stehen, kein Leipzig oder irgendwelche Erklärungen. Der Name unserer Kirche stand für sich.

Loest begann sofort mit der Arbeit. Die Menschen, die ihm als Zeitzeugen dienen sollten, machte er schnell ausfindig. Natürlich konnte er auch von Superintendent Magirius und mir eine ganze Menge erfahren. Der routinierte Schriftsteller arbeitete sich durch all meine Zettel und Vorbereitungsnotizen hindurch – er nannte das die »Handbibliothek Führer«. Was ihn interessierte, griff er sich heraus, was ihm gefiel, kopierte er, und was ihm am besten gefiel, nahm er als O-Ton ins Buch.

Ich fand es im Nachhinein schon erstaunlich, dass da ein – wenn auch fiktives – Buch erscheinen sollte. Ein Buch über all die Vorgänge um die Friedliche Revolution herum, die ja eine geschichtliche Dimension hatte und sich zudem zu meiner Lebenszeit zugetragen hatte. Nun sollte ich sogar erleben, wie ein Buch mit ebenjener Geschichte erschien, noch dazu von einem namhaften Schriftsteller verfasst.

Die Situation einer DDR-Familie, die Erich Loest in seinem Roman wiedergibt, ist zwar nicht unbedingt typisch für DDR-Verhältnisse, doch ich selbst habe es mehrfach erlebt, dass der Riss mitten durch die Familien ging. Auf der Suche nach Alternativen und neuen Lebensentwürfen fanden nicht wenige junge Leute gerade aus kirchenfernen Funktionärsfamilien den Weg zur Kirche und ihren

Gruppen. So ist auch die Figur der Astrid Protter, die in das erste Friedensgebet hineingeriet, stimmig. Ebenso die Auseinandersetzung mit ihrem Stasi-Bruder, der sie als »Betschwester« beschimpft und vor dem sie ihre Mitstreiterinnen mit einfachen Worten verteidigt. »Mensch, die haben viel mehr Mut als ihr alle zusammen! Was die alles durchgemacht haben! Und ihr? Schreibt eure Berichte und kommt euch wer weiß wie wichtig vor. Ihr habt doch mit dem Leben nichts mehr zu tun«, sagt sie, und ihre Sätze gehen unter die Haut.

Die vielen realistischen Züge des Buches konnte nur jemand wie Erich Loest aufzeigen, ein gestandener DDR-Bürger, der sämtliche Umstände kennt. Weder Loest noch Frank Beyer, dem Regisseur des später folgenden gleichnamigen Films, kann man den Vorwurf machen, nicht zu wissen, wovon sie reden.

Als *Nikolaikirche* erschien, ließ mir der Autor kostenlos mehrere signierte Exemplare für den Verkauf an unserem Büchertisch in der Kirche zukommen. Etwas war mir bei Erich Loest bereits aufgefallen, als er noch im Westen wohnte: Wenn er hier in Leipzig war, kam er jedes Mal zum Friedensgebet. Er saß dann in der zweiten oder dritten Bank, so konnte ich ihn immer sehen und begrüßen, und er nahm regen Anteil am Geschehen. Seit er wieder in Leipzig lebt, ist er bei allen wichtigen Aktionen dabei, sowohl bei den Mahnwachen für die im Irak entführten Leipziger Ingenieure als auch Jahr für Jahr am 9. Oktober.

Nicht lange nach Erscheinen des Buches begann der Regisseur Frank Beyer, den Roman zu verfilmen. Die Premiere des gleichnamigen Films fand dann 1995 statt. Frank Beyer fand in seinem Film einen ganz eigenen Stil und verpflichtete hervorragende Schauspieler. Superintendent Magirius und ich berieten den Regisseur zum Inhalt. Etwa beim Schluss, der ursprünglich ganz anders geplant war. Beyer wollte eigentlich einen »Heldenschluss«, bei dem Magirius und ich an der Spitze der Demonstration gehen. Das lehnten wir jedoch beide ab, zumal wir am Abend des 9. Oktober in der Kirche geblieben und sie offen gehalten hatten, also bei der Demo nicht dabei sein konnten. Nur keinen Eisenstein-Schluss!, war unser erster Gedanke. Keine Märchen! Weder sozialistische noch nichtsozialistische. Wir müssen bei der Wahrheit bleiben. Alles andere wäre ungerecht gegenüber den vielen namenlosen Mutigen gewesen. Gerade sie hätte man dann am Ende des Films alle sehen müssen.

Stattdessen endet *Nikolaikirche* geradezu still mit den Worten eines sinnierenden Stasi-Generals, der geschafft und apathisch mit Schweißperlen auf der Stirn dasitzt.

Der Film ist ausschließlich an Originalschauplätzen gedreht: in der Nikolaikirche, auf dem Nikolaikirchhof, in der Braunkohle und bei mir im Amtszimmer. Es ist alles echt. Die Kirche mussten wir für die Dreharbeiten natürlich freihalten, doch das Fernsehteam nahm sie nur einzelne Tage und Nächte in Anspruch, sodass wir St. Nikolai nie komplett schließen mussten. Auf Gottesdienste hätten wir für die Dreharbeiten nicht verzichtet, das stand von vornherein fest.

In der Kirche lief alles hervorragend, doch die Dreharbeiten in meinem Amtszimmer zerrten an meinen Nerven. Ein Filmteam in der eigenen Wohnung ist schon eine ungewöhnliche Herausforderung. Was in den einzelnen Räumen vor sich ging, war chaotisch genug, aber auch draußen auf dem Platz hörte man immerzu, welche Szene sie gerade drehten. Es war für uns richtig schlimm, die vielen gepanzerten Fahrzeuge wiederzusehen, dazu das Polizeiaufgebot, die Hundestaffeln, das Gebell zu hören, die Knüppel und alles das zu sehen, und dann natürlich die Menschenmassen, die Rufe zu hören, die genauso klangen wie damals. Das war nicht nur für unsere Familie, sondern auch die Anwohner, die Küster und die Mitarbeiter recht anstrengend.

Ulrich Mühe, der Pfarrer Ohlbaum im Film, suchte vor den Dreharbeiten das Gespräch mit mir. Wir waren uns schnell sympathisch. Er war in Grimma aufgewachsen. Dort kannte ich die Bezirkskatechetin, die Ulrich Mühes Christenlehre-Katechetin gewesen war. Problemlos kamen wir ins Gespräch miteinander. Vor allem aber beeindruckte mich die Klarheit seiner Fragen: »Wie habt ihr das gemacht? Habt ihr das wirklich so gemacht? Oder habt ihr damals nur aus sicherer Position heraus die Menschen angestachelt und sie dann laufen lassen?«

Mühe merkte sehr schnell, dass von einer sicheren Position an der Nikolaikirche keine Rede sein konnte. Immerhin hatten wir unser Gotteshaus als Freiraum für die gedemütigten Menschen und gleichzeitig als Ort des Schutzes und der Geborgenheit offen gehalten. Angesichts dieser Umstände war es sehr wichtig, dass Ulrich Mühe mir solche Fragen stellte. Schließlich wollte er wissen, wie wir sind, nach welchen Grundsätzen ich damals handelte, was mich antrieb, welche Rolle die Bergpredigt und welche Funktion die Gebete hatten. Was meine Beweggründe waren, das eine zu tun und das andere zu lassen, wie die Kirche eine derartige Faszination auf die Massen hatte ausüben können. Er fragte klug nach und setzte meines Erachtens dieses Wissen dann auch sehr gut um. Ich wurde später oft gefragt, wie das für mich sei, zu Lebzeiten in einem Film von einem Schauspieler gespielt zu werden. Was soll ich darauf antworten? Ich wies darauf hin, dass in Pfarrer Ohlbaum auch ein Stück weit der Pfarrer Wonneberger steckt.

Vor der Filmpremiere überkamen mich dann doch einige Bedenken. Es gab eine Vorabpremiere im Studiokino, zu der auch die Angehörigen der Basisgruppen von damals kamen. Bevor der Vorhang sich öffnete, dachte ich: Was werden wir wohl zu sehen bekommen? Nach der Aufführung gab es erst einmal allerhand zu mäkeln. Im Film waren Dinge zu sehen, die es zu DDR-Zeiten gar nicht gegeben hatte. Herumkullernde Coladosen zum Beispiel oder Werbung an der Straßenbahn. Solche Kleinigkeiten hielt ich allerdings für marginal. Meine Aufmerksamkeit lag an ganz anderer Stelle, bei den echten Schwachpunkten des Filmes. Etwa dem braven Klatschen. Die Wirklichkeit war viel lebendiger gewesen. Oder diese schön angeordneten Brettchen mit den Kerzen darauf. Das war damals alles viel chaotischer. Manches im Film wirkte sogar irgendwie künstlich.

Andererseits: Ließ sich ein Tag wie der 9. Oktober 1989 überhaupt nachspielen?

Die größten Bedenken hatte ich, als Pfarrer Ohlbaum im Film die Arme ausbreitete, den Blick gen Himmel wandte und sagte: »Nur beim Herrn ist noch Hilfe!« Ich dachte bloß: Jetzt kippt die Sache, und alle fangen an zu lachen. Aber das war nicht der Fall. Selbst diese Szene, die dermaßen überzogen war, weil wir uns nie so theatralisch verhalten hätten, wirkte nicht lächerlich. Alles andere war dank der Darstellung der Menschen sehr nah an der Realität und damit glaubwürdig.

Als die Angehörigen der Basisgruppen nach der Vorführung sagten: »Na ja, das war aber ziemlich lahm. In Wirklichkeit war das alles viel aufregender!«, fiel mir ein Stein vom Herzen.

Ich hatte den Wert sowohl des Buches als auch des Filmes erkannt. Sie verschafften all jenen, die damals nicht dabei waren, einen Zugang zu dem Geschehen. Besonders den Menschen aus Westdeutschland, die logischerweise kein Hintergrundwissen haben konnten. Für sie konnten sowohl das Buch als auch der Film ein nicht zu unterschätzendes Material sein, um sich ein Bild von damals zu verschaffen.

Mit Frank Beyer unterhielt ich mich nach der Premiere auch über einige weitere Details des Films. Der Regisseur hatte bei den Komparsen zum Beispiel einen Trick angewandt: Er hatte ihnen in einer Szene nicht gesagt, dass die Polizisten sie rüde auf den LKW hochhieven würden. Der Überraschungsmoment war dann so groß, dass sie sich impulsiv mit Händen und Füßen gegen die Uniformierten wehrten. Darum sieht die Szene im Film so echt aus. Die Komparsen hat man dann mit einem Fünfziger dafür entschädigt.

Der Wert des Filmes liegt vor allem aber auch darin, wie die Friedensgebete geschildert sind. Dem Zuschauer wird sofort klar, welch tiefen Hintergrund sie hatten und heute noch haben. Es stimmt mich immer wieder froh, wie gut das im Film herauskommt. Es wird gezeigt, wie friedlich sich die Menschen verhielten oder welch gespannte Aufmerksamkeit bei den Friedensgebeten herrschte, es könnte nicht besser dargestellt werden. Erst recht die Sequenz mit dem anonymen Brief. Erich Loest nahm das Schreiben, das tatsächlich an mich gerichtet war und auch in diesem Buch abgedruckt ist, damals in seinen Roman auf. Er bezog den Brief gekonnt in die Geschichte ein. Frank Beyer überlegte zunächst hin und her, wie er damit verfahren solle. Dann entschied er, es wäre ein Unding, einen Brief dieser Länge im Film verlesen zu lassen. Er wusste nicht, wie er die Szene am besten gestalten sollte. Worauf sollte die Kamera die ganze Zeit über halten? Schließlich hätte es nur von dem Brief abgelenkt, wenn während des Verlesens die Kamera ständig andere Bilder gezeigt hätte. Aber dann packte ihn der Inhalt so sehr, dass er sagte: »Nein, Leute, ich bekomme das irgendwie hin. Der Brief wird in voller Länge verlesen.« Gerade in dieser Szene beeindruckt der Film durch seine Ehrlichkeit der Beschreibung einer typischen DDR-Existenz.

Eine Szene, als die Genossen am 9. Oktober schon ab 14.00 Uhr in der Nikolaikirche saßen, hat der Regisseur richtig ausgereizt. Pfarrer Ohlbaum geht an den von der Stasi besetzten Kirchenbänken vorbei und fragt die Genossen: »Darf ich Ihnen das Liedgut austeilen?« Das hatte ich damals nicht getan, an der Stelle hat Beyer im Film noch eins draufgesetzt. Aber ihr *Neues Deutschland* lasen die Genossen auch seinerzeit – genau wie im Film. Dass sie Thermoskannen dabeihatten und Proviant oder Skat spielten, konnte ich hingegen nicht beobachten. Ebenso wenig wie den Genossen, der entgegen seines Parteiauftrages irgendwann doch ganz gerührt ist und anfängt mitzusingen. Für so etwas hatte ich beim Montagsgebet am 9. Oktober 1989 kein Auge. Schließlich war die Kirche so voll, dass die Genossen gar nicht mehr auffielen.

Der Film zeigt auch sehr eindrucksvoll und geradezu symbolisch, wie die Lichter an der Stasi-Ecke ausgehen. Die Stasi zog tatsächlich ihre Leute zurück. Ebenfalls gut in Szene gesetzt ist das Gästehaus der Universität, gleich neben dem Geschwister-Scholl-Haus, gegenüber dem Pfarrhaus. Da hatte die Stasi im ersten und im zweiten Stock jeweils die linken Fenster besetzt. Dort saßen die Genossen. Die Bilder der Einsatzzentrale in Schwarzweiß sind Originalaufnahmen, die farbigen dann Filmbilder.

Im Rückblick war schon zum Zeitpunkt der Dreharbeiten mein Leben und das meiner Familie mit all den Ereignissen von 1989, den Friedensgebeten von Anfang an und natürlich dem 9. Oktober 1989 eng verknüpft. Das Interesse der Menschen von nah und fern und auch aus dem Ausland war von Anfang an dementsprechend groß. Insgeheim hatte ich mir sowohl von dem Buch als auch vom Film in dieser Hinsicht eher Entlastung versprochen, was jedoch nicht eintrat. Ich dachte, die Menschen wären dann ausreichend über die Ereignisse informiert, doch das Gegenteil war der Fall. Es löste mehr Interesse aus, als es stillte.

Das mag daran liegen, dass die Nikolaikirche auch nach dem 9. Oktober 1989 nichts von ihrer Wirkung verloren hat. Nach wie vor gingen und gehen von hier zahlreiche Aktionen aus. Nicht etwa vom Leipziger Hauptbahnhof und auch nicht vom Völkerschlacht-denkmal, zwei sehr markanten Punkten der Stadt Leipzig.

Das Interesse der Menschen an der Nikolaikirche und vor allem ihrer jüngeren Geschichte ist nach wie vor groß. Vor allem bei der jungen Generation, die damals nicht dabei sein konnte, bei den Menschen in den alten Bundesländern und international.

KRANKHEIT – STÖRUNG
UND STÄRKUNG

Meine Arbeit als Pfarrer war von Emotionen begleitet. Nicht nur von den eigenen, sondern auch von denen der Menschen, mit denen mich meine Arbeit zusammenbrachte. Hinzu kam die mit den Jahren wachsende Anspannung, weil die Dimension der kirchlichen Gemeinde- und Friedensarbeit in der DDR inzwischen eine unübersehbar politische geworden war. All dies ging auch an mir und meiner Gesundheit nicht spurlos vorbei. Mit Krankheiten hatte ich bereits als Kind einige Erfahrungen gemacht, denn ich litt an Heuschnupfen, Asthma und wiederholten Lungenentzündungen. Die Phase des permanenten Kränkelns war mit vierzehn Jahren zum Glück überwunden. Bis auf den Heuschnupfen, der mir bis heute »treu« geblieben ist.

Als wir Mitte der siebziger Jahre mitten in den Bauarbeiten steckten und ich nach dem Tod zweier Kollegen immer wieder allein dastand, suchte mich eine Krankheit heim, die ich bis dahin nicht kannte: colitis ulcerosa, Darmbluten. Ich war gerade mal dreiunddreißig.

Da ich an permanenten Schmerzen litt, wurde ich gleich beim ersten Arztbesuch stationär im Krankenhaus aufgenommen, aber die Ärzte bekamen die Krankheit nicht unter Kontrolle. Sobald es mir auch nur ein bisschen besser ging, ließ ich mich auf eigene Verantwortung entlassen, denn die Krankenhausatmosphäre und Gesten voller Ratlosigkeit machten mich nur noch kränker. Mit erheblicher Einschränkung konnte ich nun die begonnene Arbeit fortführen. Mein Arzt überwies mich schließlich zu einem Spezialisten für psychosomatische Erkrankungen nach Jena. Dort musste ich einen Fragebogen mit etwa fünfhundert Fragen beantworten und stand dem ganzen Procedere ziemlich unwillig gegenüber.

Auf die Gefahr hin, es gleich am Anfang total zu verderben, begann ich das erste Gespräch mit einem Geständnis.

»Ich muss Ihnen gestehen, dass ich die vom Arzt verordneten Tabletten einfach abgesetzt habe, weil sie mir nicht halfen«, sagte ich.

»Das haben Sie ganz richtig gemacht. Ich nehme meinen Patienten sowieso immer gleich alle Tabletten ab«, erwiderte der Spezialist zu meinem grenzenlosen Erstaunen.

Daraufhin mussten wir beide erst mal lachen und verstanden uns von da an bestens. Die Gespräche zwischen mir und dem Arzt, die in größeren Abständen stattfanden, waren wohl sehr untypisch. Er interessierte sich brennend für Theologie und meine Tätigkeit als Pfarrer. So unterhielten wir uns lange Zeit über unsere Berufe. Die Termine bei ihm entwickelten sich bald zu wunderbaren Gesprächen zwischen zwei Menschen, die sich auf unterschiedliche Weise um andere bemühten.

Meine Krankheit stand dabei nie im Vordergrund. Allerdings hörte der Spezialist jedes Mal ganz genau hin, wenn ich von meiner Tätigkeit erzählte, von all den Verpflichtungen mit Termindruck, von der täglichen Arbeit in der Stadt und den Dörfern, von den Bauarbeiten und dem Verlust der beiden Kollegen innerhalb weniger Jahre. Schon damals war klar: Das war einfach zu viel. Das konnte ein Mensch im Grunde gar nicht schaffen. Nach dem dritten Termin sagte er abschließend: »Solange ich lebe, können Sie immer zu mir kommen.« Worte, die mir sehr nahegingen. Allen Belastungen zum Trotz fühlte ich mich nach und nach besser.

Im Jahr 1978 fragte der Kirchenbezirk bei mir an, ob ich mich zur Wahl in die Landessynode, das oberste Entscheidungsgremium der Landeskirche, aufstellen ließe. Das hätte allerdings noch mehr Arbeit und zudem noch mehr Verantwortung bedeutet. Und das in meiner gesundheitlichen Situation? Ich war hin- und hergerissen. Sollte ich besser zusehen, das unmittelbar Anstehende zu erledigen und dabei jede zusätzliche Belastung ablehnen? Mit einem lutherischen »Dem Teufel zum Trotz« ließ ich mich schließlich aufstellen und wurde tatsächlich gewählt. Kurz darauf war die Krankheit verblüffenderweise wie weggeblasen.

Der Arzt warnte mich vor jeglicher Euphorie, weil die Krankheit in Schüben verlief, die zwischenzeitlich Besserung bringen konnten, und ich sie wahrscheinlich trotzdem nie mehr loswürde. Der längste beschwerdefreie Zeitraum, den er bei einem Patienten beobachtet habe, seien dreizehn Jahre gewesen. Ich stürzte mich in die Arbeit und hoffte das Beste.

1980 folgte die Berufung an die Nikolaikirche in Leipzig, was wieder eine neue Herausforderung war. »Warten Sie ab, wie Sie das verkraften«, warnte der Spezialist. Aber ich habe die Krankheit nie wieder bekommen. Wiederum ein untypischer Verlauf.

Die Arbeit in der Synode fügte sich nahtlos in mein neues Leben in Leipzig und in die Arbeit an der Nikolaikirche ein. Im Jahr 1982 hörte ich von einer befreundeten Ärztin, der mir so wichtig gewordene Arzt habe sich das Leben genommen. Ich war erschüttert und zutiefst betroffen bei dem Gedanken an diesen Menschen, mit dem mich so gute Gespräche verbanden. Unsere Beziehung war von gegenseitiger Sympathie getragen, außerdem hatte er mich, meine Gesundheit betreffend, auf einen guten Weg gebracht. Erst durch meine Krankheit war ich sensibel dafür geworden, auf die Signale meines Körpers zu hören und sie richtig zu verstehen.

Was ich theoretisch längst von Jesus wusste, erschloss sich mir nun auch existenziell: Geist, Seele und Körper bilden eine Einheit, und Krankheit als Störung stellt die Sinnfrage. Jesus hat hier angesetzt und erstaunliche Heilungserfolge erzielt. Diese Einheit, die ich anstrebte, um körperlich gesund zu werden und vor allem zu bleiben, wurde im Laufe der Jahre durch immer wieder neue Faktoren beeinträchtigt. Nach dem Eklat zwischen Superintendent Magirius und den Gruppen machte ich mir pausenlos Gedanken darüber, wie die beiden Parteien über die Arbeit an den Friedensgebeten wieder zusammenzuführen wären. Die Friedensgebete ohne die Gruppen zu gestalten, konnte auf Dauer nicht gut gehen. Dieser Zustand versetzte mich in eine ständige, meist unterbewusste Unruhe. Hinzu kam, dass meine Frau 1988 für eine Woche zu einem Verwandtenbesuch in den Westen fuhr, was in den letzten Jahren der DDR zu bestimmten Anlässen möglich war. In der Zeit ihrer Abwesenheit ging es mir sehr schlecht. Wir waren damals schon seit zwanzig Jahren verheiratet, hatten alles zusammen erlebt und waren nie länger als ein, zwei Tage getrennt. Und nun diese Grenze zwischen uns. Mir wurde wieder bewusst, welch verheerenden Charakter diese Grenze hatte. Zudem machte mich die ständig zu spürende Observation meiner Person und meines Wirkens an der Nikolaikirche durch die Stasi buchstäblich krank. Ich war stark verunsichert und stellte alles in Frage, wie noch nie zuvor in meinem Leben. Bei dieser zweiten umfangreichen ärztlichen Behandlung wurde mir schließlich eine Kur verordnet. Im Herbst 1988 kam ich nach Heiligenstadt. Neben der wohltuenden Erholung hatte diese Kur, genau wie ein vorangegangener Krankenhausaufenthalt, einen sehr wichtigen Nebeneffekt. Die anderen Patienten und ich saßen abends regelmäßig beim Gespräch zusammen. Am Wochenende unternahmen wir Ausflüge in die nähere Umgebung. Schon bald bemerkten die Ärzte, auf welch interessante Weise wir unsere Zeit miteinander verbrachten. Sie meinten, wir seien geradezu eine eigene Therapiegruppe und waren froh darüber, weil unsere Unternehmungen den Heilungsprozess bei den Beteiligten offensichtlich förderten. Genauso war es auch. Die Treffen unserer Kur-Truppe waren stets geprägt von einem angenehmen Miteinander, allerdings mit einem starken seelsorgerlichen Einschlag, an dem ich wesentlich Anteil hatte. Die gemeinsam verbrachte Zeit brachte mich wieder in die Lage, mich anderen Menschen zuzuwenden und ihnen weiterzuhelfen. In dieser Zeit sang ich täglich in der kleinen Kapelle die Mette, die Gottesdienst- und Abendmahlsliturgie für mich allein. Das regelmäßige Gebet intensivierte ich, wie schon zu Hause, und verband es mit der Glaubensgewissheit, dass Gott diesem für mich so bedrohlichen Zustand ein Ende bereiten und mich aus diesem finsteren Tal wieder herausführen werde. Bei meiner Rückkehr fand ich dann zu Hause langsam wieder in ein normales Leben und Arbeiten zurück. Aus den Belastungen und Ängsten war ich gestärkt hervorgegangen. Die Ereignisse des Jahres 1989 hätte ich wahrscheinlich gar nicht ausgehalten, wenn ich 1988 nicht durch den »Feuerofen« der Krankheit hätte gehen müssen.

Anfang der neunziger Jahre wurde ich ein drittes Mal gesundheitlich schwer erschüttert. Die Fakten sind schnell benannt: Im

35 Als Preisträger des Augsburger Friedenspreises 2005 tragen sich Michail Gorbatschow (li.) und ich in das Goldene Buch der Stadt Augsburg ein. Im Hintergrund Hans-Dietrich Genscher und Dr. Paul Wengert, OBM von Augsburg.

36 Unterstützung der Protestaktionen gegen den 14. Aufmarsch der Neonazis in Leipzig im September 2005: Mit weißen Rosen präsentieren sich IG-Metaller Thomas Steinhäuser, naTo-Chef Falk Elstermann, OBM Wolfgang Tiefensee, »Prinz« Sebastian Krumbiegel, Courage-Chefin Edda Möller (v. l. n. r.).

37 Mit Bundesverkehrsminister Wolfgang Tiefensee (li.) und OBM Burkhard Jung (2. Reihe) auf dem Friedensgebet am 9. Oktober 2005 in der Nikolaikirche.

38 Heiner Geißler (li.) war Gast am Reformationstag, dem 31. Oktober 2005, in der Nikolaikirche und stellte die Frage: »Was würde Jesus heute sagen?«.

39 »Unsere Herzen sind bei Euch« steht im Frühjahr 2006 an der Wand der Nikolaikirche. 200 bis 400 Menschen kommen regelmäßig zu den Friedensgebeten und Mahnwachen, um an zwei im Irak entführte Leipziger Ingenieure zu erinnern. Zwei Nachwuchsfußballer vom FC Sachsen übergeben ihren Hallenbezirkspokal im Beisein von Inge Bräunlich, der Mutter eines der Entführten (Mi.), als Zeichen der Hoffnung an die Nikolaikirche.

40 »Die Geiseln sind frei, Gott sei Dank!«. Große Erleichterung – nicht nur bei OBM Burkhard Jung und mir – nach der Mitteilung über die Freilassung der Geiseln. 2. Mai 2006.

41 Überschäumende Lebensfreude »Ich bin ein Leipziger!«. Desmond Tutu (Mi.), begleitet von Moses M. Chikane (li.) und OBM Burkhard Jung (2. v. l.) im Mai 2006 in der Nikolaikirche.

42 Segen für Erzbischof Desmond Tutu.

43 Kurt Masur und ich stellen im Juni 2007 im Gewandhaus den
»Ruf aus Leipzig« vor.

44 Immer wieder den Blick auf die Menschenrechte in aller Welt gerichtet:
Am Tag der Friedlichen Revolution am 9. Oktober 2007 zum Beispiel, holte ich
A Shin Sopaka aus Birma – er lebt in Deutschland im Exil – in die Nikolaikirche
und bat ihn, über sein Schicksal zu berichten.

45 Die »New York Times International« titelte am 12. Januar 2008: »A Clergyman of the Streets Leaves His Historic Pulpit« (dt.: Ein Pfarrer von der Straße verlässt seine historische Kanzel.) zu diesem Foto, das mich auf einer Kundgebung gegen Arbeitslosigkeit zeigt.

46 Courage zeigen – Antinazikundgebung im Mai 2008. Links vor mir »Prinz«
Sebastian Krumbiegel. In der ersten Reihe (Mi.) Pfarrer Christian Wolff mit
seiner Frau. Rechts neben ihm Bundesverkehrsminister Wolfgang Tiefensee.

47 Gottesdienst zu meiner Verabschiedung in den Ruhestand. Nikolaikirche.
Sonntag, 30. März 2008.

48 Nikolaikirche. Von hier habe ich mich mit dem Friedensgebet am Montag, dem 31. März 2008 aus dem Amt des Pfarrers der Nikolaikirche verabschiedet.

Jahr 1993 ging der lange Jahre für unsere Gemeinde tätige Kirchenmusikdirektor der Nikolaikirche in den Ruhestand. Ein Jahr später verließ mein Pfarrkollege St. Nikolai, ohne dass seine Stelle neu besetzt wurde. Im Folgejahr ging schließlich auch die Amtszeit von Superintendent Magirius zu Ende. Das bedeutete: Ich blieb ganz alleine in der Nikolaikirche zurück. Wie sollte das gehen?

Seit 1990 hatte infolge der Friedlichen Revolution die Arbeit enorm zugenommen. Öffentlichkeitsarbeit, der Umgang mit Fernsehen, Presse, dazu eine Fülle von Kirchenführungen und Gesprächen zum Thema »Friedliche Revolution« kamen auf uns zu, wie wir es nie zuvor erleben konnten und auch nie zuvor erlebt hatten. Statt einen Pfarrer für Öffentlichkeitsarbeit an der Nikolaikirche zu verpflichten, strich die Kirchenleitung eine Stelle.

»Der Bruder Führer schafft das schon« war ein Satz, der mir schwer zu schaffen machte. Von Landesbischof Kreß bekam ich die Superintendentenstelle in Flöha angeboten, eine Stelle, die damals schon kurz vor der Abschaffung stand und inzwischen auch gar nicht mehr existiert. Unbefangen konnte ich das nicht betrachten. Zwei Aussagen kamen mir bei unterschiedlichen Anlässen zu Ohren und trafen mich ins Innerste. Zum einen hieß es, einen wie mich müsse man einfach ertragen. Zum anderen sei es keine schöne Aussicht, ich könne noch bis zu meinem Ruhestand 2008 an der Nikolaikirche tätig sein. Ich hatte das Gefühl, von der eigenen Kirche verlassen worden zu sein und mich für das, was an St. Nikolai auch durch mein Handeln geschehen war, rechtfertigen oder gar entschuldigen zu müssen. »Die Tapferkeit vor dem Freund«[92], wie Ingeborg Bachmann sie nannte, ist wesentlich schwerer als der Mut vor dem Feind. Genauso erlebte ich es.

Eines aber, was die Frauen und Männer des Kirchenvorstandes im Frühjahr 1989 dem Landesbischof und Gebietsdezernenten schriftlich gegeben hatten, konnte ich ebenso wenig vergessen und empfand es als große Stärkung: »Wir stehen hinter der Person und Verkündigung von Pfarrer Führer.«[93]

Andererseits war mir aber auch bewusst, dass ich es der Kirchenleitung und vor allem dem Landesbischof durch meine Art zu arbeiten und zu wirken alles andere als leicht gemacht hatte und dabei von der Kirche und ihren Leitungsgremien weder reglementiert noch fallengelassen worden war. Das erkenne ich voller Dankbarkeit an, weil es nicht selbstverständlich ist. Die Reformation wirkte nachhaltig bis in die Gegenwart. Doch die Situation des Alleingelassenseins traf mich so tief, dass ich wochenlang arbeitsunfähig war. Selbst am Heiligabend 1994 konnte ich nicht mitwirken, und meine Frau war es, die an meiner Stelle die Begrüßung verlas. Am 28. Dezember war es mir erstmals wieder möglich, in »Musik und Besinnung« zusammen mit Monika öffentlich in Erscheinung zu treten. Ohne sie hätte ich es damals allerdings nicht geschafft.

Eine so intensive Gebetserfahrung und ein solches Angewiesensein auf Gottes Hilfe hatte ich noch nicht erlebt. Daher gehört diese Erfahrung zu den kostbarsten jener schweren Tage.

Eine Eilkur, die mein Arzt aufgrund meiner angeschlagenen Gesundheit für mich beantragte, erhielt ich nach anderthalb Jahren.

1996 fuhr ich schließlich nach Werscherberg, wo ich eine noch positivere Erfahrung machte als damals in Heiligenstadt. Wieder sang ich in der Dorfkirche, die täglich geöffnet war, Choräle und Liturgie. Abends setzte ich mich gerne zum Lesen in die Sitzecke des Korridors vor meinem Zimmer. Nach und nach kamen immer mehr Mitpatienten dazu. Bald war es ein schönes Ritual, jeden Abend etwas zu organisieren, zu spielen, über Bücher, Familie, Glauben und Politik zu reden. Auch hier unternahmen wir gemeinsam große Wochenendtouren und bildeten wieder eine Gemeinschaft, die dem Heilungsprozess sehr zuträglich war. Erneut machte ich die Erfahrung, dass ich in der Lage war, mich qualifiziert anderen Menschen zuzuwenden und ihnen unaufdringlich Auskunft über Lebens- und Glaubensfragen zu geben.

Als ich gesund und gestärkt nach Hause kam, suchte ich endgültig nach einer theologischen Deutung für meine drei gesundheitlichen Einbrüche und fand eine in der hintergründigen Erzählung von Bileam und seiner Eselin. Balak, der König der Moabiter, hat einen besonderen Einfall, sich das Volk Israel vom Leibe zu halten. Er schickt zu Bileam, dem Propheten, mit der Bitte: »Komm und verfluche mir das Volk, denn es ist mir zu mächtig (…). Ich weiß, wen du segnest, der ist gesegnet, und wen du verfluchst, der ist verflucht.« Bileam erbittet Bedenkzeit und geht ins Gebet zu Gott. Und gibt die Antwort: »Ich kann es nicht verfluchen, denn es ist gesegnet.« Aber Balak lässt nicht locker, bietet Geschenke über Geschenke. Schließlich gibt Bileam nach, sattelt seine Eselin und zieht mit den Fürsten hin zu König Balak. Da stellt sich ihm der Engel des Herrn in den Weg. Denn der Weg Bileams ist in den Augen Gottes nicht richtig. Bileam sieht und versteht nichts, die Eselin hingegen schon. Sie weicht aus und will nicht mehr weitergehen. Daraufhin schlägt Bileam auf sie ein, damit sie auf dem Weg weitergehe. Wiederum tritt ihm der Engel des Herrn in den Weg. Bileam merkt immer noch nichts, aber die Eselin weigert sich beharrlich weiterzugehen. Da schlägt Bileam noch mehr auf sie ein, damit sie weitergehe. Zum dritten Mal tritt der Engel des Herrn ihm in den Weg an einer Stelle, an der man nicht ausweichen kann. Daraufhin wird Bileam zornig und schlägt wie wild auf das Tier ein.

Da öffnet der Herr den Mund der Eselin: »Was habe ich dir getan, dass du mich dreimal geschlagen hast?« Da öffnet der Herr die Augen Bileams, dass er den Engel des Herrn sieht mit dem bloßen Schwert in der Hand.[94] Und er versteht: ein Schritt weiter, und er wäre ein toter Mann gewesen. Er hat nicht begriffen, dass er diesen Weg nicht weitergehen soll. Seine Eselin hat ihm durch ihre Weigerung das Leben gerettet.

Das wurde mir zum Gleichnis. Die Eselin ist unser Körper, der uns über Jahre hinweg treulich und ohne zu murren dient. Hasten wir jedoch den Weg immer schneller entlang und missachten das Gottesgebot der Ruhe und des Innehaltens, beginnt der Körper irgendwann, sich zu weigern. Begreift der Verstand dann die Botschaft nicht, fangen die Organe an zu schreien. Wir aber wollen uns in der Regel nicht warnen lassen. Nur nicht krank werden! Nur keinen Stillstand! Schließlich heißt es in der Leistungsgesellschaft, in der wir alle leben: immer weiter, immer weiter. So nehmen wir keine Rücksicht auf Geist, Seele, Körper und peitschen unseren Körper immer wieder auf. Bis eines Tages damit Schluss ist. Und zwar ganz und gar Schluss mit dem »immer weiter«.

Dreimal zwangen Krankheiten mich im Laufe meines Lebens zum Innehalten. Dreimal gewann ich dadurch an Tiefgang, Glaubens- und Lebenserfahrung. Dinge, die mir sonst nicht vergönnt gewesen wären. Dreimal erreichte ich eine neue Stufe des Glaubens und der Stärke. Endlich begriff ich: Gott hatte mir über die kranken Organe ein Innehalten verordnet. Ohne mich daran zu halten, hätte ich die nötige Glaubenskraft zur Bewältigung der Aufgaben nicht bekommen und wäre vermutlich nicht mehr am Leben.

Gott hat meinen Organen den Mund geöffnet und mir die Augen. Nun kann ich verstehen.

Von der Konsum-Marke zum Ratenkauf

Wir leben heute in einer Zeit, in der es alles andere als selbstverständlich ist, sich ohne materielle Versprechen für Menschen einzusetzen oder sich für eine Idee zu engagieren. Mit einer Handvoll Gleichgesinnter setzen sich meine Frau und ich für die Gründung einer Stiftung ein, die den Anteil der Bergpredigt von Jesus, die Rolle der Kirchen und speziell der Nikolaikirche beständig und lebendig in Erinnerung halten und zum Motor für heutiges Handeln machen will. Die Stiftung »Friedliche Revolution 1989« mit Sitz an der Nikolaikirche Leipzig steht kurz vor ihrer Gründung im Jahr 2009. An der Stiftung will sich unter anderem auch die Stadt Leipzig beteiligen, die aus den Ereignissen des 9. Oktober 1989 die politische Verpflichtung übernimmt, »der Stimme der Demokratie, der Gewaltlosigkeit und der Kritik auch unter veränderten Bedingungen Gehör zu verschaffen«. So erklärte es zumindest Kulturbürgermeister Girardet. Oberbürgermeister Burkhard Jung unterstützt die Stiftung ebenfalls und sieht ihren Zweck im Sinne der Präambel darin, bürgerschaftliches, demokratisches und kirchliches Engagement für Gerechtigkeit sowie Gewaltfreiheit und Zivilcourage zu fördern.

Den Begriff »Friedliche Revolution« verwende ich übrigens bereits seit Anfang der neunziger Jahre in Vorträgen, Kirchenführungen, Artikeln und Interviews – und zwar ganz bewusst im Gegensatz zum Begriff »Wende«.

Nach meinem Verabschiedungsgottesdienst im März 2008 sagte der Direktor des Zeitgeschichtlichen Forums zu mir: »Heute ist mehr für den 9. Oktober getan worden, als wir hier mit unseren großartigen Papieren fertigbringen. Erstens ist nur von Friedlicher Revolution gesprochen worden, nicht von Wende. Zweitens hat man als relevantes Datum immer den 9. Oktober genannt. Das ist ganz richtig so. Und konsequent dazu.«

Denn diese beiden Informationen wurden durch die anwesenden Medien verbreitet: ARD, ZDF und MDR. Dazu zeigten sie Archivaufnahmen, hauptsächlich Bilder der Demonstrationen, von Begegnungen mit Politikern, von Mahnwachen, Friedensgebeten und Gottesdiensten. Der kirchliche Anteil an den Ereignissen von damals war ganz und gar repräsentiert.

Als mir zusammen mit Gyula Horn, dem ehemaligen ungarischen Außenminister, und der Bürgerrechtlerin Bärbel Bohley 2004 die Goldene Henne im Friedrichstadtpalast Berlin verliehen wurde, kam ich mit Bärbel Bohley ins Gespräch. Bald merkte ich, dass der kirchliche Anteil an der Friedlichen Revolution in ihrer Wahrnehmung kaum noch präsent war. Er hatte sich nicht mit hinüber in die Erinnerung gerettet. Dabei hatten wir es nicht nur in Leipzig so erlebt – wenngleich hier ganz besonders: Wann immer Probleme in der Luft lagen, egal ob vor 1989 oder danach, wann immer die Menschen einen Ort suchten, um ihre Meinung zu äußern, sei es zum Golfkrieg, dem Irakkrieg, zur Arbeitslosigkeit, Betrieben, die plattgemacht wurden, kamen sie in die Kirche. Zu Tausenden. Für Anti-Nazi-Demonstrationen. Oder für ein Friedensgebet mit Hartz-IV-Empfängern, für das ich sogar Landesbischof Bohl gewonnen hatte.

Vielleicht hängt dieses Vergessen ja auch damit zusammen, dass die Berliner uns eines wohl nie vergessen können: Der 9. Oktober, der Tag der Entscheidung, fand hier in Leipzig statt – und nicht in der Hauptstadt. Das nächste wichtige Datum nach den Leipziger Ereignissen, der 9. November, gehört dafür dann ganz nach Berlin.

Am Abend des 9. November war ich in einer Gemeindeveranstaltung und kam erst gegen 22.30 Uhr nach Hause. An dem Abend schaute ich keine Nachrichten mehr.

Am nächsten Morgen um sechs Uhr rief ein Bauer aus der Lausitz bei uns an. Er war Meister in einer Gemüseproduktionsgenossenschaft und mit mir zusammen in der Synode.

»Bruder Führer!«, rief er ins Telefon. »Glückwunsch nach Leipzig! Das haben wir euch zu verdanken.«

Ich war noch völlig verschlafen. »Was ist denn los?«, fragte ich verwirrt.

»Haben Sie denn noch nichts davon gehört? Die Mauer in Berlin. Sie steht seit gestern offen. Und das habt ihr mit euren Gebeten und Demonstrationen in Leipzig erreicht.«

Sofort schaltete ich den Fernseher an und verfolgte die Bilder: Polizisten standen auf der Straße und lachten in die Kamera, während um sie herum das Volk die Grenze gen Westen passierte. Sie stempelten Ausweise ab und winkten die Menschen irgendwann sogar nur noch durch. Die Grenzpolizisten wirkten, als wären sie ganz froh, mal nicht die Rolle der Buhmänner einnehmen zu müssen. Am 9. November war da jedenfalls nichts als uneingeschränkte Freude.

Kurz vor Silvester fuhren wir zum ersten Mal nach West-Berlin. Ich hatte es nicht sehr eilig damit, denn meine Zweifel an den jüngsten Ereignissen ließen nicht lange auf sich warten. Der praktische Materialismus war sehr anziehend und hatte viel mehr aufzuweisen als der Materialismus, den man in der DDR propagiert hatte. Diese Verführung drohte groß und gefährlich zu werden und die Menschen zu verändern. Die Seele wird leer, und der Geist wird träge. Auch hinsichtlich der Auswirkungen auf Kirche und Kultur hatte ich so meine Bedenken.

Die berühmten Bananen zu ergattern – sollte es das gewesen sein, was der Einsatz der letzten Jahre bewirkt hatte?

Der Mensch in seinem Konsumtaumel glich für mich einem Alkoholiker, dem man auf einem Fest begegnet. Eigentlich ein heller Kopf, sucht er in seiner Gier nur die Cognacflasche des Gastgebers. Und macht sich dabei klein. Sehr viel kleiner, als er ist. Der neue Materialismus machte die Menschen abhängig. Die neue Religion mit ihren Tempeln, den Banken und Kaufhäusern, kam über die Ostdeutschen und machte sie unbarmherzig zu Sklaven.

Jeder kaufte neue Möbel. Anzahlung. Teilzahlung. Die erste Rate überwiesen die Leute oft noch. Dann war vom Geld nichts mehr da, weil inzwischen so viele andere Dinge unendlich verlockend im Schaufenster herumstanden. In der DDR waren die Menschen trotz aller Engpässe komplett und wohnlich eingerichtet. Dennoch musste auf einmal so schnell wie möglich alles ausgetauscht werden. Plötzlich war nichts mehr gut genug.

Jeder dachte wohl, die bunte Palette ostdeutscher Konsumträume könnte innerhalb weniger Wochen nach und nach alles leer geräumt haben, und wollte deshalb schnellstens zugreifen. Versandhäuser hatten in jenen Tagen Hochkonjunktur. Die Leute mussten ja nicht einmal mehr aus dem Haus gehen, um einzukaufen. Doch irgendwann war dann die zweite Rate für die Möbel fällig. Ebenso die für das neue Auto und den Fernseher. Also wurden die Möbel wieder abgeholt. Das ging meist schneller, als die Fugen im frisch gefliesten Bad getrocknet waren.

Viele Menschen überschuldeten sich rettungslos. Kaufen und Leben auf Pump waren wir nicht gewöhnt. Ich war nicht enttäuscht, weil ich dem Materialismus gegenüber vom Glauben her gewappnet war. Abgesehen davon war die Verführbarkeit des Menschen vom biblischen Menschenbild her bestens bekannt. Aber es schmerzte mich, zu erleben, wie wenig vernünftig die Menschen ihre neu gewonnenen Vorteile genossen und wie sie stattdessen ihre Freiheit »nutzten«. Kaum jemand nahm sich Zeit zur Besinnung, alles Neue in Ruhe auf sich wirken zu lassen.

Anstelle von Freude und Dankbarkeit machte sich irgendwann Unzufriedenheit breit. Je größer das Angebot, umso unzufriedener die Menschen. Die ersten giftigen Blüten des Konsummaterialismus waren bald nicht mehr zu übersehen.

Am 16. Juli 1990 musste Bundeskanzler Helmut Kohl im Kaukasus zugreifen: Die Sowjetunion bot an, sich komplett aus der DDR herauszuziehen, damit Deutschland seinen eigenen Weg gehen konnte. Diese Gelegenheit durfte er einfach nicht ungenutzt verstreichen lassen. Zusammen mit Michail Gorbatschow und Bundesaußenminister Hans-Dietrich Genscher gab Kohl in entspannter Atmosphäre an einem rustikalen Arbeitstisch die Bedingungen für die deutschdeutsche Wiedervereinigung bekannt. Vollzogen wurde sie schließlich am 3. Oktober 1990. Die westlichen Politiker hatten immer auf die deutsche Einheit hingearbeitet. Vor allem bei deutsch-deutschen Staatsbesuchen sprachen sie ihren Wunsch in jedes verfügbare Mikrofon. Vermutlich glaubte dennoch niemand von ihnen wirklich an die Realisierung dieses Wunsches, zumal in absehbarer Zeit.

Noch im Jahr 1987 hatte Kanzler Helmut Kohl in Bonn zur Überraschung aller den roten Teppich für Erich Honecker ausgerollt. Spätestens bei diesem Staatsempfang wurde deutlich, um welch große Utopie es sich bei dem Einheitsgedanken handelte. Unterschiedlicher konnten zwei Systeme kaum sein.

Nun stand die Einheit nicht nur ins Haus, sondern wurde unter einem enormen Zeitdruck durchgezogen. Durchgerissen, könnte man fast sagen. Eine ruhigere Gangart wäre dem Einigungsprozess sicher wesentlich besser bekommen. Dann hätte der zu gründende Staat gewiss auch einen anderen Namen für die Identität dieses neuen Deutschlands gefunden. Die beiden alten Namen standen schließlich für eine zweistaatliche Vergangenheit, die überwunden war. Neben einem neuen Namen hätte es auch eines sinnstiftenden Gedenktages bedurft: der 9. Oktober, das Kerndatum der Friedlichen Revolution, als Nationalfeiertag aller Deutschen! Dem neuen Deutschland hätte außerdem auch eine neue Hymne zugestanden.

Immerhin leben wir im Land der Schriftsteller, der Dichter und Denker, der Komponisten. Das ist eine unserer großen Stärken. Eine neue Nationalhymne wäre gewiss nicht das Problem gewesen. Sie wäre ebenfalls wichtig gewesen für eine neue Identität aller Deutschen. Die schwarz-rot-goldene Fahne dagegen kann bleiben. Sie stammt weder aus der Zeit des Nationalsozialismus noch aus der Kaiserzeit, sondern gehört zu den freiheitlichen Bestrebungen von 1848 und davor.

Drei wirklich unschätzbare Güter brachte der Westen mit in die Einheit. Erstens das Grundgesetz. Es ist politisch das Beste, was wir bisher diesbezüglich in Deutschland hervorgebracht haben. Zweitens den großen Zeitrahmen von vierzig Jahren gelebter Demokratie. So lange hatte hierzulande bisher noch keine Demokratie Bestand. Drittens die gut funktionierende Wirtschaft. Der Osten brachte dagegen nur eines ein, dafür aber das Entscheidende: die Friedliche Revolution. Die Selbstbefreiung des Volkes aus einer Diktatur ohne fremde Hilfe, ohne Dollar und Dax, ohne die Armeen der Sowjetunion und der USA. Der Osten brachte den Willen zur Veränderung und die dazugehörige Kraft ein.

Eigentlich hätten sich der Osten und der Westen als gleichberechtigte Partner annähern und so die Einheit bilden können. Stattdessen erfolgte einfach der Anschluss des Ostens an den Westen, frei nach dem Motto: »Wir renovieren die DDR von Grund auf und ziehen die siebzehn Millionen Bürger einfach mit durch.« Ein verhängnisvoller Irrtum. Der Anschluss der DDR an die Bundesrepublik Deutschland nach § 23 des Grundgesetzes konnte ohne Schaffung einer neuen Identität für alle Deutschen in einem neuen Deutschland nur äußerlich die Einheit herstellen, die innere Einheit und das Zusammenwachsen aller jedoch gefährden. Nicht umsonst gab es den lautstarken Protest: »Kein Anschluss unter dieser Nummer!«. Erneut entstand eine ungleiche Situation. Im Westen änderten sich die Postleitzahlen. Der Lahn-Dill-Kreis verlor sein Autokennzeichen L an Leipzig. Für manche im Westen war das fast schon zu viel der Änderung. Im Osten hingegen änderten sich nicht nur Autokennzeichen und Postleitzahlen. Hier änderte sich nahezu alles. Jeder Einzelne musste sich in rasantem Tempo auf die neuen gesellschaftlichen Zustände einstellen. Das konnte nicht problemlos vonstattengehen. Immerhin lebten hier Menschen und keine Roboter.

Ich plädierte damals dafür, sehr viel mehr Zeit auf die Zusammenführung der beiden Systeme zu verwenden. Das neue Deutschland musste auch innerlich ein einiges Deutschland werden. Am besten funktionierte es mal wieder bei den Jugendlichen. Sie hatten am schnellsten verstanden, worum es ging. Natürlich sind junge Menschen im Denken und in ihren Möglichkeiten flexibler als Ältere. Abgesehen davon hatten sie mit der Vergangenheit, mit der jüngsten Vergangenheit nicht viel am Hut.

Noch lange Jahre nach der Friedlichen Revolution brachte ich im Konfirmandenunterricht Beispiele aus der DDR. Bis ich irgendwann merkte, damit brauchte ich den Jugendlichen gar nicht mehr zu kommen. Sie hatten sich längst umgestellt und verfolgten lieber, was im Land so vor sich ging. Bald wusste keiner von ihnen mehr, was Pioniere, FDJ oder GST waren. Ich wunderte mich zwar darüber, sagte jedoch nichts dazu. Andere Wissenslücken hielt ich dagegen für deutlich bedenklicher. Umfrageergebnisse bei Westberliner Schülern hatten schon fast kabarettistische Züge: »Die Mauer wurde von den Amerikanern gebaut«, »Die DDR war eine soziale

Demokratie«, »Helmut Kohl war Kanzler der DDR«, lauteten so manche ihrer Aussagen.

Daneben existierte im Westen noch das Alleinvertretungsdenken, das die DDR stets negiert hatte. Im Osten blühte dafür die Nostalgie auf, nach dem Motto: »Es war nicht alles schlecht!« Diese Sprüche erinnerten mich an die Diskussionen alter Männer in vergangenen Zeiten, die beim Bier zusammensitzen und vom Krieg reden. Wenn man ihnen zuhörte, konnte man leicht denken, die Zeit an der Front sei ein interessanter Auslandsaufenthalt gewesen. Was hatten sie da nicht alles erlebt! In ihren Erzählungen gab es plötzlich keine Toten mehr. Kriegsverbrechen kamen ebenfalls nicht vor. Alles wurde verklärt. So kann man doch nicht mit Geschichte umgehen. Es war nicht alles schlecht – aber noch sehr viel mehr war nicht gut!

Gegen die allseits aufkommende Nostalgie hatte ich ein einfaches Rezept. »Wollen Sie wirklich wieder mit Honecker hinter die Mauer zurückkriechen?«, fragte ich die Menschen dann immer. »Denken Sie nur mal dran: Ofenheizung, es regnet durch die Decke, das Klo auf halber Treppe, zwölf Jahre auf einen Trabi warten und eine Welt, die am Kap Arkona beginnt und am Fichtelberg aufhört?«

»Na, das natürlich nicht!«, lautete jedes Mal die Antwort.

Einen weiteren Punkt darf man ebenfalls nicht vergessen: Die so genannten sozialen Vergünstigungen in der DDR waren nichts weiter als ein unverschämtes Abheben von einem nicht gedeckten Konto. Der Zusammenbruch der Wirtschaft war vorprogrammiert. Ich halte ein gewisses Maß an politischem Denken von Ursache und Wirkung für das Mindeste. Wer damals sagte, Politik interessiere ihn nicht, weil er einen Arbeitsplatz und außerdem genug zu essen und zu trinken hatte, der wollte damals genauso wenig wie heute von Politik wissen. Vorausgesetzt, er hat einen Arbeitsplatz und genug zu essen und zu trinken.

Zu behaupten, man habe immer ausreichend essen und trinken können in der DDR, ist mir zu wenig, um ein System zu beurteilen. In der DDR gab es auch bei Lebensmitteln ein ziemlich beschränktes Warensortiment. Und für den Einkauf im so genannten »Delikat« musste der Bürger deutlich mehr Geld hinlegen als im normalen Lebensmittelladen. Dafür stand in jedem noch so kleinen Dorfkonsum variantenreich das Lebensmittel Schnaps im Regal.

Hier war die Auswahl gegeben. Da musste man sich tatsächlich nicht für Politik interessieren, denn damit ließ sich jede Regung betäuben.

Im Jahr 1988 fuhr ich zusammen mit meiner Familie auf Einladung eines Ingenieurs und seiner Frau nach Danzig. Beide gehörten der Gewerkschaft Solidarność an. Bei den Demonstrationen rund um die Ausrufung des Kriegszustands in Polen hatte sich die Frau des Ingenieurs mit ausgebreiteten Armen vor die Panzer gestellt. Die Panzer blieben tatsächlich stehen, die Frau wurde inhaftiert. Die anderen Gefangenen formten ihr aus Verehrung für ihren Mut einen Rosenkranz aus Brotkrümeln. In dem von den Sowjets bewachten Gefängnis gab es wenig zu essen. Es gab auch keine Zigaretten, die den Hunger hätten vertreiben können. Dafür gab es Schnaps. Die Frau erkannte das System: Ihre Intelligenz und ihr Widerstandswillen sollten durch den Alkohol ausgeschaltet werden.

Seitdem tranken die Frau und ihr Mann keinen Schnaps mehr.

Für den Mangel und die instabile Versorgungslage hatte die Parteiführung auch hier eine Erklärung parat. »Das liegt an der Streuung«, hieß es lapidar. Es ist alles vorhanden, allerdings ist es nicht gut gestreut. Letztlich ist diese Behauptung nichts weiter als eine dieser Worthülsen, wie auch die Losung »überholen ohne einzuholen«.

Heute könnte man allerdings das Wort von der Streuung wiederbeleben und auf das Geld anwenden: »Es ist genügend vorhanden, nur nicht an der richtigen Stelle, nicht gerecht genug verteilt. Es liegt an der Streuung.«

Gegen Ende des Jahres 2008 hatten wir es sogar mit mehr als einem Streuungsproblem zu tun, mit einer ernsten Banken- und Finanzkrise.

Wer vor zehn Jahren den Gedanken der Verstaatlichung von Banken geäußert hätte, wäre jedem als verspätetes Gespenst des Kommunismus erschienen. Nun hat der neoliberale Globalkapitalismus selbst den Offenbarungseid leisten müssen, dass sein Bank- und Börsensystem ungerecht und nur bedingt funktionsfähig ist.

Dabei lief doch alles so schön: Die Vorstände der Banken mit der Spielkasinomentalität riskierten freizügig das Geld, das ihnen nicht gehörte, sondern nur anvertraut war. Gab es Gewinne, strichen die Herren sie selbstverständlich ein. Gab es verheerende Verluste wie

Ende 2008, waren die Anleger und Steuerzahler am Zug. Selbstverständlich gingen die Hasardeure finanziell unbelastet vom Platz. Das stinkt zum Himmel, und es stinkt dem Volk.

Weder der Nationalsozialismus mit seiner Menschen- und Gottesverachtung oder seiner gnadenlosen Gewalt noch der Realsozialismus mit seiner atheistisch-materialistischen Weltanschauung haben uns ein Erbe hinterlassen, mit dem man in die Zukunft leben kann. Sie haben die Menschen getäuscht, das Erbe verbraucht und sind bankrott gegangen. Auch der globale Raubtierkapitalismus wird nicht bleiben, wird kein Erbe hinterlassen, mit dem man in die Zukunft leben kann. Stattdessen bleiben uns Klimakatastrophe, Armutsexplosion, Zukunftsängste, Banken- und Börsenkräche und weltweite wirtschaftliche Erdbeben.

Nun müssen die Länder Milliardenpakete zur Rettung der Banken schnüren. Zu Recht zieren sich die Banken, diese Volks- und Steuergelderhilfen anzunehmen. Ist es doch das Eingeständnis ihrer verantwortungslosen Gier, ihrer Unfähigkeit und ihrer blinden Vertrauensseligkeit in ein System, das sich selbst als nicht zukunftsfähig entlarvt hat. Sind wir vielleicht schon zur »Demokratur« geworden, zu einem Zwitter aus Demokratie und Diktatur des Kapitals?

Das Schlimmste, was jetzt passieren kann, wäre: Eine Bank nach der anderen nimmt die Gelder an, erholt sich wieder – und macht danach einfach weiter wie zuvor. Nein, jetzt ist der Zeitpunkt gekommen: für nachhaltiges Überlegen und resolute Änderungen. Schon Jesus hat vor der menschenbeherrschenden und menschenverachtenden Gewalt des Geldes gewarnt. »*Niemand kann zwei Herren dienen (...) Ihr könnt nicht Gott dienen und dem Mammon*«.[95]

Vor allem eine Überlegung drängt sich angesichts der aktuellen Umstände auf: Kein System darf heiliggesprochen werden. Jedes System hat systemimmanente Fehler, die es selbst nicht beseitigen kann. Da muss von außen hineingewirkt werden. Jedes System muss im Sinne Jesu vermenschlicht werden. Aber wer soll das machen? »*Ihr seid das Salz*«[96], sagt Jesus. »Ihr, wer sonst?«

Schon 1990 war mir klar, dass mit der Währungsunion am 1. Juli 1990 eine große Herausforderung auf uns zukommen würde: die Schließung zahlloser Betriebe und eine Arbeitslosigkeit in Größenordnung. Auch hier stand ein explodierter Seelsorgefall ins Haus, vergleichbar mit den Problemen der Ausreisewilligen, die sich mit der Gründung ihres Gesprächskreises in immer größeren Zahlen unter dem Kirchendach gefunden hatten. Wir haben uns auch in der neuen Gesellschaft um die Erniedrigten und Beleidigten zu kümmern. Einen Kreis »Hoffnung für Ausreisewillige« brauchten wir schon Ende 1989 nicht mehr. Aber Menschen, die nach der Euphorie neue Hoffnung brauchten, gab es meines Erachtens mehr als genug.

Eine arbeitslose Chemikerin kam auf mich zu und brachte mich auf den Gedanken, einen Hoffnungskreis für Arbeitslose zu schaffen. Also lud ich am 18. September 1990 einige Menschen zu mir ein, um den Kreis »Hoffnung für Arbeitslose« zu gründen. Der Abend war mehr als ernüchternd. Mit mir zusammen waren ganze vier Personen anwesend. Eine Frau verabschiedete sich gleich wieder, mit dem Argument, wir paar Leutchen könnten ohnehin nichts ausrichten. Wir restlichen drei blieben mehr oder weniger ratlos zurück und vertagten uns erst einmal.

Am nächsten Morgen, ich war noch mit meinem Frust vom Vorabend beschäftigt, rief Superintendent Magirius an.

»Bruder Führer, ich habe von Ihrem Kreis für Erwerbslose gehört«, begann er ohne Umschweife. »Hier ist eine Delegation aus Nordrhein-Westfalen, die sich dafür interessiert. Kommen Sie doch gleich mal bei uns vorbei.«

Ich tat wie geheißen. Ich kam mit den Besuchern recht schnell ins Gespräch. Ich erfuhr, wie die Kirche im Westen dem Problem Arbeitslosigkeit entgegengetreten war. Eine bessere Schule für meine Pläne konnte ich gar nicht haben. Wir vereinbarten einen Termin in Villigst. Ich sollte meine Gesprächspartner besuchen, um vor Ort konkrete Maßnahmen und Objekte kennenzulernen.

Zusammen mit sechs Interessierten fuhr ich nach Villigst in Nordrhein-Westfalen. Von den Kollegen an der dortigen Einrichtung der nordrheinwestfälischen Kirche wurden wir mit Neugier empfangen, wobei wir selbst jede Menge Fragen hatten. Weiterbildungskurse. Berufsberatung. Netzwerkarbeit. Psychologische Beratung. Mir schwirrte der Kopf von all den Ideen, die dort verwirklicht wurden. Als wir zurückfuhren, war uns allen klar: Wir können nicht Jahre warten, bis wir für eine solche Aufgabe befähigt und qualifiziert sind. Um zu helfen, brauchte niemand von uns eine Qualifikation. Wir müssen sofort anfangen. Und beides hatten wir in den letzten Jahren zur Genüge trainiert.

So gründete ich am 18. Februar 1991 mit diesem Team die »Kirchliche Erwerbsloseninitiative an der Nikolaikirche Leipzig«, KEL. Mit ihnen begann eine bis heute segensreiche Tätigkeit. Die Öffentlichkeit bis hin zum sächsischen Ministerpräsidenten wurde aufmerksam. Die *Leipziger Volkszeitung* titelte am 27.03.1991 sogar: »Kirche hilft Erwerbslosen, wo das Arbeitsamt überfordert ist.«

Zwischenzeitlich waren 162 Erwerbslose in der KEL angestellt, teils auf ABM-Basis, als Ein-Euro-Jobber und auch festangestellt. Knapp 61 000 Menschen konnten wir durch regelmäßige Veranstaltungen und Einzelgespräche begleiten und beraten. Inzwischen arbeiten 56 Personen und zehn ehrenamtliche Mitarbeiter in der KEL, die – fast schon gesetzmäßig – keine sichere Finanzierung hat und sich immer von einem Jahr in das nächste rettet. Die Mitarbeiter erleben bei ihrem Engagement täglich aufs Neue, dass der Glaube an Jesus keine fromme Theorie, sondern konkret und lebenswirksam ist. Die Arbeit dieser Erwerbsloseninitiative an der Nikolaikirche steht unter der folgenden Ermutigung und Verheißung: »*Gott spricht: ›Ich lasse dich nicht fallen und verlasse dich nicht‹«.*[97]

Auch außerhalb dieser Einrichtung setzten wir einige Hebel in Bewegung. So gingen wir wochenlang freitags um 12.00 Uhr auf die Straße, um allen zu sagen: »Leute, es ist 5 vor 12.« Doch nur wenige Menschen schlossen sich uns an. Kamen viele, dann waren es vielleicht insgesamt zweihundert. Von diesen zweihundert Demonstranten hatten gut fünfundneunzig Prozent eine Arbeit. Arbeitslose Menschen waren so gut wie gar nicht dabei. Wenn wir an den Biertischen im Freien vorbeiliefen, hörten wir nicht selten Sätze wie: »Das hat doch alles keinen Sinn.« Und das in Leipzig! Das macht mich richtig wütend.

Die Friedliche Revolution hatte bewiesen, was der einfache Mann auf der Straße oder auf der Kanzel bewegen konnte, wenn er sich nur rührte! Und diese Passanten an den Freisitzen hatten nichts Besseres parat, als uns einen dummen Spruch hinterherzurufen. Als Gegenreaktion darauf stellten wir die Demonstrationen unter das Motto: »Schließt euch an, morgen seid ihr selber dran.«

Im Amtsbezirk Leipzig gab es Mitte der neunziger Jahre im Schnitt fünfundsiebzigtausend Arbeitslose. Ich machte eine Rechnung auf: Von ihnen waren vielleicht fünftausend völlig am Boden und waren nicht in der Lage, sich dagegen zu wehren. Noch einmal fünftausend Menschen ging es vermutlich so schlecht, dass sie körperlich angeschlagen waren, tranken, nicht mehr an der Gesellschaft teilhatten. Blieben immer noch fünfundsechzigtausend Arbeitslose in Leipzig. Wo waren die alle?

Demonstrierten ein- oder zweihundert Leute, dann merkt das außer dem Veranstalter kaum jemand. Kommen dagegen tausend, dann lässt sich auch die Presse blicken. Kommen gar zehntausend Demonstranten, dann ist das Ereignis im Fernsehen zu sehen. Und wenn siebzigtausend kommen, dann verändert sich etwas im Land. So konnte sich jeder ausrechnen, wo wir mit unseren zweihundert Demonstranten standen und wie groß unsere Chancen auf Veränderungen waren.

Wer sich nicht einmal dann rührt, wenn es um ihn selbst geht, der soll dann aber bitte auch still sein und nicht über die Verhältnisse im Land schimpfen. Wir anderen, die einen Arbeitsplatz und ein Einkommen hatten, fragten uns irgendwann, wieso wir uns hier eigentlich engagierten, während die Betroffenen sich nicht blicken ließen. Aber als Pfarrer ist man allein von Berufs wegen zur Hoffnung und zum Einsatz für seine Mitmenschen verpflichtet. Auch Ignoranz und DDR-Hinterlassenschaften in den Köpfen à la »Wir können sowieso nichts ändern« halten einen da nicht auf.

Zum Glück gibt es immer wieder auch ermutigende Zeichen, die uns Gott erleben lässt. Etwa, als einer der wenigen Arbeitslosen im Anschluss an die Kundgebung zu mir kam. »Herr Pfarrer, ich habe zwar auch nach der Demo keinen Arbeitsplatz. Aber mir geht es jetzt viel besser«, sagte er nachdenklich.

Mitte der neunziger Jahre wandten sich zwei Betriebe wegen drohender Schließung um Hilfe an mich. Bei Hartmann und Braun, einem ehemals sozialistischen Großbetrieb, konnten Pfarrer Christian Wolff und ich etwas bewegen. Durch unseren öffentlichen Auftritt bei den Streikenden vor dem Betrieb, ebenso durch Gespräche mit Betriebsrat und Firmenleitung erreichten wir eine für die Belegschaft verträgliche Lösung. Aus Dankbarkeit baten mich einige Arbeiter, in der großen Werkskantine die Weihnachtsfeier zu gestalten. Mit einer Kollegin, einem Posaunenchor und Hunderten von Betriebsangehörigen feierten wir Weihnachten auf dem Betriebsgelände. Wir waren zeitlich noch so dicht an 1989 dran, dass uns dieses zur DDR-Zeit völlig unmögliche Geschehen in seiner Besonderheit auf ganz besondere Art berührte.

Am spektakulärsten gestaltete sich jedoch das Friedensgebet zur Rettung der Brauerei Reudnitz. Durch wirtschaftliche Schwierigkeiten der Konzernmuttergesellschaft war die Brauerei mit ihren 170 Arbeitsplätzen 1997 von der Schließung bedroht. Angehörige des Betriebsrates wandten sich an mich.

»Ihr habt in der Nikolaikirche schon so viel bewirkt, tut was für uns!«, wurde ich gebeten.

Die Mitarbeiter hatten bereits zwanzigtausend Unterschriften gegen die Schließung gesammelt, den Regierungspräsidenten als Unterstützer gewonnen und einen Montag für ein Friedensgebet vorgeschlagen. An jenem Tag war aber bereits der Behindertenverband mit der Gestaltung des Friedensgebetes betraut, dem wir unmöglich absagen konnten. Auch hatten wir im Pfarrkonvent ein Solidaritätstelegramm für die Demonstranten in Belgrad verfasst, das öffentlich verlesen werden sollte. Dort gab es nach den lokalen Wahlen in ganz Serbien täglich Bürger- und Studentenproteste. Und nun noch die Bierbrauer. Ich wusste beim besten Willen nicht, wie wir das alles unter einen Hut bekommen sollten.

Die Verblüffung war natürlich groß, als zum Friedensgebet Hunderte von Brauereiarbeitern in die Nikolaikirche strömten und die vielen Rollstuhlfahrer im Mittelgang sahen. Schon nach der Verlesung des Solidaritätstelegramms entstand jedoch eine ungemein positive Atmosphäre in der Kirche. Die Brauereiarbeiter entdeckten mit Blick auf die Rollstuhlfahrer, dass es neben drohender Arbeitslosigkeit auch körperliches Leid gibt. Die Rollstuhlfahrer wiederum erlebten, dass gesunde Menschen die Arbeitslosigkeit als schwere Behinderung empfanden. Im Hintergrund der Kriegsgeschehnisse in Belgrad einigten wir uns darauf, alle miteinander letztlich froh sein zu können, dass wir im Anschluss an die Veranstaltung unsere

Wohnung unversehrt vorfinden würden und keine Granate alles zerstört hatte. Der Betriebsratsvorsitzende und der Regierungspräsident ergriffen das Wort. Ich hielt, wie immer, die Eingangsansprache und sagte voller Empörung: »Die Brauerei schreibt schwarze Zahlen und soll dennoch dichtgemacht werden! Wir nehmen diese Ungerechtigkeit nicht hin. Dieses Signal geht heute von der Nikolaikirche aus: Die Brauerei arbeitet weiter!« Weil es so ziemlich das Unwahrscheinlichste war, was passieren würde, berichteten alle Zeitungen davon.

Das Friedensgebet ging trotz des Ernstes der Lage sehr positiv zu Ende. Wenige Tage später erreichte uns eine Nachricht vom Mutterkonzern in Dortmund, der Vorstandsvorsitzende sei zurückgetreten. Mehr erfuhren wir vorerst nicht. Ein Vierteljahr später dann die zweite Meldung aus Dortmund: »Die Brauerei Reudnitz steht nicht mehr zur Disposition.« Gerettet!

Und wieder war die Kirche voller Brauereiarbeiter. Diesmal waren sie bei uns, um sich zu bedanken.

ALTAR UND STRASSE

Unvergesslich ist mir eine Tagung der Evangelischen Akademie
Tutzing »Zur deutschen Einheit im europäischen Rahmen« am
30. Januar 1990. Wir waren eine ziemlich bunte Truppe aus der
DDR und trafen in der Nähe von München unter anderem auf Willy
Brandt, den Bundespräsidenten Richard und seinen Bruder Carl
Friedrich von Weizsäcker, außerdem den amtierenden Außenminister Hans-Dietrich Genscher und Joschka Fischer. Wer die Auswahl der Teilnehmer unserer »Delegation« aus der DDR vorge-
nommen hatte, weiß ich nicht. Ich war jedenfalls auch dabei, unter
anderem Jürgen Kuczynski, Günter de Bruyn und Konrad Weiß.

Die Freude über dieses Zusammentreffen stand allen ins Gesicht
geschrieben. Wir DDR-Leute hatten das Gefühl, jetzt könne die
DDR endlich demokratisch gestaltet werden, und danach könnte
man über die Einheit reden.

Doch dann sagte Willy Brandt zu unserer Überraschung: »Die
Einheit ist gelaufen, es ist nur noch eine Frage der Modalitäten.«

Hans-Dietrich Genscher in seinem gelben Westover stand daneben. »Und den Westdeutschen müssen wir sagen, die Einheit
wird es nicht zum Nulltarif geben«, fügte er hinzu.

Und wir bunten Ostvögel hatten allen Ernstes gedacht, erst noch
die DDR verändern zu können und dann auf gleichberechtigter Basis die Einheit mit Westdeutschland zu bilden!

Ich saß an einem Tisch mit Ulrike Poppe und Anetta Kahane.
Plötzlich kam Heinrich Albertz auf mich zu. Der ehemalige Regie-
rende Bürgermeister von Berlin freute sich, mich hier zu treffen.

Wir kannten uns von seinem Vortrag in Leipzig Anfang der achtziger Jahre im Rahmen der Friedensdekade.

Günter Grass kam auf mich zu.

»Ich bin demnächst in Leipzig. Fahre zum SPD-Parteitag«, sagte er und schmunzelte, »aber ich mag es nicht, im Hotel zu wohnen.«

»Das geht mir auf Reisen genauso«, wusste ich nur zu entgegnen.

»Ich frage Sie mal geradeheraus. Könnte ich vielleicht bei Ihnen wohnen? Gäbe es da einen Platz für mich?«

»Platz gibt es schon«, sagte ich. Wir hatten sehr oft und gern Gäste bei uns. Doch hier handelte es sich um eine Berühmtheit. Also gab ich zu bedenken: »Unser Klo hat zwar Wasserspülung, aber ansonsten ist alles, wie es im Osten eben ist.«

»Kein Problem.«

Kurz darauf kam er tatsächlich für eine Woche zu uns und übernachtete im Zimmer unseres ältesten Sohnes. Wir frühstückten gemeinsam. Ich hielt das Tischgebet und las die Losung, bis auf ein Mal. Was ihm natürlich nicht entging.

»Heute früh war ja noch gar nicht von Jesus die Rede«, war seine liebevolle Glosse auf meinen Eifer in dieser Sache. Dann ging er zu meinem Bücherschrank und lief an den Reihen von Büchern entlang. Vorsichtig nahm er ein Buch heraus. Es war *Die Blechtrommel*. Erste Auflage von 1960. Mit dem Einband in Blau, Rot, Schwarz und Weiß. Er war gerührt und stellte das Buch vorsichtig ins Regal zurück. Ich zeigte ihm unsere Goethe-Ausgabe von 1828. Original Cotta'sche Verlagsbuchhandlung. Als ich ihn anschaute, wusste ich, dass solche Momente für einen Schriftsteller etwas sehr Schönes sind.

Gäste zahlen bei uns keine Miete, aber Günter Grass wollte uns etwas geben und schenkte uns eine Auswahl seiner Werke, von denen er jedes einzelne Buch signierte. Es war das schönste Geschenk, das er uns machen konnte.

Am letzten Tag brachte ich ihn zum Bahnhof. Sein Zug hatte Verspätung. So gingen wir zwei Stunden lang auf dem Bahnhof auf und ab. Ich nutzte die Gelegenheit, um ihn nach einem anderen Schriftsteller zu fragen: Heinrich Böll. Ich verehrte ihn seit Langem. Böll ist noch heute einer meiner Lieblingsschriftsteller. Schon als Student hatte ich überlegt, ihm einen Brief zu schreiben.

»Schreib nur ›Heinrich Böll Köln‹ auf den Umschlag. Das kommt dann schon an«, ermutigte mich damals ein Kommilitone. Und als ich Jahre später so weit war, ihm tatsächlich zu schreiben, starb Heinrich Böll.

Das war 1985. Und nun lief ich mit Günter Gass über den Leipziger Hauptbahnhof und fragte ihn aus über Heinrich Böll. Grass erzählte ausführlich von Böll, den er sehr gut gekannt hatte. Er sprach von Bölls Engagement gegen Krieg und Aufrüstung, vom politischen Nachtgebet in Köln und ein paar Einzelheiten aus Bölls Leben. Rückblickend auf die Tage, die Günter Grass bei uns verbrachte, blicke ich auf ein lebendiges Erleben von Literatur.

Von der Tagung in Tutzing aus fuhren meine Frau und ich weiter nach Graz.

Es war unsere erste Reise ins so genannte westliche Ausland. Dem Pfarrer der Grazer Heilandskirche Othmar Göhring war es in Zusammenarbeit mit dem Evangelischen Bildungswerk ab 1985 gelungen, aktuelle ethische Themen zum Grazer Stadtgespräch zu machen. Bei den alljährlich veranstalteten »Evangelischen Akademien« wurden diese Themen aus christlicher Sicht beleuchtet.

Bereits im September 1989 hatte er mich angerufen und zu sich nach Graz eingeladen.

»Wissen Sie überhaupt, wo wir hier leben? Sie laden mich nach Graz ein? Ich komme doch hier nicht raus«, entgegnete ich ihm am Telefon.

»Das wird schon. Wir können doch von Graz aus eine Eingabe bei Ihrer Regierung machen«, bemerkte er nur lakonisch.

Bis es zu unserem Besuch bei ihm kam, war auch die Eingabe kein Thema mehr, denn die Grenzen waren inzwischen offen.

Am 1. Februar 1990 erreichten Monika und ich schließlich Graz.

An der Kirche begrüßte uns ein riesiges Plakat. »Pfarrer der Nikolaikirche, Christian Führer, zum Vortrag« stand darauf. Beim Anblick der Zeilen wurde mir richtig schlecht. Zwar wusste ich, wovon ich erzählen und was ich sagen wollte. Doch ich war es absolut nicht gewöhnt, in der Öffentlichkeit Plakate mit meinem Namen zu sehen. Obendrein stand auch schon der ORF für ein

Interview bereit. Spätestens jetzt war auch ich in der neuen Zeit angekommen.

Es folgte ein Gespräch mit dem Landeshauptmann und danach ein weiteres mit dem Bürgermeister im Rathaus. Der große Gesprächsabend im Heimatsaal war verbunden mit einem wahren Auflauf von Reportern. Eine Fernsehgesprächsrunde war ebenfalls organisiert worden. All das war natürlich absolutes Neuland für mich. Ich erlebte eine Öffentlichkeit, die ich überhaupt nicht kannte. Von da an wurde ich diese Öffentlichkeit nie mehr los und war vor allem anfangs wiederholt mit Ängsten besetzt.

Beim Essen in einem Schlosssaal saßen wir wie an einer Fürstentafel. Ich wusste gar nicht, wie mir geschah, als jemand mich fragte: »Welchen Wein möchte der Herr Pfarrer denn trinken?« Ich hatte absolut keine Ahnung von den Weinsorten der Region. »Einen Schilcher bitte«, sagte ich daher nach einem kurzen Blick auf die Weinkarte. Offensichtlich hatte ich einen echten Volltreffer gelandet.

»Einen Schilcher will der Herr Pfarrer. Kommt sofort. Einen Schilcher bitte.«

Wenn ich mich recht erinnere, tranken einst Wilddiebe diesen Wein. Jedenfalls war das Eis gebrochen, wenn man einen Schilcher zusammen trinken konnte.

Wieder zu Hause in Leipzig setzte sich das Öffentlichkeitsinteresse an den Vorgängen von 1989 in der Nikolaikirche, aber auch an mir als Person fort. Allerdings brauchte ich noch eine ganze Weile, bis ich mich daran gewöhnt hatte. Nach wie vor verwies ich jedes Team und jeden Journalisten, der sich mit einer Interviewanfrage meldete, zunächst an den Landesbischof in Dresden.

Aber die Journalisten wollten keine offiziellen Kircheninformationen. Sie wollten an der Nikolaikirche drehen und mich als Pfarrer von St. Nikolai zu den Vorgängen befragen. Erst Stück für Stück bekam ich mit, dass wir an der Basis als Kirche wahrgenommen wurden und nicht die übergeordneten Strukturen dafür standen. Um uns ging es: die Mitarbeiter der Nikolaikirche. Von uns hatte der DDR-Staat immer behauptet, wir verbreiteten nicht das Evangelium, sondern pure politische Hetze. Deshalb gehörten wir auch diszipliniert und sollten schleunigst suspendiert werden.

Nun waren wir auch deshalb interessant für die Medien. Immer wieder stellte man mir die Frage: Wie habt ihr das damals gemacht? Es war ein längerer Prozess über zwei, drei Jahre, bis ich so richtig begriff, welche Rolle wir hier in den Augen der Welt einnahmen und wie interessant wir für die Öffentlichkeit waren. Das Erstaunliche dabei war: Das Medieninteresse war keine Effekthascherei zur jüngsten Geschichte, denn es hält an bis heute.

Ohne eigenes Zutun erhielt ich auf einmal eine größere Aufmerksamkeit und Unterstützung für meine Kirchenarbeit, die sich oft im sozialen Bereich abspielte. Vor allem natürlich bei denen, auf die sonst niemand eine Kamera hielt und die auch kein Mikrofon vor den Mund bekamen. Für die Presse war es offensichtlich neu, Kirche so zu erleben und den Ort der Kirche irgendwie anders als gewohnt zu entdecken. Immer wieder gingen sie der folgenden Frage nach: Wo muss die Kirche sein? Die eindeutige theologische Antwort lautet: Bei Jesus muss die Kirche sein.

So weit werden mir sicher alle zustimmen. Deutlich komplizierter ist die weiterführende Frage: Wo ist Jesus? Die Antwort: Draußen auf den Straßen und Plätzen und in den Häusern, wo sich die Menschen mit ihrem Leben abmühen. Bei den Erniedrigten und Beleidigten. Bei den Huren und Zöllnern. Bei den Gestrandeten und Versandeten. Bei den an den Rand Gedrückten oder Geratenen. Dort muss auch die Kirche sein. Wenn wir uns dahin aufmachen, folgen uns schon deutlich weniger Anhänger. Gott sei Dank versammelte die Kirche stets eine ausreichende Zahl an Menschen unter ihrem Dach, die Jesus dorthin folgten, wo Er war und handelte. In der Vergangenheit hatte der Großteil der Kirche sich für allzu lange Zeit unter dem Motto »Thron und Altar« mit Macht und Gewalt verbündet und dadurch Jesus aus den Augen verloren. In Wirklichkeit gehören im Sinne Jesu Altar und Straße zusammen!

In jener Zeit kostete es mich allerhand Kraft und zahllose Überlegungen, mir vorzustellen, wie die Rolle der Kirche im neu vereinten Deutschland zu sein habe. Ich setzte mich sehr dafür ein, dass sich die Kirche einem Lernprozess unterziehen möge. Kirche war nicht dazu da, Sachwalterin innerkirchlichen Bestandes zu sein. Sie musste in die Gesellschaft hineinwirken, sich der Menschen mit Hilfe des Evangeliums annehmen. Kirche hatte Öffentlichkeit gewonnen. Das war wie eine geöffnete Tür. Ein großer Teil von

Bonhoeffers Vision war in der Friedlichen Revolution Realität geworden: »Kirche ist nur Kirche, wenn sie für andere da ist.«[98] Genauso wie das Wort von Luther: »*Tua res agitur*«: Deine Sache wird verhandelt.

Leider hat niemand diese Entwicklung als solche ernsthaft aufgegriffen. Stattdessen wendete man die kirchlichen Strukturen der Evangelischen Kirche in Deutschland sehr schnell auf alle Kirchen Ostdeutschlands an, natürlich verbunden mit Gehaltserhöhungen und einigen anderen Zugpferden der Anpassung. Wir hatten gerade eine Reformation neuen Typs erlebt! Das vierzigjährige Trainingslager DDR für den Glauben durchlebt. Diese neuen Erfahrungen gehörten in die Kirchenarbeit, und zwar deutschlandweit. Doch noch vor der eigentlichen deutschen Einheit war man sich auch in der Kirche längst einig: Zusammenschluss und gut.

Natürlich waren die höheren Gehälter eine durchaus erfreuliche Nachricht für uns Pfarrer in der DDR. Keiner von uns wird vergessen, welchen Platz wir in der DDR eingenommen haben. Nach fünfzehn Dienstjahren betrug das Endgehalt achthundertfünfzig Ostmark. Das lag unter dem Lohn eines Facharbeiters, der ungefähr tausend Ostmark verdiente. Es wunderte mich daher nicht, wenn die Menschen zu mir sagten: »Sie müssen aber Idealismus haben.«

In diesen Worten steckten zwei Botschaften. Einmal: So blöd ist kein normal denkender Mensch. Ewig lange Ausbildung für ein so niedriges Gehalt und nichts als Schwierigkeiten mit dem Staat. Aber auch die bewundernde Botschaft: Wo nehmen Sie die Kraft her, sich dem Druck des Staates nicht zu beugen und sich nicht anzupassen?

Ein gewaltiger Vorteil des Zusammenschlusses mit der Evangelischen Kirche in Deutschland darf an dieser Stelle jedoch ebenso wenig vergessen werden: Es flossen erhebliche Geldmittel an die ostdeutschen Landeskirchen. Dadurch war es möglich, zahlreiche Kirchen zu restaurieren, die in geradezu ruinösem Zustand waren. Ebenso konnten Pfarrhäuser und andere kirchliche Gebäude in einen erträglichen, oft sogar guten Zustand versetzt werden. Das Diakonische Werk erhielt ebenfalls Gelder. Gerade deswegen wäre es wichtig gewesen, ein Stück der aufregenden Erfahrungen unter Diktaturbedingungen deutlicher in die Evangelische Kirche in

Deutschland einzubringen. Diese wurde zwar stabilisiert, und den ostdeutschen Landeskirchen wurde eine gewaltige Hilfe zuteil, allerdings für einen hohen Preis: Die Chance für einen Neuansatz in der Begegnung mit der säkularisierten Bevölkerung sind ebenso wie die neuen Erfahrungen der Nikolaikirche mit »Straße und Altar« nicht wirklich genutzt worden.

Eine große Gefahr sah ich auch darin, dass sich Kirche an einer Stelle verhielt wie das Gesellschaftssystem. Die Verantwortlichen wollten Geld einsparen und die Höhe der Gehälter durch Stellenabbau halten. Als im Frühjahr 2004 in Leipzig neun Pfarrstellen gestrichen werden sollten, unterbreitete ich einen Vorschlag, den wir im Kleinen bereits in der Kirchlichen Erwerbsloseninitiative praktizierten. Wenn alle zweiundfünfzig Pfarrerinnen und Pfarrer Leipzigs auf siebzehn Prozent ihres Gehaltes verzichteten, könnten die neun Pfarrstellen erhalten werden.

Jesu Mentalität des Teilens musste bei uns selbst anfangen. Schließlich geht es dabei auch um die Glaubwürdigkeit unserer Kirche und darum, vom Inhalt und nicht von der Struktur her zu denken. Am 18. März 2004 brachte die *Leipziger Volkszeitung* einen großen Artikel mit der Überschrift »Führer fordert Pfarrer zum Gehaltsverzicht auf. Nikolai-Geistlicher will Abbau von neun Seelsorger-Stellen verhindern« heraus. Daraufhin sprachen mich viele Menschen auf der Straße an. Der allgemeine Tenor war: »Das sollte in der Gesellschaft Nachahmung finden!« oder: »Ein Vorschlag, der nach vorn weist!« Denn die Menschen verstanden sehr gut, dass der Aufruf zum Gehaltsverzicht zugleich ein Signal und ein Akt der Solidarität mit den sozial Schwachen und Arbeitslosen im Land darstellte. Es gab dienstrechtliche Bedenken, die Altersversorgung war damit nicht gesichert. »Pfarrer sind bislang Pfarrer auf Lebenszeit. Ein Pfarrer auf Spendenbasis wäre bedenklich«, hieß es. Mein Vorschlag war nicht ausgereift genug und wurde daher im Landeskirchenamt nicht in Betracht gezogen. Die neun Stellen in Leipzig wurden ersatzlos gestrichen. Die Zeit für die Verwirklichung meines Vorschlages war offensichtlich noch nicht gekommen. Dazu passt, was mich schon seit Jahren störte, resignative Formeln, wie: »Sind Sie *noch* in der Kirche?« Aus diesen Worten hört man den Rückzug förmlich heraus.

»Also, ich bin *schon* in der Kirche. Sie wohl *noch* nicht?«, war daher meine lakonische Antwort darauf. Die Wochenendkolumne der *Leipziger Volkszeitung* gab mir Gelegenheit, darüber zu schreiben. Unter der Überschrift »Schon in der Kirche« schrieb ich im Februar 1999:

Zu DDR-Zeiten »mußte« man überall drin sein, dabei sein. Sie wissen schon: Pioniere, 7. Oktober, Jugendweihe, FDJ, FDGB, DSF ... Und zur Wahl natürlich die Handbewegung. Sie wissen noch: den Zettel einstecken; denn nachdenken oder gar selbst entscheiden, das war einfach nicht vorgesehen.

Insofern ist es mehr als verständlich, daß die Menschen hierzulande, inzwischen weltanschaulich mehrfach geschädigt, vorsichtig geworden sind bei jeglicher Art verbindlicher Zugehörigkeit. Wenn wir noch einen zweiten, genaueren Blick zurückwerfen, stellen wir jedoch fest: Überall mußte man nicht drin sein, z. B. nicht in der Kirche! Man mußte weder sein Kind taufen noch konfirmieren lassen, man mußte zum Heiligabend nicht in die Christvesper, man mußte nicht zu den Friedensgebeten kommen. Das alles war sogar ausgesprochen unerwünscht!

Und wenn die jungen Leute bei der Armee das nicht von selbst begriffen, da führte man sie schon einmal gruppenweise und geschlossen, wie allseits hinreichend geübt, zum Kirchenaustritt beim Notar.

Nun müssen wir nicht mehr geschlossen marschieren, weder zur Jugendweihe noch zur Wahl noch zum Kirchenaustritt. Frei sind wir zum Selbst-Denken, zum Selbst-Entscheiden, zum eigenverantwortlichen Handeln. Die Mitglieder aller Parteien zusammen machen in Deutschland 4 % (!) der Bevölkerung aus. Da liegen wir mit 18 % Kirchenzugehörigkeit in Leipzig durchaus akzeptabel in der Gegenwart.

Selbstzufrieden?

Das wäre so ziemlich genau das Gegenteil von dem, was Jesus tat. Er sah die Menschen, die sich mit ihrem Leben abmühten und doch nicht von der Stelle kamen. Er wandte sich dem einzelnen Menschen direkt und persönlich zu: »Folge mir nach!« Und nahm ihn an, so wie er war.

So erwäge ich, in der Nikolaikirche – offen für alle ist sie längst – eine »Beratung zum Kircheneintritt« einzurichten. Wir erwarten Sie natürlich einzeln, nicht geschlossen.

Oder gehören Sie etwa schon zur Kirche?

Die Kolumne hatte eine erstaunlich direkte Wirkung. Gleich am Montagmorgen, noch bevor ich zur Morgenandacht ging, rief jemand an und fragte nach der Beratung zum Kircheneintritt. Ich fiel aus allen Wolken, denn meine Ankündigung war eher eine Art Versuchsballon gewesen. Doch ich ließ mir nichts anmerken und dachte schnell nach. »Freitag um siebzehn Uhr«, sagte ich dann.

Seitdem gibt es in der Nikolaikirche jeden Freitag um 17.00 Uhr die so genannte »Beratung zum Kircheneintritt«. Sie findet bis heute in der Jugendkapelle statt, hat sich auf alle Gebiete ausgedehnt und erlebte damals einen erstaunlichen Zulauf. Ich nahm Taufen und Trauungen an, beriet auch Mitglieder anderer Gemeinden und erlebte zusätzlich ein Stück jener Wirklichkeit, die sich jetzt erst Bahn brach.

Was das angeht, werden sich die Formen weiter ändern und auf neue Situationen einstellen müssen, wie ich es während meiner Amtszeit bereits an verschiedenen Stellen erlebt habe. Etwa wenn jemand sein Kind taufen lassen wollte, obwohl keiner von beiden oder nur ein Elternteil der Kirche angehörte. Seit 1974 gibt es den Gottesdienst zur Eheschließung, wenn nur ein Partner der Kirche angehört. In den achtziger Jahren kam dann die »Kirchliche Bestattung in besonderen Fällen« hinzu, etwa wenn der Verstorbene oder seine Angehörigen nicht der Kirche angehörten.

Diese Öffnung der Kirche ist ein wichtiger Schritt in einer Zeit, in der nur ein Teil der Bevölkerung christlich erzogen wird. In einer Zeit, in der immer mehr Menschen aus unchristlichen oder atheistischen Elternhäusern den Weg zum Glauben, zur Kirche suchen.

Eines Tages kamen zwei Studenten zu mir in die Beratung und sagten: »Wir lieben uns und werden eines Tages heiraten, sind aber noch nicht so weit. Hin und wieder streiten wir uns auch, was dann den Wunsch zu heiraten gefährdet. Gibt es nicht eine Art von Segen, der uns bis zur Trauung begleitet?«

Eine Bitte dieser Art hatte noch niemand an mich herangetragen. Später kam noch der Bruder des jungen Mannes hinzu, und so hielt ich vor drei Menschen in der Nordkapelle eine Textpredigt zum Prozess der Beziehung und des Zusammenlebens. Anschließend folgten Fürbitte und Segen. Ein Geschehen, das uns alle erfreute und stärkte!

Durch meine Tätigkeit kam ich mehr und mehr mit einer neuen Wirklichkeit in Berührung, ebenso mit Themen, für welche die »Beratung zum Kircheneintritt« einfach ideal war. Menschen konnten sich ganz ohne Schwellenängste an uns wenden. Von der verblüffenden Frage an einen Pfarrer: »Sagen Sie mir bitte, wie ich aus der Kirche austreten kann« bis hin zu »Wir sind beide Atheisten und wollen kirchlich heiraten« war alles vertreten.

Die erste demokratische Wahl im Lande stand im März 1990 ins Haus. Das Ergebnis dieser Wahl ergab eine überwiegende Mehrheit für die CDU. Es war verblüffend für uns, wie »christlich« plötzlich die Menschen in der DDR geworden waren! Wahrscheinlich hatten sie aber einfach nur Kohls Versprechen der »blühenden Landschaften« gewählt.

Wie wird das ausgehen? Unser Platz ist bei den Menschen. Wir wollen sie nicht zensieren, sondern müssen mit ihnen ins Gespräch kommen.

Am 3. Oktober 1990, als die deutsche Einheit offiziell vollzogen wurde, war ich in Mainz beim ZDF eingeladen, genauer gesagt, in der Nacht vom 2. auf den 3. Oktober. Schriftsteller, Pfarrer, Politiker und Historiker saßen dort zu einer Fernsehdiskussion zusammen. Dazu spielte der Sender immer wieder Bilder aus Berlin ein und erbat von uns Kommentare dazu. Das Ganze ging bis nachts um zwei.

Am nächsten Morgen wachte ich gegen elf Uhr auf und schaltete im Hotelzimmer den Fernseher ein. Es war Sonntag, der 3. Oktober. Der Festakt aus dem Bundestag wurde gerade gesendet, dazu spielten sie die Bach-Kantate »Wir danken dir, Gott, wir danken dir«.

Dieser Moment rührte mich damals wirklich an. Das ist ein Deutschland, wie ich es noch nie erlebt habe, dachte ich. Ganz Deutschland, Volk und Regierung, hörte diese Worte in der wunderbaren Vertonung Johann Sebastian Bachs. »Wir danken dir, Gott (…) und verkündigen deine Wunder (…) Wo ist ein solches Volk wie wir, dem Gott so nah und gnädig ist.«

Dann erklang der gewaltige Schlusschoral:

»Sei Lob und Preis mit Ehren
Gott Vater, Sohn, Heiligem Geist.
Der wolle in uns mehren,
was Er aus Gnaden uns verheißt,
dass wir Ihm fest vertrauen,
gänzlich verlassn auf Ihn,
von Herzen auf Ihn bauen,
dass unsr Herz, Mut und Sinn
Ihm tröstlich solln anhangen;
drauf singen wir zur Stund:
Amen, wir werd'ns erlangen,
glaubn wir aus Herzensgrund.« [99]

In jenem Augenblick dachte ich mit großer Bewegung: Allein dafür hatte sich die Friedliche Revolution gelohnt.

Ein Fussballpokal neben dem Altar

Im Januar 2006 wurden im Irak zwei Leipziger Ingenieure, René Bräunlich und Thomas Nitzschke, entführt, als sie im Auftrag der Firma Cryotec aus Bennewitz bei Wurzen dort arbeiteten. Die Angehörigen der beiden Männer, einige Kollegen, ihr Chef Peter Bienert und die Geschäftsführerin Karin Berndt erbaten im Gottesdienst am 29. Januar 2006 eine Fürbitte für die beiden Männer. Im Friedensgebet am 30. Januar thematisierte ich die Entführung und vereinbarte mit den Teilnehmern eine Mahnwache vor der Nikolaikirche. Da uns die Zeitspanne bis zum nächsten Friedensgebet am kommenden Montag zu lang erschien, führten wir für jeden Donnerstagabend eine zusätzliche Mahnwache ein, zu der sich zuerst zweihundert, dreihundert und bis zu vierhundert Menschen vor der Kirche versammelten, darunter auch arabische Studenten und deutsche Studenten der Arabistik. Sie zündeten Kerzen vor der Kirche an, stellten Plakate auf, schrieben die Worte »Unsere Herzen sind bei euch!« auf große Schilder. Um die Jugendkapelle herum hing ein großes Spruchband in arabischer Sprache, in dem die Freilassung der Entführten gefordert wurde. Die Medien begleiteten das Geschehen beständig. Zwei junge Männer wurden da unten festgehalten – die Bilder all jener, die nicht lebend aus einer Geiselhaft zurückkehrten, sondern ermordet wurden, hatte jeder noch in Erinnerung. Einige Journalisten, offenbar besorgt über so viel Hoffnung bei mir, fragten nach, was ich denn machen würde, wenn die Entführer den Geiseln den Kopf abschnitten.

»Darüber brauchen Sie sich keine Sorgen zu machen«, erwiderte ich. »Sie können sich aber schon mal auf den Dankgottesdienst in der Nikolaikirche einrichten.«

Sie standen am Anfang ihres Lebens. Ihre Familien warteten hier. Ihre Eltern. Sie waren da unten im Kriegsgebiet und hatten Arbeit, während viele Gleichaltrige hierzulande nach Arbeit suchten. Natürlich stellte sich die Frage, ob der Preis für den Arbeitsplatz nicht zu hoch war. Sie zu beantworten, rückte in den Hintergrund, während sich mehr und mehr Menschen in dieser einen Hoffnung zusammentaten, sie mögen unversehrt nach Hause kommen.

Montags nach dem Friedensgebet und donnerstags um 18.00 Uhr kamen die Menschen für die Mahnwache zusammen. Die ganze Zeit über, tagein, tagaus brannten Kerzen vor der Kirche, wurden Blumen, Geschenke und alle Arten von Zeichen der Hoffnung und der Zuneigung zu den Geiseln vor der Kirche niedergelegt. Menschen kamen gezielt zur Kirche, auch viele, die nur einen Tag lang in Leipzig waren und das Geschehen im Fernsehen mitverfolgt hatten. Eine Welle von Aufmerksamkeit und Sympathie erreichte uns Kirchenleute und die regelmäßigen Besucher der Mahnwache aus dem In- und sogar Ausland. Die Medien nahmen sich des Themas an. Es entwickelte sich in kurzer Zeit eine »Liturgie«, und ich bat die Menschen um Stille, sobald wir uns jeweils gegen 18.00 Uhr eingefunden hatten, was auch nur einer leisen Geste bedurfte. Dann senkten sich auch die Kameras. Kein einziger Fotoapparat klickte. In dieser Stille konnte ein jeder beten oder nachdenken. Danach ... Was gab es danach schon zu sagen? So gut wie nichts. Hier war Schweigen die Hilfe, gab Stärkung und Mut. Regelmäßig verlas ich im Anschluss an das Gebet die spärlichen Informationen zur Lage der Geiseln. In meinen Kurzansprachen erinnerte ich permanent an den Fakt, um die Befreiung der Geiseln zu beten, um nichts Geringeres als die Befreiung. Meine Ausführungen schloss ich stets ab mit den Worten aus den Psalmen: »*Herr, bringe zurück unsere Gefangenen, wie Du die Bäche wiederbringst im Südland. Die mit Tränen säen, werden mit Freuden ernten.*«[100] Diese Worte waren wie für diese Situation geschrieben. Nach Wochen – insgesamt 99 Tagen – waren uns allen, einschließlich der Medienvertreter, diese Worte so vertraut und so eng mit der Befreiung der Geiseln verbunden, dass die Befreiung in unserem Herzen bereits einen festen Platz einnahm. Allerdings gab es auch kritische Stimmen: »Die da oben könnten sich auch mal blicken lassen!«, hieß es mehrfach. Die Aufforderung schien »oben« tatsächlich angekommen zu sein. Denn eines Sonntagnachmittags rief Bundesaußenminister Frank-Walter Steinmeier bei mir zu Hause an und bedankte sich für die Solidaritätsbekundungen für die Entführten in und an der Nikolaikirche. Des Weiteren bat er um Verständnis dafür, dass kein Vertreter der Regierung an den Mahnwachen teilnahm. Die Mahnwachen könnten im Irak als staatlich gesteuerte Veranstaltungen eingestuft werden. Die Situation sei eine Gratwanderung. Ich verstand und dankte für seine Geste, fragte ihn aber auch, ob er nach der Befreiung der Geiseln, falls es denn dazu käme, an einem Dankgottesdienst in der Nikolaikirche teilnehmen würde? Ohne zu zögern sagte er zu.

Das Wetter war kalt, regnerisch, ungemütlich. Dennoch blieben die Menschen treu bei der Sache. Unterstützung erhielten wir unter anderem von dem christlichen Geschäftsführer einer Elektronikfirma, der unter einem gasbeheizten Schirm Brötchen und heiße Getränke kostenlos verteilte. Alle spürten, wie gut es tut, für jemanden einzutreten, der sich in einer bedrohlichen Situation befindet. Endlich mal weg von dieser Bonuspunkte-, Kaffeefahrten- und Schnäppchenmentalität und dem ganzen läppischen Zeug. Die Menschen waren also doch noch nicht im materialistischen Flachsinn versunken! Das war eine schöne Nebenwirkung der Mahnwachen, dieses wache Gefühl der Verantwortung für den Mitmenschen wieder zu entdecken. Besonders eindrücklich war das bei der Betriebsleitung und den Kolleginnen und Kollegen der beiden Entführten zu erleben: Sie waren immer vor Ort, bei jedem Friedensgebet und jeder Mahnwache. Ihre Anteilnahme war den Angehörigen eine unschätzbare Hilfe.

Erfuhr auch im Irak jemand davon? Ich kannte Aiman Mubarak, den Sprecher der arabischen Studenten in Leipzig, und bat ihn, einen Kontakt zu dem arabischen Sender Al Djazira herzustellen. Sie sollten kommen, die Kameras draufhalten und zeigen, was hier für die beiden Leipziger auf die Beine gestellt wurde. Er versprach, sein Möglichstes zu tun – und tatsächlich: An einem Donnerstag kam ein Fernsehteam des Senders aus Berlin vorbei. Waren wir sonst höchstens vierhundert Menschen, kamen ausgerechnet an diesem Donnerstag noch einmal deutlich mehr Demonstranten als sonst zur Kirche. Dabei war das Wetter absolut ungemütlich, überall Schneematsch. Das Fernsehteam interviewte mehrere Einzelpersonen und nahm alles auf, was während der Mahnwache geschah. Am nächsten Tag, einem Freitag und damit dem Feiertag der Muslime, sendeten sie ab 10.00 Uhr alle drei Stunden drei Minuten lang diese Bilder aus Leipzig in den arabischen Äther. Auf diese Weise erfuhren die Menschen im Irak, wie in einer Stadt in Sachsen Deutsche und Araber zusammen Mahnwachen abhielten, Muslim neben evangelischem Pfarrer stand. Wir beteten, schwiegen, sprachen und hörten den Psalm. Wir waren nicht vermummt, sondern zeigten Gesicht. Wir hielten Kerzen in den Händen, keine Maschinenpistolen. Wir beschimpften die Entführer nicht, sondern bemühten uns im Sinne Jesu um Entfeindung. Wir sprachen die Bitte um Freilassung der Geiseln aus.

Später hörten wir, dass diese Nachrichtensendung im Irak großen Eindruck hinterlassen hatte. Das Bild des Weißen und Christen war fest mit der Person Präsident Bushs mit seinen Bomben und Raketen verbunden gewesen. Jetzt sahen die Iraker, was es tatsächlich bedeutete, Christ zu sein.

Einer der beiden Entführten war Fußballer. Daher beteiligten sich auch zahlreiche Sportler mit ihren Delegationen an einer der Mahnwache und forderten vor den Spielen auf Plakaten die Freilassung ihres Kollegen. Eines Donnerstags kamen die jüngsten Fußballer, die F-Jugend, mit ihrem Trainer vorbei, packten ihren Meisterpokal aus, übergaben ihn mir und sagten: »Den wollen wir in die Nikolaikirche stellen, und zwar so lange, bis die beiden Geiseln wieder frei sind.« Rührung und Freude und Presse allenthalben.

»Unsere Kirche gibt es schon seit 1165. Aber einen Fußballpokal hatten wir noch nie drin stehen«, erwiderte ich bewegt. Wir stellten die Trophäe schließlich unter einen Glassturz neben den Hochaltar. So lange, bis es nach 99 Tagen Geiselhaft am 2. Mai tatsächlich geschah: Die Nachricht von der Freilassung der Geiseln erreichte uns!

Als ich Landesbischof Bohl daraufhin anrief, sagte er als Erstes: »Halleluja!«

Bevor ich es vom Balkon aus sah, hörte ich schon, wie sich der Nikolaikirchhof mit Menschen füllte, obwohl Dienstag war – kein Mahnwachentag. Ich wusste vor Freude nicht, was ich zuerst tun sollte. Runtergehen, telefonieren, ruhig hinsetzen, erstmal Nachrichten sehen, alles zugleich?

Meine Frau sagte: »Du kannst nicht einfach so losgehen. Du musst irgendein Schild an der Kirche anbringen.« Ja, was in aller Kürze? »Die Geiseln sind frei«, sagte meine Frau. »Gott sei Dank«, antwortete ich. Und genau das druckten wir mehrfach aus. Ein Blatt hängte ich mir sogar mit einem Band um den Hals, so groß war meine Freude. Der Graphiker Matthias Klemm, den ich seit den Achtziger Jahren wegen seiner DDR-kritischen Haltung und seines Glaubens kenne und schätze, hat genau diese sieben Worte auf einem Plakat gestaltet, das wir an der Kirche gut sichtbar anbrachten. Die Menschen auf dem Nikolaikirchhof lagen sich in den Armen. Auch ich wurde immer wieder gedrückt und umarmt, das war eine einzige befreiende Wohltat, denn von jedem fielen der Druck und die Zweifel ab, die zugegebenermaßen doch auch jeder in sich getragen hatte, je mehr Zeit vergangen war. Reporter führten Interviews, Kameras klickten an allen Ecken und Enden des Platzes. Nach dem letzten Interview setzten wir Kirchenleute uns mit den Mitarbeitern und Chefs der Firma Cryotec und all jenen, die immer eisern gekommen waren und nun erschöpft den Ausklang der Mahnwachen genossen, in der »Alten Nikolaischule« für einige Schoppen Wein zusammen. Plötzlich kam der Wirt an den Tisch. »Die Polizei sucht Pfarrer Führer«, sagte er. Großes Gelächter war die Antwort. Ich stand auf, als ein Polizist mit einem Mobiltelefon in der Hand auf mich zutrat. Der Büroleiter von Außenminister Steinmeier hatte nicht glauben können, dass ich kein Handy besaß und deshalb die Polizei beauftragt, mich zu suchen. Der Außenminister, der gerade in Südamerika weilte, wollte mir seine Botschaft persönlich übermitteln. Der Polizist gab mir das Handy, und ich hatte tatsächlich Frank-Walter Steinmeier in der Leitung, der uns allen von Herzen gratulierte und seine Erleichterung nicht verbarg. Er erkundigte sich nach dem Dankgottesdienst und fügte hinzu: »Allerdings kann ich nur kommenden Sonntag, ab Montag bin ich bereits in den USA.«

Sonntags hatten wir vier Gottesdienste in der Kirche. Wo sollte ich da noch einen einbauen? »Montag zur Friedensgebetszeit um siebzehn Uhr ist wohl der geeignete Zeitpunkt. Davor geht es leider nicht«, erwiderte ich.

»Schade«, sagte er nur. »Aber ich schicke Ihnen den Leiter der Botschaft in Bagdad vorbei, der die Geiseln in Empfang genommen hat.«

So konnten wir tatsächlich am 8. Mai 2006, nach insgesamt 27 Friedensgebeten und Mahnwachen, einen wunderbaren Dankgottesdienst feiern. Kantor Wolf hatte mit einer Rundmail ad hoc eine Kantorei zusammengerufen. Das Gedränge von Besuchern und Presseleuten war riesig. Die Angehörigen von René Bräunlich und Thomas Nitzschke hatten ihre Plätze ganz vorn, während sich die beiden Befreiten zu Hause noch schonten. Als schließlich der Gottesdienst mit dem »Halleluja« aus Händels *Messias* begann und später der Choral »*Nun danket alle Gott*«[101] gesungen wurde, blieb keiner der zweitausend Gottesdienstbesucher ungerührt. Und als die zehnjährigen Fußballer der F-Jugend im Fußballdress mit ihrem Trainer einliefen, war wohl auch der Letzte von diesem Zusammenhalt bewegt. Als ich den jungen Sportlern den Pokal zurückgab, sagten sie: »Wir sind froh, dass wir unseren Pokal wiederhaben, aber jetzt ist er uns noch viel mehr wert«.

Wieder einmal war eine ganz besondere Gemeinde in der Nikolaikirche unter den ausgebreiteten Armen Jesu am Kreuz beieinander: Muslime, Nichtchristen, Atheisten, Christen und solche, die normalerweise »an nüscht« glauben. Voller Dankbarkeit und Freude sah ich auf das Medaillon an der Orgelempore. »*Te decet hymnus deus* – Dir, Gott, gebührt der Lobgesang« steht darauf.

Dem war nichts hinzuzufügen.

Eine Lüge und ein Krieg

Nach seinem Ausscheiden aus dem Amt als Außenminister der USA trat Colin Powell mit einer erstaunlichen Mitteilung an die Öffentlichkeit: Er entschuldigte sich dafür, im Auftrag der Bush-Regierung vor der UNO behauptet zu haben, der Irak besitze Massenvernichtungswaffen, obwohl die unabhängigen Kommissionen und der Geheimdienst der USA keine ausfindig gemacht hatten. In den letzten Monaten seiner Amtszeit gab schließlich auch Präsident George W. Bush zu, Massenvernichtungswaffen seien weder vor dem Krieg noch in der Besatzungszeit nach dem Überfall gefunden worden.

Wir alle hängen mehr oder minder von den Medien ab und bekommen als Nachricht geliefert, was über den vorbereiteten Ticker geht, und so wurde einem jeden auch die Vorbereitung dieses Krieges 2002 per Liveschaltung vermittelt. Bereits während der politischen Auseinandersetzung um die Legitimität des Krieges bereiteten die USA und Großbritannien eine Invasion des Irak vor. Ende 2002 verlegten sie die ersten großen Truppenverbände in die Golfregion, was eine unmittelbar bevorstehende Invasion des Iraks immer wahrscheinlicher machte.

Am Heiligabend 2002 kam – unmittelbar vor der Christvesper, die ich in der Nikolaikirche hielt – eine Medizinstudentin auf mich zu. »Wir müssen etwas gegen den drohenden Irak-Krieg unternehmen. Mahnwachen oder so.« Ich sagte: »Heute ist Heiligabend, danach die Weihnachtsfeiertage, wen kriegen wir da vor die Tür?«

Sie aber war so ernsthaft und entschlossen, dass ich, wenn auch zögernd, zusagte.

»Gut«, willigte ich ein, »Mahnwachen an der Nikolaikirche. Täglich um 18.00 Uhr. Ich werde es in der Christvesper bekanntgeben.« Feuchte, große Schneeflocken fielen am Heiligabend. Wer würde schon kommen?, fragte ich mich wieder. Achtzehn Menschen kamen zur ersten Mahnwache gegen die bevorstehende Invasion des Irak. Kerzen brannten. Passanten schauten erstaunt. Und jeden Tag kamen mehr Menschen dazu. Anfang Januar 2003 hatten wir die Hundert überschritten. Der Wunsch nach einer Demonstration durch die Innenstadt kam auf. Ich hatte zum Glück einen Kollegen an meiner Seite, der sich um Anmeldemodalitäten für Demonstrationen kümmerte und unsere bisherigen Protestmärsche umsichtig betreut hatte.

Die täglichen Mahnwachen wurden immer stärker frequentiert, und mündeten schließlich in Demonstrationen gegen den Irak-Krieg, die wir in bewährter Weise montags im Anschluss an das Friedensgebet durchführten. Eine Vielfalt von Schildern tauchte auf, oft sogar bebildert. »Kein Krieg. *No war*« stand darauf.

Als der Überfall auf den Irak und damit der Krieg am 20. März 2003 tatsächlich begann, führten wir an jenem Donnerstag um 17.00 Uhr ein Friedensgebet außer der Reihe durch. Die Kirche war restlos überfüllt, zur anschließenden Demonstration kamen mehrere tausend Menschen. Bis in den April hinein organisierten wir Mahnwachen mit Demonstrationen. Auf dem Höhepunkt Ende März kamen 45 000 Menschen zusammen. Und alles verlief wie immer – gewaltfrei!

Dieser Segen war uns erhalten geblieben: Demonstrationen, die von der Nikolaikirche ausgingen, verliefen ohne jegliche Gewalt.

Bis zu meinem letzten Friedensgebet am 31. März 2008 waren der Irak-Krieg und seine Folgen stets ein Thema. Es gab einfach zu viele Fragen, die unbeantwortet blieben: Was geschieht nun mit einem Mann wie Präsident Bush, der den gewollten und geplanten Krieg gegen den Irak wegen des Erdöls vor aller Welt mit einer bewussten Lüge zu rechtfertigen suchte, um ihn endlich beginnen zu können? Wer zieht diesen Kriegsverbrecher zur Rechenschaft?

Der Sänger Harry Belafonte, als Bürgerrechtler in seinem Engagement beeindruckend, nannte Präsident Bush auf einer Rede in New York »den größten Terroristen unserer Tage«.

Ich möchte es mit dieser Stimme Amerikas bewenden lassen. Und uns vor Augen halten, dass die Politik der Kriege in Amerika zunehmend auf Ablehnung stößt und einen Sinneswandel hervorgebracht hat, für den Dr. Martin Luther King eingetreten ist, und der zu seiner Zeit als undenkbar galt. Dort, wo er vor sechzig Jahren in einer Gaststätte nicht bedient worden wäre, wurde am 20. Januar 2009 der farbige Amerikaner Barack Obama zum Präsidenten der Vereinigten Staaten von Amerika vereidigt. .

Zwanzig Pfennig und
ein Kärtchen

Ein Bereich der Tätigkeit des Pfarrers bleibt unsichtbar: die Seelsorge. Sie gehört zu seinen wichtigsten Aufgaben und wendet sich dem Einzelnen zu. Die Art von Hilfe, die ich als Pfarrer leisten konnte, reichte von ganz konkreter Lebenshilfe bis hin zur Begleitung bei Behördengängen oder Beantragung von Geldern. Viele Dinge entwickelten sich erst im Kontakt mit dem Betroffenen, der mich mehr und mehr in seine Lebensumstände einbezog, die ihm Probleme bereiteten.

In meiner Anfangszeit in Leipzig suchten mich Leute auf, die vorgaben, sich in einer dringenden Angelegenheit an den Pfarrer wenden zu müssen. Ich entwickelte ein praktikables Rezept und fragte sie ganz direkt: »Wollen Sie nur Geld, dann sagen Sie es mir. Dann gebe ich Ihnen etwas.« Ich wollte dem Bittenden ersparen, wegen ein paar Mark eine Lügengeschichte zu erfinden. Und ich selbst hatte auch keine Lust, mich anlügen zu lassen. »Wollen Sie aber etwas Wichtiges mit mir besprechen, dann hat Ihr Anliegen Vorrang.« Oft hatte sich die Beratung damit bereits erledigt. Der Bittende bekam, was er wollte. Und wir ersparten uns Lügen und Zeit.

1989 führten meine Frau und ich die Essenmarken ein. Ein kleiner gelber Zettel mit meinem Stempel darauf konnte für eine Mahlzeit mit Fleisch in der »Oase«, einer ökumenischen Einrichtung der Kirche, eingelöst werden. Alle Vierteljahre bezahlte meine Frau die Essenmarken in der Oase. Der Vorteil: diese gelben Zettel konnten nicht in Alkohol, sondern nur in Essen umgesetzt werden. Besonders für Alkoholabhängige, die lieber auf Essen als auf

Alkohol verzichten, war es eine unmittelbare Hilfe. Es sprach sich herum, dass man bei uns nicht umsonst klingelt und es in der Regel immer etwas gab.

Aber ich hatte auch mit besonders schweren Fällen, wie suizidgefährdete Menschen in der DDR der 80er Jahre, zu tun. Als Seelsorger war ich da schwer gefordert. Es galt, diese Menschen zu begleiten und von ihrem selbstzerstörerischen Weg abzubringen. Der größte Teil der Seelsorge besteht im aufmerksamen Zuhören und in der Zuwendung. Manchmal, in ganz schwierigen Situationen, blieb mir nur das, was im Passionschoral von Paul Gerhardt ausgedrückt ist: »Ich will hier bei dir stehen …«[102]

Dabei kam, Gott sei Dank, immer der Punkt, an dem der Mensch wieder den Mut zurückkommen sah; wieder einen Funken Hoffnung in sich spürte, es könnte weitergehen, ihm sei zu helfen, es könnte einen Ausweg geben. Wenn das geschah, konnte ich das Gespräch beenden und mit ihm den nächsten Termin vereinbaren. In der Seelsorge ist es wichtig, die Brücke zum nächsten Termin zu schlagen. Geht der Betroffene dann nach Hause und die dunklen Gedanken stürzen wieder auf ihn ein, weiß er zumindest, morgen oder übermorgen gibt es wieder ein Gespräch. War ich einmal nicht der richtige Ansprechpartner, konnte ich auf die Kirchliche Erwerbsloseninitiative und die Evangelische Lebensberatungsstelle mit ihren kompetenten und spezialisierten Mitarbeiterinnen verweisen. Beide Einrichtungen waren bewusst im Zentrum der Stadt und in den Gebäuden der Nikolaikirchgemeinde angesiedelt.

Bei langfristiger Begleitung Betroffener hat sich in meiner Arbeit als Seelsorger Folgendes bewährt: In der DDR kostete ein Telefonat zwanzig Pfennig. Also gab ich denen, die es brauchten, mein Visitenkärtchen und ein Zwanzig-Pfennig-Stück in die Hand mit den Worten: »Sie können Tag und Nacht bei mir anrufen.«

Für die Betroffenen war dieses Angebot ungemein wichtig. Manche sagten mir später, wie oft sie dicht daran waren, meine Nummer zu wählen, sich dann aber nachts um zwei doch nicht trauten, sondern mit dem beruhigenden Gefühl die Nacht überstanden, wenn es zu schlimm würde, könnten sie immer noch zum Hörer greifen. Dieses Zeithaben und Dasein sind zwei ganz wesentliche Punkte der Seelsorge.

Seelsorgearbeit ist eine Sache, die im Verborgenen geschieht. Jedes seelsorgerliche Gespräch unterliegt hundertprozentiger Schweigepflicht. Ein Pfarrer kann auch gerichtlich nicht von der Schweigepflicht entbunden werden, wie es in Ausnahmen bei Ärzten der Fall ist. Betroffene jederzeit bei mir klingeln oder anrufen zu lassen, hatte auch Konsequenzen für unser Familienleben. Meine Frau trug meine ständige Verfügbarkeit mit. Sie bemühte sich aber auch in meinem Sinne, hin und wieder Grenzen zu setzen. Ich selbst brauchte bei der ständigen Verfügbarkeit ein Refugium. Dieses Refugium war für mich unsere Wohnung. Wenn du da draußen in der Welt immerzu für jeden da sein möchtest, musst du zu Hause einen Raum haben, der nur dir und deiner Familie gehört.

In unserer ersten Gemeinde in Lastau kam ein Patient aus der Psychiatrie eine Zeit lang fast jeden Sonntagnachmittag zum Dame-Spielen zu uns nach Hause. Das war für uns alle nicht einfach. Die Kinder waren noch klein. Und der Sonntagnachmittag und -abend waren unsere einzige Freizeit. Aber gerade am Sonntag waren die Betroffenen besonders einsam. Gerade da fehlten Freunde und Familie, Kinder und Partnerin. Manchmal stöhnten wir innerlich, wenn es an die Sonntage ging, betrachteten es aber als normal und zu unserem Auftrag gehörend, wenn jemand bei uns Hilfe suchte. Mir fiel die Fülle der Arbeit zugegebenermaßen nicht immer leicht. Manchmal war ich auch abends so fix und fertig, dass ich gar nicht daran denken mochte, nun auch noch zur Jungen Gemeinde zu müssen, den Gemeindeabend zu gestalten. Meistens klingelte dann auch noch einer, der dringend den Pfarrer sprechen wollte. Dabei hätte ich mich doch am liebsten mit den Worten: »Schluss für heute!« ins Bett gelegt. Nahm ich das alles jedoch als Herausforderung an und stellte mich den Aufgaben, egal wie müde ich war, fühlte ich mich danach erfüllt und erfrischt und frei von aller Müdigkeit.

Da ich über Seelsorgefälle nicht sprechen kann und darf, soll ein Heilungsvorgang von Jesus stellvertretend für die vielen Fälle stehen, denen ich begegnet bin. Wie Jesus hier vorgeht, welche Schritte Er tut, wie Er zu Heilungen führt, ist mir Vorbild geworden und hat mir im Umgang mit Hilfesuchenden aller Art sehr geholfen. Die Schriftstellerin Ricarda Huch hat recht, wenn sie schreibt: »Die Bibel enthält lauter alte Geschichten, die jeden Tag neu ge-

schehen.« Hier ist es die alte und moderne Geschichte von jemandem, der inmitten vieler Menschen feststellt: »Ich habe keinen
Menschen!«, festgehalten in einem Text des Johannes-Evangeliums,
den ich einmal in einer Predigt besprochen habe:

>»*Danach war ein Fest der Juden, und Jesus ging hinauf nach Jerusa-
lem. Es ist aber in Jerusalem bei dem Schaftor ein Teich, der Bethesda genannt wird, der fünf Säulenhallen hat.«*

*Auch wir haben unsere zahlreichen Feste. Die Menschen wollen sich
zerstreuen, ablenken, ihren Spaß haben, ihre Sorgen mal vergessen. Nur
zu verständlich. Jesus ist kein Spielverderber. Er geht mit zum Fest nach
Jerusalem. Aber Er sieht nicht nur die fröhliche, ausgelassene, festlich lär-
mende Seite des Festes. Er sieht auch den Einen abseits vom Festlärm des
Lebens, am Schaftor, am Teich Bethesda. Er sieht den Menschen in seinem Elend, dem es umso mehr zusetzt, je fröhlicher und lauter die anderen feiern. Verfügen wir auch über diesen Jesus-Blick hinter die Kulissen? Manchmal schon, wenn es Menschen sind, die uns nahestehen. Oder
wenn wir darauf aufmerksam gemacht werden …*

*… Jesus schärft uns den Blick, hinter die Kulissen zu schauen. Dort ent-
decken auch wir hinter der Fassade von Gesundheit, Festlichkeit, Lustig-
keit die Menge der psychisch Kranken, der Verbitterten, derer, die sich ab-
gehängt und ausgegrenzt fühlen, die nicht mehr sicher auf ihren beiden
Beinen stehen und nur noch mühsam durchs Leben kommen. Was kann
man da noch machen? Jesus resigniert nicht angesichts der vielen Kranken, Blinden, Lahmen und Ausgezehrten. Er ergeht sich nicht in Klagen
und Wehleidigkeiten, beschimpft nicht die Verhältnisse und mangelnde
Menschlichkeit. Er greift sich den schwersten Fall heraus und geht auf ihn
direkt zu!*

*Es ist nicht so, dass für die Ausgegrenzten nichts getan wird. Da ist der
Teich mit heilkräftigem Wasser, wie wir es in Heil- und Thermalbädern
haben. Das Bad hat den schönen Namen »Bethesda« – »Haus der Barm-
herzigkeit«. Fünf Hallen hat man gebaut, in denen die Kranken vor Sonne
und Regen geschützt sind und warten, bis sich das Wasser bewegt. Wir haben heute ebensolche Hallen, um das menschliche Elend zu überdachen,
unterzubringen, zu lindern. Moderne Krankenhäuser und Pflegeheime,
gut ausgebildete Ärztinnen und Ärzte, Krankenschwestern und Pfleger,
moderne medizinische Geräte, funktionierende Verwaltung und Betreuung – Staat, Privat und Kirche kümmern sich. Aber es ist auch nicht zu*

übersehen, wie sehr das alles dem Geld untergeordnet ist, aus Kostengründen Ärzte unzumutbar viele Überstunden leisten müssen und Pflegepersonal eingespart wird. Wenn das überlastete Personal dann wirklich nur noch das Kostengünstigste und Notwendigste leisten darf und kann – da kann auch heute in diesem modernen Gesundheitswesen der Ruf laut werden: »Ich habe keinen Menschen!« Keiner hat Zeit für mich. So wie damals am Teich Bethesda.

Wenn sich das Wasser kräuselte, die Quelle anfing zu sprudeln, war die volkstümliche Vorstellung: Der Erste, der jetzt ins Wasser eintaucht, wird gesund! Wir können uns vorstellen, was da losgeht, wie jeder versucht, am anderen vorbei als Erster hineinzukommen. Da ist sich jeder selbst der Nächste. Der eine, der schon seit achtunddreißig Jahren krank auf seiner Matte dahinvegetiert – Tag für Tag, Woche für Woche, Jahr für Jahr –, hat natürlich keine Chance. Hat alles schon probiert – nichts hat geholfen. Da kann ich auch gleich liegen bleiben, ist sein Fazit. So sieht ihn Jesus da liegen. Während alle anderen wieder einmal zum Teich drängen, schubsen, humpeln, robben, geht Jesus zu ihm. Er redet ganz menschlich mit ihm und fragt ihn: »Willst du gesund werden?«

Na was ist denn das für eine Frage! Ist doch klar, oder?

Nein. Nach achtunddreißig Jahren Negativerfahrung ist das eben nicht mehr klar! Was sollte es für ihn denn noch für Hilfe geben? Wo er doch schon alles probiert hatte – ohne Erfolg.

Die Frage Jesu entpuppt sich als eine ganz entscheidende Frage: »Willst du?«

Willst du wirklich? Willst du wirklich mit dem übermäßigen Essen, Trinken, Rauchen oder was für eine Belastung es auch sein mag aufhören, oder willst du es tief in dir drinnen eigentlich gar nicht? Willst du aus deinen Ängsten, aus deiner Depression heraus, oder hast du schon alles Wollen aufgegeben? Willst du deine Beziehung zu deinem Ehepartner, zu deinen Kindern, zu deinen Arbeitskollegen, zu deiner Kirchgemeinde wirklich erneuern, vertiefen, verbindlicher machen – oder doch eigentlich nicht? Lässt du es alles lieber so laufen – oder besser gesagt: schleichen wie bisher? … Willst du wirklich Gott vertrauen, die Hand Jesu ergreifen, oder verlässt du dich doch lieber auf andere Dinge?

Von dem Kranken kommt eine ungewöhnliche Antwort. Er sagt weder »Ja« noch »Nein« oder »Es wäre ja ganz schön, aber …« Er antwortet: »Ich habe keinen Menschen.« Womit sein ganzes Elend zusammengefasst ist. Und Jesus sagt nicht: »Du hast es wirklich schwer!« oder »Irgendwie wird es schon weitergehen!« und was dergleichen Sprüche sind. Jesus lässt ihm auch keine Zeit zum Selbstmitleid. In zornigem Protest, in heiligem Zorn gegen die Krankheit, das Elend, die Gebundenheit sagt Er unvermittelt: Es ist nicht Gottes Wille, dass du auf deiner Matte verfaulst! »Steh auf, nimm deine Matte und geh!«[103] Die Hand Jesu ist ausgestreckt. Wird der Funke überspringen? Wird der Kranke die Hand ergreifen? Oder bleibt doch alles beim Alten und nichts passiert? Keine Zeit abzuwägen, ob es möglich ist oder nicht. Jesus ist so stark und drängend – der Funke springt über. Mit Wollen setzt Jesus den Kranken in Gang. Er will. Er glaubt. Er steht.

Heilung durch Zuwendung. Denn Zuwendung dringt bis in die tiefste Seele vor.

So ist es damals wie heute! Wer dem Wort Jesu alles zutraut, wer nicht im Gestrüpp seiner Zweifel hängen bleibt, wer von Jesus weiß, dass bei Gott nichts unmöglich ist: Der will! Der glaubt! Der steht!

Was Jesus tut, ist bewegend. Damals wie heute. Und wer diese Hilfe erfahren hat, der passe auf, dass er nicht in den alten Trott der Abhängigkeit und Gebundenheit zurückfalle.

Als Jesus dem Geheilten mit seiner Matte im Tempel begegnet, sagt Er zu ihm: »Siehe, du bist gesund geworden. Sündige nicht mehr, dass dir nicht etwas Schlimmeres passiert.«[104]

Im Tempel war der Geheilte, um Gott zu danken. Das war schon in Ordnung. Aber die Gefahr lauert gerade an der Schwelle des neuen Lebens! Verspiel das nicht wieder! Werde nicht wieder undankbar und gehe nicht als Gesunder mufflig und lahm durchs Leben. Du weißt jetzt, was dir auf die Beine hilft. Vergiss es nie wieder! …«

In der Seelsorge erzählte ich diese Geschichten von Hoffnung, damit die Menschen heute erfahren, was ihnen auf die Beine hilft. Und wer in uns das Wollen und Vollbringen schafft. Denn das genau ist unsere Aufgabe als Seelsorger, uns in der Art und Weise Jesu den Menschen zuzuwenden und ihnen aufzuhelfen! Damit sie wieder in Gang, zum Leben kommen.

Dabei kam es auch zu ungewöhnlichen Begegnungen.

An einem Sonnabendmorgen in den 80er-Jahren kam ein Mitarbeiter der Kirche zu mir und sagte, mich wolle jemand sprechen. Ihm schien der Mann schon vom Äußeren her gefährlich. Den wollte er lieber nicht in die Kirche lassen. Es war früh am Morgen. Die Kirche war noch verschlossen. Ich begrüßte ihn und nahm ihn mit hinüber ins Pfarramt. Er wirkte sehr rabiat. Ein untersetzter Boxertyp.

»Ich habe heute früh jemanden erschlagen. Was soll ich jetzt machen?«

Nun ist bei einer solchen Mitteilung erst einmal Vorsicht geboten. Immerhin konnte es sein, dass er die Wahrheit sagte. Er war motorisch unruhig. Ich fühlte mich nicht sehr wohl dabei, mit ihm allein im Zimmer zu sitzen. Ich bot ihm ein Glas Wasser an, obwohl er andere Sachen trinken wollte.

»Hier gibt es nur Wasser«, sagte ich und stieß mit ihm an.

Minutiös erzählte er mir von seiner Befürchtung, der Mann, den er da niedergestreckt hatte, sei tot. Er war tatsächlich Boxer. Entsprechend verheerend musste die Verletzung des anderen sein.

Wir redeten eine Stunde, dann hatte ich ihn endlich überzeugt.

»Wir gehen jetzt zur Polizei. Sie werden Ihres Lebens nie wieder froh, wenn Sie das nicht tun. Und kriegen werden die Sie eh. Außerdem wirkt sich das bei einer Gerichtsverhandlung positiv aus.«

Wir mussten nur ein paar Meter vom Pfarramt in die Ritterstraße zum VP-Revier Mitte gehen. Doch auch die wenigen Meter mit ihm waren nicht einfach. Er brüllte: »Ich hab einen totgeschlagen, totgeschlagen!«, und die Leute gingen vor Schreck zur Seite.

Im Warteraum fing er wieder an zu brüllen: »Ich hab einen totgeschlagen!«

Einer nach dem anderen verschwand aus dem Wartezimmer, bis wir nur noch zu zweit da saßen. Mit uns wollte keiner mehr zusammen in einem Raum sein.

Ich ging wieder zur Anmeldung. »Sie müssen jetzt unbedingt jemanden schicken. Ich weiß nicht, wie lange ich den Mann hier festhalten kann. Die Sache ist ernst!«

Ein Polizeipsychologe kam zu uns und verwickelte den Mann in ein Gespräch. Boxer, aha! Er habe auch mal geboxt. Der Mann fühlte sich ernst genommen und wurde ruhig. Ich gab dem Psychologen meine Karte, falls er mich brauche. Als ich zu Hause war, rief der Psychologe an und sagte, der Boxer habe gar niemanden totgeschlagen. Weder habe man ein Opfer gefunden, noch läge eine Anzeige vor.

Was ging in so einem Menschen wie dem Boxer vor, der mit Kirche nichts zu tun hatte? Einem gewalttätigen Mittzwanziger, der zur Nikolaikirche ging, um sich dem Pfarrer anzuvertrauen?

Menschen in schwierigen Situationen kommen zur Nikolaikirche. Selbst diejenigen, die überhaupt nichts mit der Kirche zu tun hatten und aus einem völlig anderen Umfeld stammten. Er kannte mich nicht persönlich. Aber er kannte die Nikolaikirche, die bereits einen solchen Ruf genoss.

Ebenfalls in der Zeit vor 1989 klingelte jemand: »Lassen Sie mich rein, ich bin von der Polizei zusammengeschlagen worden«, hörte ich nur und ließ den Mann herein, der geklingelt hatte. Er zog sein Hemd aus. Sein Körper war über und über mit Schlägen versehen. Man sah die Spuren eines Schlagstocks. Der Mann behauptete, er sei von der Polizei zusammengeschlagen worden. Das war natürlich eine höchst brisante Sache. Er war von der »Fahne« – der Armee – abgehauen und später aufgegriffen worden. Doch der Mann musste ärztlich behandelt werden.

»Bloß keinen Arzt!«, rief er, als ich ihm meinen Vorschlag unterbreitete. »Die schicken mich sofort wieder zurück zur Fahne, und dann bin ich dran!«

Der Ärztin, die ich gerufen hatte, erklärte ich die Brisanz der Sache. Jemanden, der von der Armee abgehauen war, mussten sie normalerweise in ein Haftkrankenhaus bringen. Wir fingierten die Angaben, und sie nahm ihn für zumindest einen Tag und eine Nacht medizinischer Betreuung mit ins Krankenhaus. Die Ärztin deklarierte ihn als Alkoholfall. Das machte behördentechnisch die wenigsten Probleme.

Der Mann kam später wegen anderer Delikte ins Gefängnis. Über Jahre hatten wir noch Briefkontakt mit ihm. Meiner Frau schickte er zum Geburtstag Blumen.

Ein anderes Mal kam der Küster mit einer merkwürdigen Mitteilung zu uns.

Oben auf der Orgelbank saß eine junge Frau im Nachthemd.

Ich konnte mir absolut nicht erklären, wie sie da hochgekommen war. Die Empore ist normalerweise abgeschlossen. Sie musste den

Moment abgewartet haben, in dem die Empore für einen Rundgang offen stand. Sie war etwa achtzehn Jahre alt. Die Frau hockte dort oben, als wolle sie sich jeden Moment hinunterstürzen.

Ich stieg auf die Empore und ging auf sie zu.

»Guten Tag«, sagte ich, »was führt Sie denn zu uns?«

»Heute Nacht passiert's. Heute Nacht um zwölf kommen sie alle hierher. Ich muss dabei sein.«

»Wer kommt denn heute Nacht hierher? Ich weiß nichts davon. Ich müsste es ja eigentlich wissen, wenn heute Nacht hier in der Kirche etwas los wäre.«

Sie ließ sich nicht beirren. »Ja, die kommen heute Nacht. Und da muss ich dabei sein. Deshalb bin ich jetzt schon da, damit ich das nicht verpasse.«

Ich blieb ganz ruhig. »Naja gut, dann müssen wir mal sehen, was da kommt. Aber Sie können nicht bis Mitternacht auf der Orgelbank sitzen. Hier wird es kühl. Sie müssen etwas essen und trinken. Ich lade Sie ein, mit mir in die Jugendkapelle zu kommen. Dort können wir uns einen Kaffee kochen. Und Sie können mir alles der Reihe nach erzählen.«

Langsam stieg sie tatsächlich von der Orgelbank herunter und folgte mir. Sie hatte etwas Vertrauen gefasst. Endlich konnte ich sie direkt fragen: »Woher kommen Sie denn?«

Wie ich erfuhr, war sie direkt aus der Klinik Dösen zu uns gekommen und war dort aus der geschlossenen Abteilung weggelaufen. Sie nahm Medikamente und hatte keine bei sich. Ich teilte ihr mit, dass ich wegen der Medikamente die Klinik anrufen müsse, sie aber andererseits bei uns in Sicherheit war. Dafür verbürgte ich mich. Ich fing die Ärztin aus Dösen vor der Kapelle ab, weil ich befürchtete, die junge Frau könne auf den Anblick eines weißen Kittels aggressiv reagieren. Die Ärztin zog den Kittel aus und folgte mir. Wir beide konnten die junge Frau mit Worten beruhigen und sie überzeugen, mit der Ärztin zurück in die Klinik zu fahren, um sie so schnell wie möglich wieder verlassen zu können – dann aber geheilt.

Anfang 1989 saß ein Mann mit einem Messer in der Kirche im Altarraum und drohte, ein Gemälde aufzuschlitzen, wenn man ihm nicht gehorche. Die Leute rannten aus der Kirche. Vorsichtig näherte ich mich dem Mann, der wild mit dem Messer gestikulierte. Ich bat ihn in die Jugendkapelle und ging vor.

Das muss ein seltsamer Anblick gewesen sein; ich voorneweg, er mit dem Messer hinter mir her.

Die Leute schauten uns ängstlich nach. Ich schloss die Tür hinter ihm, und dann redeten wir knapp zwei Stunden lang miteinander. Auf meine Bitte hin steckte er auch das Messer weg.

Ich erzählte von dem Gemälde, das er zerschneiden wollte. »Jesus auf der Hochzeit zu Kana«, ein Gemälde von Adam Friedrich Oeser aus dem 18. Jahrhundert. Der Schaden wäre katastrophal gewesen. Der Mann konnte seine Forderung gar nicht klar ausdrücken. Das ist oft der Fall, wenn ein Mensch erregt ist und dann auf mehr oder weniger unqualifizierte Weise sein Problem lösen will.

Als er sich beruhigt hatte, begleitete ich ihn nach draußen zur Straßenbahn und schaute ihm nach. Er winkte mir zu.

Auf die Menschen zugehen und sie ernst nehmen. Das war das Wichtigste. Sie nicht verunglimpfen, keine Angst vor ihnen haben, mit ihnen reden. Die Konzentration auf diesen Menschen und sein Leid ließ mich ahnen, was für ein schweres Erleben hinter solchen Ausbrüchen stand. Auch hier wirkte direkte Zuwendung Wunder! Offensichtlich hat mir Gott eine Gabe für Kinder und »Penner« – dieses Wort verwende ich nie als Schimpfwort – gegeben. Ich komme gut mit ihnen zurecht. Zu ihnen spüre ich einen ganz besonderen Draht. Das seelsorgerliche Gespräch mit »Pennern« läuft wie von selbst. Ohne Berührungsängste. Und mir gelingt mehr, als ich mir vorher hätte anlesen können.

Nach den Ereignissen vom Herbst 1989 ließen die skurrilen und mitunter tragisch anmutenden Begebenheiten in der Nikolaikirche nicht nach.

Freitagnachmittag, 17.00 Uhr, Kirchenführung. Eine Gruppe von etwa vierzig Leuten. Ich werde zum Herbst 89 befragt. Erzähle von den gewaltfreien Demonstrationen. Plötzlich springt ein Mann um die dreißig Jahre auf, zieht eine Pistole und legt auf mich an. Dazu brüllte er etwas von »verfluchten Schweinen« und »Kommunisten«.

Ich hatte den Kirchenschlüssel in der Hand und hielt ihn dem Mann mit der Waffe entgegen.

»Lass uns reden!«

Er kommt auf mich zu, steckt die Waffe weg. Die Leute bleiben in gebührendem Abstand stehen. Aber keiner geht hinaus.

Der Mann schimpft, die »Schweine« hätten ihn aus der Wohnung geworfen. Er wisse nicht mehr, wohin er gehen solle. Er habe kein Geld, keine Arbeit, wisse nicht, wie es weitergehen solle. Während wir reden, tut sich etwas in der Besuchergruppe. Ich registriere es nur aus dem Augenwinkel, denn der Mann vor mir hat immer noch seine Waffe bei sich.

»Vierzig Mark«, sagt einer und hält dem Mann die offene Hand mit Geldscheinen und Münzen hin. »Damit du dir eine Übernachtung suchen kannst.« Die Anwesenden hatten in aller Eile für ihn etwas gesammelt.

Der Mann fängt vor Rührung an zu weinen. Er kenne einen Pfarrer in Baalsdorf. Da wolle er jetzt hin.

Ich fahre ihn hin.

»Sie sind ja ganz schön mutig, mit mir im Auto zu fahren.«

Ich entgegne nur: »Da können Sie schon recht haben. Aber ich kann Sie ja nicht vor der Kirche stehenlassen.« So gehe ich sicher, dass er das Geld nicht vertrinkt und dann vielleicht wirklich noch Unheil mit seiner Waffe anstellt. Die traurige Geschichte seines Lebens ist schnell erzählt. Von seinen knapp dreißig Jahren war er zehn Jahre im Gefängnis.

Unvermittelt fragt er mich: »Wissen Sie, was das für ein Gefühl ist, wenn Sie die Tür eintreten und mit der Uzi auf die Leute halten?«

»Ich kann mir das schon vorstellen, die haben alle schreckliche Angst, man weiß ja nicht, ob der abdrückt«, pflichte ich ihm bei.

Die Pistole hat er noch bei sich. Und als er das mit der Uzi, einer israelischen Maschinenpistole, erzählte, wusste ich genau, wie arm dieser Mann dran ist. Dem haben sie dermaßen mitgespielt, dass er sich wünscht, irgendwann eine Tür einzutreten und die Leute mit der Uzi zu bedrohen. Dann ist er endlich mal am Zug. Ist Herr über Leben und Tod.

Dem Pfarrer da draußen in Baalsdorf, einem Kollegen im Ruhestand, bin ich dankbar. Er hat dem Mann bei sich im Pfarrhaus ein kleines Zimmer eingerichtet, wohin er immer kommen kann. Eine sehr menschliche Geste, die sich im Verborgenen in den Pfarrhäusern immer wieder abspielt.

Gestrandete wie den Bewaffneten aus der Kirche spülte es immer wieder zu uns. Vor der Kirchentür standen immer wieder Leute, die um Geld bettelten. Und es gab Leute, die der Meinung waren, Bettler hätten in der Stadt nichts zu suchen. Sie seien eine Schande für Leipzig, das in den 90er-Jahren zu neuem Glanz erstrahlte. Zumindest die Innenstadt. Und ausgerechnet vor der berühmten Nikolaikirche seien diese Typen geduldet. Ich hingegen bin der Meinung, gerade dort müssten sie stehen. Jesus jagte auch niemanden davon, der am Tempel stand und um Almosen bat.

Ich einigte mich mit den Bettelnden auf die Distanz der Breite eines Bürgersteigs, die sie zur Kirchentür lassen sollten, damit jeder ungehindert in die Kirche und aus der Kirche heraus kam. In all den Begegnungen mit eher schwierigen Leuten – im Umgang schwierig, nicht im Sinne der Gesellschaft – erbat ich permanent Kraft von Jesus, die ich brauchte, um richtig mit ihnen umzugehen. Mein Vorteil war, dass ich den richtig schwierigen Leuten sympathisch war.

So auch dem »King der Unterwelt«. Er hatte sozusagen das »Kommando« über die Bettelnden am Kirchenportal und war eine Autorität. Wir kamen öfter ins Gespräch. Einmal gab er mir eine Rose für eine meiner Mitarbeiterinnen mit. Ein anderes Mal gab er mir 20 DM. Das Geld war für die Frauen vom »Tschechenstrich«, deren Ausbeutung ihn zornig mache. Hatte er viel getrunken, wurde der King richtig schwierig. Die fassungslosen Kirchenbesucher verjagte er dann mit den Worten: »Ich jage dir eine Aidsnadel in den Arm, wenn du mir kein Geld gibst!«

Mehr als einmal mussten meine Kollegen und ich einschreiten.

An einem verregneten Morgen stieg er vor meinen Augen aus einer Taxe und zahlte lässig mit einem Schein. »Stimmt so!«

Dann kam er auf mich zu.

»Hatte ich eine Halluzination, oder sah ich Sie tatsächlich aus der Taxe steigen?«, fragte ich.

Er lächelte und sagte: »Stimmt schon, Herr Pfarrer. Aber es regnet ja auch ganz elend.« Worauf wir beide lachen mussten. So schlecht schienen die »Geschäfte« an der Kirchentür also gar nicht zu laufen.

Irgendwann fiel mir sein Fernbleiben auf. Ich fragte innerhalb der Szene nach und erfuhr, er sei auf dem Weihnachtsmarkt umgefallen und ins Krankenhaus gekommen. In großer Sorge machte ich das Krankenhaus ausfindig und besuchte ihn. Als ich ins Zimmer kam, strahlte er mich an. Er war kaum wiederzuerkennen, so gepflegt sah er aus: rasiert, gewaschen, im sauberen Nachthemd. Ich fragte, was passiert war.

»Ach, Herr Pfarrer, mich hat's einfach mitten auf dem Weihnachtsmarkt weggedreht, ich kann mich an nichts mehr erinnern.« Vom Arzt erfuhr ich, dass sich durch sein übermäßiges Trinken Krampfadern an der Luftröhre gebildet hatten und er diesen Zusammenbruch gerade so überlebt hatte. »Und«, sagte er weiter, »aufgewacht bin ich in einem sauberen Zimmer mit so einem gedämpften Licht. Ich wusste überhaupt nicht, was los war. Da beugt sich plötzlich über das Kopfende meines Bettes ein bärtiger, weißhaariger Herr und fragt mit einem Lächeln im Gesicht: Ja, wo sind wir denn? Und ich sage: Ich gloobe, ganz oben!« Dabei wies er mit dem Finger zum Himmel – was hier die Zimmerdecke war. Wir mussten beide darüber lachten. Auf dem Nachhauseweg dachte ich: Ganz unten war er schon. Und ahnte so viel von Gott und Seinem großem Herzen, dass er dort auch noch einen Platz für sich vermutete.

Er hatte mich gebeten, ihn zu beerdigen, wenn es soweit ist. Dazu kam es schneller, als ich gedacht hätte. Die Leute aus der Szene hatten aufgepasst und mich benachrichtigt. Ich teilte dem Beerdigungsinstitut mit, dass ich die Beerdigung übernehmen würde. Alle Leute, die auf der Straße lebten und ihn gekannt hatten, wollten zur Beerdigung kommen. Sie wurde für morgens 9.00 Uhr anberaumt. Aber da war die »Szene« noch nicht auf den Beinen. Zwei Herren vom Bestattungsinstitut und ich im Talar waren pünktlich da. Dann kamen noch zwei Frauen aus der Gemeinde. Wir gestalteten einen kompletten Trauergottesdienst mit Predigt, Lesung und Gebeten. So brachten wir den »King der Unterwelt« ordentlich und mit Gottes Segen auf den Weg.

Meine Seelsorgearbeit hatte und kannte viele Gesichter. So saßen an einem heißen Sommertag auf dem Nikolaikirchhof die Menschen draußen um den Brunnen herum und auf den Freisitzen der

Gaststätte. Ich wurde in die Kirche gerufen, weil in der ersten Bankreihe ein ziemlich angetrunkener Mann saß und auf seiner Ziehharmonika immer wieder einige Töne abließ. Zwei Mitarbeiter aus dem Nikolaitreff bemühten sich in aller Freundlichkeit um ihn, aber er ließ sich nicht abbringen von den schauerlichen Tönen.

Ich ging zu ihm hin und sagte: »Kumpel, hier in der Kirche stört deine Musik die Leute. Wir gehen raus, setzen uns an den Brunnen und reden ein bisschen miteinander.«

Tatsächlich ließ er sich darauf ein. Wir setzten uns an den Brunnenrand. Er erzählte mir von einem Mann, Alkoholiker wie er selbst, mit dem er zusammengewohnt und um den er sich gekümmert hatte. Wegen eines blöden Delikts kam er – der Ziehharmonikamann – für eine Woche ins Gefängnis. Als er dann wieder nach Hause kam, habe sein Kumpel tot auf dem Boden gelegen. Ohne seine Obhut habe der keine Chance gehabt.

»Und nun wollte ich meinem Kumpel in der Nikolaikirche etwas singen und spielen. Einen richtigen Choral: Großer Gott, wir loben dich.«

Ich gab vorsichtig zu bedenken, ob das der passende Choral wäre.

»Ich kenne aber nur den einen Choral«, war die einfache Antwort.

An einem anderen Tag, von Menschen mit weniger Umsicht umgeben als meinen Mitarbeitern, wäre dieser Mann als krakeelender Betrunkener nach draußen geschickt worden. Gott sei Dank sind wir beide ins Gespräch gekommen. Er umarmte mich und sagte: »Jetzt könnten wir doch für meinen Kumpel ein Vaterunser beten.«

Er legte seine Ziehharmonika hin. Dann saßen wir, die Arme umeinander, inmitten der Menschen auf dem Nikolaikirchhof und beteten halblaut gemeinsam das Vaterunser. Er sprach den kompletten Text des Gebetes mit. Ich sprach den Segen mit Kreuzeszeichen über ihn. Dann stand er auf, sagte: »Danke, jetzt geht's wieder«, nahm seine Ziehharmonika und ging weg.

All diese Menschen und noch viele mehr stehen mir vor der Seele.

Neonazis und drei Zentner
Konfetti

Auch in der DDR gab es Neonazis. Allerdings durfte es in der Propaganda des Staates diese Menschen nicht geben, weil nun mal nicht sein konnte, was nicht sein durfte. Doch es gab sie.

Einer hatte seinerzeit den Mut, das totgeschwiegene Problem öffentlich zu machen: Konrad Weiß. Der Publizist, später Mitbegründer und Sprecher der Bürgerbewegung »Demokratie Jetzt« verfasste 1988 einen Artikel mit dem Titel »Die alte neue Gefahr«.[105] Darin setzte er sich mit diversen Übergriffen von Neonazis in Berlin auseinander. Seine Zeilen sprachen mir aus der Seele und waren mir so wichtig, dass ich den Text in Gemeindekreisen vorstellte. Darüber hinaus wollte ich ihn möglichst vielen Menschen zugänglich machen. Also hängte ich ihn an die Infowand – bei dreizehn Seiten eigentlich ein Unding. Die Leute lasen und lasen ... und der Text verschwand immer mal wieder! Eigentlich war es ja erfreulich, sprach es doch für ein großes Interesse am Thema, aber ich wollte mehr erreichen: Alle sollten die Worte von Konrad Weiß lesen können. Also klebte ich die Zettel auf dicke Pappen, die man nicht so ohne Weiteres entfernen konnte. Kopierer gab es damals noch nicht, daher musste ich immer wieder alles mit möglichst vielen Durchschlägen abtippen.

Eines Tages kam die Lehrerin einer Abiturklasse zu mir und sagte, der Text sei großartig, sie würde ihn gern für ihren Unterricht nutzen und ihn den Schülern mit der gebotenen Vorsicht nahebringen. Ich nutzte die Gunst der Stunde, um selbst gleich noch ein Anliegen loszuwerden. »Den Artikel kann ich Ihnen gerne geben, wenn Sie ihn dafür abschreiben und mir davon vier Durchschläge schicken«, bat ich die Dame.

»Gerne«, sagte sie freundlich.

Ich zögerte, doch dann redete ich weiter. »Ich hätte da übrigens noch einen Wunsch ... Das Papier, das ich zum Schreiben meiner Predigten verwende, geht mir aus«, erklärte ich. Das Papier gab es leider seit Kurzem nicht mehr, und jenes, das es stattdessen zu kaufen gab, war sehr dünn und kaum geeignet zum Schreiben. »Wenn Sie mir davon auch noch etwas beschaffen könnten?«, fragte ich.

»Selbstverständlich«, antwortete sie prompt, »kein Problem!« Offensichtlich hatte sie als Lehrerin Zugang zu einem mir verschlossenen Kontingent an jenem schönen, festen weißen Papier, das ich so gern zum Schreiben benutzte. Aber wichtiger war mir natürlich, dass mir das Abschreiben vorerst erspart blieb.

Jedenfalls hing der Text kurz darauf wieder an Ort und Stelle, und das Erstaunliche war, dass immer irgendjemand die Zeilen las, wenn ich an der Infowand vorbeikam. Natürlich konnte auch die Stasi die Seiten abgenommen haben, aber in der Kirche war es selbst für die Genossen nicht ganz einfach, mal eben dreizehn Blatt Papier von einer Wand zu entfernen. Entfernte hingegen jemand die Seiten, dem man das echte Interesse förmlich ansah und der zu sagen schien: »Leute, nehmt es mir nicht übel, aber das ist so ein heißer Text, den brauche ich unbedingt«, dann ließen wir ihn natürlich gewähren. Das war für mich immer schon ein spannendes Phänomen: dieser geistige Hunger der Menschen nach dem Wort, nach Hintergründen, nach einer echten Auseinandersetzung.

Im Grunde war damals allgemein bekannt, dass es in den Großstädten Gruppen von so genannten »Faschos« gab. In den Stasiakten, in denen sämtliche nicht staatskonforme Aktivitäten, und zwar egal welcher politischer Oppositionsart, notiert waren, fanden sich später entsprechende Hinweise. Darin waren erstaunlich viele Übergriffe von Neonazis festgehalten. Angriffe auf Juden, auf Linke, Angriffe aus reinem Rassismus, letztlich aus den verschiedensten Gründen: intellektuell oder eben einfach nur tumb.

Konrad Weiß legte damals den Finger in die Wunde. Menschen wie er waren über ihren Wirkungsort hinaus bekannt. Die Umstände führte Menschen wie uns zueinander, auch wenn der Kontakt nicht immer direkt, persönlich und eng war, aber man wurde doch sehr aufmerksam auf Gleichgesinnte. Ich schätze ihn sehr und bin ihm dankbar, denn mit der Friedlichen Revolution war das Thema Rechtsradikalismus noch lange nicht vom Tisch.

Im Rahmen der Jungen Gemeinde thematisierten und diskutierten wir die Auseinandersetzungen zwischen Rechten und Linken immer wieder. Die »Faschos« waren in Reudnitz, die »Zecken« in Connewitz lokalisiert. Die Droh- und Mutgebärden beider Gruppen waren miteinander vergleichbar. So kam ich auf den Gedanken, ihren Mut auf eine Probe zu stellen. In der Jungen Gemeinde kannten die meisten jemanden aus der linken Szene, also von den »Zecken«. Über die Schulklassen ließ sich jedoch auch eine Verbindung zu den »Faschos« herstellen. Kurz entschlossen setzte ich einen Abend in der Jugendkapelle an, zu dem sowohl Linke als auch Rechte eingeladen waren, um mit uns zu diskutieren. Im Vorfeld hatten alle große Töne gespuckt. Doch als das Treffen konkret werden sollte, hörte ich nichts mehr.

Am Abend selbst kamen dann wenigstens sechs Vertreter aus der linken und drei aus der rechten Szene in die Nikolaikirche. Insgesamt waren wir knapp über zwanzig Teilnehmer. Unter den Linken befanden sich einige Hardliner mit Pelzmützen der Sowjetarmee mit rotem Stern drauf. Die Rechten waren hingegen nicht auffällig gekleidet. Um ein sofortiges Aufeinanderprallen zu verhindern, sprach ich ein paar einleitende Worte.

»Bei uns ist es üblich, sich zunächst kurz vorzustellen. Bevor wir diskutieren, wollen wir das auch heute tun, damit jeder weiß, mit wem er es zu tun hat«, sagte ich.

Vorsichtshalber ließ ich die Jugendlichen aus der Jungen Gemeinde beginnen, und mein Konzept ging tatsächlich auf. Während der Eingangsrunde durfte niemand unterbrochen werden, damit jeder sich selbst und seine Sache in Ruhe vorstellen konnte.

Völlig überraschend traten deutliche Ähnlichkeiten bei den Problemen beider Gruppen zutage. Die Rechten, die sich in Leipzig an einer Tankstelle und in zwei Häusern trafen, wurden von dort immer wieder von Anwohnern und dem Personal mit der Androhung von Polizei vertrieben. Den Linken aus der Hausbesetzerszene ging es ähnlich: Protest der Bevölkerung, allgemeine Aufregung über ihren Wohn- und Lebensstil. Bald steckten Rechte und Linke mitten in einem lebhaften Austausch über die Schwierigkeiten, die sie jeweils hatten. Die Jugendlichen aus der Jungen Gemeinde brachten sich ebenfalls ein und erzählten von ihren ganz eigenen Schwierigkeiten in der Schule oder mit Erwachsenen.

Bei diesem Gesprächsabend ergab sich das Thema letztlich von selbst. Konfrontationen blieben nahezu aus. Der kirchliche Raum, Linke und Rechte nicht isoliert, sondern mitten unter uns – all das schuf eine unerwartet friedliche Atmosphäre.

Zum Schluss stellte ich noch eine provokante Frage. »Wenn einer von den drei Rechten hier bei euch Linken in Connewitz auftauchen würde – was geschähe dann? Genauso umgekehrt: Wenn einer der sechs Linken bei euch Rechten in Reudnitz erscheinen würde – was dann?«

Nach kurzer Überlegung sagten beide Parteien übereinstimmend: »Wir würden sagen, wir kennen den, lasst ihn in Ruhe.«

Nach dem Vaterunser und dem Segen, denn beides durfte natürlich auch an jenem Abend nicht wegfallen, blieb noch genügend Zeit für ausführliche Einzelgespräche untereinander. Als ich ziemlich spät als Letzter die Jugendkapelle verließ, die Tür abschloss und nach Hause ging, dankte ich Gott in meinem Herzen und hatte eine Menge Stoff zum Nachdenken.

Ende der neunziger Jahre war dann nicht mehr zu übersehen, dass sich die Neonazis deutschlandweit gezielt Leipzig für ihre Aktivitäten ausgesucht hatten. Für sie war die Friedliche Revolution in unserer Stadt vor allem aus zwei Gründen interessant: Dank ihrer war »der Kommunismus überwunden« und zum anderen stellte die Revolution für die Rechten eine »erfolgreiche Strategie und Taktik, einen stärkeren Gegner zu besiegen« dar. Die Friedensgebete, die Gewaltlosigkeit, der Geist der Bergpredigt waren diesen Menschen jedoch egal. Ihr Interesse galt einzig und allein dem Erfolg. Nun wollten sie durch die Innenstadt Leipzigs marschieren und demonstrieren: Ihr habt Deutschland vereint, und wir machen es wieder groß.

Der Hamburger Neonazi Christian Worch meldete bis 2014 für jeden 1. Mai und jeden 3. Oktober eine Demonstration, etwa der »Freien Kameradschaften« an. Die Stadt versuchte, dies mit allen juristischen Mitteln zu verhindern, was jedoch nicht gelang. Zu jedem

Neonaziaufmarsch gab es seither Protestdemonstrationen in der Stadt. Unterschiedliche Gruppen wie Gewerkschaften, die Antifa, die JuSos der SPD, verschiedene demokratische Parteien, die Autonomen und wir von der Kirche taten unseren Widerspruch kund.

Unter der Führung der Gewerkschaft bildete Edda Möller, die damalige DGB-Vorsitzende von Leipzig, mit Pfarrer Christian Wolff von der Thomaskirche, Winfried Helbig, Dr. Isa Kreft, mir und vielen anderen schließlich das »Bündnis Courage«. Von Anfang an versuchten wir, in engem Kontakt mit der Stadt zu agieren. Mehrfach lud Oberbürgermeister Wolfgang Tiefensee unser Bündnis zu sich ein, meist unter Beteiligung der Polizei, um das Vorgehen genau abzustimmen.

Auch die Neonazis sollten wissen, wo wir waren und was wir vorhatten. Schließlich wollten wir keine Eskalation. Am 1. September 2001 kamen Mitglieder der rechten Szene aus ganz Deutschland nach Leipzig. Im Gegenzug organisierten der Oberbürgermeister der Stadt und das Bündnis Courage eine Großkundgebung auf dem Augustusplatz. Dem Aufruf folgten zwanzigtausend Menschen aus Leipzig und Umgebung. Ihnen standen dann zweitausenddreihundert Neonazis aus ganz Deutschland gegenüber. Ein sehr aussagekräftiges Zahlenverhältnis.

Wolfgang Tiefensee, den ich noch von den Friedensgebeten aus den Jahren 1988 und 89 kannte, bat mich, gemeinsam mit ihm auf dieser Veranstaltung zu sprechen. Bis ich dran war, saß ich auf der Operntreppe hinter der großen Bühne, als eine Gruppe schwarz gekleideter Jugendlicher mit Rotweinflaschen in der Hand um die Ecke kam. Sie waren schon leicht alkoholisiert, und mir schwante nichts Gutes. Die Veranstaltung begann, und zunächst spielte ein Orchester aus Borna mit einem ausländischen Dirigenten.

Blitzschnell vermummten sich die Jugendlichen, zerstörten die Dekoration an der Bühne und bewarfen damit die Musiker, die beim Anblick der marodierenden Bande von der Bühne flüchteten. Der Dirigent erlitt dabei so starke Verletzungen, dass er ins Krankenhaus gebracht werden musste. Ein paar der Randalierer warfen dann noch den Stand von der »Runden Ecke« um und schlugen ihren Leiter ins Gesicht. Wen diese Jugendlichen bekämpften, wussten sie offenbar selbst nicht.

Sie gaben später an, gegen Nazis und gegen Ausländerfeindlichkeit zu stehen. Einen Ausländer auf der Bühne hatten sie mit ihrer Aktion ins Krankenhaus gebracht, außerdem hatten sie eine Veranstaltung gegen die Nazis gestört. Die waren nicht von links und nicht von rechts, sondern von unten.

Von der Operntreppe her beobachtete ich, wie einer der Jugendlichen sich unter der Bühne versteckte und aus seiner Deckung heraus Parolen brüllte und dazu wie irre in eine Trillerpfeife blies. Offenbar fühlte er sich sicher in seinem Versteck. Doch außer mir beobachtete ihn auch eine ältere Dame mit Hut. Sie betrachtete sich das Spektakel eine ganze Weile, dann trat sie unvermittelt auf den Randalierer zu. Mit einem beherzten Griff riss sie ihm die Trillerpfeife wie einen Schnuller aus dem Mund und sagte resolut in waschechtem Sächsisch: »Here uff!«

Das wirkte augenblicklich. Dem Jugendlichen blieb vor Schreck der Mund offen stehen. Dann sah er zu, dass er wegkam. Ich dachte in dem Moment nur: ideale Konfliktlösung, Oma entschärft Autonomen.

In dem Moment trat Oberbürgermeister Tiefensee auf die Bühne und wollte mit seiner Ansprache beginnen. Kaum stand er am Mikrofon, ertönte auch schon ohrenbetäubender Lärm. Wie verrückt pfiffen und schrien die Autonomen durcheinander, sodass die Worte kaum zu hören waren. Schließlich fanden sie den Stecker und zogen einfach das Kabel heraus. Damit war das Mikrofon tot. Es herrschte das blanke Chaos.

Wolfgang Tiefensee kam völlig ernüchtert von der Bühne herunter. »Christian, jetzt sieh zu, was du hier noch tun kannst«, sagte er im Vorbeigehen zu mir.

Unter den immer noch gellenden Pfiffen und Schreien stieg ich auf die Bühne und sah, was die Vermummten angerichtet hatten: überall umgeworfene Stühle und Notenständer, dazwischen zerbrochene Blumentöpfe und zertretene Pflanzen. Als Erstes hob ich einen Notenständer auf, der mir als Ablage für meinen Zettel dienen sollte. Dann stellte ich mich hin und blickte in die Menge, um mich erst einmal zu orientieren. Außer diesen wenigen außer sich geratenen Gestalten befanden sich hier zwanzigtausend Menschen, die gewaltfrei gegen Neonazis protestieren wollten.

Als ich auf die Bühne kam, hörte ich, wie eine Frau direkt vor mir sagte: »So ä kleener Basster!«, so ein kleiner Pfarrer!, und musste spontan lachen. Offenbar war auch der Mikrofonstecker inzwischen wieder drin. Ich wartete noch einen Moment, und es wurde tatsächlich ruhiger. Ein Teil der Vermummten ging weg, der Rest verhielt sich still. Es war wie bei der Sturmstillung von Jesus: Die Wogen glätteten sich. Es wurde ruhig auf dem Platz mit den vielen Menschen, und ich konnte mit meiner Rede beginnen. Einleitend äußerte ich mein Unverständnis gegenüber dem Oberverwaltungsgericht, da es zugelassen hatte, dass erneut Neonazis in unserer Stadt demonstrieren durften. Menschen, die die Demokratie beseitigen wollen, dürfen genau das mit demokratischen Mitteln versuchen – und die Polizei muss solche Aufmärsche noch absichern! Ich wünschte mir, dass auch jemand von den Entscheidungsträgern des Oberverwaltungsgerichtes vor Ort war und sehen konnte, was diese Art von Rechtsprechung anrichtete. Dass hier Polizisten den Kopf hinhalten mussten, statt bei ihren Familien sein zu können. Dass eine ganze Stadt provoziert wurde.

Inzwischen hatte ich mich warm geredet und fuhr mit lauter Stimme fort. »Jetzt kommt der Teil, der Ihnen sicherlich nicht gefallen wird«, sagte ich. »Aber wir dürfen die Neonazis nicht sich selbst überlassen. Wir müssen zusehen, dass wir auch sie gewinnen und mit ihnen ins Gespräch kommen. ›Es werden kommen‹, sagt Jesus, ›von Osten und von Westen, von Norden und von Süden, die zu Tisch sitzen werden im Reich Gottes‹.[106] Ein Wort der Verheißung und der Zukunft. ›Es werden kommen‹, sagt Jesus. Nicht marschieren. Die Zukunft liegt nicht im Marsch. ›Norden und Süden, Osten und Westen‹, sagt Jesus. Ortsangabe ohne religiöse, politische, weltanschauliche oder nationale Beschränkung. ›Und zu Tisch sitzen‹, sagt Jesus. Nicht aufeinander losgehen, nicht aufeinander eindreschen mit Worten, Fäusten und Knüppeln. An diesen Tisch der Verheißung und Zukunft gehören auch diejenigen, die heute noch im Abseits marschieren. Denn auch sie sind irgendeiner Mutter Sohn oder Mann oder Vater, haben Schwester oder Bruder, sind letztlich auch unsere Schwestern und Brüder, die wir nicht aufgeben und fallen lassen dürfen.«

Damit endete mein Vortrag. Es war sehr unwahrscheinlich, aber es geschah: Meine Worte wurden mit Beifall aufgenommen. Eine friedliche Stimmung lag über dem Platz. Dieser Moment erinnerte mich an das Gefühl von Frieden und von Erleichterung im Herbst 1989. Letztlich geht es doch darum, sich auch für seine Mitmenschen verantwortlich zu zeigen. Achte auf den, der neben dir steht! So, wie es die alte Dame bei dem Autonomen getan hatte.

Bei Anlässen dieser Art begegnen mir neben denen an der Basis auch jene Menschen, die dank ihrer Funktion im Rampenlicht stehen und diese Öffentlichkeit verantwortungsvoll zu nutzen wissen. Neben Wolfgang Tiefensee zählt dazu für mich auch sein Nachfolger als Oberbürgermeister von Leipzig, Burkhard Jung, der sich unermüdlich gegen Neonazis in unserem Lande engagiert. Gemeinsam ließen sich Aktionen sinnvoll planen und durchführen. So hatte sich im Laufe der Zeit im Vorfeld der immer wieder stattfindenden Protestdemonstrationen gegen Neonazis ein »An-Denken des Tages« mit Wort und Gebet in der Nikolaikirche eingebürgert, das wir bis heute praktizieren und jeder Demonstration voransetzen. Als es wieder einmal so weit war, liefen wir von der Kirche aus zum Bahnhof, wo Neonazis mit dem Zug ankommen sollten. Auf keinen Fall sollten sie ungestört zum Völkerschlachtdenkmal laufen, wie es geplant war, zumal die Nazis im Dritten Reich diesen Ort schon häufig für ihre Aufmärsche missbraucht hatten. Am Augustusplatz stellten wir uns ihnen entschlossen in den Weg. Dabei hatten wir die Polizeibeamten auf unserer Seite. Am Bahnhof kontrollierten sie erst einmal detailliert jeden einzelnen Neonazi, was schon mal eine ganze Weile dauerte. Außerdem verlangten sie die Namen der Verantwortlichen, die bei jeder Demonstration benannt werden müssen. So will es die Vorschrift. Danach ließen sich die Polizisten die Namen der so genannten »Ordner« in vorgefertigte Listen eintragen. Wenn einer der Neonazis zwischendurch mal zur Toilette ging, was angesichts ihres Bierkonsums oft genug der Fall war, musste sich derjenige hinterher natürlich wieder aufs Neue anstellen. Selbstverständlich wurde er dann ganz ordnungsgemäß noch einmal kontrolliert. Die Polizei schöpfte bei diesen Veranstaltungen sämtliche Möglichkeiten aus. Da die Neonazis ihre Demonstration nur für einen bestimmten Zeitraum angemeldet hatten, verloren sie auf diese Weise wertvolle Zeit. Somit konnten sie weniger weit laufen, als geplant war. Leider waren irgendwann jedoch auch die letzten Kontrollen vorbei, und die Nazis zogen los. So hatten wir jedes Mal eine andere Idee, ihnen den Aufmarsch zu erschweren. Einmal bauten wir »Sandsäcke gegen die braune Flut« am Bahnhof auf. Auf dem Platz gegenüber versammelten wir uns und bildeten mit Menschen die Zahl 89.

Da auch die Friedliche Revolution nicht ohne Humor verlaufen war, überlegte ich beständig, wie wir bei den Protesten der Neonazis die wiederkehrenden Abläufe von Gewalt und Gegengewalt aufbrechen konnten. Die rechtsradikalen Demonstranten brauchten eine deutliche Abfuhr – allerdings nicht durch die Gewalt der Vermummten. Am Ende gewannen wir für unser Vorhaben namhafte Personen der Kulturszene aus Leipzig, etwa den Thomaskantor Georg Christoph Biller, die Kabarettisten Bernd-Lutz Lange und Gunter Böhnke, Falk Elstermann von der naTo, Sebastian Krumbiegel von der Band »Die Prinzen« und einige andere. Gemeinsam mit Sebastian Krumbiegel, der ohnehin jedes Mal bei diesen Protesten dabei war, kamen wir eines Tages auf die Idee vom »Karneval in Braun«. Die Botschaft sollte heißen: Was ihr Neonazis macht, ist so traurig und grotesk, dass man es nur als Aschermittwoch und Karneval in einem betrachten kann.

Wir überlegten uns, dafür drei Zentner Konfetti zu kaufen und einen Hubschrauber zu mieten, von dem aus wir die bunten Schnipsel dann auf die Neonazis runterrieseln lassen wollten, ganz nach dem Motto: bunte Vielfalt gegen braune Einfalt! Das Konfetti hatten wir schnell besorgt, nun fehlte nur noch der Hubschrauber. Im Zuge des Organisierens hatte ich zum ersten Mal in meinem Leben mit dem Luftfahrtministerium zu tun. Dort nahm man uns allerdings auf der Stelle unsere ganze Euphorie. Der Mitarbeiter am Telefon erklärte mir anschaulich, unser Plan ließe sich leider nicht realisieren. Das Konfetti würde in die Düsen gewirbelt werden, woraufhin der Hubschrauber wie ein Stein zur Erde fiele. Das war nun ganz und gar nicht unsere Absicht. Schweren Herzens beschlossen wir, diesen Punkt zu streichen.

Als Nächstes wollten wir Lachsäcke kaufen, ganze tausend Stück. Zu unserem Pech mussten wir erfahren, dass eine derartig große Menge in so kurzer Zeit in Deutschland nicht zu beschaffen war.

Am Ende entschieden wir uns für Kindertröten, die gab es hierzulande in ausreichender Stückzahl.

Christian Worch, der Organisator der Nazidemonstrationen, hörte von unseren Plänen und begriff sofort, dass wir in jedem Fall die Lacher auf unserer Seite haben würden. Er schrieb mir also einen Brief und erkundigte sich, ob ich ihm eventuell ein paar der Tröten überlassen könnte. Weiterhin fragte er an, ob ich Lust hätte, auf seiner Demonstration zu reden. Für meine Sicherheit würde er garantieren. Schließlich wäre es viel besser, miteinander zu reden, als sich gegenseitig mit Steinen zu bewerfen. Damit hatte er mich natürlich mit meinen eigenen Worten getroffen. Grundsätzlich redete ich mit jedem, also überlegte ich, das Angebot anzunehmen. Allerdings rieten mir alle, die ich ins Vertrauen zog, von dieser Einladung ab. Egal ob Wolfgang Tiefensee, meine Freunde aus Berlin, die Journalisten Bettina und Hans-Jürgen Röder – alle waren sich einig. Ich könnte dort sagen, was ich wollte, meinten sie, entscheidend aber sei, was im Nachhinein daraus gemacht würde. Am Ende erschiene noch irgendwo ein Foto, auf dem ich mit einem Neonazi abgebildet sei, und dann hieße es, ich hätte mich mit denen gemein gemacht. Das leuchtete ein, und ich entschied mich für eine Absage.

Allerdings bot ich Christian Worch ein persönliches Gespräch an. Er nahm das Angebot tatsächlich an und meldete sich mehrere Wochen nach dem Aufmarsch bei mir. Wir vereinbarten, dass er ohne Presse vorbeikäme, dafür erbat ich mir, dass meine Frau an dem Gespräch teilnehmen dürfe. Er war allein, als ich ihn in meinem Amtszimmer empfing. Es wurde ein unerwartet persönliches Gespräch, was ich so nicht für möglich gehalten hätte. Damit sei an dieser Stelle alles gesagt, was ich ansprechen kann.

Nach der Begegnung mit Christian Worch fielen mir unsere Proteste gegen die Neonazis deutlich schwerer, weil ich nun wusste, was er für ein Mensch war. Der »Feind« hatte ein Gesicht bekommen. Würde das Gespräch der Entfeindung dienen und im Sinne Jesu dazu führen, in das Herz und in den Kopf des Gegners hineinzukommen?, überlegte ich. *»Liebet eure Feinde; tut wohl denen, die euch hassen.«*[107] Der Anfang war jedenfalls gemacht.

Lange vor dem Gespräch mit Worch, am Tag des Nazi-Aufmarsches, zu dem wir unseren »Karneval in Braun« geplant hatten, liefen wir mit unseren Tröten hinter dem Lautsprecherwagen zum Bahnhof. In dem Moment, als die ersten Neonazis aus dem Bahnhof traten, ertönte ein ohrenbetäubend lautes Trötenkonzert. Schrill und wirklich sehr, sehr schräg. Die anwesenden Kinder hatten einen riesigen Spaß, und als ich mich umsah, entdeckte ich in der Menge auch den Thomaskantor und Gunter Böhnke. Neben mir stand Sebastian Krumbiegel, als mir siedend heiß etwas einfiel.

»Was machen wir jetzt bloß mit unseren drei Zentnern Konfetti?«, fragte ich. »Die müssen wir irgendwie noch loswerden.«

Sebastian grinste nur. »Die streuen wir auf die Straße, und zwar genau dort, wo die Neonazis langgehen werden«, erwiderte er dann.

Gesagt, getan. Wir erkundigten uns bei der Polizei, welche Route die Neonazis einschlagen wollten, und zogen, die Säcke mit Konfetti aufgeschultert, los. Die Beamten wussten nicht, was wir vorhatten, und behielten uns im Blick. Ein paar der Leute, mit denen ich zusammenstand, folgten uns. Und als die Umstehenden sahen, dass wir offensichtlich irgendetwas planten, schlossen sie sich uns ebenfalls an. Bald waren wir ein Tross von mindestens dreihundert Menschen, was der Polizei schließlich irgendwie verdächtig vorkam.

Ein paar Polizisten stellten sich uns in den Weg. »Hier können Sie nicht weiter!«, sagten sie streng.

»Wieso nicht?«, fragte einer aus unseren Reihen.

»Wir haben etwas absolut Friedliches vor«, fügte ein anderer hinzu.

Dann erzählten wir ihnen von unserem Konfettiplan. Die Polizisten waren zunächst unsicher und telefonierten hektisch mit der Einsatzleitung. Letztendlich durften wir dann doch passieren. Allerdings schlossen sich auch die Schwarzen, die so genannten Autonomen, die am Straßenrand saßen und auf ihren Prügeleinsatz mit den Neonazis warteten, unserem Zug an. Als die Beamten das bemerkten, kam der Polizeichef auf mich zu.

»Denken Sie, dass das gut geht?«, fragte er mich.

Der Bürgermeister für Ordnung und Sicherheit, der zufällig dabeistand, hatte Bedenken. »Können Sie diese Massen in Schach halten?«, hakte er nach.

»Keine Sorge«, antwortete ich und betonte mehrfach, dass wir rein friedliche Absichten hatten.

In der Prager Straße war unser Zug bereits doppelt so groß wie zu Beginn, und das nicht nur aufgrund des Zuwachses durch die gewaltbereiten Jugendlichen. Am Ort des Geschehens angekommen, waren wir gut an die eintausend Menschen. Das Gelände war bereits weitgehend abgeriegelt. Die Straße war voller Polizisten, Polizeifahrzeuge, Wasserwerfer und Lautsprecherwagen.

Ich wandte mich an die Demonstranten direkt hinter mir. »Wartet bitte hier, wir werden erst mal versuchen, denen unseren Plan zu vermitteln.«

Gemeinsam mit Sebastian Krumbiegel und zwei anderen ging ich auf die Polizisten zu und erklärte ihnen, dass wir auf humorvolle Weise den Weg der Neonazis kennzeichnen wollten.

»Lassen Sie uns bitte durch. Leider haben wir auch einige Gewaltbereite in unseren Reihen, und wenn die ausrasten, haben Sie ein Problem«, betonte ich.

»Wie wollten Sie eine Eskalation denn verhindern?«, lautete die kritische Frage eines Polizisten.

»Sie brauchen mich nur aus dem Lautsprecherwagen mitteilen zu lassen, dass Sie uns durchlassen«, erwiderte ich prompt.

Die Beamten ließen sich darauf ein, wenigstens diejenigen durchzulassen, die die Säcke mit dem Konfetti trugen. Ich ging unterdessen zu dem Lautsprecherwagen hinüber, der eigentlich ein Panzerwagen war. Die Menschen schauten leicht verdutzt drein, als sie mich als Pfarrer in dem Militärfahrzeug entdeckten. Ich machte ihnen mit wenigen Worten klar, dass wir ein Zeichen setzen wollten, und bat um Gewaltlosigkeit. Außerdem forderte ich sie auf, die Absperrung zu akzeptieren und stehen zu bleiben.

Nach ein paar Minuten kamen die ausgesandten Männer, darunter auch Sebastian Krumbiegel und der Thomaskantor, zu uns zurück. Sie hatten die drei Zentner Konfetti quer über die Straße verstreut, sozusagen als »Straßensperre«. Es war ein wunderschöner bunter Teppich entstanden, der sogar die Polizisten erfreute. Die allerdings wurden gleich wieder ernst.

»Was haben Sie jetzt vor?«, fragte einer der Polizisten skeptisch.

»Jetzt gehen wir wieder zurück«, versicherte ich ihm.

Doch die Polizisten wollten kein Risiko eingehen. »Sie bleiben aber bitte hier, als Garant dafür, dass nichts passiert.«

»Ich kann leider nicht bleiben. Ich muss mit den anderen gehen, sonst bleiben die auch hier«, gab ich zu bedenken.

Während ich mit der Polizei verhandelte, breitete sich eine gewisse Unruhe in unserem Demonstrationszug aus und die Schwarzen spalteten sich wieder von uns ab.

Ich wandte mich der Gruppe zu und rief: »Ich bitte euch, geht wieder mit mir zurück. Wir hatten ein klares Ziel. Wir wollen keine Neonazis in der Stadt und haben eine wunderbare symbolische, bunte Straßenblockade errichtet. Jetzt lasst uns wieder umkehren.«

Da ich wusste, wie wichtig es war, mit gutem Beispiel voranzugehen, lief ich einfach los. Bis auf die Autonomen schlossen sich mir tatsächlich alle an. Die jedoch protestierten. »Wir bleiben hier!«, riefen sie im Chor.

Daraufhin versuchte ich noch einmal, die Jugendlichen zu beschwören. »Lasst es nicht zu einer Konfrontation kommen. Ihr werdet hier auf keinen Fall auf die Neonazis treffen. Ihr erreicht nur, dass ihr euch mit der Polizei prügelt«, redete ich auf sie ein.

Wir zogen weiter, und diesmal folgten uns alle, bis auf eine Gruppe von zwei Dutzend Hardlinern. Als wir uns etwa hundert Meter entfernt hatten, kamen sie zu meiner Freude jedoch nach.

Was uns an jenem Tag allein mit Witz und Pfiffigkeit gelungen war, stimmte mich sehr froh. Und das Wichtigste dabei war: Die Neonazis hatten auch diesmal ihr Ziel nicht erreichen können.

In den letzten Jahren kamen dann leider immer weniger Menschen zu den Gegendemonstrationen. Aber zum Glück wurden auch die Neonazis bei den Demonstrationen zahlenmäßig weniger.

Am 1. Mai 2007 bat mich Oberbürgermeister Burkhard Jung, gemeinsam mit ihm auf einer Demonstration zu reden. Wieder wollten Neonazis zum Völkerschlachtdenkmal marschieren und hatten einen Bahnhof ganz in der Nähe als Sammelort angegeben. Zwei von uns versuchten zwar, einen Fahrradkorso zu organisieren, um damit ein Zeichen zu setzen. Aber sie blieben allein. Es kamen keine weiteren Teilnehmer. So feierten wir mit Burkhard Jung und Bürgermeister Andreas Müller ein Volksfest am Völkerschlachtdenkmal mit wenig Volk. Mein »An-Denken des Tages« musste ich dieses Mal aus Zeitgründen gleich vor dem Völkerschlachtdenkmal halten. Ich stellte meine Rede unter das Thema »Nicht wegsehen und nicht schweigen – Richte unsere Füße auf den Weg des Friedens«[108]. Wir waren noch nicht mal dreihundert Menschen aus Leipzig. Aber es waren auch nur sechsunddreißig Neonazis aus ganz Deutschland.

Eine Woche später stornierte Christian Worch alle bereits angemeldeten Demonstrationen bis zum Jahr 2014.

Ökumene mit Atheisten

Heutzutage gibt es Preise für nahezu jeden, der sich in seinem Fach – worin auch immer es besteht – verdient gemacht hat. Man schaltet den Fernseher ein, und sofort stößt man auf irgendeine Preisverleihung. Manche Preise werden cool weggesteckt, andere tränenreich entgegengenommen, und kürzlich habe ich sogar verfolgt, wie jemand vor laufender Kamera seinen Preis ablehnte. Preise und Ehrungen sind stets auch problematisch. Darum habe ich immer darauf geachtet, Auszeichnungen möglichst nicht allein zu erhalten. Auch nehme ich jeden Preis stellvertretend für alle meine Mitstreiter entgegen. Und zwar vom Bundesverdienstkreuz bis zur »Heißen Kartoffel«.

Der erste Preis, den ich bekam, war 1991 die Theodor-Heuss-Medaille. Für mich völlig überraschend. Die Auszeichnung haben wir zu sechst entgegengenommen: David Gill, Joachim Gauck, Anetta Kahane, Ulrike Poppe, Jens Reich und ich. Wir alle erhielten ihn stellvertretend für »Die friedlichen Demonstranten des Herbstes 1989 in der damaligen DDR«.

Einmal konnte ich auf eine Preisvergabe sogar direkt Einfluss nehmen. Den Termin für die Verleihung des Bundesverdienstkreuzes hatte Roman Herzog damals ganz sensibel festgelegt. Üblicherweise verlieh der Bundespräsident das Kreuz an keinem bestimmten Datum, und zwar sowohl in Bonn als auch in Berlin. Dieses Mal jedoch sollte die Verleihung in Leipzig stattfinden. Am Vorabend des 9. Oktober 1995. Das war genau richtig. Insgesamt sollten 26 Menschen aus der ehemaligen DDR damit ausgezeichnet werden. »In Anerkennung der um Volk und Staat erworbenen besonderen Verdienste verleihe ich (...) das Verdienstkreuz Erster Klasse des Verdienstordens der Bundesrepublik Deutschland. Der Bundespräsident«, lautete der Text.

Gesine Oltmanns, Uwe Schwabe und ich waren die einzigen Leipziger, die für die Ereignisse von 1989 geehrt werden sollten. Wir sagten uns jedoch, es könne einfach nicht sein, dass Christoph Wonneberger nicht ebenfalls geehrt wurde. Nun ist es natürlich ungewöhnlich, wenn jemand einer Kommission, die Preise verleiht, erklärt, es müsse noch jemand ausgezeichnet werden. Allerdings konnten wir sehr glaubwürdig vermitteln, dass man es den Menschen, die 1989 dabei waren, nicht antun könne, Christoph Wonneberger bei dieser Preisverleihung nicht zu berücksichtigen.

Nach seinem Schlaganfall im Oktober 1989 konnte er seinen Beruf als Pfarrer nicht mehr ausüben. Es ist erschreckend, wie schnell ein Mensch aus dem kollegialen und gesellschaftlichen Gedächtnis verschwindet, sobald er nicht mehr in der ersten Reihe steht. Schwabe und ich unterstrichen, dass wir den Preis nur mit Wonneberger zusammen annehmen würden. Die Kommission ließ sich tatsächlich umstimmen, und so gab es statt 26 eben 27 Preisträger.

Alle Geehrten hatten sich vorab über den Ablauf der Preisverleihung verständigt. Marianne Birthler sprach als Erste, ich hielt die mittlere Ansprache, und Ulrike Poppe übernahm das Schlusswort. Es herrschte eine ganz eigene Atmosphäre im Alten Rathaus, als ich daran erinnerte, wie die DDR exemplarisch am 9. Oktober 1989 in der Nikolaikirche und den anderen Kirchen der Innenstadt unter dem Kreuz stand. In jeder meiner Kirchenführungen erzählte ich vom 9. Oktober. In jedem Interview befragte man mich dazu. Trotzdem bekam ich erneut eine Gänsehaut, als ich an jenem Nachmittag davon sprach. Und ich weiß, dass das so sein wird, solange ich lebe.

Auch bei dieser Preisverleihung stand ich nicht alleine in der ersten Reihe, ebenso wenig wie die anderen Preisträger. Hier standen die Stellvertreter der gesamten widerständigen Bevölkerung der DDR. Hier standen all die Menschen in den neuen Bundesländern. Ich sah in der Auszeichnung vor allem ein Signal der Ermutigung, gegen jede Art des Verbiegens anzugehen.

»Solange es noch einen Lehrling, eine Mittvierzigerin, einen Fünfzigjährigen in Deutschland gibt, die arbeiten wollen und können, die jedoch keinen Arbeitsplatz erhalten; solange es noch Menschen gibt, die bezahlbaren Wohnraum suchen, obwohl gleichzeitig sanierte, teure Wohnungen leer stehen. So lange ist der zweite Teil der Friedlichen Revolution noch nicht geschafft. Er wird nicht leichter sein als der erste Teil«, sagte ich abschließend.

Nicht nur, dass man Preise bekommt: Man lernt über deren Namensgeber auch immer ein weiteres Stück Zeitgeschichte. So erging es mir unter anderem beim Johann-Philipp-Palm-Preis für Meinungs- und Pressefreiheit. Ausgelobt hat ihn das Apotheker-Ehepaar Maria und Johann Philipp Palm. Die beiden hatten einen Vorfahren, der zu Napoleons Zeiten Schriften und Flugblätter gegen den Herrscher herausbrachte. Das brachte Napoleon seinerzeit dermaßen auf, dass er den aus Schorndorf stammenden Buchhändler Johann Philipp Palm gefangen nehmen und hinrichten ließ.

In Rückbesinnung auf diesen Mann wird alle zwei Jahre dieser Preis verliehen, den ich in Schorndorf bei Stuttgart zusammen mit Sihem Bensedrine entgegennehmen durfte. Bensedrine ist eine tunesische Journalistin, die in ihrem Heimatland wegen ihrer Artikel und Reportagen verfolgt und mit dem Tode bedroht wird. Das Leben der Preisträgerin an meiner Seite war also sehr viel mehr in Gefahr, als es das meine je gewesen ist. Das stimmte mich sehr nachdenklich.

Im Jahr 2004 erhielt ich in Berlin die Goldene Henne, einen Preis, von dem ich noch nie gehört hatte. Im Berliner Friedrichstadtpalast war ich auch noch nie gewesen. Eine einmalige Gelegenheit also. Die Zeitschrift *SUPERillu* ist Stifterin dieses Preises. An jenem Abend wurde ich zusammen mit Bärbel Bohley und Gyula Horn ausgezeichnet, der seinerzeit als Außenminister in Ungarn die Grenze geöffnet hat. Wir drei standen also nebeneinander und nahmen die Goldene Henne in Empfang. Ich fand das einfach nur verrückt. Frau Merkel, damals noch nicht Bundeskanzlerin, hielt die Laudatio. Im Anschluss durften wir drei ein paar Worte sprechen. Wieder konnte ich nur sagen: »Ich stehe stellvertretend hier für das Volk, das nie einen Preis bekommt.«

Beim Friedensgebet am 9. Oktober übergab ich die Polit-Henne dann dem Zeitgeschichtlichen Forum in Leipzig.

Meine Frau steht Preisen und Ehrungen grundsätzlich sehr kritisch gegenüber. Ich sehe darin eher eine Chance, mit dem Wort immer wieder Menschen zu bewegen, Resignation abzubauen, Hoffnung zu säen. Sie dagegen stellt hartnäckig im Blick auf Jesus die Frage: »An wessen Tisch sitzt du? Von wem lässt du dich ehren? Was bedeutet die Ehrung?«

Jesus hat sich allerdings auch einladen lassen, zum Beispiel von dem Pharisäer Simon.[109] Etwas hat der hoch geachtete Simon allerdings nicht geahnt: Wenn er Jesus einlädt, dann muss er stets mit einer Überraschung rechnen. Jesus hat die Einladung nicht abgelehnt oder generell gesagt: »Dort gehe ich nicht hin!« Er war offen. Aber dann kam eine stadtbekannte Hure zu Ihm, und alle waren total erstarrt. Sie begann, Jesus die Füße mit Salböl einzureiben. Ihre Tränen tropften auf Seine Füße, und sie trocknete sie mit ihrem Haar. Der Pharisäer als Gastgeber schritt nicht ein, dachte jedoch: Wenn der ein Prophet ist, dann müsste er eigentlich wissen, was für eine die Frau ist.

Jesus spürte Simons Gedanken und sagte: »Weißt du, Simon, Ich sage das nicht gerne, aber ich muss das jetzt mal loswerden. Die Ehre, die normalerweise der Gastgeber seinem Gast angedeihen lässt: ihm die Füße zu waschen, hast du Mir nicht erwiesen. Das musste diese Frau für dich erledigen.«

Das Ritual diente nicht der Sauberkeit, sondern der Erfrischung und war natürlich ein Luxus: Wasser zum Waschen der Füße zu benutzen oder gar Salböl für die Füße, das konnten sich nur betuchte Menschen leisten, die Sklaven und Bedienstete hatten.

Daraufhin sagte Jesus in die Runde: »*Ihre vielen Sünden sind ihr vergeben, denn sie hat viel Liebe erwiesen.*« Und zu der Frau sagte er: »*Dein Glaube hat dir geholfen, geh hin in Frieden*«.[110]

Jesus stellte aus einer unmöglichen Situation an einem ungewohnten Ort herkömmliches Denken in Frage und verhalf einem verzweifelten Menschen zum Neuanfang. Wenn an einem ungewohnten Ort, etwa bei einer Preisverleihung, nur ansatzweise etwas Ähnliches geschähe, dann wäre alles gut.

Die mit Abstand größte Ehrung für mich war der Augsburger

Friedenspreis, den ich im Oktober 2005 zusammen mit Michail Gorbatschow verliehen bekam.

Im Frühjahr 2005 besuchte mich Regionalbischof Öffner aus Augsburg und überbrachte mir die schier unglaubliche Nachricht. Ich hielt das für eine absolut irre Zusammenstellung: Michail S. Gorbatschow, spätestens seit 1985 die maßgebliche Persönlichkeit der internationalen Politik, der Laudator Hans-Dietrich Genscher, als Außenminister auch im geteilten Deutschland ein in beiden Teilen des Landes anerkannter und hoch geachteter Politiker, und ich. Passte ich als Gemeindepfarrer an der Basis überhaupt in dieses Ensemble?

Ernst Öffner erklärte es mir. Man habe sich diese Kombination genau überlegt: Jemand aus jener Führungsriege sollte es sein, die in der Welt politisch an der Macht saß, dazu jemand von der Basis, der genau das Gegenteil verkörperte. Darüber, dass Michail Gorbatschow der Preisträger war, neben dem ich stehen würde, musste ich keine Sekunde nachdenken. Auch wenn er als Generalsekretär der KPdSU natürlich ein kommunistischer Herrscher war: Er war eine tolerante und großzügige Persönlichkeit. Mit »Glasnost« und »Perestroika« – »Offenheit« und »Umbau« – hatte er dem erstarrten System des Sozialismus völlig neue Denkansätze gegeben. »Neues Denken« wurde so zum dritten Schlagwort dieser Entwicklung.

Der Begriff »Neues Denken« hat inhaltlich sein Vorbild in dem Aufruf Jesu: »Denkt um« oder »Kehrt um« oder gar »Orientiert euch neu«. Die christlichen Fachvokabeln dafür heißen »Buße« und »Bekehrung«.[111] Diesen Ansatz könnte man provokativ als die »Ökumene mit den Atheisten« bezeichnen. Der Begriff stammt übrigens von meiner Frau und umreißt genau, was nun vonnöten ist: Die Kirche hat gemeinsam mit den Atheisten die Verantwortung für die Welt zu übernehmen und damit zugleich allen die gute Nachricht zu bringen: »*Siehe, ich mache alles neu!*«.[112] Die Kirche ist der ganzen Welt das Evangelium und die Hoffnung schuldig.

Als der Trubel um den Augsburger Friedenspreis vorüber war, wanderten meine Gedanken zurück nach Lastau. Ob ich die Auszeichnung auch erhalten und Gorbatschow kennengelernt hätte, wenn ich dort Dorfpfarrer geblieben wäre?

Entsprechend überwältigend war das Gefühl, das ich empfand, als ich ein Jahr nach der Preisverleihung zur 1025-Jahrfeier ausgerechnet in Lastau predigen durfte, meiner allerersten Gemeinde. Die Kirche war bis auf den letzten Platz besetzt, und viele der Besucher kannte ich noch von meiner Zeit als Pfarrer der Gemeinde. Nun stand ich Jahrzehnte später vor den Menschen als ihr Gemeindepfarrer von damals, hatte aber inzwischen den Augsburger Friedenspreis zusammen mit Gorbatschow bekommen und stand seitdem mit ihm freundschaftlich in Verbindung. Zu DDR-Zeiten eine unmögliche Vorstellung, dass der Generalsekretär des Sowjetimperiums und ein Gemeindepfarrer in einem Atemzug genannt würden. Nun, im Jahr 2006 gab es weder die DDR noch die Sowjetunion mehr, unverändert aber die Kirche mit ihren Gemeinden. Und den Augsburger Friedenspreis in genau dieser Konstellation!

Mit den Medien geht es mir ähnlich wie mit den Preisen. Ich melde mich bei niemandem. Aber sie finden mich. Der Leiter der Tourismusbranche in Leipzig sagte einmal auf einer Sitzung: »Pfarrer Führer ist ein Medienprofi, ohne dass er das studiert hat.«

Ich weiß nicht so recht, was ich mit dieser Aussage anfangen soll. Die Medien lassen sich ohnehin kaum beeinflussen noch steuern und haben ihre eigenen Gesetzmäßigkeiten. Sie sind auf mich zugegangen. Daher ist alles gekommen, wie es gekommen ist. Letztendlich habe ich noch jede Entscheidung im Blick auf den Inhalt getroffen.

Im Januar 2008 erhielt ich erneut Besuch von Regionalbischof Öffner aus Augsburg. Diesmal hatte er die Goldene Friedenstaube im Gepäck, um sie mir persönlich zu überreichen. Die Taube verkörpert eher eine Aktion als einen Preis. Der Künstler Richard Hillinger hat, unterstützt von Bundespräsident a. D. Roman Herzog, anlässlich des sechzigsten Jahrestages der Erklärung der Allgemeinen Menschenrechte der Vereinten Nationen dreißig goldfarbene Tauben in Lebensgröße geschaffen. Jede dieser Tauben steht dabei für je einen der dreißig Artikel der Menschenrechte. Mit dem Ölzweig als Friedenszeichen im Schnabel »fliegen« sie zu Personen, die sich weltweit für die Menschenrechte engagieren. Vaclav Havel, Michail Gorbatschow, Gyula Horn, Shirin Ebadi, Desmond Tutu, Muhammad Yunus und viele andere waren bisher in die Aktion einbezogen. Auch dieser Preis hat für mich einen besonderen Wert. Meine Taube stand für Artikel 19 der Menschenrechte: »Recht auf freie Meinungsäußerung«. Ich durfte jemanden bestimmen, der ihrer würdig war. Ich gab sie weiter an Friedrich Schorlemmer.

Im Mai 2008 erhielt ich dann noch die Hans-Böckler-Medaille des Deutschen Gewerkschaftsbundes. Für mich eine Würdigung des Engagements für den Mindestlohn, also für diejenigen, die am unteren Rand der Gesellschaft leben. Letztlich eine Achtung der Aufmerksamkeit für die Arbeitnehmer insgesamt.

Natürlich musste ich mir auch hier die Frage stellen, ob ich mich als Pfarrer nicht etwa vor einen Karren spannen lasse, wenn ich einen Preis vom DGB entgegennehme. Hinterfragt man die Dinge jedoch auf diese Art, so kann man sich allerdings bald gar nicht mehr in der Öffentlichkeit bewegen. Vielmehr war es sehr beachtlich und ungewöhnlich dazu, dass der DGB einen Pfarrer, der schließlich kein Lohnempfänger ist, mit seinem höchsten Preis bedachte. So sah ich das. Von daher also keine Bedenken.

Erste Bekanntschaft mit dem DGB machte ich im Jahr 1992, als mich Hanjo Lucassen, der Vorsitzende des DGB-Bezirkes Sachsen, darum bat, für die Leipziger Maifeier ein Grußwort zu sprechen. Ein Pfarrer als Redner zum 1. Mai – das muss man sich mal vorstellen! Anfangs wiegelte ich ab, aber die Gewerkschaftsvertreter blieben hartnäckig.

»Machen Sie mal«, hieß es da, »die Menschen haben Vertrauen zu Ihnen.«

Da ich mir grundsätzlich nicht vorschreiben lasse, was ich sage, bereitete ich sie vorsorglich darauf vor. »Sie wissen ja, wenn Sie mich holen, dann wird am Ende jedes Mal eine Predigt daraus«, erklärte ich.

Doch sie waren einverstanden.

Okay, dachte ich. Wie das dann alles beim Publikum ankommt, ist nicht mein Risiko, sondern das des Veranstalters. So trat ich zum ersten Mal am 1. Mai in Leipzig auf einer DGB-Veranstaltung auf. Schon das DGB-Plakat hatte es mir angetan: viel Grün, ein bisschen Rot unten und oben in der Mitte eine geöffnete Hand in Schwarz und Weiß. Für mich war das eine gelungene Mischung, eine ziemlich umfassende Koalition.

Man sollte das Symbol als zukunftsträchtiges Patent des Miteinanders weiterempfehlen: statt der verkrampften, geballten Faust vergangener Jahrzehnte endlich einmal eine geöffnete Hand. Damit ließe sich doch etwas anfangen. Dazu das damalige Motto: »Teilen verbindet«. Das erinnerte mich sofort an ein Wort aus der Bibel, in dem es heißt: »*Vergesst nicht (...) mit anderen zu teilen; denn solche Opfer gefallen Gott*«.[113]

Zunächst waren die Umstände der Veranstaltung jedoch sehr verwirrend. Das Ganze fand in einem Pavillon des Clara-Zetkin-Parkes statt und begann um 11.00 Uhr. Als ich ein wenig verspätet dort ankam, waren bereits Turbulenzen im Gange. Mehrere PDSler und Arbeitslose äußerten lautstark ihren Unmut, bewarfen den damaligen Oberbürgermeister mit roten Farbbeuteln, die zum Glück fast alle ihr Ziel verfehlten und lediglich die weiße Wand des Pavillons färbten. Die Rede von Ministerpräsident Dr. Kurt Biedenkopf wurde mit einem Trillerpfeifenkonzert begleitet, sodass er sich klugerweise entschloss, die Ansprache vorzeitig abzubrechen.

Ich stand derweil fassungslos an der Seite des Pavillons und fragte mich: Wo bist du denn da hingeraten? In dem Moment entdeckten mich die Ruhestörer, und einige von ihnen winkten mir zu, was die Lage nicht unkomplizierter machte. Hanjo Lucassen forderte mich auf, als Letzter zu sprechen. Meine Aufgabe als Pfarrer bei dieser Veranstaltung konnte nur eines heißen: mich da vorne hinzustellen für diejenigen, die hierzulande wieder einmal nichts zu sagen hatten. Für die Masse der Arbeitslosen, der Vorruheständler, der Abgewickelten, der Kurzarbeiter, der ABMler und all jene in Qualifizierungsmaßnahmen, die nicht wussten, wie es weitergehen sollte.

So trat ich dort auf. Am Schluss wünschte ich uns allen zum 1. Mai noch eine »konstruktive Wut, zähe Ausdauer und eine unverwüstliche Hoffnung, die uns nicht zuschanden werden lässt«. Beifall, tatsächlich.

Anschließend trat Biedenkopf auf mich zu, nahm mir den Zettel aus der Hand und sagte: »Sie haben als Einziger die Leute erreicht.«

Drei Tage später erhielt ich einen Brief von Kurt Biedenkopf. Zu meiner Freude hatte er lediglich eines an meiner Rede auszusetzen, und zwar: dass nicht mehr Menschen sie gehört hatten.

Anfang der neunziger Jahre lud mich der damalige DGB-Vorsitzende Heinz-Werner Meyer zum gesamtdeutschen DGB-Kongress nach Dortmund ein.

»Welcher Kirchenvertreter außer mir wird denn noch dabei sein?«, fragte ich ihn.

»Keiner. Nur Sie, Herr Pfarrer«, lautete die Antwort.

Das konnte ich beim besten Willen nicht glauben. In der Evangelischen Kirche Deutschlands gibt es eine Pfarrstelle, deren Inhaber, Eduard Wörmann, explizit und deutschlandweit für Fragen der Arbeitslosigkeit zuständig ist. Ich stellte fest, dass er nicht geladen war und war enttäuscht.

Bei der Veranstaltung saß ich neben Ursula Engelen-Kefer, damals stellvertretende Vorsitzende des DGB. Doch meine Gedanken arbeiteten unaufhörlich weiter. In einer Pause rief ich Eduard Wörmann an. »Ich finde es unmöglich, dass du nicht dabei bist. Komm einfach dazu«, forderte ich ihn auf. Er befürchtete, nicht eingelassen zu werden, doch ich zerstreute seine Bedenken.

Gleich an der Tür nahm ich ihn wenig später in Empfang. Zwischen Frau Engelen-Kefer und mich schoben wir kurzerhand noch einen Stuhl, und schon war die Runde komplett. In dem Moment begriff ich, wie das im Westen funktioniert. Jeder hat seinen eingegrenzten Sandkasten, in dem er spielen darf. Solange man darin sitzen bleibt, kümmert sich auch keiner darum, was man da so treibt. Aber wehe, man verlässt dieses Areal und will woanders mitmischen. Das geht nun wirklich nicht.

Ausgerechnet mich, den Ostpfarrer, als einzigen Kirchenmann zum gesamtdeutschen Gewerkschaftstreffen einzuladen, Eduard Wörmann, den Fachpfarrer, der sich so sehr für Fragen der Arbeitslosigkeit einsetzte, dagegen außen vor zu lassen – was hatten sich die Verantwortlichen dabei gedacht? Der DGB und die Kirche im Westen waren offenbar von einem Nebeneinander ohne nähere Beziehung bestimmt.

Noch einmal sollten wir uns begegnen, Heinz-Werner Meyer und ich. Für den 9. Oktober 1992 hatte ich zu einer großen Podiumsdiskussion in die Nikolaikirche eingeladen, und zwar gegen das wachsende Problem der Arbeitslosigkeit. Im Podium saßen Arbeitgeberpräsident Klaus Murmann, der Magdeburger Bischof

Christoph Demke, der DGB-Vorsitzende Heinz-Werner Meyer, Pastor Eduard Wörmann, Dr. Regine Hildebrandt und ich. Wir saßen im Rondell des Altarraums – ein offenes Forum, mit großer Beteiligung.

Die unvergessliche Regine Hildebrandt saß an meiner Seite. Wir kannten uns schon länger. Sie zählte zu den Begabten, Ehrlichen und Basisnahen, die in der DDR nie eine Chance hatten. Sie war eine ungewöhnliche Frau, die man sofort mit erhobenem Zeigefinger sagen hört: »Bloß nicht aufgeben!« Ihr Glaube war überzeugend, ihr Wissen erstaunlich, ihre Worte stets humorvoll und treffsicher.

Die Herzen der Menschen flogen ihr auch an diesem Abend sofort zu. Vom Arbeitgeberpräsidenten konnte man das allerdings kaum sagen. Seine zum Teil schlimmen Anwürfe gegen Regine Hildebrandt entkräftete sie jedoch stets besonnen und klug. Irgendwann gingen seine Anfeindungen schließlich in lautstarken Missfallskundgebungen der Zuhörer unter. Wie verletzlich und vor allem verletzt die SPD-Politikerin dennoch durch diesen kalten Angriff eines seiner Macht sicheren Menschen war, zeigte sich erst nach der Veranstaltung.

Nachdem alle Podiumsteilnehmer gegangen waren, begleitete ich Regine Hildebrandt noch zu ihrem Auto. Ihr Fahrer schlief.

»Lassen wir ihn noch etwas schlafen, und gehen wir ein paar Schritte zusammen«, sagte sie zu mir. So schlenderten wir um die Nikolaikirche und unterhielten uns. Dabei erfuhr ich von den Beleidigungen und Verletzungen, denen sie in ihrer Arbeit als Ministerin für Arbeit, Soziales, Gesundheit und Frauen immer wieder ausgesetzt war. Es war ein sehr persönliches und tiefes Gespräch auf nächtlicher Straße. Ich werde nie vergessen, wie beherzt Regine Hildebrandt für die Menschen im Osten eintrat, zum Beispiel als sie sagte: »Unter diesen Umständen muss der forsche Aufruf an die Ostdeutschen, die Ärmel hochzukrempeln und mit Hauruck ordentlich zuzupacken, zumindest eine schlimme Gedankenlosigkeit genannt werden.«

Die größte Bereicherung in meinem so genannten öffentlichen Leben ist das Zusammentreffen mit Persönlichkeiten wie Regine Hildebrandt, die sich eingesetzt haben für jene, die nie gesehen werden.

Für Ende der neunziger Jahre war vor dem Bundesverwaltungsgericht eine große Kundgebung des DGB von Sachsen und Thüringen sowie von ver.di angesetzt. Frank Bsirske, Michael Sommer und all die anderen Größen waren anwesend, außerdem etwa zehntausend Teilnehmer. Mein Engagement in der Kirchlichen Erwerbsloseninitiative und die gelungene Koordinierung der kirchlichen Erwerbsloseninitiativen Sachsens waren der Grund für die Einladung ans Rednerpult dieser Veranstaltung.

Kirche wurde demnach an wichtiger Stelle wahrgenommen, auch wenn unser Beitrag zum Thema Arbeitslosigkeit insgesamt gesehen nur ein Tropfen auf den heißen Stein war. DGB und Kirche – an bestimmten Stellen eine starke Kombination!

Sofort nach meiner Rede kam ein Arbeiter auf mich zu und sagte: »Herr Pfarrer, wennch Sie so heere, könntch in meim atheistischen Gloobm glei irre wärn«, was heißt: Herr Pfarrer, wenn ich Sie so höre, könnte ich in meinem atheistischen Glauben gleich irre werden.

Was sollte ich dazu sagen?

Epilog: Friede auf Erden – eine Betrachtung nicht nur zur Weihnachtszeit

Im römischen Imperium, in dessen Machtbereich Jesus zur Zeit des Kaisers Augustus (30 v.–14 n. Chr.) geboren wurde, herrschte ein bezeichnendes Verständnis von Frieden. Dieses ist auf einer Münze des Kaisers Trajan (98–117 n. Chr.) dokumentiert: Die Friedensgöttin setzt ihren rechten Fuß auf den Nacken des Besiegten. Wenn der Feind besiegt ist und die Gegner ausgeschaltet bzw. unterworfen sind, dann herrscht *pax romana*, römischer Friede. Es ist ein »Friede«, der von Beginn an den Keim zum nächsten Aufstand, zum nächsten Krieg in sich trägt.

Dieses Rollenmuster, dieses Verständnis von »Frieden« wird ungebrochen durch die Jahrhunderte praktiziert. Die unlängst zu Ende gegangene Ära Bush in den USA hat das in den letzten Jahrzehnten besonders deutlich gezeigt.

Wenn Jesus sagt: »*Meinen Frieden gebe ich euch. Nicht einen Frieden, wie die Welt ihn gibt, gebe ich euch. Euer Herz erschrecke nicht und fürchte sich nicht.*«[114], so muss etwas völlig anderes mit »Frieden« gemeint sein. Dietrich Bonhoeffer ist diesem Frieden Jesu nachgegangen und dabei auf folgende Antwort gestoßen: »Wie wird Frieden? Durch ein System von politischen Verträgen? Durch Investierung internationalen Kapitals in den verschiedenen Ländern, d. h. durch die Großbanken, durch das Geld? Oder gar durch eine allseitige friedliche Aufrüstung zum Zweck der Sicherstellung des Friedens? Nein, durch dieses alles aus dem einen Grunde nicht, weil hier überall Friede und Sicherheit verwechselt wird. Es gibt keinen Weg zum Frieden auf dem Weg der Sicherheit.

Nur das eine große ökumenische Konzil der Heiligen Kirche Christi aus aller Welt kann es so sagen, dass die Welt zähneknirschend das Wort vom Frieden vernehmen muss und dass die Völker froh werden, weil diese Kirche Christi ihren Söhnen im Namen Christi die Waffen aus der Hand nimmt und ihnen den Krieg verbietet und den Frieden Christi ausruft über die rasende Welt.«[115]

»Die Waffen aus der Hand nehmen, den Krieg verbieten, den Frieden Christi ausrufen über die rasende Welt« – so klar und deutlich hat Dietrich Bonhoeffer den Weg gekennzeichnet, den Jesus aufgezeigt hat und den Er gegangen ist.

Mit dem Kind in der Krippe hat dieser Frieden Gottes begonnen. Jesus hat ihn inmitten der Gegensätze und brutalen Konflikte dieser Welt gelebt. Mitten hinein in diese gewalttätige Welt gehört heutzutage auch dieser Friede ohne Anführungsstriche, den Jesus verkörpert. Friede, der Wirklichkeit wird, sobald man die Bergpredigt ernst und Jesus beim Wort nimmt!

Da der Großteil der Kirche sich für zu lange Zeit unter dem Motto »Thron und Altar« mit Macht und Gewalt verbündet hatte, war sie blind für Jesus geworden. Sie hatte die Bergpredigt zur Jenseitsethik abgestempelt, mit der man in dieser Welt keine Politik machen könne!

Bis Gott es satt hatte, und Er mit einem Nichtchristen der Christenheit wieder die Augen öffnete. Der Hindu Mahatma Gandhi sagte einst: »Wenn ihr im Geist eures Meisters Jesus zu uns kämt, wir könnten euch nicht widerstehen.« Er nahm die Botschaft Jesu der Gewaltlosigkeit und Feindesliebe konsequent auf und erreichte damit die Befreiung Indiens vom britischen Kolonialjoch – ohne Krieg und Millionen Tote! Nur sein Leben hat es gekostet, wie bei Jesus. Im Jahr 1948 wurde der Politiker auf offener Straße erschossen.

Beim zweiten Mal war es endlich ein Christ, der im Land gewaltsamer Rassenkonflikte die Bergpredigt Jesu wörtlich nahm und die Macht des gewaltlosen Widerstandes regelrecht antrainierte: der schwarzamerikanische Pfarrer Martin Luther King. Beim Marsch auf Washington sagte er im Jahr 1963 vor zweihundertfünfzigtausend Demonstranten unter anderem: »Ich habe einen Traum, dass meine vier kleinen Kinder eines Tages in einer Nation leben werden, in der man sie nicht nach ihrer Hautfarbe, sondern nach ihrem Charakter beurteilt.«[116]

Dass dieser Traum ohne Bürgerkrieg im Jahr 2008 mit der Wahl des farbigen Amerikaners Barack Obama zum Präsidenten der Vereinigten Staaten von Amerika Erfüllung findet – das hat er leider nicht mehr miterlebt. Auch Martin Luther King hat mit dem Leben bezahlt, wie Jesus. Im Jahr 1968 wurde er auf einem Balkon vor einer Predigt erschossen. Aber seine vier Kinder und ganz Amerika durften vierzig Jahre später den Traum nach der Bergpredigt Jesu als Wirklichkeit erleben!

Die Christen Nelson Mandela und Bischof Desmond Tutu sind in diesem Zusammenhang ebenfalls zu nennen. Sie beide führten mit beharrlichem, gewaltfreiem Widerstand das Ende der Apartheid in Südafrika herbei.

Auch die Friedliche Revolution mit dem Kerndatum 9. Oktober 1989 in Leipzig gehört in die Reihe der Realerfahrungen mit der Bergpredigt, mit der Macht der Gewaltlosigkeit.

Sie wurde in dem machtvollen Ruf »Keine Gewalt« auf den Nenner gebracht! Sie wurde nicht nur gerufen, sondern konsequent praktiziert: ein einmaliger Vorgang, der die Einheit Deutschlands ohne Krieg und Sieg zustande brachte!

Frieden wurde riskiert, Entfeindung praktiziert, wie sie Jesus ausgesprochen und gelebt hatte.

An keiner anderen Stelle wird so klar, wie anders der Friede von Jesus ist, mit Seiner Abkehr vom Freund-Feind-Schema, vom zwanghaften Angst- und Sicherheitsdenken und dem Verzicht auf die Gewalt des Herzens, der Zunge und der Faust.

»Liebet eure Feinde«[117], sagt Jesus, und nicht: »Nieder mit dem Gegner!« Wer das einmal ausprobiert – und probiert es wenigstens einmal aus –, auf Gewalt und Feindschaft in der Familie, unter Nachbarn, im Betrieb, in der Schule oder in der Öffentlichkeit mit Freundlichkeit und Offenheit zu reagieren, der kann wahre Wunder erleben.

Frieden riskieren. Phantasie entwickeln. Jesus beim Wort nehmen.

Dann schmecken wir Seinen Frieden. So fühlt er sich an.

»Euer Herz erschrecke nicht und fürchte sich nicht.«[118]

Schlusswort
und Dank

Und vieles ist noch nicht gesagt. Denn ich will etwas sehr Wichtiges zumindest kurz benennen: die Gemeinden, in denen ich Pfarrer war, und meine Verbundenheit zu ihnen.

Die Gemeinden Lastau und Colditz: 12 Jahre lang. Gemeinde in Leipzig St. Nikolai und in den letzten Jahren dazu noch Heilig Kreuz in Neuschönefeld: 28 Jahre lang.

Es gab und gibt so viele Erlebnisse und eine große Verbundenheit, dass ich mich zu einer Würdigung mit Namensnennung Einzelner nach vielem Hin und Her nicht entschließen konnte. Aber so viel: Die Arbeit in der Gemeinde, in allen Bereichen, mit Gottesdiensten, Christvespern, Gemeindetagen, Taufen, Konfirmationen, Trauungen, Beerdigungen, Segenshandlungen, vom Kindergarten bis zur Altersfreude, Arbeit mit Konfirmanden und jungen Erwachsenen in Glaubensseminaren, dem Gemeindetreff um die Bibel, dem Mitsingen in der Kantorei, das Erleben wunderbarer Orgelmusik in Gottesdiensten und Friedensgebeten, »Musik und Besinnung«, all das beschreibt den Hauptteil und Hauptzweck meines Lebens. Diese Arbeit war für mich so selbstverständlich und wichtig wie das Atmen. Allen, die mir von 1968–2008 als haupt- und ehrenamtliche Mitarbeiterinnen und Mitarbeiter in den Gemeinden hilfreich zur Seite standen, möchte ich an dieser Stelle meinen herzlichen Dank aussprechen.

Die beiden zentralen Punkte in jeder Woche waren der Sonntagsgottesdienst mit Heiligem Abendmahl, Heiligen Taufen und der vertrauten Gemeinde mit ihren Gästen, sowie das Friedensgebet am

Montag 17 Uhr mit jeweils wechselnden Gruppen, Anliegen und Teilnehmerinnen und Teilnehmern.

Der schönste Moment der ganzen Woche: erfüllt vom Gottesdienst am Sonntag dann zu Hause zu sein. In der Küche zu sitzen mit einem Glas Wein, während meine Frau das Sonntagsessen zubereitet. Ich lese vor, wir unterhalten uns über den Gottesdienst. Schön, wenn von den Kindern und Enkeln jemand da ist.

Ein großes Dank- und Glücksgefühl erfüllt mein Herz. Vierzig Jahre lang durfte ich das erleben!

Und für jeden Tag: Was auch immer geschah und geschieht, zwischen 22.00 und 24.00 Uhr sitzen meine Frau und ich zusammen bei einem schönen Getränk und lassen den Tag mit seinen Freuden und Problemen vorüberziehen. Manchmal reicht es vor Müdigkeit nur zum Fernsehen. Aber den ganzen Tag wissen wir bei aller Hektik und Anspannung: diese Zeit bleibt uns. Sich dann zusammen in die Nacht und in die Obhut unseres Gottes zu begeben, das tut gut, das tut richtig gut.

Und früh, zwischen hell und dunkel, im Morgengrauen, wenn die Vorhaben, Anspannungen, ungelösten Probleme und auch Ängste einen anspringen, das Morgen-Grauen, dann gibt es eine festliegende Reihe von Gebeten, einige selbst formuliert, aktuelle Bitten, abgeschlossen mit Psalm 103, 1–5/8. Der Tag kann beginnen.

Die tägliche Bibellese noch vor dem Frühstück. Eine Stunde werkele ich allein vor mich hin. Der Kaffee ist fertig, der Tisch gedeckt.

Mit Losung, Tischgebet und Vaterunser gehen wir zu zweit in den neuen Tag.

Für die Unterstützung bei der Recherche für dieses Buch
gilt der Dank:
Susann Arnold, Ev.-Luth. Landeskirchenamt Sachsen
Barbara Fleischer, BStU, Berlin
Henner Grundhoff, Evangelisches Zentralarchiv in Berlin
Dr. Johannes Hempel, Landesbischof i.R.
Ruth Pabst, Evangelisches Zentralarchiv in Berlin
Marion Söhnel, Bach-Archiv Leipzig
Susanne Kaiser, Bundesarchiv, Berlin

Quellenverzeichnis

1 Evangelisches Gesangsbuch, EG 369
2 Joshua 24, 15c
3 Jakobus 2,16,17
4 1. Johannes 4,8
5 Jesaja 6,3
6 Psalm 121,8
7 Matthäus 28,20
8 Hebräer 12,1
9 Matthäus 5,38
10 Matthäus 5,39
11 Matthäus 16,24
12 Hebräer 13,8
13 aus: Sophokles: Antigone. Antigone begräbt ihren Bruder Polynei-
kes, obwohl Kreon es verboten hat. Denn der Tote ist ein Staatsfeind
und Verräter, an dem der neue Machthaber beweist, dass er für Recht
und Ordnung sorgen kann. Auf Zuwiderhandlung steht die Todes-
strafe, die Kreon jetzt an dem Mädchen, noch dazu seiner Verwandten, vollstrecken muss, zumal diese sich nicht versteckt, sondern veröffentlicht: »Ich sage, dass ich's tat und leugne nicht«. Obwohl sie
weiß, was ihr bevorsteht. Das mache ihr nichts aus, behauptet sie –
»nicht mitzuhassen, mitzulieben bin ich da.«
14 aus Bertolt Brecht: Die Lösung. Die Welt vom 9. 12. 59 und Nachlass
15 Lukas 5,31–32
16 »Meine Universitäten«, der letzte Band Gorkis autobiographischer
Romantrilogie, erschien erstmals 1922. Der Ort der Handlung ist zunächst Kasan, eine tartarische Stadt an der Wolga, in die Gorki im

Jahre 1884 zieht, um zu studieren. Allerdings muss er recht bald einsehen, dass daraus nichts werden kann, und so wird ihm das Leben selbst zur Universität.

17 Unter dem Titel »Magnificat« vertonte Johann Sebastian Bach 1723 das gleichnamige Magnificat des Lukas-Evangeliums. Es ist unter der Nummer 243 im Bach-Werke-Verzeichnis gelistet.

18 Ursprünglich geplant war Lesung aus »5 Tage im Juni«: Der 17. Juni 1953 bildet den historischen Hintergrund, vor dem Heym die Geschichte des Genossen und Gewerkschafters Witte, tätig im Berliner VEB Merkur, erzählt. Schon seit Mitte der fünfziger Jahre wanderte das Manuskript, aufgrund des schwarzen Kalikoeinbandes als »Das Schwarzbuch« bezeichnet, von Lektorat zu Lektorat einiger DDR-Verlage. Erscheinen durfte es nicht, denn die hier geschilderten »Ereignisse« waren tabu. (Quelle: www.diegeschichteberlins.de)

19 aus: Universitätskirche Leipzig – Ein Streitfall? Leipzig 1992. Abb. © Tacke

20 1. Timotheus 2,3–4

21 Jesaja 7,9

22 Matthäus 16,24

23 Am 9.3.1972 beschließt die Volkskammer der DDR die Fristenlösung beim Schwangerschaftsabbruch. Danach ist die Abtreibung innerhalb der ersten drei Monate erlaubt. Erstmals seit Bestehen der Volkskammer ist ein Volkskammerbeschluss nicht einstimmig; 14 Abgeordnete stimmen gegen den Beschluss und acht enthalten sich. Quelle: Deutsches Historisches Museum, www.dhm.de

24 »Es begab sich aber zu der Zeit, dass ein Gebot von dem Kaiser Augustus ausging, dass alle Welt geschätzt würde. Und diese Schätzung war die allererste und geschah zur Zeit, da Quirinius Statthalter in Syrien war. Und jedermann ging, dass er sich schätzen ließe, ein jeder in seine Stadt. Da machte sich auf auch Joseph aus Galiläa, aus der Stadt Nazareth, in das jüdische Land zur Stadt Davids, die da heißt Bethlehem, weil er aus dem Hause und Geschlechte Davids war, damit er sich schätzen ließe mit Maria, seinem vertrauten Weibe; die war schwanger. Und als sie dort waren, kam die Zeit, dass sie gebären sollte. Und sie gebar ihren ersten Sohn und wickelte ihn in Windeln und legte ihn in eine Krippe; denn sie hatten sonst keinen Raum in der Herberge.« Lukas 2,1–7

25 aus Bertolt Brecht: Der Nachgeborene. Gesammelte Werke & Gedichte. Frankfurt/Main 1967

26 Offenbarung 1,17+18

27 1. Buch der Könige 3,16–28

28 Überliefertes Zitat Bertolt Brechts von 1928, ein paar Wochen nach dem sensationellen Erfolg der »Dreigroschenoper« in Berlin

29 Zitat des Brecht-Biographen Klaus Völker (Brecht-Chronik. Daten zu Leben und Werk. München 2002)

30 »Aufgrund des Glaubens gehorchte Abraham dem Ruf, wegzuziehen in ein Land, das er zum Erbe erhalten sollte; und er zog weg, ohne zu wissen, wohin er kommen würde.« Hebräer 11,8

31 Apostelgeschichte 16,9+10

32 Johannes 6,37

33 Mayer/Zimmerling (Hrsg.). Dietrich Bonhoeffer. Beten und Tun des Gerechten. Gießen 1997

34 1. Samuel 16,7

35 1. Korinther 6,9+10

36 aus: Karl Marx. Religion als Opium des Volkes. Marx/Engels-Werke, Bd. 1, S. 378 ff.

37 Matthäus 11,28

38 Matthäus 13,31–32

39 »Die DDR hat es leicht. Es wird schwerer und schlechter gehn, als Kohl es den Heimkindern im Osten versprach, aber besser als vorher. Das gesicherte Dahinsiechen ist vorbei. Alles ist in Bewegung geraten, die lebenslangen Frührentner fangen an ranzuklotzen wie sonst nur am Wochenende auf der Datscha. Der chronische Bummelstreik ist beendet. Auf einem Arbeitsplatz werden sich nicht drei abgestumpfte Leute räkeln.« Aus: Biermann, Wolf: Nur wer sich ändert, bleibt sich treu. Aus: Wolf Biermann: Über das Geld und andere Herzensdinge. Essayband. Köln 1991. © Wolf Biermann

40 Der hier abgedruckte Brief bezieht sich auf das Friedensgebet am 27.2.89, welches von Pfr. Führer zusammen mit dem Gesprächskreis »Hoffnung für Ausreisewillige« gestaltet wurde. Texte des FG nachzulesen in: Dietrich/Schwabe. Freunde und Feinde. Leipzig 1994, S. 281 ff.

41 Segensspruch des Alten Testaments, Psalm 91,11: Gott hat Seinen Engeln befohlen, dass sie dich behüten auf allen deinen Wegen.

42 Hebräer 13,8

43 Matthäus 10,25

44 frei nach Matthäus 5, 28–34

45 Meister Eckhart. Deutsche Predigten und Traktate.

46 Psalm 127,2b

47 Hebräer 12,1

48 Johannes 15, 5+6

49 Gedicht Ermutigung. Aus: Wolf Biermann: Mit Marx und Engels-zungen. Berlin 1968. © Wolf Biermann

50 Gedicht Soldat Soldat. Aus: Wolf Biermann: Mit Marx und Engels-zungen. Berlin 1968. © Wolf Biermann

51 Micha 4,1–4

52 ZENTRALER AUSSCHUSS FÜR JUGENDWEIHE IN DER DEUTSCHEN DEMOKRATISCHEN REPUBLIK (Hrsg.). »Der Sozialismus – Deine Welt«, Berlin 1975, S. 259

53 zitiert nach Anke Silomon: »Schwerter zu Pflugscharen« und die DDR: Die Friedensarbeit der evangelischen Kirchen in der DDR im Rahmen der Friedensdekaden 1980–1982, S. 53

54 aus: Archiv Bürgerbewegung Leipzig e. V. http://www.archiv-buer-gerbewegung.de

55 aus: Dietrich/Schwabe. Freunde und Feinde. Leipzig 1994, S. 71

56 aus dem Aufsatz »Zur russischen Revolution«. Zuerst veröffentlicht 1922 von Paul Levi nach dem handschriftlichen Manuskript aus dem Nachlass von Rosa Luxemburg.

57 Markus 7,36

58 Johannes 6,67

59 Psalm 65

60 Lukas 15,1 ff.

61 aus: Krampitz/Tautz/Ziebarth. Ich werde dann gehen. Leipzig 2006, S. 95 f.

62 Bundesarchiv SAPMO-BArch DY 30/IV B 2/14/61

63 Jesaja 44_{28}, 45_1

64 Buch Esra

65 Mehrfach überliefertes Zitat aus der »Aktuellen Kamera«, ca. 30. September 1989, nach der Einblendung der Flüchtlinge in der Prager Botschaft und ganzer Züge mit DDR-Bürgern, die über Prag nach Westdeutschland ausreisten.

66 Edgar Dusdal. Stasi intern. Macht und Banalität. Leipzig 1992. Leipzig, 18. Juni 1987, 4/op-gr

67 Ebenda. Quartalseinschätzung II/89 vom 30.06. 1989, 4/op-wei

68 Edgar Dusdal. Stasi intern. Macht und Banalität. Leipzig 1992, S. 252

69 Die Ergebnisse der oppositionellen Wahlbeobachter aus dem ganzen Land werden schriftlich festgehalten und in einem Papier mit dem Titel »Wahlfall« verbreitet, das in der Umwelt-Bibliothek gedruckt wird. Die Dokumentation des »Wahlfall« ist die erste ihrer Art in der DDR. 1989 sprechen und schreiben die Korrespondenten der West-Medien im Zusammenhang mit den Kommunalwahlen in der DDR das erste Mal das Wort Fälschung offen aus und -zitieren dabei aus dem »Wahlfall«. Quelle: Bundeszentrale für politische Bildung e. V. Potsdam

70 aus: Archiv Bürgerbewegung Leipzig e. V. http://www.archiv-buergerbewegung.de

71 Hartmut Zwahr: Ende einer Selbstzerstörung: Leipzig und die Revolution in der DDR. Göttingen, 1993

72 Matthäus 18,20

73 BStU. Außenstelle Leipzig. BVfS Leipzig, Abt. XX, 00201/03, S. 18

74 BStU. Außenstelle Leipzig. BVfS Leipzig, Abt. XX, 00201/04, S. 55 f.

75 Archiv Bürgerbewegung Leipzig e. V., http://www.archiv-buergerbewegung.de

76 Bundeszentrale für politische Bildung e. V. Potsdam

77 aus: Dietrich/Schwabe. Freunde und Feinde. Leipzig 1994, S. 541

78 Galater 6,2

79 BStU, MfS, BdL/Dok 006920 Dokumentenkopf/Vermerke: VVS MfS 0008–71/89

80 Matthäus 5,1–12

81 Matthäus 5,43–48

82 Matthäus 20,16

83 Lukas 9,24

84 Matthäus 5,13–16

85 aus: NEUES FORUM LEIPZIG Jetzt oder nie. München, 1990

86 Junge Welt 239 vom 11. Oktober 1989

87 Lukas 1, 46 ff.

88 aus Dietrich Bonhoeffers Predigt über Lukas 1,46–55. London, 17.12.1933

89 Sacharja 4,6

90 2. Korinther 12, 9

91 Matthäus 13,1–23

92 aus Ingeborg Bachmann: Alle Tage.

93 aus dem handschriftlichen Protokoll der 48. Sitzung des Kirchenvorstands von St. Nikolai vom 6. 3. 89 (ABL H 54)

94 4. Buch Mose, Kapitel 22,1 ff.

95 Matthäus 6, 24

96 Matthäus 5, 13

97 Josua 1,5–9

98 Gremmels/E.Bethge/R.Bethge (Hrsg.). Dietrich Bonhoeffer Werke. Gütersloh, 1998, Bd. 8, S. 560

99 Johann Sebastian Bach. Kantate zum Ratswechsel 1731

100 Psalm 126, 4+5

101 Evangelischer Choral, den der Eilenburger Geistliche Martin Rinckart 1630 anlässlich der Hundertjahrfeier der »Augsburger Konfession« verfasst hatte.

102 aus: Paul Gerhardt (1606–1676): O Haupt voll Blut und Wunden.

103 Johannes 5,1–16

104 Johannes 5,14

105 Artikel als pdf unter www. bln.de/k.weiss/gefahr.pdf

106 Lukas 13,29

107 Lukas 6,27

108 Lukas 1,79

109 Lukas 7, ab Vers 36

110 Lukas 7,47–49

111 Markus 1,15

112 Offenbarung 21,5

113 Hebräer 13,16

114 Johannes 14,27

115 aus: Dietrich Bonhoeffer. Kirche und Völkerwelt. Auf der Ökumenischen Konferenz am 28. 8. 1934 in Fanö/Dänemark

116 aus: Dr. Martin Luther King. *I Have A Dream*. Washington, D. C., 8. 8. 1963

117 Lukas 6,27

118 Johannes 14,27

Personenregister

Alberts, Heinrich 259
Andropow, Juri
  Wladimirowitsch 144
Auerbach, Dieter R. 207 f.

Bach, Johann Sebastian 14, 35, 42,
  64, 268, 328
Barth, Karl 64, 67
Belafonte, Harry 277
Bensedrine, Sihem 309
Berndt, Karin 270
Berthold, Rudolf 13
Beyer, Frank 215, 218, 231, 234 f.
Biedenkopf, Kurt 314
Bienert, Peter 270
Biermann, Wolf 120, 139 f., 329 f.
Biller, Georg Christoph 301
Birthler, Marianne 308
Bohl, Jochen 273
Bohley, Bärbel 158, 246, 309
Böhnke, Gunter 301, 303
Böll, Heinrich 260 f.
Bonaparte, Napoléon 309
Bonhoeffer, Dietrich 47, 64, 67,
  102, 223, 264, 319 f., 329, 331
Brandl, Hans-Georg 44
Brandt, Willy 259
Bräunlich, René 181, 270 ff., 275
Brecht, Bertolt 55, 92, 327, 329

Breschnew, Leonid Iljitsch 144 f.
Brettschneider, Harald 146
Brüsewitz, Oskar 172 f.
Bruyn, Günter de 259
Bsirske, Frank 316
Bush, George W. 273, 276 f., 319

Chikane, Moses M. 130
Clauß, Detlev 13

Demke, Christoph 316
Dibelius, Otto 58

Ebadi, Shirin 312
Ebeling, Hans-Wilhelm 212 f.
Elizabeth die II. von England 129 f.
Elstermann, Falk 301
Engelen-Kefer, Ursula 315
Engels, Friedrich 145, 329
Eppelmann, Rainer 144

Fischer, Hans-Friedel 193
Fischer, Joschka 259
Fritzsch, Annelies 81
Frommannshausen, Dietrich Vogel
  von 43
Führer, Barbara 17 f., 23, 27, 32 ff.,
  45 f., 78, 125
Führer, Charlotte 17 ff., 26 ff., 32 ff.,
  47 f., 66, 73, 77 f., 97, 100, 125, 206

Führer, Ernst 18 ff., 22 ff., 26 ff.,
  33 ff., 42 f., 47, 52 ff., 66 f., 71 ff.,
  78, 86 f., 97, 100, 125, 169 f., 206
Führer, Georg 13, 85, 125, 200 f.
Führer, Gottlieb 21
Führer, Katharina 13, 85 ff., 94,
  110, 156, 199 f.
Führer, Martin 13, 85, 99, 101,
  125, 200
Führer, Max 19, 21 f., 35
Führer, Sebastian 13, 23, 85 ff., 94,
  110, 200
Führer, Ursula 17 f., 20, 23, 27,
  31 ff., 42 f., 48, 78, 83, 125

Gandhi, Mahatma 320
Garstecki, Joachim 158 f.
Gauck, Joachim 307
Gauer, Jochen 44
Genscher, Hans-Dietrich 248,
  259, 311
Gerhardt, Paul 280, 332
Geyer, Manfred 44, 66 f.
Gill, David 307
Girardet, Georg 245
Göhring, Othmar 261
Gorbatschow, Michail 175, 200,
  248, 311 ff.
Gorki, Maxim 61, 327 f.
Grass, Günter 260 f.
Grötsch, Siegfried 13
Güttler, Ludwig 63 f.

Havel, Vaclav 312
Helbig, Winfried 297
Hempel, Johannes 63, 65, 179,
  185, 201, 217, 325
Henker, Martin 12
Herzog, Roman 307, 312
Heym, Stefan 64 f., 229, 328
Hildebrandt, Regine 316 f.

Hillinger, Richard 312
Holmer, Uwe 143
Honecker, Erich 141, 143, 149 f.,
  153, 172, 176, 215, 222, 249, 251
Honecker, Margot 140, 143
Horn, Guyla 246, 309, 312
Huch, Ricarda 281

Jung, Burkhard 245, 300, 305

Kahane, Anetta 259, 307
Kant, Immanuel 64
Kierkegaard, Sören 64
King, Martin Luther 278, 320 f.,
  332
Kleinschmidt, Rüdiger 44
Klemm, Matthias 274
Klier, Freya 158
Kohl, Helmut 144, 248 f., 251,
  268, 329
Kramer, Irene 78, 88
Kramer, Kurt 78, 88
Krawczyk, Stephan 190
Kreft, Isa 297
Krenz, Egon 121, 184
Kreß, Volker 241
Krumbiegel, Sebastian 301, 303 f.
Kuczynski, Jürgen 259
Küttler, Thomas 222

Landwehr, Hermann
  (Pater Gordian) 74
Lange, Bernd-Lutz 217 f., 301
Lengsfeld, Vera
  (Vera Wollenberger) 158
Lenin, Wladimir Iljitsch 58 f., 145,
  149, 182
Loest, Erich 229 ff., 234
Lucassen, Hanjo 313 f.
Luther, Martin 47, 86, 92, 98, 134,
  149 f., 185, 238, 264

Magirius, Friedrich 102, 117, 119,
130, 188, 192 f., 202, 205, 221,
230 f., 239, 241
Mandela, Nelson 321
Marx, Karl 52, 58 f., 73, 86, 115,
145, 147, 149, 182, 329
Masur, Kurt 186, 217 f.
Mendt, Dietrich 65
Merkel, Angela 309
Meyer, Kurt 217
Meyer, Heinz-Werner 315 f.
Mielke, Erich 215, 219
Mitzenheim, Hartmut Moritz 41
Möller, Edda 297
Mubarak, Aiman 272
Mühe, Ulrich 232 f.
Müller, Andreas 305
Müller, Matthias 13
Murmann, Klaus 315

Nitzschke, Thomas 181, 270 ff.,
275

Obama, Barack 278, 321
Oeser, Adam Friedrich 288
Öffner, Ernst 311 f.
Oltmanns, Gesine 308
Ott, Anton 50

Palm, Johann Philipp 309
Palm, Maria 309
Palme, Olof 153 ff.
Pankok, Otto 155
Philip, Prinz
(Philip Mountbatten) 129
Pommert, Jochen 217
Poppe, Ulrike 259, 307 f.
Powell, Colin 276
Reich, Jens 307
Reitmann, Hartmut 185 f.

Richter, Johannes 205
Röder, Bettina 302
Röder, Hans-Jürgen 302

Sachse, Christian 155
Schmutzler, Siegfried 65
Schönherr, Albrecht 141
Schorlemmer, Friedrich 174, 313
Schwabe, Uwe 308, 329 ff.
Sievers, Hans-Juergen 221
Simon, Hans 158
Sittner, Frieda 81
Sommer, Michael 317
Stalin, Josef 229
Steinbach, Christian Walter 173
Steinmeier, Frank-Walter 272, 274

Tiefensee, Wolfgang 297 f., 300,
302
Turek, Rolf-Michael 201
Tutu, Desmond 130 f., 312, 321

Ulbricht, Walter 73, 140, 220

Waltsgott, Ernst 78
Weiß, Konrad 259, 293 f.
Weizsäcker, Carl Friedrich von 259
Weizsäcker, Richard von 259
Wolf, Jürgen 14, 275
Wolff, Christian 256, 297
Wonneberger, Christoph 119,
154 f., 190, 192, 194 f., 207 f.,
221, 233, 308
Worch, Christian 296, 302, 306
Wörmann, Eduard 315 f.
Wötzel, Roland 217
Wutanfall (Band) 106 ff., 139
Wutschetitsch, Jewgeni 145, 147

Yunus, Muhammad 312

Ziemer, Christof 222
Zimmermann, Peter 217

BILDNACHWEISE

1-10, 16, 20, 29	© privat Christian Führer
11	© Robert-Havemann-Gesellschaft (BStU-Kopie)
12-15	© Martin Naumann
17, 21	© Uwe Pullwitt
18	© »Nikolaikirche« Frank Beyer / Christa Köfer / WDR / ARD
19, 26, 32, 39, 40, 47, 48	© dpa
22, 33	© Wolfgang Zeyen
23	© Armin H. Kühne
27	© Forchner-Grafik 2002
24, 25, 44	© Volkmar Heinz
31	© SUPERillu
34	© Kirchgemeinde St. Nikolai – St. Johannis
30, 36, 38, 46	© André Kempner
37	© Andreas Matthes
35	© Stadt Augsburg
41	© Andreas Krüger
42	© epd-bild / Uwe Winkler
43	© Hendrik Schmidt
45	© Oliver Hartung